## 倍增追赶

# 文化赋能

北京丰台
FENGTAI BEIJING

# 新时代
## 委员话丰台

政协北京市丰台区委员会　编

中国文史出版社

# 序

中共十八大以来，中国特色社会主义进入新时代，党和国家事业取得历史性成就、发生历史性变革，推动我国迈上全面建设社会主义现代化国家新征程。紧随新时代前进的步伐，作为首都中心城区的丰台，在中共丰台区委的坚强领导下，坚持以习近平新时代中国特色社会主义思想为指导，以新时代首都发展为统领，团结奋斗、砥砺前行，持续推动倍增追赶、合作发展，全力打造安全城市、品质生活，首都功能承载全面增强、经济发展量质齐升、民生保障坚实有力、国际交往拓展深化，各项事业取得丰硕成果。

为充分发挥政协文史资料"存史、资政、团结、育人"的社会功能，以委员亲历、亲见、亲闻的视角，全方位、多层面展现新时代丰台改革发展取得的重要成就，十一届区政协历时近两年，面向九届、十届、十一届委员，征集并编纂了《新时代委员话丰台》文史资料专辑，选录了中共十八大以来丰台区经济社会发展中的重要事件、重要活动、重要人物，汇集成经济、政治、文化、社会、生态文明建设等五个方面，共百余篇文稿，如实记录丰台发展进程中的奋斗足迹，生动阐释大气、硬气、锐气、和气、雅气"五气连枝"的丰台城市气质，是一部记录时代印记、展现时代精神、激发奋进力量的宝贵资料，将更好地向社会各界讲述丰台发展故事、展示丰台发展速度、呈现丰台发展成果，进一步为推动新时代高质量发展凝聚共识、汇聚合力。

今年是中华人民共和国成立 75 周年，也是人民政协成立 75 周年。这次文史资料征编工作是庆祝活动的一项重要内容。希望区政协各参加单位、广大委员和各界人士坚持以史为鉴、开创未来，把深入学习贯彻习近平总书记在庆祝人民政协成立 75 周年大会上的重要讲话精神作为重大政治任务，同学习贯彻中共二十大和二十届三中全会精神结合起来，深刻领悟"两个确立"的决定性意义，增强"四个意识"、坚定"四个自信"、做到"两个维护"，认真落实中共北京市委、丰台区委关于推动新时代新征程人民政协事业高质量发展的部署要求，同心同德、群策群力，为奋力谱写中国式现代化的丰台篇章画出更大同心圆、汇聚更强向心力。

北京市丰台区政协主席　李　岚

2024 年 11 月

凝心聚力

中国人民政治协商会议北京市丰台区第十一届委员会第一次会议

区政协全会期间，委员们认真学习、热烈
讨论（原梓峰／摄）

2019 年 10 月 1 日庆祝中华人民共和国成立 70 周年大会群众游行活动，"民主法治"方阵接受检阅

2024 年 9 月 7 日上午，北京第三十八届卢沟桥醒狮越野跑活动在北京园博园举行（刘平／摄）

丰台区政协委员以更接地气儿的"骑行＋访谈"方式，走基层、访百姓、听需求

中关村丰台园政协委员工作站开展"非遗进园区"交流活动

# "政协圆桌下午茶"诞生记

冯晓光

我当选为第十届丰台区政协副主席以来，几年的工作经历让自己越来越感受到政协是一个大学校、大舞台、大家庭，越来越体会到政协通过建言资政、凝聚共识双向发力，可以为一个地区的经济社会发展汇聚智慧和力量。与此同时，也一直存在一个困惑：界别是政协最大的优势，但是，在基层政协实际工作中以界别为单位组织的协商议政活动很少。如何充分发挥界别作用，也一直是我思考的一个问题。十一届区政协伊始，在政协主席李岚的倡导下，我们进行了界别协商载体的创意设计、实践探索和总结凝练，逐步建立起一个界别协商的新平台——"政协圆桌下午茶"。

## 诞生的背景

人民政协是我国政治体制中唯一由界别组成的政治机构。界别是政协产生、存在和发展的社会基础。界别协商是以界别为单位组织政协委员开展的各类参政议政履职活动。

——中共中央有要求。党的十八大以来，习近平总书记着眼党和国家事业全局，科学回答了新时代建设什么样的人民政协、怎样推进人民政协事业发展的重大课题，形成了习近平总书记关于加强和改进人民政协工作的重要思想。在这一重要思想指引下，《中共中央关于新时代加强和改进人民政协工作的意见》指出，"要根据界别的特点和要求开展活动，充分调动各界别参政议政的积极性，认真探索发挥界别作用的方法和途径"。这是新时代人民政协尤其是界别协商工作的行动指南。通过政协界别协商，把更多界别群众团结在党的周围，把党的方针政策转化为各党派团体、各族各界人士的思想共识和行动自觉，是新时代新征程赋予人民政协工作的重要使命。

——界别协商有优势。在制度方面，协商民主以平等对话、协商交流的方式化解分歧、解决问题，既尊重大多数人意见，又照顾少数人意愿，是决策过程中必不可少的重要环节。界别协商扩大了各党派团体、各族各界群众有序政治参与的渠道。在组织方面，由界别组成是人民政协组织最显著的特征，每个界别都广泛联系和代表着各自界别的群众，可以界别的形式把群众中分散的、个别的意见建议汇集起来，提出共同的意志和主张。在智力方面，各界委员作为代表大多数群众利益的人士，一般都有较高的专业素养和较强的观察问题、分析问题、解决问题的能力，协商建言质量很高。

——界别建设有空间。界别分为党派、团体和行业性质等类型。其中，各民主党派、人民团体界别依托自身组织优势，联系比较紧密、界别作用发挥充分。然而，行业界别组织相对松散，界别成员也比较分散，开展活动有一定的困难和不便。原因在于：一是界别意识不够强。政协自身以界别为单位组织的参政议政活动比较少；政协委员本身界别代表的身份意识也不强。二是界别组织不规范。除了中国共产党、民主党派、人民团体外，其他界别既没有专门的组织机构，也没有规范统一的工作制度。

——首都发展有需要。大力加强"四个中心"功能建设、提高"四个服务"水平是首都发展的全部要义。近年来，作为首都前院、城市门户、文化客厅和生态屏障的中心城区，丰台区承担着越来越重要的首都功能。与此同时，丰台区迎来了关键的战略机遇期、高质量发展的重要窗口期。在首都推进中国式现代化的征程中，摆在丰台区面前的重要任务就是倍增追赶、合作发展，这也是当前和今后一个时期的发展主题。倍增追赶、合作发展需要具有强大智力优势、专业优势的各界委员和社会精英人士，对一些事关长远的根本性问题进行深入思考，提出重要的意见建议。

基于此，积极探索开启"政协圆桌下午茶"协商活动，将政协业务和下午茶文化有机结合，形成界别协商的固定平台，更好地发挥了行业界别作用。

## 实践的探索

"政协圆桌下午茶"界别协商活动，是由区政协组织政协委员、界别群众中的专家学者和行业人士，与区委、区政府领导，有关部门负责人围坐圆桌，以平等、坦诚、宽松的下午茶方式，围绕产业升级共谋发展大计，目的在于汇聚各界智慧、凝聚发展共识，推动经济高质量发展。在实践探索过程中，做到了"三个注重"：

——注重界别资源的整合。一是各界委员的组织引导。以政协专委会为依托，按照专业相近、便于活动的原则，在经济、科技界别设立若干界别小组，负责组织政协委员、引导界别群众中专家学者和行业人士参与到"政协圆桌下午茶"协商活动中来。二是"一主多元"的参与主体。以丰台区政协委员为主体，邀请全国、市政协委员，专家学者和行业人士共同参与，从而形成丰台区政协委员为主体、相关各方广泛参与的"一主多元"新模式。三是意见建议的综合吸纳。坚持协商于决策之前和决策实施之中。在"政协圆桌下午茶"协商活动中，区委、区政府领导注意吸收政协委员、专家学者、行业人士以及国家、市级有关部门负责人的意见建议，经过深思熟虑后提出产业发展的对策。

——注重协商环节的设计。一是议题的选择。本着"党政所需，群众所盼，界别所长"的原则，采取区委、区政府"点题"，政协委员"荐题"，向界别群众"征题"的方式，聚焦丰台区重点产业发展选定界别协商的主题。二是调研的内容。在调研过程中，通过精心设计，让政协委员既了解产业发展的全面情况，又掌握其存在的突出问题，做到协商建言有的放矢。三是协商的重点。聚焦产业链、供应链、资金链、创新链、人才链等，界别和政府部门共同研究推动产业发展的抓手，制订"产业发展行动计划"。四是建言的角度。从产业发展趋势、科技研发创新、行业协会资源整合、产业链重要节点企业作用发挥等角度出发，设计、引导并安排政协委员、专家学者和行业人士作重点发言，为产业升级发展提出宝贵的意见建议。

——注重协商成果的转化。一是提质增效，赋能发展。"政协圆桌下午茶"协商活动有效促进了区委、区政府科学决策、有效施策。在轨道交通产业领域，提出了组建专家委员会、建立标准协同联盟等10项产业发展对策措施，推动制定《丰台区轨道交通产业创新发展行动计划（2023—2025年）》；在商业航天产业领域，提出"产城融合、特色集聚、抢建平台、合作发展"的新路径，催生"丰台商业航天之都"的理念，助力《丰台区商业航天产业发展三年行动计划（2023—2025年）》实施；在花卉产业领域，推动研究制定《丰台区花卉产业发展规划（2023—2035年）》，提出"重构'花乡'、促进'花科'、打造'花市'、建成'花城'、凝聚'花神'"的工作路径，推动建立产业基金、发布广聚人才的政策措施。二是民主监督，推动落实。将"政协圆桌下午茶"协商成果的落实情况列为区政协专项民主监督事项，纳入区委年度协商工作计划；从下一年度开始，每年在专项民主监督基础上形成监督报告，供区委、区政府研究参考。三是凝聚共识，汇聚合力。"政协圆桌下午茶"协商活动让政协委员和相关各方人士了解丰台发展的"时"与"势"，感受合作发展的"真"与"诚"，也认识到共同推动发展的"担"与"责"。政协委员纷纷表示，要充分发挥自身专业特长、团结带领界别群众为丰台区高质量发展汇聚智慧和力量。

2022年政协圆桌下午茶

## 引发的思考

当前，全国政协系统上下都在积极探索行业界别建设工作，对于市县政协而言，这项工作更是任重道远。通过"政协圆桌下午茶"界别协商的实践探索，得到了两点启示：

——完善行业界别的组织。一是建立界别召集人机制。设立界别组召集人，由政治素质好、参政议政水平高、组织协调能力强的政协委员担任；同时，由界别组召集人所在单位作为依托，为界别活动提供保障。二是建立界别发挥作用机制。让一个界别对应一个街镇或重点功能区，引导政协委员参与基层协商、助力基层治理。三是建立界别提案提出机制。引导政协委员加强界别内部委员之间的沟通交流，把界别群众普遍反映的问题、比较集中的意见建议，以界别名义提出提案，为党政部门决策提供重要参考。

——拓展界别协商的作用。一是尝试延伸推广。总结凝练"政协圆桌下午茶"界别协商的经验和做法，由经济、科技界别向其他界别延伸推广，扩大协商范围，完善协商形式，丰富协商内容，提升协商效果。二是扩大界别影响。围绕"政协圆桌下午茶"协商的内容在政协全体会议上安排行业界别作大会发言，有利于凝聚更多的智慧和力量，共同推动丰台区重点产业的发展。三是广泛凝聚共识。坚持寓凝聚共识于协商之中，引导政协委员用好协商之前的考察调研、协商之中的互动交流和协商之后的专项民主监督各个环节，既听取界别群众的意见建议，又及时宣传党委政府的决策部署，画出最大同心圆，凝聚最大正能量。

实践永无止境，创新永无止境。我们将自觉地用习近平总书记关于加强和改进人民政协工作的重要思想，武装头脑、凝心铸魂、锐意实践，让有效的界别协商为丰台区倍增追赶、合作发展聚共识添合力！

**作者简介：**

冯晓光，第十、十一届丰台区政协副主席

# 教文卫体委员会履职二三事

解明珠

我是 2011 年 5 月到丰台区政协工作的，负责教文卫体委员会工作整整 12 年。这 12 年，正值中国特色社会主义进入了新时代，党和国家事业取得了历史性成就、发生了伟大变革；正值新时代人民政协干出了新样子、迈出了新步伐；正值丰台政协展现了新作为、呈现了新面貌；区政协教文卫体委员会也在这新时代彰显了履职新担当、展示了委员新形象。作为这 12 年教文卫体委员会的负责人，每每回想起这段时间的履职工作，我的眼前都会有难忘的画面闪现……

## 围绕戏曲文化中心建设建言资政

丰台区第十一次党代会提出了"打造戏曲文化品牌、建设弘扬国粹的戏曲文化中心"的目标。为助推这一目标的实现，2012 年 3 月至 7 月，区政协教文卫体、文史资料委员会与七个民主党派区工委组成联合调研组，邀请区委宣传部、区文化委参加，联合开展了"充分利用戏曲文化资源，促进戏曲文化中心建设"专题调研。为建设戏曲文化中心，打造丰台文化新名片，促进丰台区文化大发展大繁荣积极建言献策。

调研组由时任区政协副主席邢方岭、刘占良担任组长，成员有 53 名政协委员、15 名党派代表和专家。调研具体工作由我所在的专委会工作一室负责组织实施。

调研组在时任区政协党组副书记、副主席周大春的带领下，实地考察了西城区戏曲文化工作情况；深入丰台区当时的马家堡街道、卢沟桥乡实地调研；赴中国戏曲学院考察并座谈交流，时任中国戏曲学院院长杜长胜、北京京剧院党委书记刘胜利等五个驻区戏曲院团领导和专家参加了座谈。与会人员围绕中国戏曲文化中心建设，在地校合作、戏曲文化活动开展、文化创意产业开发等方面提出了很多真知灼见。

在调研过程中，委员们将意见建议归纳梳理，形成提案三件，反映社情民意信息六篇。其中"关于在丰台区建设中华戏曲文化博览园的建议"的社情民意信息刊登在《政协委员话发展》第2期上，得到了时任区委主要领导的重视和肯定。调研组在综合调研情况的基础上，形成了《关于积极推进中国戏曲文化中心建设的调研报告》。

《调研报告》提出了打造中国戏曲文化中心应当遵循"政府引导、地校合作、市场运作、多方参与、彰显特色"的原则。并结合实际情况，提出了五个方面、14条对策建议，形成了常委会建议案，报送区委、区政府决策参考。

为了更好地持续推进戏曲文化中心建设，2013年教文卫体委员会在区政协"推进文化强区建设"政治协商议题中，将"加快戏曲文化中心建设"列为三个专题之一，开展了专项调研，形成了《唱响戏曲文化品牌，加快戏曲文化中心建设》专题调研报告，在协商议政会上进一步提出了意见建议。2014年教文卫体委员会对意见建议落实情况进行了综合性跟踪了解，形成了工作落实情况报告；区政协常委会听取了区委宣传部关于工作推进和落实情况的通报。至此，这项工作有前期深入调研，有针对性意见建议，有区委、区政府领导与民主党派、政协委员面对面协商，有相关部门办理落实情况的反馈，协商工作形成了"闭环"。值得一提的是，2014年，我们在连续两年调研的基础上，综合两个调研报告，形成了《发挥资源优势，建设中国戏曲文化中心——丰台区推进戏曲文化中心建设的调研报告》。该调研成果参加了北京市第25届"丹柯杯"优秀研究成果评选，并荣获一等奖。2015年1月12日《丰台报》对此报道："丹柯杯"优秀研究成果评选始于1989年，迄今已进行了25届，是北京市基层社科实践研究成果的最高奖项。

调研成果得到有效转化和利用，特别是区政协常委会建议案和协商议政会的意见建议得到了推进落实。2014年开始，区政府将连续举办两年的"丰台时尚戏曲文化节"升级为"丰台区戏曲文化嘉年华"；2017年起，丰台区委、区政府承办"中国戏曲文化周"。仅 2023 年举办的第七届"中国戏曲文化周",就有 20 个省(自治区、直辖市)近 50 个院团院校展演了 120 余场"拿手戏";此外,还有人气之星评选、戏曲票友大赛、学术沙龙、跨界互动体验等活动;丰台区作为全国戏曲文化中心实至名归。

### "医疗支援　精准帮扶"助力脱贫攻坚

党的十九大把打赢脱贫攻坚战作为三大攻坚战之一进行了全面部署,实施了"精准扶贫"方略。丰台区政协党组坚决贯彻党中央战略部署,结合丰台政协实际,分别于 2018 年 7 月 2—4 日、2019 年 6 月 25—28 日,组织医药卫生界委员、专家组成医疗支援工作组,赴我区对口扶贫的内蒙古兴安盟扎赉特旗开展"医疗支援　精准帮扶"活动。作为当时区政协教文卫体委员会主任,我有幸参与了 2018 年活动筹备和 2019 年活动的全过程。

两次医疗支援工作分别由区政协副主席冯晓光、段德珍同志带队,共 21 名委员、专家参加活动。工作组在活动中开展了门诊坐诊、教学查房、义诊咨询、对口培训、专题讲座、座谈交流、了解需求等工作。两次活动共诊治患者达 650 余人次;开展教学查房共会诊患者 50 人;委员亲自操刀并指导了两台肛肠手术;为五名患者进行了胃部内窥镜检查;现场赠送发放外伤急救包 200 个;对口培训专业医护人员 117 人;针对新医改政策实施,举办专题讲座一场,培训旗、乡镇两级医务人员 200 余人。

委员们以扎实的专业知识、高超的技术水平、敬业的工作态度投入工作中,在查房会诊和科室教学过程中,结合当地患者的实际情况,耐心讲解、倾囊相授,还与当地医务人员互留了电话、微信,便于长期沟通、随时交流。以"授人以渔"的帮扶理念,立足培养本土人才,持续强化"造血"功能,力求为当地留下一支"不走的医疗队"。委员和专家不局限于医疗支援现场对患者的诊疗和救治,还通过远程医疗的方式,对有需要的病患进行长期治疗,切实服务当地群众。他们真诚面对病患、认真研究病例、无私传授经验,充分体现了政协委员的为民情怀、责任担当和奉献精神,用实际行动展现了首都政协委员的风采,赢得了当地医务人员和老百姓的一致好评。

政协"医疗支援　精准帮扶"活动，还得到了区卫计委（现卫健委）、丰台医院、北京市丰台中西医结合医院的大力支持和帮助。

作为参与医疗帮扶活动具体组织和服务的工作人员，活动中的所见所闻给我留下了深刻的记忆。我深深地感受到：只要我们组织的活动紧扣了区委、区政府中心任务，选题精准、设计精心、实施精细，工作就有质量，活动就有实效；只要我们组织的活动发挥了委员的专业特长和界别优势，委员履职热情就高，委员主体作用发挥得就好；只要我们组织的活动坚持从客观实际出发，基层就欢迎、百姓就受益，人民群众就能感到政协离自己很近；只要我们组织的活动紧密联系了国家的大事要事，社会各界反响就强烈，政协的社会影响力就能扩大传播。

## 委员工作站活动彰显界别特色

2021 年 5 月，丰台区政协全面启动了委员工作站建设工作。从委员工作站谋划设置之初，我和一室的同志就有这样的共识：委员工作站既然是委员联系群众、凝聚共识的新渠道、新平台，那就应该联系的群众越多越好、凝聚的共识越广泛越好，这样才能寻求最大公约数，画出最大同心圆。基于此，我们根据两委联系的三个界别的专业优势和委员特长，重点建立界别型委员工作站。通过两年多的努力，共建立九个委员工作站，其中界别型委员工作站七个。在活动的组织和开展中，立足于履职工作、界别活动、服务群众需求和专项工作，充分彰显了界别特色。

立足于履职工作。文化艺术界委员工作站，围绕"充分利用独特历史文化优势，推进卢沟桥—宛平城—长辛店文化片区建设"协商恳谈会议题，组织委员赴卢沟桥、宛平城、中国人民抗日战争纪念馆、留法勤工俭学预备班旧址、长辛店二七纪念馆等进行实地考察，就"如何做好红色文化传承"与地区群众、教师代表座谈，广泛听取基层群众和界别群众意见，积极反映社情民意，为推进文化片区建设献计献策，凝聚起"弘扬光荣传统、赓续红色血脉"的共识。

教育界委员工作站针对"优化资源配置，提升教育质量，做好'双减'后半篇文章"议政性常委会议题，充分发挥界别优势，线上与线下结合，认

医药卫生界委员工作站开展 "中医健康生活厅" 活动，站长刘宏讲解中医药知识

真组织委员开展实地考察、座谈研讨、协商交流、撰写调研报告等活动，使委员们切身感受到了丰台区 "双减" 工作的成效，凝聚起为办好人民满意的教育贡献委员智慧、政协力量的共识。

立足于界别活动。医药卫生界委员工作站高度关注疫情防控和丰台卫生健康事业发展，组织委员对 2020 年开展的 "总结新冠肺炎疫情防控工作，进一步完善应急预案" 议政性常委会协商议题意见建议落实情况，进行跟踪了解，促进了相关工作开展；参加了区卫健委组织的《"十四五" 时期丰台区卫生健康事业发展规划》研讨活动，为丰台未来五年卫生健康事业发展建箴言、献良策；依托丰台区中医药博物馆，组织委员和专家开办中医健康生活厅，将中医药服务充分融入百姓生活中，开展全景式社区特色中医健康管理，凝聚起 "健康丰台、健康北京、健康中国" 的共识。

立足于服务群众需求。常卫东委员，充分发挥自身专业特长和资源优势，成立了专项服务小组，在《北京市物业管理条例》实施后，受地区党工委之邀，共为丰台区 16 个街镇 167 个小区提供业委会、物管会筹备组建换届等工作的法律服务，答疑解惑、讲法明理，为社区治理作出了贡献。于安安委员结合工作实际，深入调研，撰写了《关注临终人群带病生存需求，科学有效探索护理院纳入医保定点医疗机构的建议》社情民意信息，为市政府主管部门制定相关政策提供了参考。刘宏等五名委员受邀担任东铁匠营街道功能组团观察员，深入基层一线，加强与社区和居民的联系，积极反映社情民意，助力区域发展。通过委员工作站平台，委员发挥专业特长和自身优势，促进了民生改善，凝聚起"助推群众急难愁盼问题解决"的共识。

立足于专项重点工作。围绕庆祝中国共产党成立 100 周年，开展了"团结在光辉的旗帜下"主题活动，引导广大委员不忘合作初心，共担时代使命。在"光辉的旗帜——庆祝中国共产党成立 100 周年"征文活动中，委员工作站成员共上交 22 篇文章，我们遴选出八篇报送市政协，被采用五篇，位居 16 区首位；同时，区政协在《丰台报》、丰台政协网开辟专栏，刊发系列文章。在市区两级政协举办的"花儿朵朵向阳开——庆祝建党百年画作"和"百年历程　世纪辉煌——学习习近平论中国共产党历史百幅书画作品"征集活动中，文化艺术界委员工作站成员共创作作品 14 幅，均被市政协采用；七名委员参加了"唱支山歌给党听"短视频录制活动。通过征文、书画、歌唱等形式，委员们充分表达了对中国共产党的热爱之情，诠释了"四史"教育的生动实践，凝聚起"永远跟党走"的共识。

在两年多的委员工作站建设工作中，我们全面整合了委员主体"点"的资源，深入挖掘了界别组织"线"的特色，充分发挥了专委会工作"面"的优势，广泛凝聚了社会各界"体"的共识。

委员工作站建设任重道远。教文卫体委员会、文史资料委员会定会在今后的工作中，继续积极探索、努力实践，真正使委员工作站成为统一战线的阵地、联系群众的平台、政协组织的窗口。

**作者简介：**

解明珠，第九届丰台区政协委员，第十、十一届丰台区政协常委，区政协原二级巡视员

# 发挥伊协责任担当
# 践行民族团结、维护社会和谐

刘宝忠

　　时光荏苒，岁月如梭，回想从前，我从一个一无所有，迷茫无助的小镇青年，到如今在丰台已经是安居乐业，事业也算小有成绩。吃水不忘挖井人，这一切都离不开我的第二故乡——北京丰台。

　　还记得 2011 年，我刚来到丰台清真寺主持丰台区伊斯兰教的日常工作。刚一到这里我就深深地感受到了"丰台特色"。丰台区伊斯兰教协会在区委、区政府的坚强领导下，在市民宗委、市伊协的关心和指导下，在区委统战部、民宗办的大力支持帮助下，全区穆斯林群众都能主动积极参与丰台伊协开展的各项活动。参加这些活动也使我的政治觉悟大大提高，从紧紧围绕首都工作全局，结合本区工作实际，到认真学习习近平新时代中国特色社会主义思想；从深入贯彻党的民族宗教政策，始终高举爱国爱教两面大旗，到积极协助党和政府贯彻落实宗教信仰自由政策；从维护伊斯兰教界合法权益，团结一致，开拓进取，到各族人民团结一心促进丰台区经济社会和谐发展。一桩桩一件件无不让我大开眼界，通过开展活动我们区的穆斯林信教群众思想觉悟提高不少，我对丰台区的认识也越来越深刻全面。

　　就拿近几年我们主要组织的活动来说吧。2010 年开始丰台伊协从认真落实党的民族宗教政策入手，积极开展"教风年""和谐寺观教堂""五进清真寺"等创建活动。我当时就是这些活动主要负责人之一。我带领区伊协把各类创建活动作为工作主线，以丰台、长辛店、南苑三座清真寺为依托，搭建起提升深化我区伊斯兰教工作的重要平台，现在回想起来正是通过这些活动，才深深筑牢了丰台伊协健康发展的基石。

记得当时为了推进创建活动开展，区伊协成立了工作学习小组，由老会长李志刚任组长，我为副组长，伊协通过召开阿訇、伊协及寺管会委员和骨干乡佬座谈会，使"三支队伍"对创建工作精神有了深入的了解、全面的认识，并制定了《丰台区伊协"和谐清真寺"创建活动实施方案》，为推动创建工作深入开展打下了坚实的基础。我记得当时老会长特意强调，"创建活动要与本区伊斯兰教的主要工作相结合、与伊协组织和清真寺自身建设相结合、与清真寺管理水平提升相结合、与提高阿訇队伍综合素质相结合、与加强骨干乡佬队伍建设相结合"。当时小本子记录的这段话也让我在今后的工作中知道了如何开展工作。时至今日我每一次思考如何工作的时候都要对比一下，简短的几句话总能让我找到工作方向。

我记得在当时，区伊协在各级党委、政府和主管及相关部门的支持帮助下，各种创建活动都取得了显著成果。当时的一些理念至今我还记得，比如"和谐清真寺创建靠你、靠我、靠大家""和谐创建从身边做起、从小事做起"这些理念至今都深入人心。

在当时，我们伊协学习小组不断总结，通过"内强素质、外树形象"，不断推动自身建设，以完善制度为重点，规范内部管理，注重制度施行。通过不断实践探索，明确了职责范围，现已形成各项规章制度 14 个，各项工作规范表格 10 个，将制度真正从墙上落实到工作中。

我们通过不断拾遗补阙完善规章制度。一方面完善了原有的《丰台区各清真寺民主管理制度》等十项制度，以不断适应本区伊斯兰教工作新形势。另一方面，加大制度建设力度，促进内部管理的规范化，使宗教活动更加有序，寺务管理更加民主，财务管理更加规范，日常服务更加细致，大大促进了区伊协和各寺管会整体工作水平。

我们在努力提升服务水平的同时，始终坚持爱国爱教的指导思想，充分发挥党和政府与穆斯林群众之间的桥梁纽带作用，积极践行民族团结，维护社会和谐。在"五进清真寺"活动中，三座清真寺都做到了国旗进清真寺，宪法和法律法规进清真寺，社会主义核心价值观进清真寺，中华优秀传统文化进清真寺，还通过与社区共建将民族团结进步创建工作纳入清真寺日常工作中来。尤其是公益事业方面，区伊协积极开展各种公益活动对外树立良好形象。区伊协在经费极为有限的情况下尽自身最大努力开展公益慈善工作。每逢重大节日，都对部分少数民族困难群众进行走访慰问。在斋月期间大力推行斋月尊老敬老善行斋月活动，不仅体现了行善是伊斯兰教的传统美德，同时也让少数民族群众和穆斯林群众深深体会到了党和政府的关心和关怀。我还带领伊协班子成员积极参加街道和社区的各种活动，组织伊协骨干参加社区垃圾分类活动、加入劝导队值班值守、积极参加社区推行的如何安全合理使用电动车宣传等活动。参与社会公益活动有效地提升了伊协和各清真寺在属地的影响力，也为社会服务作出了应有的贡献。

在开展全方位的创建活动中，我明显感觉"三支队伍"人员素质不断提高、清真寺管理更加规范、各方关系更加和谐、服务社会意识更加自觉、自身建设更加完善。丰台清真寺、长辛店清真寺、南苑清真寺先后被评为北京市寺观教堂和谐创建达标场所，丰台清真寺还被评为市级"四进宗教活动示范场所"，在市伊协先进集体表彰大会上对我区的创建工作多次予以肯定，同时我也有幸多次被评为北京市少数民族团结共建先进个人。说来惭愧，先进是我一人的荣誉，但是成绩是每一个丰台人的成绩，没有区领导的支持，没有伊协"三队伍"协作，没有广大穆斯林群众对我们的信任，我绝不可能获此殊荣。

最后我还想特别感谢我的"主心骨"——丰台区委、区政府的关心。在我们最无力的时候总是"主心骨"为我们排忧解难，我区共有三座清真寺和两块墓地，如何建设好"三寺两地"一直是全区广大穆斯林关注的焦点。在区委、区政府的关心、支持下，区伊协才有经费对丰台看丹墓地进行了修缮、整治。对长辛店沙锅村回民墓地进行了大规模修缮、改建。现今的两座墓地青松翠柏，环境焕然一新。

在我们区民宗办多方协调下，筹集资金多次对三所清真寺进行了部分设备设施改造。尤其是丰台清真寺的煤改气工程，通过区民宗办多次协调最终接通了天然气管道，彻底解决了清真寺用火安全隐患。清真寺设施的改善极大地方便了广大穆斯林群众过宗教生活。

回首过去，全区各族穆斯林爱国爱教、团结一致、共同努力，取得了丰硕的成果。展望未来，我们坚信，在区委、区政府的坚强领导下，在市民宗委、市伊协的关心和指导下，在区委统战部、区民宗办的大力支持帮助下，我们将持续强化责任担当，积极践行民族团结，维护社会和谐，始终坚持伊斯兰教中国化方向，大力弘扬社会主义核心价值观，更加紧密团结在以习近平同志为核心的中共中央周围，高举爱国爱教旗帜，和谐发展，抢抓机遇，开拓进取，团结带领全区各族穆斯林，努力开创我区伊斯兰教工作的新局面，为丰台区经济社会的全面健康发展贡献力量，为实现中华民族伟大复兴的中国梦而努力奋斗！

**作者简介：**

刘宝忠，第十、十一届丰台区政协常委，丰台区伊斯兰教协会会长、丰台清真寺阿訇

# 培根铸魂，厚植丰台教育红色基因

马红民 / 口述　韩　冰 / 整理

我叫马红民，多年来一直从事语文教学工作，未曾想过有一天会做教学管理。然而，从事多年的教学管理，临近退休的我，更未想过，还要完成一项艰巨的工作——打造有鲜明丰台区特色的思政课程。

思政课是落实教育立德树人根本任务的关键课程，2021 年全国两会上，习近平总书记强调，"'大思政课'我们要善用之，一定要跟现实结合起来"。在总书记关于思想政治理论课改革创新系列重要讲话精神指引下，做大、做强区域思政课程体系势在必行。

让思政课更生动、更鲜活、更能激发青少年爱国热情，这需要凝聚广大一线教师的教育智慧。我们组建了以分院课程中心为核心的工作团队，组织了多次研讨会，进行了 10 余次课程方案统稿，在多方智慧与力量的贡献下，一遍遍思维碰撞、迭代升级，我们凝练出"三四三"课程，即我区思政课立足全要素，做到"三全"，即全员、全过程、全方位，坚持思政课的整体性。同时，注重贯通式，体现"四融"，即大中小学融通、理论与实践融合、历史与现实融汇、教师与学生融入，坚持思政课程建设的统一性，强调不同学段和教育内容的联系；突出实践性，塑造"三精"，即打造精品课程、开展精彩活动、行走精华路线，强调思政课知行合一，以"大视野""大格局"做好"大思政课"建设。

同年，推动区教委发布《全要素、贯通式、实践性思政课程工作方案》，以习近平新时代中国特色社会主义思想铸魂育人为贯穿，构建丰台区"全要素、贯通式、实践性"思政课程育人体系，创造性地提出"行走的思政课"

概念。在前期深入探索的基础上，三年来，结合我区实际，我们的工作得到了越来越多学校的支持，也取得了越来越丰硕的成果。

善用区域资源思政。我区拥有丰富的思政课程教育资源，如长辛店二七纪念馆、长辛店留法勤工俭学预备班旧址、中国人民抗日战争纪念馆等，同时我区兼具古都、红色、京味、创新四大首都特色文化，金中都拉开了北京建都史的序幕，长辛店地区是中国共产党的早期革命活动地之一、中国北方工人运动的重要摇篮，卢沟桥是

丰台区"行走的思政课"实践手册

全民族抗战爆发地。作为首都中心城区，丽泽金融商务区、中关村丰台园等处处彰显着新时代的活力与生机。而这些都是得天独厚的思政教育资源。

课程中心团队因地制宜，结合区位资源优势推出九条思政课程精华路线，编写九本《丰台区行走的思政课实践手册》，既有"长辛店留法勤工俭学预备班旧址—二七厂 1897 科创城—二七纪念馆""中国人民抗日战争纪念馆—卢沟桥文化旅游区"这样的爱国主义教育基地寻访路线，也有"辽金城垣遗址博物馆—丽泽商务区""中国航天博物馆—东高地青少年科技馆"这样的历史与现代科技融汇的参观路线。这些精华路线突出发挥地域优势，注重学生参与、贴近日常生活，在讲授的基础上融入实践、体验和研究等多种方式，真正让思政课程活起来。引导学生厚植爱党、爱国、爱社会主义的情怀。

善融学段特点思政。不同学段学生差异较大，思政课程要触达学生心灵，需要因才分类施教。为此，我们设计了一整套大中小学"融通"课程体系。

小学阶段重在启蒙道德情感，引导学生形成爱党、爱国、爱社会主义、爱人民、爱集体的情感；初中阶段重在打牢思想基础，引导学生把党、祖国、人民装在心中，强化做社会主义建设者和接班人的思想意识；高中阶段重在提升政治素养，引导学生衷心拥护中国共产党的领导和社会主义制度，形成做社会主义建设者和接班人的政治认同。同时将思政小课堂同社会大课堂相结合，让思政课真正走入学生内心。

善挖教师智慧思政。思政课要"活"起来，关键在教师队伍水平，想让学生能感悟，首先教师自己要先了解。我们把教师队伍水平提升作为做好思政课的关键环节，先让教师深入了解掌握丰台思政资源内涵，开好区域特色思政课程。在教委支持下，建立名师工作室、工作坊等，聘请国家级、省市级理论型、实践型专家，建立高端专家资源库，逐步实现全学段专家型人才引领，建设好思政学科"名师工作室"，实现工作室培养模式的学段全覆盖。

同时立足学校、区域引领，专家支持，推动大中小学建立思政课教学研究共同体，打造动态课程、共享资源库，实现优质思政资源的流动与融通。我区各中小学与北京理工大学、北京大学、中国矿业大学、首经贸马克思主义学院、北交大马克思主义学院等高校教师同上思政课，形成了可共享、可借鉴的鲜活课堂实例。开展北京市"大思政课"综合改革试验区丰台区区校共同体建设工作，进一步拓展"行走的思政课"工作内涵，深化思政课教材、教研、教法等方面的改革创新。

善构体制机制思政。为使思政课持续深入推进到区内每所学校，每年组织召开深化新时代思政课改革交流研讨会，积极探索"以征集激励创新，以评审推动优化，以共享促进改革"的课程评选路径，将一系列典型课例与课程培训、交流研讨、资源平台建设等有机整合，推动区域各校保持好思政课改革创新的内在发展动力与发展活力。

同时设立思政基地学校，实现"新时代学校思想政治理论课改革创新基地校"全覆盖，推动思政课在全区各学校扎实落地。形成具有首善标准、首都特点、首创精神的示范性"大思政课"建设模式。

善用关键节点思政。结合庆祝中国共产党成立 100 周年、2022 年北京冬奥会和冬残奥会、纪念全民族抗战爆发 85 周年等重大主题活动，紧抓

"六一""七七"等重要时间节点，策划组织开展"我们是共产主义接班人"——丰台区中小学校百年百团唱百歌、"童心向党庆六一 踔厉奋发启新程"等系列主题活动。卢沟桥桥头，卢沟桥一小、二小的学生合唱团和时代楷模、"卢沟桥事变"亲历者郑福来以及宛平地区居民，一起唱响《没有共产党就没有新中国》《唱支山歌给党听》等爱国歌曲；在丰台区少年宫，百名少年绘制百米长卷；在长辛店二七纪念馆，"小小红色讲解员"为游客宣讲红色故事，赓续红色血脉。

三年前，作为分院主管课程中心的副院长，接到打造区域思政课程的任务，心里更多是压力与彷徨。在区政府、区内各学校支持与努力下，我们的成果越来越得到大家认可。十万余名学生参与线上线下"行走"。我们统筹推进大中小学思想政治教育工作一体化建设，培养一支高素质思政教师队伍，打造百余节精品课例。我们组织学校参加北京市大中小学思政课优秀教学课例评选，获奖率 100%。我们区以"行走的思政课"深化新时代思政课改革的创新实践影响深远，被《人民日报》《光明日报》《北京考试报》、学习强国、北京卫视、今日头条、中国青年网、千龙网等 30 多家媒体和平台广泛宣传。

今年暑假，偶尔看到《丰台时报》以《在多维度"行走"中培根铸魂、启智润心》报道思政课时，我的眼睛湿润了，说明我们的工作得到了家乡父老的认可，希望我们的努力让红色基因更加厚植于区域教育的沃土！

---

**作者简介：**

马红民，第九、十届北京市政协委员，第十届丰台区政协委员、第十一届丰台区政协常委，北京教育学院副院长，正高级教师、北京市特级教师

韩冰，第九、十、十一届丰台区政协委员，民进丰台区工委副主委，北京教育学院丰台分院副院长、高级教师

# 李有毅校长其人其事

殷　楠

我是丰台区第九届、十届政协委员，原丰台第一小学教育集团校长。看到《新时代委员话丰台》的征稿启事后，心有所动。作为教育人，我首先想到了在这个改革时代中丰台教育的领头人李有毅校长。

李有毅校长是原北京市第十二中学校长，北京十二中联合总校校长，现任北京丽泽国际学校和北京第五实验学校校长，也是北京市第十三届、十四届人大常委，北京市第十五届、十六届人大代表；丰台区第十二、十三、十四、十五、十六、十七届人大常委；全国政协第十三届委员。她于2008年率先提出"求真、崇善、唯美"的办学理念。全面推动高中课程改革，以自主课程实验为契机，构建"真善美交融"的课程体系，促进素质教育发展。她主持了国家社会科学基金"十二五"规划教育学一般课题"普通高中创新人才培养的实践研究"等多项国家、市级重点规划课题。"中学形体课教学实践""多元智能理论应用"等多项课题成果获得全国和北京市教育科研成果一等奖。在全国首创钱学森学校，创办钱学森航天实验班，发起成立了全国"推进教育信息化应用名校联盟"；以教育大胸怀推动教育集团化，带领北京十二中发展为一个跨幼小初高多个学段、一校多址的联合总校，推动区域教育高位均衡发展，为这区域的历史留下可书可歌的印记。

## 追忆过往岁月，定格在几个清晰的年份

2010年。当年10月同为丰台教委组织的校长赴美学习班成员，朝夕相

处了一个月，对李校长有了进一步的了解。学习班里年龄最大的李校长每天依然充满热情地面对高强度的学习，着实令我吃惊。学习期间，李校长随冯晓光主任一起前往美国西湖中学考察，并签署了友好校协议，为学校的发展奔波谋划。随着时间的推移，我发现这哪是工作的结点（当时的李校长已经 55 岁），分明是一个工作进程的起点。由此为丰台教育，为十二中开启了新的篇章。

2019 年。当年听闻北京市理科高考第一名出在十二中时，激动之余不免产生一些疑问：在地域、生源、高校资源支撑、家长整体水平均无明显优势的情况下，这个第一不会是一种偶然吧？然而，李校长在丰台教育大会的发言，让我看到了十二中全体师生厚积薄发的努力，看到了丰台教育的希望。

她说：十二中的一鸣惊人会让很多不了解丰台教育的人感到意外。确实，由于客观条件的限制，我们的学生并非全部都是一流学生，也很难吸引很多一流大学的毕业生扎根丰台教育。但是，我们并没有因为客观条件不足而抱怨，而是潜下心来，韬光养晦，将教育工作做在实处、做在细处、做在小处；我们也没有因为地域限制而一叶障目，而是高起点、抓重点、有特点地设计学生、教师、学校的发展路径，从未放弃对一流教育的追求。

她说：世界一流大学和一流学科建设已成为中国高等教育发展的共识，中学是大学的基础，必然也要以世界一流作为发展目标。那么，何为一流中学？如何开展一流教育？我个人认为，一流中学的典型特征是：凝聚着一批真正热心、热爱教育的教育专家；既能让全体学生全面发展，又能让拔尖人才脱颖而出；有较高的教学质量，能获得较高的社会认可。

她说：这样的成绩不是机缘巧合下的偶然，而是厚积薄发后的必然。学校鼓励孩子们在求知欲望和创新热情最旺盛的时候，立意超前、志存高远，为成为祖国需要的优秀人才打下坚实根基。2008—2019 年的 12 年里，学校共有 15 名考生进入北京市高考成绩前 10 名，理科考生有 7 年进入前 10，文科考生有 4 年进入前 10。本科重点上线率连续 7 年在 98% 以上，2017—2019 年达到 100%，清华、北大录取人数居北京市前 10 名，成为十多所"双一流"大学的优质生源基地校。2014 年至今，50 位同学获得数、理、化、生、计算机奥赛全国联赛一等奖，2018 年更是实现了一年中五科奥赛均获一等奖的新突破，获奖人数居北京市重点中学第五名。科技教育获得北京市最高奖项市长

北京十二中教育集团 2019—2020 学年开学典礼暨第十届校长奖学金颁奖典礼

奖。2016 年学校钱学森航天实验班学生参与研制的中国首颗、世界第六颗卫星"少年梦想一号"成功发射升空。艺术团体百花齐放，其中金帆民乐团两次代表北京市参加全国展演并获得金奖。体育健儿在国内外比赛中摘金夺银，校女子排球队建队仅八年，就已成为北京市顶级中学女排，三届女排毕业生全部被 985 大学录取。2019 届高三毕业生刘哲凯，先后获得标枪全国、亚洲、世界三连冠，现已进入国家队。值得一提的是，上述教学活动都是以学校为主阵地，指导教师全部由学校培养，保障了学校育人质量稳中求进，社会满意度不断提升。

她还说：这份成绩是全体师生用心血和智慧浇灌出来的。我们的教师用心教育、无私奉献，磨炼出过硬的本领，在全国最高级别优质课评比中，有 9 位教师获得一等奖，人数之多居全市前列；在北京市高中教师基本功大赛中，有 8 位教师获得一等奖，获奖人数居全市第二。

听了李校长的发言，我被震撼了。这个结果是一个有着强烈责任感的教育者躬耕不辍、执着追求的必然回报。由此应验了李校长的话：信念是一支火把，最大限度地燃烧一个人的潜能。只要你有真实的付出，就会发现许多门都是虚掩着的，尤其是教育者的成功之门。

### 她始终把大爱情怀作为自己的精神追求

2022 年 3 月 4 日下午，全国政协十三届五次会议第一场"委员通道"采访活动在人民大会堂新闻发布厅举行，李有毅校长作为全国政协委员、北京市第十二中学联合学校总校校长通过网络视频方式接受媒体采访。

她说："我想'双减'的实施就是推动教育回归本质，让学生有时间，有动力全面发展，把我们基础教育引向培养德才兼备、创新人才的正确轨道。"

她说："'双减'减去的是不必要的、机械的、重复的学业负担，而个性、创造、责任、梦想和爱不会减。'双减'不是突击战，老师、家长和社会要拧成一股绳，共同帮助学生去开发自己、成就自己。"

最后，她寄语学生："每一位心中有爱，眼里有光的孩子都是好孩子。'双减'给了你成为独特而优秀个体的沃土，要珍惜这大好的机会，不负新时代，在滋养底气和灵气中崇尚真理，在涵养正气与雅气中修身齐家，在韬养大气与和气中海纳百川，在蓄养志气与勇气中自强不息。"

面对"双减"政策，在很多人徘徊、犹豫、不解之时，来自一线校长充满温情而又坚定的话语让更多学生、家长减少了焦虑，找到努力的方向；让更多教育者及社会人士对"双减"的本质有了清晰的认知，对"双减"政策的推进起到了积极的作用。可是，又有多少人知道，她才刚刚做过一个大手术，身体还在康复中。一场采访下来，正常人都会因紧张身体出现应激反应，更何况手术之后一个近 70 岁的人呢。她是凭借顽强的意志完成了这份重要的采访工作，为教育发声，让家长安心。事后，了解情况的朋友发来信息说："服了！真是一个奇迹。声音洪亮，看不出是一个刚做完大手术的人。看来精神的力量大于身体的力量，病都被吓跑了！"是的，病魔在人的意志面前变得如此渺小。

依然是 2022 年，她又着手创办了一所从未涉足的国际化学校——北京丽泽国际学校。这是丰台区唯一一所国际学校，也是城六区唯一一所国际学校。

北京丽泽国际学校启动仪式

为了丰台大地的孩子，她又给自己确立了新的目标。

回忆至此，不由得产生了一个疑问，什么样的动力让李校长能够在近70岁的时候还有这样的魄力接受新的挑战呢？

带着疑问与李校长约好，有了一次面对面的交流。李校长从自己的教学生涯开始娓娓道来，讲述了自己的教育工作历程。从她的言谈话语中，始终感受到的是一个教育人乐观执着、奋发向上的态度：希望十二中在自己担任校长期间能够得到提升；希望历任校长的宝贵经验能够在传承中发展；要抓住机会争取高端项目，让学校在高层次中发展；对于学校的各项工作要一抓到底，从不放弃；每年要有一个公开展示的大会或活动向区里汇报；我致力于尝试创新的教育方式。

我又细细阅读了李校长写的《真善美的追寻者》一书。那一个个故事、一幕幕场景和一项项活动让我看到了一个成功教育者的心路历程，看到了她的勤奋、热情、善良、大气和智慧。特别是"沉醉于'最'"这句话道出了李校长的成功所在。她在追求最好的教育之路上不断求索，在享受教育成功中永葆青春活力。

著名教育家、北京师范大学资深教授顾明远先生为李有毅校长所著的《真善美的追寻者》一书作序，其中的一段话概括出李有毅校长其人：一个成功的人，一定是一个内心纯净的人，一个心灵充盈的人，也是一个幸福的人。李有毅校长无疑属于这样一种人。

是的，李有毅校长就是这样一个纯粹的人，一个在追求真善美之路上从不退缩的人，一个用责任担当不断书写人才培养新作为的人。她现任创新人才教育研究会副会长、中国教育学会高中教育专业委员会副理事长、中国人工智能学会中小学工作委员会主任、北京市学校德育研究会副会长等职务，是北京师范大学教育家书院兼职研究员，首都师范大学教育硕士特聘导师。先后荣获"北京市杰出校长""全国先进工作者""全国五一劳动奖章""全国三八红旗手奖章""全国教育杰出贡献校长""改革开放 30 年北京教育功勋人物""北京市有突出贡献人才"等荣誉和称号，享受国务院政府特殊津贴。

**作者简介：**

殷楠，第九、十届丰台区政协委员，丰台区丰台第一小学原校长

# 扎赉特旗，我永远的牵挂

栾晓巍

作为第十届丰台区政协委员，我先后两次跟随区政协组织的对口帮扶医疗队赴内蒙古兴安盟扎赉特旗开展医疗支援，与当地医疗工作者并肩作战，积极开展医疗活动。回首经历，有辛苦、有感动更有感悟。更是这两次深度与当地医院医生和群众接触，让我与这片刚刚脱贫的土地结下了深厚的感情，那里的医生、那里的患者成了我永远的惦念与牵挂。

### 接到通知我毫不犹豫地接受任务

2018 年 7 月我接到丰台区政协电话，询问我有没有时间参加政协组织的到内蒙古扎赉特旗医疗对口帮扶，记得当时我丝毫没有犹豫地回答"我能去"。当我把这个消息告诉家人时，家人都给予了我无比的支持和鼓励，90 多岁高龄的老母亲更是为我能接受这样的特殊任务而感到自豪。正值举国上下脱贫攻坚的收官时期，我深深地感受到责任的重大和任务的艰巨。行程确定后时间紧迫，我安顿好家人，将手头工作交代处理后全身心地投入准备之中。我一直在告诫自己，此行我们不仅代表丰台、代表北京，更是代表整个脱贫攻坚大计，不敢有丝毫怠慢。我先是翻阅地图查阅资料，对当地人文气候有一个大致了解。内蒙古兴安盟扎赉特旗位于东北大兴安岭与松嫩平原，占地面积 11837 平方公里，人口 39 万余人，以农业为主，年平均温度在 3℃左右，全年有一半以上为结霜期，气候寒凉。我边查阅当地资料，边不断地思索：在这样的环境中，都有什么样的人群、易发病种是什么？怎样才能把北京市丰

2019 年在内蒙古扎赉特旗人民医院中医科出门诊

台区政协带去的医疗队的水平发挥出来等问题。我白天准备行程所需物资，晚上查阅资料，行李箱中除去简单的换洗衣物就是药品、资料，塞得满满的，为此行我做足了准备。

### 来到诊室我一个患者都不错过

7 月 2 日，我怀揣着炽热的心情来到了多日梦想的工作地——内蒙古兴安盟扎赉特旗。简单地对接后我们来到事先安排的内蒙古兴安盟扎赉特旗人民医院。医院医疗条件虽差，但这是这里最好的医院了。我是中医科大夫，被安排到中医科门诊工作。

听说北京医疗队到来，当地患者早已排起长队等候。从诊室门前一眼望去，候诊区的患者，有坐轮椅的、有拄拐杖的、有被搀扶的，队伍排得看不到队尾。为了不辜负患者的期盼，我认真地诊断、耐心地解答，把脉、诊断、写处方没有丝毫的懈怠，一个上午我不敢喝一口水，没有去一次厕所，只怕耽误时间少看一位患者。开药方要用手写，一支笔的墨水用尽了，换一支，一上午总共看了 46 位患者。一上午过后我已口干舌燥，中午匆匆地吃几口饭继续看，看着排队患者热切的眼神，渴望的神情，我被深深地感动着。

三天的门诊就这样紧张忙碌着，我全身心地为患者诊治，不放过任何一个细节。认真对待每一名患者。记得有一个五十来岁的男性患者，体胖，自述近一年经常双下肢寒凉、麻木、疼痛，近两个月夜晚疼痛加重。询问病史，有高血压、高血脂、糖尿病史近 20 年，偶尔口服止痛药，未做过定期常规的检查，在就医前没有明确诊断。我给患者脱去袜子检查，暗紫色的脚趾有破溃，伴有渗出液和特殊异味。由于当天就诊人数较多，又是陌生的环境，来不及找一次性手套，我就徒手在患者足背找动脉，采取鉴别诊断和病症支持方法确诊病情，我给患者作出明确诊断：足动脉硬化闭塞症，足尖干湿混合性坏疽。并给出活血化瘀、通络止痛的对症治疗，开出桃红四物汤加桂枝汤等药方。给出预防治疗方案，让他经常用大粒热盐外敷局部，或者直接用艾条灸关元、气海、足三里等穴，叮嘱他饮食要清淡，适度运动，保持乐观态度，多注意休息，以减少病情继续发展和疼痛。患者看我用不戴手套的手在他破烂带着脓血的脚上触摸诊断，感动得眼含热泪。

还有一位男性患者，右手拇指外侧有一包块，红肿热痛，三年前第一次发病，血象检验，血尿酸高达 500 以上，医院诊断为痛风，口服西药非布司他和别嘌醇片，减少了疼痛发作频次。中医诊断为历节病或痹症。我给出了中医药长期治疗方案：以清热利湿、活血化瘀药，配以乌鸡白凤丸为主，日常注意饮食和配合运动为辅。要少食动物内脏，避免啤酒、豆制品及海鲜同时服用，因为这些食物含嘌呤过高；增加运动，可以通过汗液把体内尿酸代谢掉。这种治疗方案药品服用方便，价格低廉，在临床上有异曲同工之效。

另一位 48 岁患者，两年前突发脑梗，出现半身不遂，语言凌乱，右侧肢体无力，活动受限，肌肉萎缩，生活基本不能自理。由于患病时间较长，我让患者以肢体和语言康复为主，用药为辅。我教给其家人如何帮助患者按摩患侧，如何做大小关节屈伸动作及行走和运动操。并采用这个年龄耳熟能详的歌曲"东方红太阳升——"等二—四拍的缓慢歌曲，来调整语言功能。并将避免再次发生脑梗的生活方式干预——告知患者及家属，耐心地解答家属的每一个问题，患者走出诊室时由衷地说：真是首都来的专家呀，我们从来没有遇到过这么耐心的医生。

在诊治过程中，我从不嫌弃患者的异味和脓疡，把患者视为兄弟姐妹，耐心细致。我被患者的信任感染着，患者被我感动着，我边诊治、边开方、边记录，三天时间飞快地过去了，我共诊疗 185 位患者，开具处方 230 张。

### 带着问题与思考二赴扎赛特旗

回北京后，我将自己诊治的记录进行整理分析，发现在诊治的病人中男性 45 ~ 55 岁脑梗、高血压、糖尿病患者占患者总数的 1/5。我陷入深深的思考，为什么当地患心脑血管疾病和糖尿病的人比其他城市都年轻化？为什么他们还没有脱贫？怎样能够预防因病致贫和怎样解决和防止因病返贫？这一个一个的问题在我脑海闪现。在问诊过程中我得知当地气候寒冷，人们冬季多半不能农耕，活动量少，饮食习惯是吃肉、喝酒和吃腌制咸菜。到了夏季人们多半喜欢吃三烀一焖，就是烀玉米、烀土豆、烀茄子，一焖就是鸡蛋、辣椒、大酱，这种饮食盐分特别高。回想与患者沟通病情和了解当地人们的生活饮食习惯，我向当地中医科医生询问当地的风土人情、饮食习惯等，使我更加了解当地情况。我想一定要用知识改变贫困，用科学治疗疾病，用科普宣传改变饮食习惯，把中医思想和中草药的功效灵活运用到临床，以中医理论的不治已病治未病为纲，实施辨证施治。

2019 年 6 月，我再次跟随北京市丰台区政协组织的医疗支援队，故地重返，用我思考多日的方法和学习的专业知识开展科普式医疗。把预防疾病的理念始终贯穿在临床中。把治疗和康养的口诀传授给有需要的患者。对糖尿病患者，控制糖的摄入量，多运动口诀就是管住嘴、迈开腿。对心脑血管疾病的患者，控盐，减少吃腌制、熏制食物，增加含有丰富膳食纤维和蛋白质的食物，控制体重，彻底戒烟，限制饮酒量。口诀是，少盐少酒不吸烟，多食五谷加蛋白。

授人以鱼不如授人以渔，我在诊治过程中结合病例跟当地医生讲解，将自己的知识积累传递给她们，因为我知道我们来支援只是短暂的，只有当地的医生才是这些患者长久的守候，提升她们的诊疗技术才是关键，我跟当地医院中医科医生也结成了好朋友、好姐妹，建立了联系。

再返故地，短短一年时间，当地发生了很大的变化，路灯明亮了，街道干净了，医院工作的环境整洁了，医生和护士的精神面貌更加神采奕奕了。扎赉特旗人民医院把我的个人简介张贴在中医科醒目位置，我深刻地感受到这里已成了我第二个工作地。

党的十八大以来，以习近平同志为核心的党中央把脱贫攻坚摆在治国理政的突出位置，作为建成小康社会的底线任务，组织开展了气壮山河的脱贫攻坚人民战争，攻克深度贫困，乃至全面脱贫，实现历史跨越，取得了举世瞩目的成就。连续两年的医疗帮扶工作结束了，2020年3月，内蒙古兴安盟扎赉特旗正式脱贫。作为一名政协委员、一名基层医疗人员，我有幸置身其中，不仅是亲耳所闻，更是亲身经历，亲眼所见。

对口支援让我与扎赉特旗群众及医院的医生结下了深厚的友情，现在只要我看到有关兴安盟扎赉特旗的新闻，我都关注，用手机订阅号关注《兴安日报》，积极参与丰台区委书记在京蒙协作活动中的我为京蒙协作社会公益下一单，为扎赉特旗农户加大购买农副产品力度。日常工作中当地医院的医生遇到疑难杂症患者，就会给我打电话，或者线上会诊，或者帮他们联系北京专家就诊，我们互帮互学、深入探讨，为就医患者答疑解惑，为更多的患者服务。

没有全民健康，就没有全面小康，我们的国家，正向着健康强国阔步迈进。扎赉特旗将是我永远的惦念，扎赉特旗患者将是我永远的牵挂，如果组织需要，我还会去内蒙古兴安盟扎赉特旗为患者服务。

**作者简介：**

栾晓巍，第十届丰台区政协委员，六里桥街道六里桥北里社区卫生服务站主任

# 在丰台政协提案委工作的几点回顾

梁大庄

我是丰台民盟的一名盟员，当过一段时间的工委副主委，是第八、九届丰台区政协委员。2012年从本职岗位上退休，但真正离开政协是担任完第十届特邀人士之后。我常听人们讲：一届政协事，一生委员情。

我加入政协组织后，十几年来，一直在提案委员会，对提案工作的发展有着比较深刻的体会。其实，每一届新委员都有一个认识的过程。充分认识政协的性质、作用、职责，不但是政协党组的，更是各个专委会的责任。我就是通过提案委有效的组织引领，特别是许翔主任的耐心指导和王格平老师的周到服务，在履职实践中提升了能力。

提案工作是事关政协全局的基础性履职工作，是政协各界别和全体委员表达政治诉求的基本工作方式。区政协在2013年7月10日通过了《政协北京市丰台区委员会优秀提案评选工作实施细则》。"细则"共九条，对评选的原则、标准、条件、工作程序都做了明文规定，既充分调动了委员写出高质量提案的积极性，也为充分发挥优秀提案导向和示范作用提供了条件。后来区政协陆续制定了《政协北京市丰台区委员会履职工作规则》以及《进一步加强和改进调查研究工作的实施办法》，这些制度的实施落实，切实提高了参政议政、建言献策的"精准度"，整合了专题调研、协商提案和社情民意。提案委在提案工作方式上注重运用互联网和其他科技手段，强化提案工作的实际效果，不断完善提案工作平台。建立了提案范书撰写制度，采用多种方式组织提案者及时学习了解市情、区情和相关专业知识。组织多种交流会，创办《提案工作通讯》，通过手机报与全体委员分享交流。建立提案委员会微信群，及时推送提案工作内容。这些不断创新的组织引领，使委员对提案的作用认识更加到位，在"懂政协，会提案"上不断前行。对于参政议政不行政，建议建言不决策，民主监督不强制有了更加明确的把握。知道了高质量的提案作用在于问题提得准，政策依据对，建议提得实。我觉得，我的履职水平和能力的提升，也是长年的培育和实践锻炼出来的，为"懂政协，会提案"打下了基础。

众所周知，一个高质量的提案，不仅要提得准，也要办得好，要看问题解决的程度。习近平在关于政协政治协商的讲话中指出："要用好政党协商这个民主形式和制度渠道，有事多商量、有事好商量、有事会商量，通过协商凝聚共识、凝聚智慧、凝聚力量。"近些年丰台政协提案委在立案时，就以协商贯穿提案工作的全程序和全过程，并且在逐年完善的过程中，不断创新协商的方法和路径。

例如：提案委在相关部门的协助下，推行了提案工作双向评议，提办双方在评议上有同等的话语权，包括办前协商会、同类提案集中办理协商会、分类督办协商会、现场办理协商会、B 类提案追踪督办协商会，使文来文往、签字盖章的办理变成了面对面研究问题协商对策，提升了提案办理的效果和影响力。这些形式的协商会除办前协商会没有参加过之外，其他办理的协商会我都参加了。其中有两场协商会给我留下了深刻的印象。一场是 2018 年 5 月 24 日召开的区政协 2018 年度民生类提案办理及 2017 年度 B 类提案追踪督办协商会，另一场是 2018 年 6 月 27 日召开的区政协 2018 年度执法管理类提案办理及 2017 年度 B 类提案追踪督办协商会。两次协商会都取得了很好的效果。首先，从会议形式上，主持人是提案委员会的普通委员。从参会人员结构上，有区政协原党组副书记、副主席李秀瑛，区政协提案委主任许翔，区政府办公室副主任尚丽艳，有提案委员会监督小组成员，有提案涉及区相关部门的负责人，有提案者。在内容和过程上，大家畅所欲言，有情况通报、有感受、有建议、有解释、有问询。提案者了解了自己提案办理的过程，办理者就问题的解决和提案者进行有效沟通，提案委员会监督小组对程序规则进行了全过程的监督，参会人员在会后都感受颇深。在知情明政上，在协商解决问题上，有很大的收获。只有不断丰富提案办理协商的形式和方法，才能提升人民政协的影响力，促进社会经济的发展，不断改善人民的生活质量。我个人认为，良好的沟通和协商，培育了委员的协商精神，增强了委员的协商能力，提高了委员的参政议政水平。

我在提案委参加过专题协商工作小组，按照提案委工作的要求，了解提案委员的办理需求，向提案委通报每个提案办理的程度和存在的问题，这对于提案委来讲就是要充分发挥枢纽和服务的作用，这个作用对于整体政协工作是不可或缺的。当然，提案委根据政协党组的要求，做了大量的其他工作，让我感受到工作的不断完善发展，感受到高质量的提案越来越多，由此而折射出丰台政协发展的印迹。因为参与过年年优秀提案的评选，从选题上，都能围绕丰台区年度中心工作；从问题研究上，都能抓住重点和关键点；从解决建议上，基本都能从实际出发，提出切实可行的行动措施。由此可见，提案委的发展也是丰台政协发展的重要组成部分。

妙笔生花看丰台，稳中求进谋倍增，需要丰台政协，深入地融合到北京发展的大格局中，凝聚智慧，汇聚力量，加快迈入新时代的步伐，为丰台区社会经济的发展贡献力量。

**作者简介：**

梁大庄，第八、九届丰台区政协委员，原北京教育学院丰台分院教师

# 发挥委员工作站和会员之家双平台作用推进群众普法教育

徐朝辉

2020 年 5 月，北京市政协十三届十六次常委会审议通过《政协北京市委员会关于加强委员联系群众工作的意见》（以下简称《意见》），明确将发挥市政协委员界别代表性强和区政协贴近基层的优势，探索通过多种形式建立委员工作室（站）。这一举措是北京市政协贯彻落实《中共中央关于新时代加强和改进人民政协工作的意见》和北京市委的实施意见，做好政协委员联系群众工作的实践探索。

2020 年 9 月，根据《政协北京市委员会关于加强委员联系群众工作的意见》精神，在丰台区政协的领导和推动下，区公安局、区检察院、区法院和民进丰台区工委积极参与，成立政协委员工作站筹备组，开始筹备工作。成员拟由丰台区政协委员中的民进会员和公检法界别委员组成，地点拟设在联合律师楼。联合律师楼是丰台区政协委员、民进会员、嘉安律师事务所主任郑爱利创办的汇集多家律师事务所的办公场所，是各类律师人才的集聚地，也是民进丰台区工委"会员之家"。选址于此符合《意见》提出的"不建机构建机制"的思路和"参加政协的界别有条件的，应单独建立委员工作室，组织本界别委员做好联系界别群众工作。没有条件的，可由政协选择固定场所建立委员工作室，为相关界别组织本界别委员做好联系界别群众工作提供保障"的要求。上述设想也及时向区政协党组汇报并获得认可。

2020 年 9 月 29 日，丰台区第一个政协委员工作站在联合律师楼揭牌成立。政协委员工作站中公检法律师方面的法律人才及民进界别委员 10 余人,成为首批委员工作站组成人员。在区政协指导下,制定了《政协委员工作站工作规则》,明确了委员工作站的目标定位和工作内容,通过委员联系群众,广泛凝聚共识,反映社情民意,参与基层协商,服务群众需求。对联系群众过程中反映的涉及群众切身利益的具体问题以及带有普遍性、综合性的问题,反馈到区政协以便进一步开展调查研究、提出对策建议,协调有关部门推动问题解决,或者转成政协提案。同时,发挥界别委员的法律专业特长和资源优势,走近基层群众和会员,有序开展多种形式活动,持续推进普法教育,送上优质的法律专业化服务,满足群众和会员的法律需求,为基层法治建设主动履职作为。

政协委员工作站成立后,作为新时代政协工作新的实践探索,在区政协党组、区政协领导及民进丰台工委的支持下,发挥"双平台"作用,开展了多种形式的活动,推进委员联系界别群众工作走深走实,把党的声音传达下去,凝心聚力跟党走。

## 发挥双平台作用,服务百姓,传播法治理念

2020 年 9 月,"民进丰台区工委会员之家"在联合律师楼挂牌,依托委员工作站,为民进会员提供法律服务,相继举办了《民法典》讲座、维护妇女权益法律讲座、会员免费法律咨询等活动,提升会员知法、懂法、用法的能力。在服务会员,传递正能量的同时,凝聚共识、引导会员建言资政,为丰台区经济社会发展作出贡献。同时使"会员之家"成为讲政治、有信仰、有共同价值理念、有温度的精神家园。

工委会员之家成立后,发挥民进法律人才的优势,委派资深律师与丰台公安分局干警对本区卢沟桥乡、太平桥街道所辖 37 个社区、村多次进行《民法典》讲座及反电信诈骗知识讲座,解疑释惑,回应群众关切的问题,听课人数达 2400 余人,增强活动实效。

2021 年,因疫情原因,会员之家创新讲课方式,制作了短小精致、生动有趣的"普法短视频" 15 个,向社区微信群推送,把百姓关心的法律知识送

到眼前，做到足不出家门学法律，听课人数达万人。

2021 年 1 月，在北京基督教丰台堂为丰台区基督教、天主教、佛教、伊斯兰教 200 余教众骨干进行法律讲座，让法律思想深入教众。

2021 年以来，政协委员工作站、民进会员之家在区政协及民进区工委指导下，分别组织了法官、检察官和丰台区 40 余家律师事务所所长交流座谈会，搭建了法官、检察官、律师及民主党派的交流平台。倾听新阶层的声音，解决新阶层的问题，共筑良性法律执业共同体，为法治社会作贡献。

几年来，通过开展多种形式的普法活动，搭建了委员、民进会员与各界群众的交流平台，不间断传递"法治社会，有事找法"的理念。

### 积极参与立法协商工作

2021 年 5 月，政协委员工作站及会员之家积极参与立法协商工作，针对《北京市接诉即办工作条例（草案）》，发挥民进会员法律专业优势，为《北京市接诉即办工作条例》制定及完善建言献策。

通过建立委员工作站及会员之家这种方式，创新了民进界别委员履职的新形式，将委员工作站、会员之家办成了委员与群众的交流平台、新阶层律师与公检法执业共同体的交流平台、委员与民主党派成员的交流平台、政协委员与宗教（团体）教徒的交流平台……强化了委员联系群众的责任担当，联合界别群众服务基层，发挥了广泛凝聚共识、智慧的作用，发扬了人民政协的优良传统和工作方法。

2021 年 9 月，市政协印发了《委员工作室建设运行指导细则》，对委员工作室主要职责、工作重点和要求等进行了明确。2023 年 11 月，通过了《委员工作室建设与运行办法》。从制度层面明确委员工作室的职责定位、活动内容、主要类型、组建程序、退出机制等，提升了委员联系界别群众工作的制度化、规范化水平。

区政协从工作机制层面明确了由专职副主席负责，专委会联系指导委员工作室，负责委员工作室的沟通协调、牵头指导和组织管理等，充分发挥专委会基础性作用。专委会积极探索"委员工作室+"工作模式，加强与相关界别、行业领域等协同联动，形成密切协作的工作体系，促进委员工作室工作规范运行、有序开展。

近年来，会员之家在区政协、民进丰台区工委领导指导下，牢牢把握人民政协性质定位，坚持正确的政治方向，结合委员自身特长特点，突出法律专业特色，以会员之家为载体，不断以新形式服务于地区各阶层群体，凝心聚力，传达党的声音，做好思想引导、协调关系、化解矛盾，将会员之家建成民进界别委员"零距离"接触群众、联系群众、服务群众的平台。今后的工作中，将进一步总结经验、提升水平，充分发挥委员主体作用，推动委员工作室和会员之家"双平台"建设向纵深发展，务实求实促进委员联系界别群众，履职为民，持续促进群众普法教育和丰台区法务区建设。

**作者简介：**

徐朝辉，第十三、十四届北京市政协委员，第十、十一届丰台区政协副主席，民进丰台区工委主委，北京市大成学校校长、高级教师

# 聚焦园博会　委员展风采

杜彦奎

　　2009 年 8 月经市委、市政府批准，市园林绿化局和丰台区政府代表北京市开始申办第九届园博会。2010 年 1 月 20 日，住建部正式致函，由北京市政府和住建部共同主办第九届园博会。2013 年 5 月 18 日，以"绿色、生态、节俭、新颖"为特色的第九届中国（北京）国际园林博览会在丰台永定河畔正式开幕，至 11 月 18 日闭幕，丰台人民在住建部和市委、市政府的领导下，在市相关单位和外省市的支持下，围绕"园林城市·美丽家园"主题，以生态修复带动区域发展，将昔日的垃圾填埋场建成了永定河绿色生态发展带上的一颗璀璨明珠。

　　园博会是丰台历史上承办的级别最高、规模最大、为期最长的大型活动，开幕盛况历历在目。按照"隆重、新颖、节俭、绿色、安全"的要求，精心做好安保、交通、服务、环境等工作，实现了"安全、顺畅，游客满意"的目标。运营 185 天，接待中外游客 615 万人次，接待总人数和单日接待量均创历届园博会新高。28 个国家、48 个城市的 1200 余场文化活动精彩纷呈。97 个国家的 160 名驻华使节和 7 个国家政要团畅览园博。全区人民以极大的热情，争当园博先锋，实现了服务接待无微不至，安全保障万无一失，宣传活动高潮迭起，志愿服务有口皆碑，得到了国际国内高度评价，呈现了一届精彩纷呈、美轮美奂、无与伦比的园博盛会。如今，随着环境品质的提升，园博园区域生物多样性有效恢复，锦雉、白鹭等珍稀动物在此繁衍生息。

　　办好园博会是丰台区人民的共同责任，我本人作为亲历者，切身感受到了园博会筹办期间，全区各界包括我们政协机关干部、政协委员为园博奉献热情、贡献力量，共同建设园林城市、美丽家园的热情与激情。在园博会筹备和启动期间，我和广大委员和机关干部一同参与了区政协组织的"奉献园博"主题活动，举政协之力、集政协之智、尽政协之能服务好北京园博会筹备运营工作。

在北京园博会筹备和试运营期间，丰台区政协先后组织市、区政协常委，全体区政协委员，相关专家学者等1000多人（次）对北京园博会筹办情况进行视察考察。委员们发挥界别特色和专业优势，积极为园博会建言献计。其中，各民主党派、工商联和社会团体、委员分别就园博会筹办和运营工作提出20余项建议和提案，得到了区委、区政府和园博会总指挥部的高度重视。民革区工委《关于园博会会址后期利用的几点建议》、农业界别委员《关于办好园博促旅游，打造"观园博、游丰台"精品线路的建议》、万艳生委员《以举办园博会为契机，塑造生态文明丰台新形象》等6项提案和一系列建议都得到了区委、区政府和园博会总指挥部的积极采纳。

在对园博会的视察过程中，委员们不仅贡献出智慧和力量，还高度关注园博筹办所急、所需，发扬主人翁精神，尽最大努力为园博会办实事、办好事。例如，王玮委员考虑园博会志愿者实际需求，主动捐赠1万套服装及300万元现金；郝晓红委员针对园博会安保工作量大、民警交通不便的实际困难，及时捐赠了11辆警务电动巡逻车；得知园博会专项活动实际需求，陈芳、薄成书等委员积极主动捐赠资金和大量活动用品。他们的行动，体现了区政协委员热爱丰台、助力园博、回报社会的社会责任感和良好的公益形象。

在园博会紧张筹办之际，区政协组织全体委员和机关工作人员两次赴园博会建设工地，开展义务植树和环境维护活动；与区委统战部共同开展主题为"迎园博、树新风、公益行"义务植树活动。积极参与"聚力梦想"园博志愿服务行动，10名政协机关党员干部到园博会接待服务部、宣传部和志愿服务引导员等岗位，直接参与服务保障工作。政协机关中的中共党员积极参与"园博先锋"行动，主动到所在社区登记，全员参与社区志愿服务。通过志愿服务活动，展现了政协委员和政协机关干部顾全大局、无私奉献的良好形象。

作为园博园建设与筹办的骨干力量，40余名在区委、区政府职能部门担任领导职务的政协委员，克服种种困难，长期坚守园博会一线。他们有的将本岗位工作与园博会任务统筹安排，加班加点，兢兢业业；有的周六、周日全部驻守在园博会现场，无怨无悔，作出了重要贡献。一些委员中的企业家还积极出资，参与园博会场馆建设。可以看到，北京园博会的建设、服务和管理工作中，到处都有政协委员的身影和足迹。

园博会筹办期间，区政协相继接待全国政协、市政协各级领导和委员到园博会视察筹备和运营工作；接待了天津市等地区和北京市各区县政协团组到园博会参观考察，密切了联系，增进了友谊。区政协领导班子成员带队，相继走访慰问了区住建委、绿化园林系统、市政设施系统的园博建设者，看望了参与园博建设的区政协委员、志愿者。联谊联络活动中，积极介绍丰台发展历程、未来美好愿景，认真听取各方对丰台发展、园博建设的意见建议，使园博会成为区政协宣传丰台、推介丰台和助力丰台发展的有效平台和载体。

园博会成功举办后，广大区政协委员还是一如既往地关注和支持园博园发展，围绕园博园建设与运行管理持续提出高质量的意见建议。园博园也成为区政协协商会议等重要活动的举办地，见证着政协事业发展和丰台高质量发展的新篇章。

---

**作者简介：**

杜彦奎，第九、十、十一届丰台区政协委员，丰台区政协二级巡视员

# 我当"九三学社先贤"肖像画展讲解员

马艳林

　　我在首都经济贸易大学工作有幸认识了刘颖老师，刘老师当时是九三学社丰台区工委副主委，她不仅在本职工作上成绩突出，在民主党派工作中也是怀有饱满的政治热情和强烈的责任感，有关她的新闻经常出现在首经贸主页上，是我很仰慕的一位学者，也因此特别关注九三学社。九三学社是以从事科学、技术工作以及高等教育、医药卫生等方面的高、中级知识分子为主体的参政党，九三学社的宗旨是爱国、民主、科学，这和五四精神一脉相承，也与我个人的社会政治追求最为契合。工作的同时我正在首经贸劳动经济学院攻读博士学位，通过同事我找到了刘颖老师，表达了我加入九三学社的决心，2015 年 1 月 29 日我收到了入社通知书正式被批准加入九三学社，倍感光荣的时候也很忐忑，觉得自己的学识和能力与九三学社的要求差距还很远，我必须加倍努力，不断成长。

## 王选事迹感动了我

　　2015 年 7 月，我参加了九三学社北京市委组织的新社员培训。在"学社史，忆先贤"环节，很惭愧，我第一次知道"汉字激光照排之父"王选是九三学社中央原副主席，他的感人事迹震撼人心。王选研制成功汉字信息处理与激光照排系统，掀起了我国"告别铅与火、迎来光与电"的印刷技术革命。最难能可贵的是王选无私奉献、甘为人梯的高尚品格。他患病之后，仍然忍着病痛坚持参加调研，积极为国家发展建言献策，兢兢业业，从不懈怠。2006 年按照王选副主席的遗愿，王选夫人陈堃銶教授捐赠给九三学社中央

100万元人民币，成立九三学社王选关怀基金会，用于为九三学社离退休老社员中经济困难的重病患者提供一定的医疗补助，王选精神永存，爱心在延续。2022年我和图书馆的同事们参观中国印刷博物馆学习中国印刷史，博物馆二层坐落着王选的人物雕像，关于王选的故事，占据了博物馆二层近1/3的面积。他开创了汉字印刷的一个崭新时代，这位具有划时代意义的人物所领导的科研集体研制出的汉字激光照排系统为新闻、出版全过程的计算机化奠定了基础，被誉为"汉字印刷术的第二次发明"。能与王选老师同为九三学社社员，我心中暗暗升起了一丝自豪感和归属感。

### 成为"九三学社先贤"肖像画展讲解员

2016年，九三学社北京市委招募"九三学社先贤"肖像画展讲解志愿者，听到这个消息，我马上报名参加了，因为我觉得这是学习九三学社先贤事迹最好的机会。

在九三学社这个群体中，荟萃了170多位两院院士和众多历史文化名人。"九三学社先贤"肖像画展展出的92位先贤中，很多都是在新中国成立之初，毅然回国的科学家或是某一学科的奠基人、科技领军人物。他们既是卓越的科学家，又是我国科学事业的开拓者。包括邓稼先、赵九章、陈芳允、王淦昌、程开甲五位"两弹一星"元勋，王选、黄昆、谢家麟、师昌绪、程开甲五位国家最高科技奖获得者，张光斗、贾兰坡、茅以升等众多院士，也有许德珩、梁希、杨振声、黄国璋、潘菽、何鲁、吴藻溪等九三学社创始人、早期成员、各个时期的领导者，还有启功、王世襄、朱家溍等文化界名人。此外，全部肖像画作和书法作品都是由九三人创作，历时近三年，九三人画九三先贤、书写名言警句，饱含崇敬和怀念之情。

成为讲解员后，第一件事就是要熟悉人物，梳理讲解词。我负责讲解的九三先贤有植物学家徐仁，地质学家高振西、郭文魁、陈梦熊、杨起，气象学家谢义炳，冶金物理化学家魏寿昆，物理学家杨立铭、吴全德，地理学家吴传钧等。其实要背这些人物的事迹非常困难，因为我是文科生，对理工科专业术语极其陌生，而他们的事迹主要在其专业领域作出了巨大贡献。那段时间只能是死记硬背，反复背诵，三年间参加了山西省太原美术馆、中国科学院大学、郑州大学、北京大学、北京工业大学等多地巡展，虽然多次讲解，但每次讲解都仿佛是第一次，特别紧张。当了讲解员后，也开始关注九三前辈的事迹，挖掘其中的故事，这样可以让我的讲解更加生动。比如，讲到杨起（1919—2010），山东蓬莱人，1952年加入九三学社。1991年当选中国科学院院士。1943年杨起毕业于西南联大地质地理气象学系，毕业后考上北京大学地质学部研究生，毕业后留任北京大学地质系助教。1952年调入北京地质学院，参加建院工作。他是中国煤田地质专业的开拓者和奠基人之一，为中国煤田地质科学的教育和研究作出了杰出的贡献。我注意到杨起的父亲杨振声既是我国近代文学史上著名的文学家、教育家、白话文的大力倡导者，也是九三学社的创始人之一。他在1919年五四运动中，参加了火烧赵家楼，痛打章宗祥的行动，杨振声还在1930—1931年任国立青岛大学（山东大学前身）校长。1930年杨起随父亲到青岛，看到列强的船舰在中国的领海耀武扬威，就立志到清华学习造船，但后来因为抗日战争爆发，西南联大迁到昆明，他只能放弃他的造船理想，在父亲好友李四光的影响下，他选择了地质学专业，决心为国家找到更多的宝藏。把父亲的故事加入，更说明了正是父亲的言传身教，对杨起的成长产生了深远的影响，特别是在他的内心深处埋下了刚正、爱国的种子并化成报国宏愿。

2017年4月26日，"九三学社先贤"书画展暨九三学社、首都经济贸易大学文化共建签约仪式在首都经贸大学博远楼隆重举行。特别值得一提的是，九三学社创建人之一，著名的地理学家黄国璋的儿子黄力民及夫人马桂芬，九三学社创建人之一张西曼的女儿张小曼闻讯都特意来参加了此次肖像画展。我接待了九三先贤黄国璋先生（1896—1966）的儿子黄力民先生及夫人，黄力民先生长相酷似他的父亲，在他与黄国璋先生画像合影的瞬间，我似乎感受到了时代的握手，感受到先贤离我们并不遥远。黄力民先生说，他与父母共同生活了23年，父亲从来不把在社会上获得的荣誉或者是打击屈辱讲给子女听，始终保持着淡泊名利、宠辱不惊的精神和境界。听到的最多的谆谆教导是好好学习，服从组织安排，努力做对国家有益的事情，不辜负党和国家的培养和教育。黄力民夫妇表示，"我们来参加九三学社的有关活动，不仅是对父辈和先贤们的敬仰，而且是对九三学社在各个历史时期对国家作出贡献的一种敬仰，对那些为国家作出贡献的人不能忘记！"黄力民夫妇还强调："实现中国梦是中国人民共同的愿望，只有在中国共产党的领导下，团结各族人民，团结各民主党派，为国家的强盛共同努力奋斗，才能圆中国梦！"

## "九三精神"薪火相传

加入九三学社以后，我实实在在与"九三先贤"更近了一步，有了更多的机会了解这些历史上的"大人物"。九三学社丰台区工委多次请全国人大常委会原副委员长许德珩之孙，全国政协委员许进给社员们作报告。许进委员讲述了其祖父，九三学社创始人之一许德珩和夫人劳君展在 1936 年秋末冬初，为长征结束初到延安被封锁的红军购置火腿、怀表和布鞋的故事，毛泽东 1936 年 11 月 2 日为此事写信致谢。许进的姑姑是许鹿希，姑父邓稼先更是为中国核武器研制作出重大贡献并献出了宝贵的生命。

爱国主义是九三精神的源泉，民主与科学是九三学社的宗旨，像许德珩、邓稼先一样，许许多多的九三先贤怀着热爱祖国、热爱事业的家国情怀，以"国家兴亡，匹夫有责"为人生的价值观，选择了科学救国的道路，将一生的智慧和精力奉献给祖国和人民，是中国知识分子的优秀代表。九三先贤追求民主、追求科学、追求真理的严谨态度，希望科学救国、科教兴国、国家富强、民族振兴的一片赤子之心，更是把这种精神和优良传统一代代地传承下去。过去的那段历史已经离现在的社员越来越远，我们有必要、有责任将当时的那段历史和九三先贤呈现给新一代九三人，让九三精神薪火相传，发扬光大。同时，我们更要将九三精神融入区域发展的实践中，为丰台区的高质量发展提供智力支持，作出应有贡献。只有这样，我们才能更好地履行九三学社的使命，薪火相传，肩负起时代赋予我们的使命，为丰台区的发展注入新的动能，贡献自己的力量。

**作者简介：**

马艳林，第十一届丰台区政协委员，九三学社丰台区工委副主委，首都经济贸易大学图书馆副馆长

# 为丰台发展建言献策　认真履职

## 王富均

2018 年 1 月，我有幸成为第十届丰台区政协委员、第十三届北京市政协委员，既感到光荣和自豪，又感到责任重大。政协委员作为各党派团体和各族各界代表人士，由各方面郑重协商产生，代表各界群众参与国是、履行职责。同时通过政协平台，我们能跟各领域的专业人士学习沟通，开阔眼界，增长知识。

通过参加新任委员培训，我进一步加深了对政协委员职责和使命的认知。为履好职、建好言，作为北京丽泽金融商务区控股有限公司的副总经理、工会主席，我从自己相对熟悉的领域入手，广开言路、深入调研，并认真撰写提案，同时积极参与市、区各级不同主题的视察座谈活动，争取为国家经济社会的发展作出更大贡献，为广大人民群众创造更多福祉。

我所工作的丽泽金融商务区地处北京西二环、三环路之间，作为"一轴、两廊、两带、多点"区域空间结构中的"多点"之一，是三环内最后一块成规模的开发区域，也是新兴金融产业集聚区。在北京市委、市政府的高度重视下，我们牢牢抓住了机会，正加快推进丽泽商务区与金融街一体化发展进程，主动承接金融街、北京商务中心区外溢配套辐射，着力将丽泽金融商务区打造成为"第二金融街"，提升丽泽的发展。能为丽泽商务区的建设发展贡献力量是幸运、更是荣耀！我非常热爱这份工作，更是迫切地希望丽泽金融商务区的规划蓝图能够早日实现，围绕商务区的建设发展便是我的履职重点，希望通过自身的努力，为丽泽金融商务区的发展作出更多的贡献。

在实际工作中，我作为公司分管财务工作的负责人，带头落实中央八项规定和省市委实施细则精神，严于律己，克己慎行，持之以恒抓好理论武装，以上率下，真学真用，学精学透，将之融入指导和推进工作中。财务工作涉及公司业务各环节，内容复杂，自己主动作为，勇于担当，克服困难和压力，圆满完成了各项工作。

2019 年丽泽控股公司完成了自一级开发公司成立以来，所有上浮利率降为基准利率的艰巨工作，公司通过降低银行贷款利率大幅度节约资金成本，通过对存量资金进行结构化存款创收，为公司共计增收节支 1 亿元。同时，经过各方努力，特别是在政协经济界委员的支持下，北京丽泽开发公司和北京丽泽金都开发公司在 2019 年突破性取得新增授信 168 亿元，提前筹划解决丽泽商务区开发建设的资金需求。

作为政协委员，我也积极为民营企业、小微企业解决融资难融资贵的难题，并于 2019 年 4 月成功为我公司参股的混合所有制企业金都科技公司争取到急用的融资授信，并通过财政贴息政策，大幅降低资金成本，为金都科技公司发展创造了有利条件。

积极宣传政府减税降费工作，我作为政协委员，于 2019 年 6 月 11 日上午接受了北京电视台财经频道《税收天地》栏目组、国务院新闻办主管网站——中国网的专访，并陪同栏目组对丽泽商务区进行了走访拍摄，介绍宣传了税收政策在丽泽金融商务区落实情况，报道内容已在北京电视台财经频道、中国网中国政协频道、中国网同心圆专题头条及腾讯等媒体及平台进行推送播放，通过采访主动宣传了政府相关税收政策落实效果，产生了积极的社会效应。

为国履职、为民尽责，就要着力提升整体素质和履职本领。政协提案是政协委员参政议政最重要的手段和最有效便捷的途径，写好提案的核心就是要把问题抓得准、建议提得实。我通过市政协信息刊物《诤友》，提案《建议取消规划丽泽路高架桥》，得到了蔡奇书记的批示，并得到了落实，这对我来说是极大的鼓励和鞭策，更加坚定了我履好职的信心和决心。通过在丽泽商务区工作的切身感受，我提交了一份《关于解决丽泽商务区入驻企业出行及周边百姓交通出行的提案》，积极为丽泽商务区完善配套设施及便民措施建言献策。

2019 年 6 月，我被政协北京市委员会评为"北京市政协系统 2018 年度信息工作先进个人"，获得"2018年度北京市政协系统优秀社情民意信息奖"，并连续三年被评为"丰台区优秀政协委员"。

2019年10月1日，在天安门广场举行的国庆70周年阅兵式举世瞩目，我有幸进入市政协民主法治队游行方阵，成为阅兵仪式上游行群众之一，感到无比荣幸！台上一分钟，台下十年功，参加市政协游行方阵的很多同志年龄偏大，在多场训练中体力有些吃不消，但大家相互鼓劲，像年轻人一样不服输，格外珍惜这次人生中难得的经历。根据北京市庆祝大会服务保障和群众游行指挥部的安排，从基础训练、提升训练、集散演练、应急演练，到边框稳定性训练、行进速度训练、人车配合训练，用了不到三个月的时间基本达到了"边框稳定、行进流畅、速度准确、状态欢愉"的效果。最后我们的方阵齐刷刷从天安门前走过，自己作为其中一员，禁不住激动和自豪，也为祖国如今的强大富强感到激动和自豪。

2020年春节期间发生了新冠疫情，作为区政协委员我下沉一线，建立疫情期间工会工作群，指导各位工会委员开展疫情防控工作。继节前为员工发放消毒用品后，针对疫情状况，在春节放假期间放弃休息，多方协调上级工会支持并联系商家采购，继续为员工订购一次性医用消毒口罩，力争上班时发放到每个员工。同时，按丽泽金融商务区管委会工作安排，丽泽控股公司工会深入一线指导检查防控工作，并通过宣传栏、横幅标语等方式加大对丽泽金融商务区域内防疫情的宣传。为防控疫情积极建言献策：在春节假期间，联合区政协孟涛委员，通过以社情民意信息和联合提案方式向市、区政协提出疫情期间取消机动车尾号限行建议等，得到市有关部门落实。

2021年1月22日下午，中共北京市委书记蔡奇看望了参加市政协第十三届四次会议的部分委员，并参加界别联组会，听取委员围绕"以供给侧结构性改革引领和创造新需求"主题提出的意见建议，吉林主席主持了会议。委员们纷纷举手要求发言，吉林主席把最后一个发言机会给了我，自己就涉及服务型制造业、全产业链供应链等讲看法、谈问题、说建议。蔡奇认真听取建议后说，富均委员建议中肯，听了很受启发。当即要求现场市各有关部门认真研究这些意见建议，改进和做好今后工作。

2021年我荣幸参加了在天安门广场举行的建党100周年庆典活动，可以在现场见证这一重要的历史时刻,我感到无比骄傲与自豪。感谢中国共产党带给中国人民幸福与安康的生活,我庆幸自己出生在这样伟大的时代!

2022年市政协十三届五次会议上,我带来了围绕着举办"冬奥"、促进城市西部南部地区加快发展的相关提案,建议依托首钢冬奥元素,打造京西南体育产业带。位于首钢园内的冬奥广场、首钢工业遗址公园、石景山公园三大片区完工后,丰台国家冰雪运动训练科研基地落户二七厂,可以依托这一资源联动丰台区、石景山区老旧厂房形成老旧厂区转型发展联盟,借鉴新首钢的转型,保留传统工业的文化元素,建立文化创业园区等,形成工业基地资源整合,可以发展体育产业,建立传统体育集训基地,对接国家体育总局田径、棒球、垒球及永定河水上项目训练基地,实现与新首钢冬奥项目的功能联动,形成西部体育产业化、规模化发展。

关心青少年的成长。中小学阶段是青少年身体成长的重要塑形期,但在这一阶段,学生走姿、站姿、坐姿、写姿等体态不端正的问题较为普遍。其中写姿问题尤为突出,学生们弓着背、低斜着身子写字的情况十分严重,会影响青少年脊柱的发育。这份提案源于模拟政协的学生"提案"。我在提案中建议,要加强学校在形体教育中的主导作用,建立完整的形体教育课程体系,设置更多的课程与讲座,并注重基础性课程,为学生讲解一些基本的健康卫生知识,要着重培养形体教育教师,建立专业考核筛选制度,从师资水平上保证学生参加形体课有所收获。在课时保障上,可以考虑将形体课程纳入体育课程中,并在"双减"的背景下,利用好课后延时服务时间,广泛为学生提供形体教育服务,让孩子们有个挺拔的身姿。

汪洋主席曾说过:政协没有名誉委员,只有责任委员。作为一名政协委员,在今后的工作中,我将继续坚持为国履职、为民尽责的情怀,把事业放在心上,把责任扛在肩上,认真履行委员职责。

---

**作者简介:**

王富均,第十三届北京市政协委员,第十届丰台区政协委员,中共丰台区委巡察组副组长

# 在丰台政协 12 年履职：与党同行、为国履职、为民尽责

郭媛媛

在我的人生过往记忆中，2018 年 1 月 25 日早晨是最不能忘记的一个时间。当时，正在寒假中的我起床后翻看手机，便看到一个微信群里有几十条祝贺信息。原来有朋友夜里从网上发布的十三届全国政协委员名单里看到了我的名字，然后在群里广而告之。看到消息，说不激动是不可能的。作为北京市属高校的一名教师，能够当选为全国政协委员，真是出乎我的意料。而一位和我在一起工作多年的同事却认为这是实至名归，因为念念不忘，必有回响。这是对我多年的人生志向与追求的形象说明。我的统战、政协履职之路，是从担任丰台区政协委员开始的。

2011 年底，在首都经济贸易大学统战部的推荐下，我成为丰台区九届政协委员。自那时起，便开始了我在统战、政协的人生之路。从稚嫩到成熟，从参与到融入；从学习到实践，从成员到主力……整整 12 年，在丰台区政协的平台上，我的人生与统战、政协的人与事、经历与成长、思考与收获交织在一起，成为我生命中不可或缺的重要组成部分。

## 随丰台政协一路走来

从丰台区九届政协委员，到丰台区十届、十一届政协常委，这一干就是十多年，起步的日子总是难忘的。

2011 年刚刚担任区政协委员的时候，对于政协功能、定位、工作，以及委员站位、履职、尽责等，都模模糊糊、了解甚少。看什么都新鲜，做什么都是凭一腔热血去感受、去参与、去实践，作为新委员的懵懂、莽撞，今天还有印象。

当年的全会期间，有两件事记忆特别深刻。第一件事是新委员需要填表选择所加入的专委会。时任丰台区政协专委会工作一室副主任的马春菊同志找到我，征求我的意见，是否结合自身的文化传播专业考虑加入一室，我没有犹豫当时就答应下来。从此，我就在一室担任兼职副主任直到现在。第二件事是全会小组会上，在各种主题讨论中，虽然有一些不熟知、不了解的地方，但我总是乐于表达自己的观点，以至于一位老政协委员——航天中学的柳校长评说道：这位新委员真勇敢。

这两件事对我以后在丰台区政协 12 年履职都有一定的影响。进入一室，决定了我在文化、文史和教育领域更多履职、尽责。12 年中，分别受到分管一室的九届政协邢方岭副主席，十届、十一届政协冯晓光副主席始终的鼓励、托举，受一室解明珠主任、马春菊副主任等的一直提携、重视，所以得以在多次相关议政会上发言。由此，至今我还担任丰台区教育督导，为丰台区的教育事业贡献绵薄力量。而自进入政协起，在参加政协会议协商、讨论问题时，都是认真思考、积极参与，都是用心用情用力，也成为自己政协履职的一贯风格。直到后来成为全国政协委员，这种状态也一直保持着。

在李昌安、刘宇、李岚主席分别带领的九届、十届、十一届丰台区政协党组的领导下，我作为政协委员，是在各位主席、副主席和领导们的关注与带领下得到进步的；我的履职能力，是在参加各类政协、统战的学习、培训、会议，参与参观考察、交流，提交社情民意、建言提案等活动中，得以进阶的；我的政协生涯，是在与三届以来许多委员相融于间、共学共进中，获得激励温暖的。丰台政协的人与事，是相随、是宝藏，在岁月如许的更迭中培育了政协人生的底色、绚丽了政协履职的风景。这些年，有着太多难忘的政协故事！其间，人，无法一一点名；事，无法一一叙说。站位政协委员的立场，定位为丰台区经济社会发展履职，都是在学习中提升、在参与中体悟、在成长中作为。

## 体会委员履职的意义与价值

政协是个通过学习、培训，促进委员不断成长的平台。每年都有委员培训，更有会议、调研、议政等各类履职实践。在丰台区政协多年的教育、培育下，作为委员的自己，对政协及其工作有了更多的了解和理解。

关于政协，我的认识是：

政协是中国特色民主政治的重要组成部分，首先要明晰并体现自己的政治性质。因此，站位坚定，以鲜明的政治立场和高度的政治责任感，维护、执行党的多党合作、协商民主制度，以政治建设为政协建设的基础、核心、方向，政协始终应以政治立场为先，政治站位为先，政治作为为先。

政协必须围绕新时代党的核心目标和中心任务，站好位、守好责，有立场、有追求，最大限度地体现、发挥社会主义协商民主的优势与能量。

对于政协委员的职责，在持续的政协履职实践中，我形成了以下认识：要回归本位，委员需要切实回归到所代表的界别群众中，并站好政治协商、民主监督的岗位，保证在其位；要承担责任，委员应担当为社会建设、发展建言献策的职责，保证担其责；要发挥功用，委员应明确自身社会与政治双重角色定位，一方面以专业更好贡献社会，一方面以学习、参与、融入，发挥政协委员最大政治功能，保证有其用；要有效作为，委员应不断提升参政议政的能力水平，以"睿智之言"和"务实之策"，为中国社会的进步与发展作贡献，并保证能作为。

成为一名合格政协委员，则应在政协组织的系统性培育、实践性培养之外，还要自我要求并主动自觉学习。其间，我认为一方面要精准就位，以学习提升履职能力；一方面要正确站位，以参与实践履职要求；一方面要明确到位，以成长提高履职水平。

为此，首先需要从学习开始。为提高政治站位，提升履职建言的能力、水平，政协委员的学习包括以下几个方面：

学高——学习党和国家的思想理论、治国理政方针和政策，以把握方向；

学新——学习最新的时事政治，以了解全局；

学广——学习政治、经济、社会、文化等方面的建设、发展经验和教训，知晓广大的社会现实和社情民意，以为国为民建言；

学专——学习自己专长的最新知识和前瞻理论，以贡献专门智慧等。

政协、统战组织的每次会议、活动、培训等，都是委员得以提升履职素质、能力的机会，都是委员得以贴近社会、了解区情、接近民生的平台、渠道。回望过去，丰台区政协为每一名政协委员的成长和履职，始终搭平台、建机制、新形式、求实效。在其中，我从开始积极参与到政协组织的每次活动，到后来成为丰台区政协常委，先后担任全会期间教育界别、无党派界别召集人，再到作为全国政协委员，在多个中央领导、全国政协领导主持的重要会议上发言，在丰台区政协的教育、培育是为积累；在其中，我从多年连续获得丰台区政协年度优秀委员，到获得全国政协委员读书活动积极分子、全国政协委员履职优秀提名奖，在丰台区政协的履职经历是为进阶；在其中，我从为丰台区社会发展实际建言资政、提交提案，到北京市、全国政协重点提案、建议，并多次获中央领导批示，在丰台区政协的履职实践大为提升。

## 体悟政协委员所在、应在和必在

在丰台政协的培养下，作为委员的自己，从为丰台区经济社会发展履职尽责开始，慢慢建立起国家、民族的大局意识，倾向对当下中国政治、社会、文化、经济等建设、发展全貌的学习、了解，培育起对中国的历史、当下、未来的正确认识和把握。

以融入找位，以时间换空间，以数量成就质量。多年来我尽可能参加到政协、统战系统各类活动中去。用积极的参与、深度的融入和用心的体会，力争最近距离、最快速度触摸、感知政协委员是中国特色社会主义民主政治体系重要的主体和载体之一，所言、所为都一定程度代表党和国家的形象。

经过政协多年的培育，我深刻认识到，政协委员的站位，必须是国家的站位。与以习近平同志为核心的党中央坚定地站在一起——这是我们的政治站位；为中国梦的实现"忘我""无我"地不懈努力、奋斗，这是我们的身份站位；为国家发展、民族复兴去担当、去履职——这是我们的职责站位；为党和国家当前急需解决的重大问题，全社会、全国人民关心、关切的难点、热点问题，专业、睿智、高质量建言资政——这是我们的工作站位。

所以，经过对区情、市情、国情的应为、适为的不断触摸、分析和把握，在政府面对问题需要解决、人民意见需要上传时，我的履职参与，也使我深刻体会到作为一名政协委员的宏大使命、伟大职责。付出时间和精力，担当责任与使命，投入热情和赤诚，才是一名合格的政协委员。

连续 12 年在丰台区的履职经历，让我从一个大学教师，不断向新时代合格政协委员的方向靠近。委员不只是专才，还要是综才、全才。努力具备丰富而广博的知识、理论积累，向具备深刻而独到的思想、社会见解，敏锐而前瞻的现实把握力进阶，为谙熟国家政策法规、人民群众所想所盼不断努力。面对当前复杂的国内外形势，面对国家、社会的发展需要，面对人民的期待和嘱托，在推进中国式现代化强国建设征程中，作为政协委员还需要继续提升履职素质和能力，提高提案水平与建言本领，在与党同行，精准、有力就位、在位、到位中，继续通过学习提升思想认识水平，继续通过创新提高履职能力，继续以团结凝聚共识。这就是政协委员所在、应在和必在，也是我在丰台区政协履职 12 年中的心得、体会和信念！

**作者简介：**
郭媛媛，第十三、十四届全国政协委员，第十、十一届丰台区政协常委，丰台区知联会会长，首都经济贸易大学知联会理事长，首都经济贸易大学特大城市经济社会发展研究院副院长、教授

# 民族团结与"声"俱来 石榴花开绽放新彩

## ——我和北京市民族团结日音乐节

娜木拉

    1992 年，我作为中央音乐学院的唯一毕业生代表参加了高校优秀毕业生代表团，受到国家领导人接见，并光荣留在中央音乐学院——被誉为"中国音乐家摇篮"的最高音乐学府任教。1996 年开始我担任了中央音乐学院附中大提琴教研室主任，2002 年我的大提琴专业学生田博年获得第四届柴可夫斯基国际音乐比赛金奖，实现了中国大提琴在国际比赛零的突破。2011 年我又走上了附中校长的工作岗位，作为一名中国共产党培养多年的鄂温克族少数民族干部和艺术人才，回首这些年的从教之路、艺术生涯，我始终怀着一颗感恩的心，不辜负党和国家对少数民族的关怀和重视，自觉肩负起落实党的少数民族政策重任，积极推动落实新时代民族团结进步工作，承担应尽的责任与义务。今天，我和大家分享一下创办北京民族团结日音乐节的历史渊源、心路历程。

### 追溯历史传承 芬芳桃李花满园

    树高千尺有根，水流万里有源，文化认同是最深层次的认同。中央音乐学院附中在培养少数民族艺术人才、促进民族团结方面，有着深厚的底蕴和光荣的传统。一首《祝酒歌》，道出各族儿女的热情好客；一曲《枉凝眉》，将《红楼梦》中的木石前盟婉转诉说；钢琴协奏曲《黄河》，流淌着中华民族的血脉，五十余载依旧振奋磅礴……他们的作者，著名艺术家施光南、王立平、殷承宗都是中央音乐学院附中走出的学子。来自全国各地的各族师生，共同书写了这个"中国音乐家的摇篮"的璀璨华章。早在20世纪，附中就举办过广西、新疆和内蒙古少数民族班。我很荣幸成为第一届内蒙古少数民族班的学生，在那么好的艺术环境中成长成才。每当追忆过往，我都会感恩于党的民族政策，让我有机会从祖国北疆呼伦贝尔的一个边陲小嘎查来到首都北京深造，从心底激发了我用实际行动为民族团结贡献毕生力量的热情。优良传统代代传。为助力少数民族贫困地区儿童实现梦想，直到现在中央音乐学院附中都定期招收少数民族贫困地区孩子，积极营造各民族学生共居共学、共事共乐、共建共享的校园氛围。作为附中校长，带领学校获得全国民族团结进步示范单位和中国华侨国际文化交流基地的授牌，学校多次举办和参加重大中外文化交流活动，在国际交往中展现出了民族团结力量。

### 发挥自身优势　老树新枝更著花

在多年的音乐学习与教学过程中，我深深感受到，中华文化之所以如此精彩纷呈、博大精深，就在于它兼收并蓄的包容特性。中华文化植根于和而不同的多民族文化沃土，各族文化交相辉映，中华文化历久弥新，这是今天我们强大文化自信的根源。北京作为首善之都，56个民族俱全，更要把党的民族政策落到实处。2016年我光荣地成为丰台区政协委员，在丰台区政协的帮助和指导下，我积极履职，建言献策，获得全国民族团结进步模范个人奖章、全国三八红旗手、全国民族团结进步模范个人、第八届首都民族团结进步先进个人等荣誉。同时我努力发挥自身工作优势，为了弘扬中华优秀传统文化，带领学校在丰台区委、区政府的大力支持下，组建专班创作团队，创作了以铸牢中华民族共同体意识为主题的大型交响系列组曲，充分展现出中华文化的多元一体。在此基础上，为在社会层面做好民族团结进步教育，我在多方调研论证的基础上，积极争取北京市民宗委以及丰台区委统战部、丰台区政协、丰台区民族宗教办公室以及各级组织部门的指导和支持，科学有效地整合相关部门资源，利用举办"北京民族团结进步日"宣传活动的契机，统筹创建"北京市民族团结日音乐会",以音乐会的形式展示中国传统民族器乐和民族音乐歌舞艺术之美,丰富民族团结进步创建工作的载体。

## 打造活动品牌　齐奏佳音展风采

在国家民委、北京市民宗委、市政协和丰台区委统战部、区政协、区民宗办等各级组织部门的大力支持下,秉承"坚持首善标准、发挥示范作用"的理念,"北京市民族团结日音乐节"顺利落地并被打造成为一个品牌。2018 年,中央音乐学院附中首届"北京民族团结日音乐会"正式举办,以音乐会的形式传播中国传统民族器乐和民族音乐歌舞艺术。"民族团结,不忘初心,众志成城,伟大复兴……",在北京市民宗委的大力支持下,以讴歌中国共产党,讴歌社会主义,讴歌红色精神,讴歌民族团结,讴歌人民为主旨,以铸牢中华民族共同体意识为主线,刻画歌颂中华民族一家亲,同心共筑中华梦为主题的大型原创系列交响组曲《融合之光》,由北京市民宗委支持出版发行。该组曲的录制现场,56 个民族的孩子伴着雄浑的乐曲放声歌唱。参加演出的孩子们都骄傲地说道:"今天做祖国的好少年,明天做祖国的建设者!"活动的圆满成功给予我深刻启示,各民族优秀传统文化都是中华文化的组成部分,我们要矢志于推动中华民族音乐事业发展,弘扬文化自信。我也深信《融合之光》的创排会持续下去,将各民族音乐融合起来,形成更多更精彩的系列作品。2019 年,为庆祝新中国成立 70 周年,由北京市民族宗教委、内蒙古自治区民委和丰台区政协、中共丰台区委统战部联合主办,丰台区民族宗教事务办公室和中央音乐学院附中承办的"北京民族团结日音乐会"在附中音乐厅成功举办,各族师生载歌载舞,《远方的客人请你留下来》《百鸟朝凤》等经典民族音乐轮番登场,现场座无虚席,掌声雷动,那热烈的场面让我心潮澎湃,至今难以忘怀。2022 年,组织协办国家民委边疆民族地区各族青少年冬、夏令营活动,全面贯彻落实中共二十大会议精神和中央、市民族工作会议要求,在"逐梦·家园"民族电影交响音乐会上演出经典电影音乐曲目,深受广大群众喜爱,把爱国爱党,爱民族团结的进步种子播撒在学生心中,用音乐为纽带,架起各民族团结连心桥。

为北京民族团结日创作的系列大型交响组曲《融合之光》演出现场

### 巩固既有成绩　丰富载体谱新篇

　　在"北京民族团结日音乐节"取得成功的基础上，我乘势而上、巩固成绩，充分发挥中央音乐学院附中作为"中国音乐家摇篮""北京市民族团结先进教育基地""北京市华侨文化交流基地""中国华侨国际文化交流基地"的积极作用，在持续办好北京民族团结日音乐会的基础上，又审时度势陆续牵头创办了呼和浩特国际青少年音乐夏令营、京港澳（台）青少年音乐艺术嘉年华、桃醉平谷·乡村音乐嘉年华　东高村镇特色美育基地"凝心铸力　强国有我"电影交响音乐会等民族团结主题活动，力求在创新方式、丰富内容、提升品质、扩大影响等方面都取得新突破。截至目前，呼和浩特国际青少年音乐夏令营、京港澳（台）青少年音乐艺术嘉年华均已成功举办两届，形成了多管齐下、多措并举、多维发力的新格局，为推进民族文化融合发展，促进中华民族团结和统一大局作出了积极贡献。

　　进入新时代，踏上新征程。我将继续传承好优良传统，坚持以铸牢中华民族共同体意识为主线，以创作讴歌中国共产党领导民族团结进步事业的优秀作品为己任，充分发挥中央音乐学院附中作为教育基地、宣传阵地的社会功能，把"北京民族团结日音乐节""京港澳（台）青少年音乐艺术嘉年华""呼和浩特国际青少年音乐夏令营"等活动办得更好、更精彩、更有意义，奏响以铸牢中华民族共同体意识为核心的首都最强音，谱写爱党爱国爱社会主义的新时代乐章，在以中国式现代化全面推进中华民族伟大复兴的新征程中贡献新力量。

**作者简介：**

娜木拉，第十四届全国政协委员，第十四届北京市政协民族宗教委员会副主任，第十一届丰台区政协常委，丰台区知联会副会长，中央音乐学院教授，中央音乐学院附中原校长

# 当点长的那些日子

王卫军

2020 年 6 月 28 日下午，区委组织部干部监督科的一名同志给我打电话，说区委准备抽调处级干部，负责医学隔离观察点的全面工作，让我第二天上午 9 点到区政府报到，并接受岗前培训。我果断说了一句，"没问题，服从组织安排！"我媳妇在旁边担心地看着我说，"没问题？！你知道隔离观察点是干什么的？隔离的都是与新发地相关的密接人员，非常危险！""这个时候组织上找到我，那是信任我，觉得我可以胜任，我想应该没什么问题。"我心虚地回应她。当天晚上，媳妇帮我准备了一个女儿上学时用的双肩包，装了一些换洗衣物和常用药品，唠唠叨叨地说了一些注意安全什么的话。

6 月 29 日早上，在区政府 1 号楼 307 会议室，36 名来自区内各个单位的副处级以上领导已经报到，区委组织部和政法委领导同志和机关的工作人员正忙着分发学习材料和工作计划安排。大概是 9 点钟准时开会，会议由政法委常务副书记翟光红主持，首先传达疫情防控形势和市委区委对疫情防控的总体要求。其次传达区防控领导小组对丰台区医学隔离观察点的具体要求。再次由医疗组的专家为与会同志讲解疫情防控的方法手段。最后安排隔离观察点具体地址、职责和对应责任人，要求组建和健全完善隔离观察点，加强信息报送和内部安全管理。会后，我第一时间联系了玛雅岛酒店医学隔离观察点的临时负责人梅大宝，随后来到隔离点，进入点长的工作状态。当天下午，我抽空召开了隔离点全体工作人员会议（隔离点工作人员主要由医护人员、驻点民警和保洁、消杀服务保障以及管理人员组成）。通过会议，我了解到玛雅岛酒店医学隔离观察点于 6 月 17 日启用，主要接收医学观察密接人员。高风险必然要求高标准。听取隔离点整体情况后，我立即表示：组织上派我过来，和大家一起工作，共同管理好这个隔离点。按照组织上的要求，我概括起来的目标是确保"两个安全"，一是保障我们所有工作人员的安全；另一个是一定想方设法维护好隔离观察人员的生活秩序，避免内部接触，导致交叉感染，保障隔离观察人员的生命安全。

抢时间强基础。玛雅岛酒店成为密接医学观察点。组建玛雅岛医学观察点临时办公室，正式吹响医学观察点的集结号，迅速组建队伍，迅速协调储备保障物资，迅速聘用保安保洁人员，迅速组织岗前业务培训，迅速制定业务工作流程和管理规章，迅速动员部署。正如该观察点日常联络员梅大宝同志在第一次动员会所说："防疫就是命令，抗疫就是使命，建立医学观察点就是筑牢疫情传播的防线，我们没有时间喘气，唯有争分夺秒，才能夺取抗击新冠肺炎疫情的胜利"。正是靠全体工作人员抢时间、争速度，才把各项准备工作提前落实到位，确保每一批集中留观人员顺利入住玛雅岛酒店。

抠细节保安全。玛雅岛医学观察点在安全管理上严把四个关键环节：一是人员政审和健康筛选环节，由驻点民警对全体工作人员身份信息进行核查，确保所有的工作人员无违法犯罪史，绝对忠诚可靠。由医务人员对全体工作人员进行健康筛查和核酸检测，坚决防止带病上岗。二是安全防疫和人员管理环节，实行工作人员分区住宿、分批就餐，工作时间不得擅离职守，休息时间不得离开酒店。医学观察人员严格落实单人单间，若留观人员因身体或家庭特殊情况，经留观者本人申请并承诺、驻点医生医疗风险评估、派驻干部分析研判并报请卫生疾控部门认可后，分别给予安排标间。公共场所每天三次杀菌消毒，重要点位专人值守，通道出口应封尽封，无关人员车辆一律禁止驶入，确保不留盲区死角。三是业务操作环节，驻点点长、政法委驻点联络员、驻点公安干警、电力医院医务人员、属地园区管委会干部、玛雅岛酒店负责人以及各小组组长坚持逢人必问、逢事必查，大到医疗和后勤物资的储备调运以及跨部门间的工作沟通协调，小到消毒液的配备比例以及工作人员防护服的穿戴，都要逐项过问、检查和督导，不以事小而姑息，不因未酿成危险而迁就。

拼毅力讲奉献。集中医学观察点事事关乎安全，事事关乎整体工作的正常运转、事事关乎留观者的切身利益，一处不留心、一事稍忽略、一时偷懒就会酿成大事。上到派驻点长，下到每一个保洁、保安都是超负荷工作，每天平均加班都在 6 小时以上，有时甚至是 24 小时连轴转。特别是在接收留观人员时，由于接人派单的突发性和车辆到达的不确定性，我们在酷热的天气里穿着防护服一等就是一两个小时，由于多人的日接收任务和零星单个缓缓送达，让我们经常通宵达旦地工作，其中一次电力医院的护士长，接收完 10 个观察人员，走完消杀程序，出现在大家面前时，浑身湿透了，鞋里全是水，我和大家眼眶都湿润了，告诉她赶紧去喝点水休息休息。工作人员非常辛苦，我会要求大家轮流换岗稍做调整，而驻点点长和政法委联络员只能夜以继日。在我们的带领和鼓舞下，玛雅岛隔离观察点全体工作人员众志成城，始终以饱满的精神状态奋斗在各自的工作岗位上。

付真情给真爱。要让留观人员服从安排，配合工作，安心留观，就必须解决好五个方面的问题：态度情绪问题、身心健康问题、饮食习惯问题、住宿条件问题、服务跟进问题。我们提出了"热情接待耐心听、提供咨询解释清、态度柔和话语亲、劝说疏导把怨气平"的电话接待答复留观者诉求要诀，收到了很好的效果。我们要求所有工作人员把留观者当家人当亲人来贴心服务。四名回族留观人员要吃清真餐、一名刚手术出院的留观者每餐只能吃流食、一名轻度精神病患者处方药没有了、一名婴儿过满月、一名儿童过五岁生日，我们都给予了最合理的解决、最人性化的关爱和令留观人最感动的祝福。考虑到四名儿童留观时间较长，生活学习和情绪受到一些影响，作为点长的我，利用手中"特权"让后勤保障组为五名儿童购买了童话书、儿童玩具和肯德基食品，孩子开心，大人也高兴。我们用真情真爱换得了留观人员对我们工作的理解支持与配合。我们每天对留观人员进行一次需求和服务电话回访，留观人员对玛雅岛工作人员的满意率达到 98% 以上。

玛雅岛酒店医学隔离观察点累计接收医学观察密接人员 156 人。7 月 15 日开始，陆续安排核酸检测、报请解除隔离，到 17 日隔离观察人员解除隔离观察基本完成。随后开展房间垃圾清运、房间及环境消杀、工作人员核酸采样、物品交接、财务结算等工作，基本完成时间到了 8 月初。我这个点长前后经历时间也就是一个月，应该说经受了疫情的洗礼，克服了内心的恐惧，直面了陌生复杂环境的忐忑，在区委、区政府的直接领导下，通过隔离观察点全体同志的积极努力，通过有效的疫情防控政策宣传、符合人性化的思想疏导和细致入微的人文关怀，集中隔离观察点做到了数据精准、信息翔实、管理有序、服务到位、安全可靠，全体留观人员情绪稳定，圆满完成了区委、区政府交办的紧急任务。

虽然时间已经过去三年了，每想起在观察点和战友们一起工作的场景，依然激情满满、亲情依旧。希望友情常在！祝愿我们伟大的祖国永远国泰民安、繁荣昌盛！

**作者简介：**

王卫军，第九、十、十一届丰台区政协常委，丰台区政协专委会工作四室主任

# 亲历盛典　凝聚前行

## 文姜丽

2019 年是新中国成立 70 周年，是人民政协成立 70 周年，这一年极不平凡。我作为丰台区政协机关干部有幸与全国、市区 200 名政协委员一起参加了国庆 70 周年民主法治方阵群众游行活动。每当我回忆起这段经历，一幕幕难忘的场景历历在目，心中无限感慨，当时很多催人奋进、感人至深的美好瞬间铭记在心、终生难忘。

### 积极响应，组织保障

我记得 2019 年 7 月中旬一个周末，丰台区政协收到市政协将组织各区政协委员参加国庆 70 周年群众游行的通知。丰台区政协党组高度重视，各专委会室积极响应。组织委员报名的时间非常有限，为了保证报名符合要求条件，各专委会分头联系沟通情况，以最快的速度组建了活动队伍。经过组织报名、资格审核，7 月 22 日正式组建了由田振磊、张昌斌、穆慧妍、高旭、郎大鹏、栾晓巍、韩圣群、韩立新、魏玲、殷丽莉、王兴明、杨勇、王鹏、李斌、权燕子等 15 名委员和赵冬辰、文姜丽、郭春香、张凝、吴有幸、朱建为等 6 名机关干部参加的群众游行训练团队。

在 7 月底召开的动员会上，区政协党组书记、主席刘宇作动员部署，提出要求。之后，区政协党组先后两次听取关于国庆游行服务保障工作的专题汇报，并就做好各项后勤服务保障提出了明确要求，对全体队员的训练情况、精神状态给予了充分肯定。8 月，刘宇主席带领区政协党组全体成员专门到队员集结宾馆住地进行慰问。参加群众游行是一项光荣的政治任务，按照活动组委会要求，各区政协组建了"国庆群众游行临时党支部"，以保证党的领导。丰台区政协成立了由赵冬辰秘书长任支部书记，我和田振磊委员为支部委员的临时党支部，主要担负起联系委员和党外委员的工作，让每一位参与者都展现出良好的组织情怀、精神风貌。全体参与活动的机关同志既是活动的参与者又是服务者，承担起通知委员、清点人数、发放道具、分发餐包等具体工作。大家训练期间始终吃苦在前、享受在后，尽职尽责，为委员提供周到的服务，各项保障十分有力，使每次训练委员们都感受到家的温暖。

### 不负使命，凝聚前行

这支以政协委员为主的群众游行队伍，队员们的身份不同、年龄不同、单位不同、界别不同，但是为了一个共同的任务、共同的目标，经受考验、不负使命，从 7 月 27 日（星期六）市政协组织在首都体育学院第一次集中训练，在三个多月里，度过了一个又一个周末，转场于京城的东西南北，从 20 人的基础步伐训练到政协系统 200 人合练，再到 1200 人合练，从 2500 人方阵合练，到 9 个方阵一起演练至最后人员增加到 2 万多人。

前期训练之频繁，要求之严格，训练之苦累，既在预料之中也出乎意料之外。委员们历经了炎炎夏日骄阳的暴晒、雨水汗水的洗礼、不眠之夜的等待，随着每次训练强度的逐步增强增大，尽管皮肤晒伤、嘴唇干裂、疲惫伤痛，每一次训练始终身姿挺拔、目光坚定，每一次训练始终精益求精、严肃认真、一丝不苟、毫无怨言，每一个人的背后都有一段感人的故事。

### 克服困难，担负责任

当我得知自己作为政协机关干部参加这次活动时，内心既深感荣幸、激动兴奋，也感到任务艰巨、有压力。我知道这种大型活动，组织工作非常复杂，演练任务十分繁重，既要完成好组织给予的任务，又要克服身体的极限挑战，还不能耽误本室日常工作。这期间，即使训练任务再苦再累也完美坚

政协委员方阵开展集中演练

持，它已经成为人生中最宝贵的经历。

栾晓巍委员作为一名年龄较大的队员，自从参加活动以来，为了不拖团队的后腿，每天在繁忙工作之余定要抽出时间坚持体能锻炼，克服身体极限。她说到并做到："在骄阳似火的三伏天，在体力不支的情况下，我内心唯一的信念就是坚持坚持再坚持，可以流血流汗，绝不能掉队。因为我是丰台政协人，决不辜负组织对我的期望。"

张昌斌委员训练期间因胆结石病复发，为了不影响当天训练，他到医院输完液后准时赶往训练场，不耽误每一次训练；高旭委员老母亲生病，为了不缺席训练，拜托家人照顾，舍小家顾大家，不忘初心、牢记使命；王鹏委员因公出差临时接到集训通知，主动协调安排改签航班，匆匆赶回北京，不错过每一次训练。每一次集中训练，女同志上厕所都是一件"难事"。由于每次集训人多，休整时间有限，出行不太方便，为了不影响训练，大家尽量少喝水、把控好休息间歇，最后女同胞们调侃集训就了"铁功夫"。

这仅仅是他们中的一部分故事。正是他们这种克服困难，责任担当，正确处理国事与家事，舍小家、为国家的精神，保证了活动的圆满完成。

### 经受考验，全程演练

经过大兴消防基地的大队合练，顺义跑马场的方阵合练，良乡机场的分指合练，阅兵村的整体合练，9 月中旬的两个周末，到长安街上的两次全要素的夜间彩排。每次活动都是在下午 4 点集结到第二天凌晨 4 点结束，候场对队员们来说也是一场考验。记得 9 月 14 日中秋节第二天，参加第一次夜间彩排，由于等待时间比较长，又不能带手机等，委员们围坐在方阵等候区域背靠背取暖，轻声聊天，看月亮，即使这样也没有人叫苦叫累，这种经历，终生难忘。9 月 15 日凌晨和 9 月 22 日凌晨，我们精神抖擞走过天安门广场，走过长安街，所有的累苦、疲惫，都烟消云散，更多的是情怀、责任。

### 祝福祖国，纵情表达

2019 年 10 月 1 日，凌晨 2 点起床集合，6 点到达东单，经安检进入等待区域。在长安街上，迎着初升的太阳，充满憧憬和向往。升国旗、奏国歌、鸣礼炮，进行威武雄壮的大阅兵。一声口令，由 10 万群众、70 组彩车组成的 36 个"庆祝中华人民共和国成立 70 周年大会群众游行"方阵的群众游行活动正式开始。我们所在的"民主法治"方阵是群众游行的第 22 方阵，丰台区政协各位队员与其他政协委员队员组成的"民主法治"22 方阵簇拥在巨大的"中华人民共和国宪法"花车下，整齐有序地保持着方队横纵队形，沿着长安街由东向西行进。伴随着庄严的"宣誓号角"乐曲声，挥动着手中的花朵，高高地举起手中的红旗，走向天安门广场向祖国母亲纵情表达喜悦，大家欢呼雀跃，尽情展示我们民主与法治建设的成就，尽情抒发对祖国母亲的爱，完美呈现。

并肩奋斗高质量完成了训练、合练、彩排、演练、盛典各阶段的任务，相互之间加强了了解，增进了友谊，展示了最美丽的画面，我从他们的身上，看到了高度的政治担当和赤诚的爱国情怀。穆慧妍委员在总结时写道："太多回忆，经历十几次的训练，我们是兄弟姐妹、是家人，政协团队携手走过每一场训练，让我们为自己点赞。"活动结束了，身心得到了磨砺，意志得到了升华，是一次具有特殊意义的履职，是一次难以忘怀的经历。

---

**作者简介：**

文姜丽，第十、十一届丰台区政协委员，丰台区政协专委会工作六室主任

# 我是丰台人　是民盟盟员　更是政协委员

赵　欢

　　我的父亲母亲都是丰台区的中学老师，我出生在丰台区南苑医院，小学、中学都是在丰台的学校就读，大学毕业后在一家市属国企工作。1993 年，也是丰台科技园区成立之初，就到了园区的一家民营高科技企业工作。可以说这大半辈子绝大多数时间都是在丰台，是名副其实的土生土长丰台人。

　　我的母亲是在 20 世纪 80 年代，丰台区民盟组织创立之初就加入民盟的，常年一直积极参加各种盟内的活动，在她的影响之下，我很早就了解民盟，并向往加入。2006 年 10 月，一次意外事件导致我脚踝骨骨折，拄着双拐行走了几个月。前两个月都是只能在家休养，我时常在想，这次意外事故给了我更多思考人生的时间，人生除了上班工作以外还有很多事情没来得及做呀！加入民盟是我多年的理想，于是在母亲的推荐下我拄着双拐到党派楼交了入盟申请。2007 年 4 月，民盟北京市委批准我加入民盟。

　　当时区工委主委是首都医科大学的薛明教授，副主委是十二中校长李有毅老师，还有张桂敏老师和梁大庄老师，他们都分别在区人大和区政协担任职务。那时我接触最多的是区工委秘书长李和平老师，她身材不高，说话平缓，为人谦和，在入盟之初给了我很多的指点、帮助和支持。

　　从入盟开始我就积极参加各种盟务活动，撰写社情民意信息，每年都会受到丰台工委表彰。工委推荐我作为党派代表参加政协调研，每次调研我都准时参加，并能够提交书面建议，受到区工委领导的肯定，现在想起来，那时候就算是在政协实习吧。从 2011 年起，我在民盟丰台区工委担任工委委员和经济支部主委职务。经济支部是新成立支部，从成立开始，各项工作在区工委排名中均名列前茅，对工委的工作起到了重要的支撑作用，多次获得市区两级民盟组织的表彰。作为支部主委，我积极组织盟员参加市委和工委的各项活动，在北京民盟组织成立 70 周年系列活动中，支部多名盟员参与到活动中，撰写纪念文章，参加服务工作，受到盟市委和工委的表彰，支部也荣获先进基层组织的称号。我十分重视支部组织发展工作，2011 年支部成立之初的 22 人，经过八年的时间，发展到 2020 年的 60 多人。我积极引导支部盟员关心党和国家大政方针，更立足本地区发展和本职工作积极参政议政。支部共有市级兼区级人大代表 1 名，区级政协委员 6 名，他们积极撰写社情民意信息，以及人大建议案和政协提案，多次受到人大、政协组织的表彰。有 3 名盟员担任盟中央专委会委员，5 名盟员担任盟市委专委会委员，多位盟员担任区工委专委会负责人和委员职务。2020 年民盟市委提出加强基层组织建设工作，我主动配合工委工作，提出可以将经济支部另分立出法律支部和科技园区支部，并对新成立的两个支部的领导班子人选提出建议，大多被区工委采纳，为区工委的人才培养、人才输出作出了巨大贡献。

2012 年初，我加入政协，成为区九届政协委员。政协的主要工作就是参政议政，完成调研课题，由于我的实习基础比较好，所以很快进入了角色。当时我参加的是城乡建设管理专委会，区政协分管三室的领导是周大春副主席，主任是綦建国，副主任是王荣梅，干部是曹雪峰。那时候调研活动很多，从 4 月到 10 月是活动的密集期，我很少请假，尽可能多地实地参加。通过参加调研我发现，虽然自己工作生活都在丰台，但是在政协通过政协和委员的视角带着问题去了解情况，更有高度，更加全面。那时候微信还不普及，通知开会活动都是三室的同志打电话，提交文章还都是发邮件，现在想起来他们那时组织活动确实很辛苦。在第九届政协的五年中，每年我都获得优秀委员或优秀信息委员的表彰，届末还获得了九届政协优秀委员的表彰。

我在十届政协期间，兼职担任区政协人口资源环境和建设管理委员会副主任职务，由于积极履职，2018、2019、2020 年均获得优秀委员表彰。

我在做好本职工作和党派政协工作的同时，还十分注重参加各种公益活动。2020 年疫情刚开始时，我积极响应区政协委员张磊号召，捐赠 3 万元现金，与其他几位区政协委员共同集资了 20 余万元，在欧洲购买了口罩、防护服等防疫物资，捐献给丰台区政府职能部门，收到区商务局代表其他受赠单位的表扬信，并受到区政协领导以及民盟区工委领导的高度赞扬，区政协副主席连宇同志出席捐赠仪式并讲话。2020 年 3 月我带领经济支部和民盟北京市委宋慰祖副主委看望慰问丰台区东铁营街道社区防疫干部，并捐赠口罩、消毒液等防疫物资。同期，我和经济支部副主委、区政协委员杨明代表支部，慰问区公安分局出入境管理处的广大值班干警，并捐赠防疫物资。2020 年 12 月，我得知经济支部骨干盟员李立安长年收集闲置衣物，发往四川省甘孜地区，捐赠给贫困牧民，于是我们以支部名义发起"2020 衣旧情深"暖冬募捐活动，向四川省甘孜州石渠县贫困藏民捐赠衣物 1000 公斤。2021 年 4 月，我再次组织支部发起"2021 衣旧情深"暖春募捐，又募捐衣物 752 公斤，全部发运至四川省甘孜州。

2022 年 7 月，民盟北京市委召开十三次代表大会，我获选民盟北京市委委员。此外，我还担任民盟中央社会服务委员会委员、民盟北京市委企业家工委会副主任、丰台法院特约监督员、丰台法院人民陪审员等多项社会职务。我深知这些社会职务既是荣誉更是责任。

2021 年 6 月民盟丰台区工委换届，我被推荐为工委副主委，分管社会服务工作。2023 年 7 月末，北京市房山区、门头沟区遭受特大洪灾。8 月 10 日，民盟丰台区工委落实丰台区结对帮扶房山区灾后重建工作部署，号召全区盟员向灾区捐款。工委秘书长韩亮将工委的倡议书发到微信群里，全区广大盟员积极响应，短短几天时间共有 151 位盟员捐赠善款 58671 元。区政协委员、法律支部副主委焦建全程负责收款统计工作，非常辛苦。在区政协委员、工委副主委赵颖慧的协调下，民盟丰台区工委主动承担房山区石楼镇"中小幼儿园关心关爱项目"，定向为房山区石楼镇中小学、幼儿园捐赠书包和文具。8 月 28 日，区政协常委、工委主委史卫东同志和我以及韩亮秘书长赴房山区石楼镇走访慰问，代表区工委和全区盟员为夏村幼儿园、夏村小学、夏村中学捐赠 400 个书包、400 个削笔机、400 个笔袋、400 盒马克笔、400 盒铅笔等共计 55 箱文具，这些物资都是由焦建委员和骨干盟员王进同志精心挑选采购的。在新学期即将开学之际，我们为灾区的孩子们送去温暖和关爱。捐赠之后不久，区工委就收到房山区委区政府发来的感谢信。这次公益募捐活动是工委历年来首次，广大盟员的踊跃程度、参加人之广泛是我没想到的，非常令人感动和钦佩。

2023 年 7 月 19 日，我参加了区政协组织部分常委、委员围绕"推动新发地市场转型发展，打造全国领先的农产品交易市场、现代化农产品流通企业"议政性常委会协商议题开展专题调研活动。

参加调研后我及时撰写了题为《培育和打造"新发地"品牌建设，创造和提升软实力》的社情民意信息。主要从三个方面提出建议：

首先是通过农产品交易环节，挖掘出其上下游行业的各种"数据"要素，更进一步研究出数据的价值；其次是注重新技术、新产品在市场中的应用；最后是培育高端业态，逐步降低低端传统业态的占有比例。信息上交后不久得知，此信息得到丰台区委书记王少峰同志的批示，要求区委区政府分管领导根据我提出的建议逐步落实。

从九届、十届到现在的十一届，已经十年有余。这十年恰逢党的十八大召开后的十年，这十年丰台区的变化可以说是巨大的，成功举办园博会，把河西地区的垃圾填埋场打造成了风景如画的园博园公园，堪称化腐朽为神奇的经典之作。过去干涸多年的永定河，由晓月湖、园博湖等串联起来形成了绿波荡漾的景象，再现卢沟晓月的美景。西南二环到西南三环成片开发的丽泽金融商务区，经过十年建设，现在已经是高楼林立的首都新坐标，丰台区已经由原来的首都功能拓展区华丽转身为首都中心城区。这些林林总总的巨大成就中，上有党的英明政策引领，下有广大干部群众的拼搏努力，这其中更是离不开广大民主党派成员、政协委员的群策群力和无私奉献。

---

**作者简介：**

赵欢，第九、十、十一届丰台区政协委员，民盟丰台区工委副主委，国信金业（北京）投资管理有限公司总经理

# 统一战线凝心力　众手浇开幸福花

高　旭

　　我是祖祖辈辈居住工作在本地的老丰台人。这几年常听到身边人感慨：现在的日子多好呀！想吃啥有啥，想逛公园抬腿就到。我八旬的老母亲也常对我讲：现在是我这辈子生活水平最高的时候！是呀，现在生活的环境越来越好，物质文化供给越来越充足，老百姓的幸福感越来越强啦！

　　我是第九、十届丰台区政协委员，民盟盟员，通过参加组织活动，亲历、亲见、亲闻了许多事情，深知"幸福不是毛毛雨，不会自己从天上掉下来"。2012 年 11 月，在中共十八大上，习近平总书记向全党发出号召："人民对美好生活的向往就是我们的奋斗目标！"各级党委和政府积极响应，谋篇布局，还需要大家齐心协力去落实。记得当时街道上经常可以看到"撸起袖子加油干，一张蓝图绘到底！"的大标语。政协，作为最广泛的统一战线发挥了巨大的凝心聚力的作用。

　　2013 年初，民盟丰台区工委经过多方调研、讨论，由时任副主委的张振军在区政协九届二次全会上作了《塑造南中轴高端品牌，推动丰台强势崛起》的发言。会后，这一发言作为党派提案提交，政协将其定为年度重点提案，由李昌安主席亲自督办，承办部门为此还专门聘请了管理咨询公司。可见政府对提案的重视程度，这也让政协人更感觉到自身价值和责任所在，也确实为日后的政府规划提供了参考。记得那年丰台区的中心工作是疏解整治促提升。有很多地段都在进行大面积拆迁，同时暴露出的问题也不在少数。我的政协提案《关于妥善处理拆迁后遗弃宠物的建议》由公安分局承办，为此，他们入户调查、宣传教育协调做了大量的工作。

丰台是北京的中心城区，根据北京市的功能定位将新丰台定位为首都高品质生活服务供给的重要保障区、首都商务新区、科技创新和金融服务的融合发展区、高水平对外综合交通枢纽、历史文化和绿色生态引领的新型城镇化发展区。立足于此，在《丰台分区规划（国土空间规划）（2017年—2035年）》中，丰台区着力构建"一轴、两带、四区、多点"的城市空间布局。一轴，即南中轴丰台段。两带，即永定河文化带和生态融合发展带。四区，即首都商务新区、丽泽金融商务区、中关村丰台园区、卢沟桥国家文化公园区。多点，包括交通枢纽、生活保障和人文生态三大类城市功能节点地区。

围绕丰台区的蓝图，300余名政协委员根据自己的专长和熟悉情况每年至少提交一份提案和多篇反映社情民意的信息，大到《文化强区建设建议》《永定河生态发展带的建设建议》《优化养老的建议》《加快丰台区旅游产业转型升级的建议》……小到《某某路口交通指示灯设置不合理改进建议》《某某地铁站周边停车乱象改进建议》《关于增扩老年大学的建议》……都由相关部门承办，解决或改善。也有一些丰台区无力解决的提案交由市政协委员到市里。

为了使委员们写出高质量的提案，政协多次组织培训，大家参政议政热情度高，不仅表现在提交提案、信息上，每年的两会小组讨论、各委办局现场咨询场面都特别热烈，时间到了大家还有意犹未尽的感觉。一些离任的老委员依然发挥传帮带作用，"进了政协门，永远政协人"是他们常说的话。比如我们民盟的梁大庄老师就曾教我很多：怎么写提案，如何与承办单位进行沟通等，令我受益匪浅。我的两份提案《关于在区属公园增设饮水机的建议》《关于在区属公园内增设儿童游乐区的建议》都是由区园林绿化局承办，为了达到更好的效果，除了面议，我把自己在外区及外省市所见好的案例拍成视频、图片给他们参考，他们特别欢迎，正符合他们上级要求的创建全龄化健身公园的需求，他们表示新建公园及旧公园改造时会考虑增加我的建议。我欣喜地看到几乎所有公园门口都增设了购水柜，为大家科学健身、健康生活提供了方便。新建的嘉囿公园、大瓦窑公园、绿源公园等增设了儿童游乐区，吸引一批批小朋友到这里游玩娱乐，孩子家长也深感满意。

政协围绕关注的民生问题还组织了许多专题调研，我参加过"推进城乡一体化进程的调研"，深入花乡公司，请新发地、纪家庙等村干部讲述他们工作中遇到哪些问题，然后与有关部门协调沟通，提出整改建议，以专题调研报告的形式呈交给政府。"开展社区体育活动"的调研，让我第一次在丰台体育中心体验了测量人体肌肉和脂肪占比的先进仪器，有关专家设计出的有针对性锻炼人体肌肉的健身器材已经广泛安装在各个社区，每天来锻炼的人络绎不绝。

委员里不乏专家学者，利用这一资源优势，每年政协都组织一些社会服务活动，一方面让百姓直接受益，另一方面也增加了委员们深入基层、了解人民所愿的机会。我知道的有"法律下乡"，请律师委员为百姓提供法律咨询。俗话说：家家有本难念的经，所以咨询的人都有各自不同的诉求。我参加过义诊进社区和赴丰台区对口扶贫单位内蒙古扎赉特旗交流义诊活动，用自己的所知所学为病人答疑解惑、去除牙痛。与同行交流，教学相长，既交了朋友又增长了才干。看到往日贫困的地区旧貌换新颜，水稻长势喜人，旅游方兴未艾，人们生活富足，四季花果飘香，感受到国家扶贫攻坚工作做得真是很到位！

履职期间，最令我难忘的是 2019 年有幸参加了国庆 70 周年游行活动。亲历整个过程，感受市、区组织领导的周密，严格又温馨。党员和群众结对子，队友们也相互关爱扶持，还有幕后英雄张凝为我们提供后勤服务，克服了许多困难，践行了"一个不能少，一个也不能多"，几乎每次训练都有惊喜，大家不是亲人胜似亲人！现场目睹了各式军车排山倒海般地行进及叱咤风云的空中编队的震撼场面，亲耳聆听了习近平总书记代表人民发出的心声，令我心潮澎湃，魔力附身，跟随耳熟能详的游行音乐与大家一起加入长安街大合唱，在天安门前欢呼雀跃，表达爱国欢愉之情！疏散时路边群众的"祖国万岁！大家辛苦！"的问候让我的激动情绪久久不散！游行前在长安街旁观看军车彩车时，对面一位异常冷静严肃的黑衣青年和我们形成强烈反差，三次见他，没见他回过一次头！感慨这位坚守岗位的青年太有定力啦！通过这次游行，让我有机会更全面地了解这十几位优秀的委员，他们有能力、勇担当，在随后三年的疫情期间，尽管自己的企业蒙受损失，不忘想方设法帮助社会摆脱困境。捐款捐物，逆行返乡……每每听到他们的事迹我都少不了有些感动，和他们在一起我总是想到费老的那句话：各美其美，美人之美，美美与共，天下大同。参加国庆游行活动留给我太多的回忆，和我年龄相仿的队友张昌斌游行排练时胆囊炎反复发作，他坚持保守治疗不手术，坚持和我们一起起早贪黑地训练，顺利完成了游行任务。而且他后来作为观礼嘉宾还参加了建党百年的天安门活动。

曾是政协人，永远政协情！我依然关注丰台的发展。在政协期间养成的关心民生，反映民意，会永远保持下去。丰台是我家，建设靠大家。统一战线凝心力，众手浇开幸福花！

---

**作者简介：**

高旭，第九、十届丰台区政协委员，中国康复研究中心北京博爱医院原口腔科主任医师

# 坚持爱国爱教　共建幸福家园

刘瑞山

　　长辛店，作为千年古镇，被称为北京的西大门、"九省御路"，历史上是进出京要道上的重镇，见证了民族工业的兴起、工人阶级力量的壮大，成为马克思主义思想在中国传播的一片肥沃土壤。漫长的历史留下丰富多彩的灿烂文化，曾有过大小十几座宗教庙宇和遗迹，形成了五大宗教等多元宗教和谐共存格局，生动阐释了北京乃至中国宗教文化的多样性与包容性。而其中百余年的基督教，经过了历史的检验，在新时代征程上，正在积极践行宗教中国化道路，不断形成新的实践和贡献。

## 救亡图存　护国守土

　　百年前的中国，军阀混战、内战连绵，京汉铁路的工人生活在水深火热之中。早期共产主义者愈发认识到工人阶级的重要性。毛泽东曾先后两次来到长辛店宣传革命真理，播下革命火种。李大钊、邓中夏等革命先驱在此创办"劳动补习学校"，传播马克思主义。在北京共产党小组的领导下，长辛店铁路工会正式成立，进一步推动了长辛店工人运动的发展。随着1908年基督教传入长辛店，此地的信众在历次工人运动中发挥了积极作用。如五四运动期间，爱国基督徒孙正芳为主要组织者，将长辛店地区的工人组成"救国十人团"和"长辛店各界联合会"，声援学生革命运动力量，积极开展救国救民活动。新中国成立后，1950年，以吴耀宗为代表的40名基督教人士共同在《人民日报》上签字，并发表题为《中国基督教在新中国建设中努力的途径》

的《"三自"宣言》，从政治上表明对新中国的拥护、对党和政府的支持。基督教长辛店教堂赵重民牧师为全国首批在《"三自"宣言》上签字的 1527 人之一。之后，签字的信众达到 40 余万人。1951 年，当时的政务院颁布《接受外国津贴及外资经营的文化救济机关宗教团体登记实施办法》，基督教长辛店教堂积极主动做好登记工作，成为北京首批高举爱国爱教旗帜、坚持"三自"原则的宗教活动场所。

### 与时俱进 同心同行

党的二十届三中全会提出"系统推进我国宗教中国化，加强宗教事务治理法治化"，为进一步做好新时代宗教工作指明了前进方向，提供了根本遵循。实践证明，无论本土宗教还是外来宗教，只要不断适应我国社会发展，同祖国和人民同呼吸共命运，防范一切"去中国化""逆中国化"现象，坚持走自己的路，就一定会在中国式现代化道路上发挥作用、实现价值。

丰台区基督教坚持与党同心、与国同行，紧跟丰台区新时代改革创新、高质量发展步伐，走自我变革内涵式创新道路，努力扩大宗教中国化的实践推动力和社会影响力，推进在坚持宗教中国化方向上行稳致远。推行宗教活动场所主要教职人员重大事项报备、实际负责人登记制度，规范教职人员动态管理台账、聚会点负责人年终述职机制，参与政府部门组织的宗教法规知识竞赛等，提高基督教界自身建设法治化、规范化水平。在宗教设施、宗教仪轨、宗教制度规范和宗教神学思想四大方面，强化"注重特色、注重生态、注重人文"的建设内涵，着力使宗教活动场所成为弘扬爱国主义精神、遵守国家法律法规、践行社会主义核心价值观、传承中华优秀传统文化的坚实阵地。举办基督教中国化探讨、中华优秀传统文化讲座、中青年教职人员神学建设沙龙会、"中国梦 宗教情"论坛、宗教故事会，组织神职人员面向信众解读《论语》与中华优秀传统文化精髓等活动，用中华优秀传统文化浸润宗教，赋予了宗教教义教规新的文化内涵。组织教职人员党史主题报告会、"我心目中的中国共产党"交流会、喜迎二十大向祖国献歌红歌会"、宗教人士访谈会。举办升国旗仪式，组织"喜迎二十大 丰台宗教中国化成果巡展"，组织广大信众参加政府组织的"迎国庆""庆建党百年"文艺汇演，不断增强"五大认同"。中国的宗教政策好不好，中国宗教状况如何，中国的信众最有发言权，中国宗教界最有切实感受。宗教界教职人员和信教骨干，在党和国家重大政治活动、重要纪念节庆，组织参加并自主开展系列活动，已经成为展示丰台基督教爱国爱教形象的"名片"，更是长辛店地区基督教在坚持宗教中国化方向的生动实践。

### 爱国爱教　济世利人

当今社会正处于飞速发展与巨大变革的态势中，作为社会生活的一个重要组成部分，宗教应该怎样准确把握自身的基本教义与时代精神的切合点、一致性，与社会主义社会相适应，更好地为社会发展多作贡献？这是我们这一代宗教教职人员深思的问题。丰台区基督教发挥爱国爱教、济世利人传统，坚持物质慈善与精神慈善并行、创新慈善方式和打造慈善品牌并重原则，在宗教活动场所建立示范宣传教育专栏，开设政治法律、爱国传统文化图书角，筹划建设中华优秀传统文化陈列室。开展帮助失学儿童、贫困群众，看望贫困患者、举办义务献血等公益慈善活动。在地震灾害、洪涝危害、新冠疫情等国家大灾大难面前，主动参与长辛店街道和社区公益慈善活动和属地抗疫。7•21北京暴雨，长辛店东山坡社区受灾严重，立即召集宗教骨干义工商议，第一时间组织信众捐款。配合属地"居民健康大讲堂"活动，积极提供医疗资源，邀请宣武医院医疗专家举办健康大讲堂活动并开展义诊。慈善周期间，向社区推荐十名困难居民进行"点对点"帮扶活动。新冠疫情，在一度全社会口罩紧缺时期，号召信众捐献给社区口罩；得知急需志愿者，立即组织信众报名参加，以实际行动支援属地长辛店地区抗击新冠疫情。把"小我融入大我"，用生动实践活动诠释和讲述丰台基督教中国化的时代故事，彰显中华传统家国大爱文化和中国精神，这也是丰台基督教将党和政府大力倡导的"以人为本"理念和宗教所体现的和谐精神融合一体、融会贯通，在长辛店地区开展宗教中国化实践的一个成果和印证。

习近平总书记新时代中国特色社会主义宗教思想，为宗教中国化未来发展提供了四个需要考虑的重要视角，即宗教与国家最高利益、与中华民族整体利益、与中华优秀传统文化、与当代中国社会发展之间的和谐一致。伟大变革鼓舞人心，宏伟蓝图催人奋进。在国际形势深刻变化、国内社会转型思想多元化背景下，我国宗教在中国化的道路上必须久久为功，持之以恒。我们将沿着先辈足迹，继续高举爱国爱教旗帜，始终与党同心、与国同行，努力形成宗教中国化更多丰台长辛店实践成果，为区域和谐稳定、社会发展做出积极贡献，展现新时代中国宗教的良好形象。

**作者简介：**

刘瑞山，第十、十一届丰台区政协委员，丰台区基督教三自爱国运动委员会秘书长，北京市基督教丰台堂主任牧师

# 尚品党建品牌诞生记

李青森

　　早就听说丰台二中的党建工作全市闻名，一直想取经求教。得缘好友高静琳老师的牵线，一个夏日的午后，在二中集团校本部文体楼党员活动室，我们如约见到了焦素琴书记。

　　焦书记首先为我们推荐了《尚品党建，塑魂立人——北京丰台二中教育集团党建品牌》一书。本书其实是一部论文集，近40篇文章勾勒出了二中集团尚品党建品牌的基本情况。然而，碍于体例和篇幅限制，这一党建品牌的诞生，背后还有很多故事，无法在书中一一展开。焦书记认为，其中很多事情虽小，但积土成山，积水成渊，聚沙成塔，了解这些细节，有助于我们更全面掌握二中党建工作的前因后果。于是，围绕着这些故事，焦书记给我们打开了话匣子。

　　当初集团为什么创建这个党建品牌？是因为国家在推行中小学党组织领导的校长负责制。中小学从1993年以来到2021年一直是校长负责制。2022年1月中央下发了《关于建立中小学校党组织领导的校长负责制的意见（试行）》。在印发该意见之前，北京就已经进行了三年的试点工作。试点工作共分三批：最早是2018年9月，燕山地区借学校数量少、规模小等优势，开展了党组织领导的校长负责制的先期探索工作。2020年9月，试点工作扩展到五个试点区35所试点校。到2021年6月，试点工作全面推开，在全市选取了72所中小学纳入试点范围，当时丰台区确定了五所市级党建示范点学校参与这批试点，其中就有二中。

　　这项工作对学校的管理体制挑战巨大。自1997年开始实行的校长负责制已实施 20 多年。丰台二中作为试点单位，党委讨论后认为有两个问题无法回避。第一个问题，在党组织领导的校长负责制下，决策工作由校委会转至党委会。然而，两套班子组成人员高度重合，党委会和校委会决策的区别究竟体现在哪里？难道仅仅是会议记录名义发生变化，以及主持人由校长变为书记吗？如果二者无本质区别，那么这种改变便毫无价值。事实上，改革就是要更好地体现党对中小学办学方向的全面领导，确保党组织履行好把方向、管大局、作决策、抓班子、带队伍、保落实的领导职责。第二个问题，目前二中的核心干部队伍（校委会成员或党委会成员）存在业务能力突出但党建工作能力相对薄弱的问题。例如教学副校长是化学学科正高级教师、特级教师，是化学教学权威，但并非党建工作的专家。德育副校长彭宏是紫禁杯优秀班主任一等奖获得者，是师德标兵，可在党建工作方面也未必精通。正所谓"工欲善其事，必先利其器"，要想把试点工作做好，核心干部队伍的政治能力必须率先得到提升。

在 2021 年进行试点工作时，党委率先从提高核心干部队伍的政治素养入手，致力于将核心干部队伍从业务能力突出培养为业务与政治素质兼备。当时，恰逢建党 100 周年，党委将党史划分为若干阶段，由核心干部团队成员每人负责一个阶段进行备课，随后为大家讲授党课。在此过程中，核心团队业务能力强的优势得以充分展现。加之团队成员多年来养成了做事一丝不苟的习惯，在讲党课时毫不敷衍，每位同志都积极努力地查找资料、做准备。例如李化年本是一名理科老师，负责准备的内容是毛泽东思想的形成。他通过大量阅读毛泽东同志的著作以及在重要节点发表的文章，厘清了毛泽东思想形成的过程，最后讲授了一堂非常生动且深刻的党课。通过讲党课让核心干部队伍在对党的光辉历史的深刻感悟中铸牢信仰之基。

现在，万事俱备，只欠东风了。"七一"以后，利用两个月的暑假时间，党委正式开启品牌培育工作。先是请了一些市级的党建专家，把从中共十八大起近十年来集团的党建工作做了梳理，在此基础上，归纳总结出最终的党建品牌。首先是推出了一个思维导图，这张图其实就是集团对党建工作的整体设计。思维导图一共涵盖了三个方面：顶层设计新格局、创新思维新体系、路径精准新局面。

顶层设计是集团所有党建工作的根本，其实就是以战略地图为纲。这个战略地图并不是 2021 年这次品牌塑造的首创，它早在 2012 年就有了，不过历经这么多年的发展，也并非一成不变，而是已从最初的 1.0 版本升级到 2018 年的 4.0 版本了。每一次升级改造的背后都有很多故事，蕴含着二中党委对不同时期党建工作的思考。

创新思维新体系是这次党建品牌的主要内容，就是"六个尚品"。"六个尚品"从党委、党支部、党小组、党员、教师、学生这六个主体出发，厘清了每个主体的定位和相互之间的逻辑关系。这其中，党委是领航，二级支部是落实，党小组抓执行，党员要做表率，教师（指非党员教师）要力行，学生要养成，这六者分别按照五力、五好、五强、五坚定、五能、五育设计了两级指标体系。

路径精准新局面，顾名思义，是党建品牌实施的具体路径，包括党建塑魂、一体化育人、一体化思政。党建塑魂，塑的是党员教师的魂，党员教师的精气神；一体化育人讲的是一体化德育体系；一体化思政讲的是思政课领域的创新。

这次尚品党建品牌的创立，并不是完全白手起家，有些工作是对过去工作的继承，比如战略地图；有些在继承的基础上有所更新；还有些才是完全的创新，比如六个尚品。这里着重介绍一下尚品党委和尚品支部。

尚品党委要求党委起到领航作用，这一点直接呼应这次创立党建品牌的目的——落实党组织领导的校长负责制的试点工作。具体是怎么做的呢？创新点在哪里呢？主要集中在 2021 年暑假整理设计的集团党委议事、决策会议流程，这和以前校委会决策有很多不同之处。最大的不同在于它现在是一个闭环，从设计筹划到议事决策，再到协调布置，最后到执行落实，这是一条单向主线，但中间又有两个回环：一是年级中心、四大中心、分校校区等对行政会的回环，称"总结改进"；一是行政会对党委会的回环，称"说明汇报"。举个例子，原来某个项目有一笔大额资金支出，决策完就完了，就是去执行；现在党委会决策后过一段时间，相关项目负责人要将执行情况向党委汇报，如果真的没有完全执行，或执行过程中有什么问题，再去纠正，这是党组织管决策后一个重大改进。另外，目前的党委决策核心是中心大方块里的内容，但之前分校区和

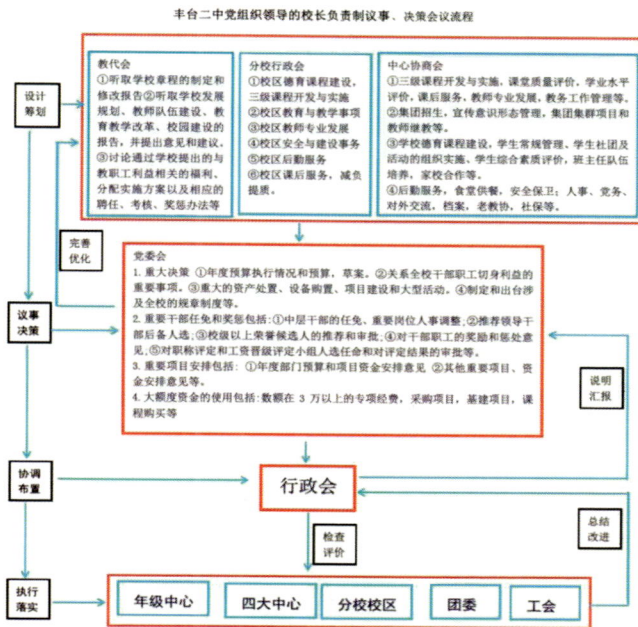

丰台二中党组织领导的校长负责制议事、决策会议流程

各中心要提项目，必须先经过分校区、各中心的前置研究，然后才能上报到集团党委，所以目前整个决策相较于之前更科学、更完善、更高效了。这套流程在当年暑假后，也就是 2021 年 9 月开学即开始执行。

接下来是尚品支部的打造。2021 年 9 月到 12 月，所有二级支部在尚品党委品牌的带动下，纷纷根据自己校区的特点打造出特色品牌。比如三支部是行政支部，位居二线，结合工作性质就总结出"三心党支部工作法"，解答了二线如何为一线服务的问题。又如一支部包含了集团所有高中党员老师，算是集团最高学段教师支部，也是最优质的支部，这个支部的标识及释义充分说明了该支部的特殊性。如何发挥自身的模范作用？一支部推出了"五星引领"的党支部工作法：先将支部工作的五个方面对应五颗星，每颗星确定具体标准；之后每位党员教师通过参与"亮星""认星""践星""成星""耀星"这一路径实现自我发展，在你认的这颗星所涉及的领域达到高标准。如果某位老师认领的某颗星到了"耀星"阶段，支部还会通过公众号进行宣传。"五星引领"工作得到了一支部党员老师们的一致好评，这是可以证明的：区督导每年对学校有测评，包括教师测评、家长测评和学生测评，教师测评的第一项就是学校的党建工作。其实，别看高中老师业务繁忙，但对党建工作要求可一点不低，每次打分都很认真。"五星引领"工作推出后，一支部对党建工作的评分有了提升，说明对这项工作的充分认可。除了第一、第三支部外，其他四个支部的党建工作也很有特色。

一下午的采访干货满满，两小时的时间转瞬即逝。其间，焦书记对过去十年特别是 2021 年以来的工作娓娓道出，如行云流水，每个细节都能信手拈来，无不显示她对本职工作的驾轻就熟，给人留下了深刻印象。我们认为，丰台区能有二中集团党委这样的领导团队，能出现焦书记这样教育战线上的领导干部，并非偶然，这与全区多年来一贯重视教育工作、教育部门一贯重视基层工作是密不可分的。百年大计，教育为本；教育大计，教师为本，丰台区全体教育工作者正在以实际行动践行中共十八大以来中央对教育工作的部署，为实现教育领域的高质量发展再谱新篇，再立新功。

**作者简介：**

李青淼，第十一届丰台区政协委员，首都经济贸易大学城市经济与公共管理学院区域经济系副教授

# "十三五""十四五"时期丰台区青少年事业发展见证

谢雯菁

党的十八大以来，以习近平同志为核心的党中央高度重视青年发展事业，首次在国家层面颁布实施针对青年群体的发展规划《中长期青年发展规划（2016—2025 年）》。"十三五""十四五"时期，是丰台区推动高质量发展的关键阶段，丰台区青少年发展面临新的历史机遇。2015 年，我成为一名青少年工作者，有幸亲历和见证八年来，在区委、区政府的坚强领导下，在社会各界的共同努力下，丰台青少年发展各项事业取得的巨大进步、呈现的良好局面、开启的崭新篇章。

## 一声声"请党放心，强国有我！"的青春誓言

在庆祝中国共产党成立 100 周年大会上，由 1068 名共青团员和少先队员代表组成的献词方阵发出"请党放心，强国有我！"的铮铮誓言，这番激动人心的场景、这声来自青少年的铿锵表白让镜头前的我热泪盈眶，在南苑机场保障庆祝活动时，献词方阵五次演练的一幕幕涌上心头，也让我回忆起 2019 年，作为丰台区群众游行指挥部组织训练组成员进行"不忘初心"方阵群众游行活动时，73 场次、260 小时、4.7 万人次的训练中，方阵队员为祖国母亲献礼的每个动作、每个笑脸。

在丰台，少先队员、共青团员献词的传统一直保留着。"红领巾在党的领

丰台团员青年参加新中国成立 70 周年群众游行方阵合练

导下茁壮成长，是你们将红色种子播撒进少先队员心中；雏鹰在这片热土展翅翱翔，是你们用行动保驾护航。""五气连枝，丰宜福台。五气学子，共创未来！"在我们组织的区第十三次团代会、区第七次少代会上，现场聆听少先队员、共青团员的献词，更让我产生情感共鸣。这种认同不仅表现在"规定动作"，还在于自觉行动。《守望》《聆听百年》《青春的光》……这些原创歌曲来自"全国优秀少先队员"、第八次全国少代会代表刘婉怡。《检察正青春》《勇闯少年谷》《选择》……这些原创短视频来自"首都最佳志愿服务组织"丰台区检察院的青年团队。一批批青少年先进集体和个人涌现，他们从教育引领的对象转变为示范引领的主体，传递正能量的声音，辐射带动着青少年学习先进、追求进步。

青少年的"心里话"，传达了他们爱党、爱国、爱社会主义的朴素情感，也是我们为党育人的动力所在。八年来，以习近平新时代中国特色社会主义思想为指导，我们开展了七大主题教育实践，政治理论学习固化为组织生活的重要内容，组织化教育的主渠道有效激发。青言青语宣讲唱响主旋律，我们组建了丰台区"青年讲师团"，红色历史、丰台故事线上线下传播到各地，青年化阐释的针对性不断提升；网上主题团课队课常态化，我们围绕丽泽商务区建设、创建文明城区、五大青年行动等中心工作组织发起七场网络直播活动，开展《我们都是小V蜂》等大型快闪活动，主题MV在人民网等14家门户网站及央视网等11家主流视频网站全面推广，全网累计观看点赞近500万人次，短视频、直播等新媒体原创产品广受欢迎，网络化引导的影响力持续扩大。从"影响"到"引领"，从"亮眼"到"润心"，青少年思想政治引领更加深化，听党话、跟党走的信念更加坚定。

### 一面面青春旗帜在党和人民最需要的地方飘扬

我曾和数千万网友一起当起"云监工"，实时见证火神山、雷神山医院从无到有，直播中工地上立着青年突击队队旗，画面里尤为显眼、格外鲜亮。不禁想起，丰台青年突击队的旗帜也飘扬在丰体方舱医院建设现场，防汛救灾、灾后重建一线……急难险重任务中，总是有青年突击队员迎难而上、奋勇争先的身影。青年突击队是"队、号、手、岗、赛"等系列青春建功品牌之一，丰台青年做到了哪里有需要，哪里就有青年突击队；队旗在哪里竖立，青年就在哪里建功。这是对习近平总书记"青年应该到基层和人民中去建功立业，青春之花应该在祖国最需要的地方绽放"殷殷嘱托的真情回应。

这是一群与时代双向奔赴的青年。丰台青年胸怀"国之大者"，在党和人民最需要的时刻豁得出来、顶得上去，在新中国成立70周年、建党100周年、冬奥会冬残奥会、世园会、戏曲文化周等重大活动服务保障中锤炼了政治素质，在疫情防控第一线、脱贫攻坚主战场等急难险重任务面前磨炼了坚强意志，在科研攻关、经济建设、民生保障等关键和平凡岗位上践行了青春誓言，用实际行动奏响了"清澈的爱，只为中国"的时代强音。

这是一座与时代同频共振的城市。当前，丰台区正处于把握重大战略机遇的窗口期、承载首都功能和重大使命任务的提升期、解决区域发展不平衡不充分问题的关键期，站在新的历史关口，全区广泛凝聚共识，加速实施"倍增追赶、合作发展"战略，为广大青年干事创业、建功立业提供了广阔舞台和更多机会。

这是一场与城市相互成就的青春。在区域高速发展背景下，我们动员丰台青年紧抓机遇，投身"青建丰采"青春奋进建功行动、"青创丰潮"青春创新创业行动、"青愿丰尚"青春志愿服务行动与"青治丰范"青春社会治理行动。我们组织成立了区志联，推动"吾声有声""消费维权小雏鹰"等一批优秀项目落地见效，荣获上千个国家级和市级奖项；我们打造了泊寓"生活＋创业"样板空间及三个区青年创新创业基地、清华大学首个研究生劳动教育实践基地，两次获评全国"返家乡"大学生社会实践表扬单位；我们在全市首创实施"减小亮"低值可回收物资源化计划……青年突击队、生力军作用更加彰显，为丰台高质量发展汇入了青春动能。

## 一个个"搭桥铺路"工程让青少年筑梦远航

服务青年是我们的工作生命线，和青少年打交道，我时常会感到，我们做了一些工作，我们做得还不够到位。以新业态、新就业青年群体为例，有一次冬天在网约车上，我注意到司机小哥在用我们发的保温杯，忍不住问了一句，司机小哥说其实他们喝水比较少，一般渴了就抿几口，因为公厕不好找，又不好停车，还耽误派单。这就是我们工作的盲点。丰台打造首都发展新引擎中形成的开放型经济、开放型网络、开放型环境，综合推动青少年群体对精神文化生活、身心健康、个性发展和权益保障、社会融入和社会参与等的需求日益增多、诉求日趋多元，青少年服务体系逐渐从单维向多维、从分散到系统的全方位、立体式转变。

青少年发展环境持续优化。一直以来，区委、区政府高度重视青少年事业长远发展，关心关怀全区青少年成长成才，努力构建党管青年原则下协同促进青年发展的工作格局。2018 年，丰台区青年工作联席会议制度建立。2021 年，青年工作联席会议制度延伸至街镇层面；《"十四五"时期丰台区青少年发展规划》编制实施，并纳入了丰台区"十四五"规划纲要。2022 年，党建引领青少年群体"未诉先办"工作机制初步构建。全区青少年工作合力凝聚，为青少年营造了良好的发展氛围。

"丰青缘"交友活动

青少年服务工作扎实推进。我们创建了全国首批未检工作社会支持体系建设项目、全国首期青少年"双零"试点社区，全区中小学法治副校长100%配备，在册困境青少年帮扶100%覆盖。围绕青少年身心健康，我们策划出版《陪你走过青春的十字路口》《谁说青春一定迷茫》等书籍；围绕禁毒防艾、亲职教育、安全自护、心理成长、价值观养成，我们开设"青春陪伴五堂课"，扩展反校园欺凌、反性侵害课题；围绕青少年精神文化生活，我们立足古都文化、红色文化、戏曲文化、航天文化、园林文化等区域资源优势，依托46家社区青年汇开展非遗传承、文艺演出、城市体验等基层文化活动；围绕青年婚恋交友，我们打造"丰青缘""红领巾成长营"等公益性婚育服务项目，解决青少年急难愁盼问题有了实质性推动。

青少年社会融入不断加深。在我们的努力下，全区从1094家团组织到如今突破2000家，组织触角延伸到每个社区（村）、学校，覆盖了企事业单位、非公企业、社会组织。我们组织成立了全市首个快递物流分拣中心团组织、首个政府专职消防队伍流动团组织，餐饮住宿服务、健身操舞行业团工委……让"新兴青年"有了"新家"。组织广覆盖的同时,"青年议事会""我为丰台献一策""共青团与人大代表、政协委员面对面""倍增追赶·智汇丰台"等品牌活动活力值拉满,青年有序参与政治生活和社会公共事务,青春热情在发展全过程人民民主中尽数展现。

丰台区青少年发展正在全面融入服务丰台区首都功能建设、区域高质量发展、生态环境建设和治理体系建设。展望未来,广大青少年必将成长为推动"妙笔生花看丰台"美好愿景成为现实的中坚力量,我们共同期待!

**作者简介:**

谢雯菁,第十一届丰台区政协常委,丰台区应急管理局副局长

# 法治护航"最后一公里"

## ——北京市常鸿律师事务所服务社区治理工作纪事

### 常卫东

社区是社会生活和社会治理的基本单元，也是党和政府联系、服务居民群众的"最后一公里"。加强社区治理不仅是现代国家建构的重要内容，更是社会发展的必然要求。作为一名律师，也作为一名政协委员，我深知充分发挥自身法律专业特长和资源优势，深入基层，积极参与社区治理工作的极端重要性。因此，我成立了一个专项服务小组，同时接受地区党工委之邀，在《北京市物业管理条例》实施后，为丰台区 16 个街镇、167 个小区提供社区治理和业主委员会、物业管理委员会筹备、组建、换届等方面的法律服务，讲法明理，答疑解惑，化解矛盾，为丰台区社区治理工作作出了贡献。以下是我带领北京市常鸿律师事务所律师团队服务社区治理的几件事：

### 解决物业相关问题

丰台区玉泉营街道宝隆大厦因新老物业交接问题导致大厦在疫情期间失管，制冷服务中断，致使业主在炎热的夏季只能搬到地下停车场打地铺休息以躲避楼内高达 43℃的高温，相关投诉、信访不断。为此，我应玉泉营街道之邀，参与磋商谈判。磋商过程中，我凭借丰富的办案经验与过硬的专业知识指出：制冷服务不是物业职责清单内的内容，宝隆大厦的老物业仅系以物业费形式代收代缴大厦制冷费用，大厦的制冷服务主体另有其人，进而联系到了宝隆大厦的制冷服务主体，亦即大厦的能源单位。同时，在我与玉泉营街道办事处书记等领导晓明厉害，耐心劝导之下，原物业也终于松口，同意在端午假期过后，进行物业管理权交接工作。在后续与宝隆大厦能源单位的沟通过程中，由于宝隆大厦业主与能源单位所属集团嫌隙颇深，宝隆大厦业主委员会与能源单位双方沟通极其困难。在此过程中我发挥专业优势，与玉泉营街道办事处书记、区房管局物业科领导紧密配合，向宝隆大厦业主委员会释明法律关系，从疫情防控、合同关系、企业社会责任等角度向能源单位耐心晓以利害，指明维权正途。最终，双方于 2022 年 6 月 5 日凌晨 12 时达成一致，宝隆大厦能源单位同意启动制冷设备，业主委员会同意以身作则督促业主缴纳制冷费用。

针对丰台区玉泉营街道草桥欣园三区前期物业因无法上涨物业费而提出撤场、业委会全体辞职的问题，我积极参与街道的吹哨报到会和居民见面会，推进党建引领社区治理，运用法治思维和法治方法统筹推进基层社会治理，通过组建物管会，由物管会委托第三方对物业费进行评估，然后召开业主大会临时会议对业主共同决定事项进行表决，最终破解物业撤场难题并成功实现物业费上调。

针对丰台区玉泉营街道恋日花都小区业主不满物业上调物业费而引发的舆情问题，我和街道社区办相关领导参与居民见面会，释法明理，答疑解惑。对于小区业委会全体辞职、居民 12345 诉求不断的情况，我提出要依法依规重新选举业委会，由业委会征求业主意见后召开业主大会，决定是否需要对物业费进行上调。最终纠纷得以圆满解决。

大红门街道康泽园西区小区于 2008 年成立了业主委员会。业主委员会成立后召开业主大会解聘了原物业公司，确定小区的物业管理方式为业主自行管理，并成立了自管中心，负责小区的物业管理至今。康泽园西区的自管状态缺乏属地政府的有效监管，在劳务用工方面存在巨大的风险，且小区的安保、卫生，以及协助业主处理、协调相邻纠纷的过程中存在服务缺位、不到位的情况，纠纷、案件频发，照明设施损坏，消防通道堵塞等问题普遍存在。对此情况，我提出了《关于丰台区部分自管小区引入物业管理的建议》，建议街道、社区要推动召开业主大会，引导小区业主通过民主决策，选择合适的物业服务形式，通过党建引领组建业主委员会（物业管理委员会），组织业主就物业服务标准、收费标准达成一致意见，因地制宜选择适合的物业服务模式，并签订物业服务协议。

### 业主委员会相关问题

　　长辛店街道二七厂宿舍区部分业主因未进入筹备组和业委会候选人名单，便采取聚众堵塞道路等非法手段向政府施压，并多次上访，扬言要组织游行示威活动；卢沟桥街道国风长安小区，在业主大会筹备过程中，部分业主提出的不合法、不合理诉求，未得到筹备组的采纳，便采取多次拨打 12345 的方式给街道施加压力……对此等情况，我提出了《关于对筹备组、换届小组业主代表及业委会候选人严格把关的建议》，建议区房屋主管部门加强指导街道办事处实施与物业管理相关工作，建议街道落实主体责任，加强对筹备组、换届小组的组织领导，建议街道严格标准指定社区工作人员担任筹备组或换届小组组长，建议街道坚持党建引领、对业委会候选人资格条件严格审查，建议街道发挥政协委员工作站的积极作用、听取专业律师的意见为相关决策提供充足的法律支撑，建议街道依法依规对涉业委会筹备、换届等事项的 12345 诉求进行答复，杜绝"谁闹谁有理"的思维方式和工作方法。

　　北京市丰台区某街道办事处接到某小区业主来访，反映该小区业主委员会存在未经业主大会授权与物业服务人签订物业服务合同、业主委员会主任擅自收取业主停车费并使用业主委员会印章等行为。为此，尽管街道办事处社区建设办公室工作人员多次前往社区，召开协商会解决问题，但由于业主委员会委员不依法履行职责，拒不配合街道办事处的指导和监督，导致问题迟迟无法解决。针对该情况，我提出了《关于加强业主委员会委员法律培训与考核的建议》，建议坚持党建引领，加强对业主委员会组建工作的组织领导，加强对业主委员会委员的法律培训与考核，提高业主委员会依法履职能力。

### 老旧小区电梯更换问题

　　丰台区某小区建于 2000 年，电梯运行至 2022 年已有 22 年之久，故障频出，存在安全隐患，电梯故障的多发已经严重影响到业主的正常生活和生命安全，解决电梯问题刻不容缓。然而电梯的维修、更换等成本问题，让小区业主陷入两难。

针对上述问题，我提交了《关于加强紧急情况下老旧小区电梯更换的建议》，建议强化电梯生产、经营、使用单位主体责任，加强政府对电梯维修、更新、改造的指导监督，发挥物业公司、业主委员会在更换电梯工作中的作用。强调对于涉及居民生命安全、出现紧急情况的电梯要及时更换，同时对于其他电梯的维修、更新、改造也要充分尊重业主的意愿，重点解决居民反映强烈的电梯问题，通过政策引导，充分发挥物业公司、业主委员会的主体作用，调动业主积极性，实现业主自主协商、共同决定。

《北京市物业管理条例》出台三年以来，全市业委会（物管会）组建率从12%提高到96.9%，取得了显著的成绩。我将带领北京市常鸿律师事务所律师团队再接再厉，攻坚克难，坚持党建引领，依法依规为丰台区社区治理工作和谐开展继续努力！护航党群、政群联系的"最后一公里"！

**作者简介：**

常卫东，第十、十一届丰台区政协委员，北京市常鸿律师事务所主任

# 与政协结缘

徐献超

"城，所以盛民也。"城市的核心是人。城市的发展可由"物"见，更可从"人"观。一个城市的发展，托举了为之发展而不懈奋斗的每一个人。而我，正是这千千万万奋斗者中的一个。《与政协结缘》，回顾了我从一名普普通通的外乡人，成长融入为一名丰台区政协委员的经历，整个时间线贯穿了我来丰台工作、奋斗在丰台、最终扎根丰台的三个重要时间段，也对应了我作为一名区政协的跑口记者、区党报时政版编辑以及区政协委员三个时间段，此间让我对区政协工作和我国政治协商制度的认识不断深入。

## "点"上有交集，我是区政协的跑口记者

2012 年 10 月，我结束了三年大学生村官的工作，考入了丰台区委宣传部新闻中心，成为当时《丰台报》（现为《丰台时报》）的一名工作人员。2013 年下半年我正式成为一名对口区政协的记者。作为政协的一名跑口记者，主要负责区政协领导外出调研活动和区政协重要工作宣传事宜的对接。起初接到这个任务时，我特别紧张，很有压力。为了更好完成任务，我提前了解政协的一些重点工作，看之前的新闻报道，我对这个任务来了兴趣，感觉政协似乎跟政府工作有些不同。随着深入接触，我觉得政协的平台就是一个大宝库，为我打开了新世界的大门。

此时回忆起来，我突然意识到我是如此之幸运，因为跟着政协调研，我去过基层治理一线，去过区内知名企业，走进过宗教场所等地，参与过服务企业

助推发展对接会，推进基层民主协商建设主题调研，参加了慰问优秀党员、委员暑期班等活动，切实的体会是政协的活动很丰富，政协涉及的领域很广泛，政协工作非常有意思。

### "线"上有延伸，我参与了政协会议的宣传

2014年10月开始我因为休产假，政协的相关工作移交给了同事负责。我再次回到岗位后不久被调整为时政版编辑，虽然不再跟政协调研，但是政协的日常新闻都有随时学习，对政协相关工作的兴趣日渐加深。在时政版编辑和曾经的政协跑口记者的双重加持下，2015年、2016年、2017年、2018年，我连续四年参加了区"两会"专题报道中的政协会议宣传工作。这个阶段我成了一名政协会议宣传工作组的组员，跟随着秘书长和相关委室主任等领导，学会了如何做好政协会议的宣传工作，从统筹策划专题，到现场采写新闻，到推进审稿定稿，到版面编辑制作等全流程参与，每个大主题和小细节都要精心关照。

几年来的积累，加上政协会议宣传工作带来的集中"培训"，我对团结民主两大主题有了一些认识，对政协委员都是各党派团体、各族各界的精英有了真切的体会，对政治协商、民主监督、参政议政的职能有了一定的了解。虽然不是政协的一分子，但与政协的接触、学习让我更加体会到了政协的魅力所在，她是一个有活力、有为、务实的大家庭、大舞台，为促进全区改革发展稳定贡献了积极的智慧和力量。

### 全面地融入，我成为一名政协委员

2019年，我从一名报纸编辑记者考上了区里的公务员。虽然身份有所转变，但是踏踏实实的工作作风始终如一，履职区妇联执委的工作未曾有一丝懈怠，继续立足新岗位默默耕耘。所谓念念不忘，必有回响。我想也是冥冥之中，自有缘分。2021年12月，中国人民政治协商会议北京市丰台区第十一届委员会第一次会议召开，非常荣幸，我成为一名妇联界别委员。这次会议

上我明确了三个身份：一名党员委员，一名妇联界别委员，一名体制内的委员。我给自己的定位是努力学习着眼界别工作履行委员职责，同时也要立足自身"体制内"工作职能做委员中的"政协人"，贯穿其中的是立足党员委员的身份积极发挥先锋模范作用。

近两年来，我参加了很多区政协的活动以及市区政协的培训学习，收获颇丰。一是积极参加区政协会议，围绕政协常委会工作报告和政府工作报告积极发言。结合本职工作，我先后围绕区委理论学习中心组学习有关工作，介绍区委以习近平新时代中国特色社会主义思想武装头脑、指导实践、推动工作的有关举措；围绕宣传系统重点工作，介绍全区新闻发言人有关情况，呼吁政协委员都做丰台区火热实践的新闻发言人；围绕有关舆情工作，与委员们分享自己扎根丰台、以丰台为家，倡导"家和万事兴，我们丰台区政协委员更是丰台的一员，让我们共同努力，知丰台、爱丰台、包容丰台、建设丰台"。二是积极撰写提案，主笔撰写的《关于加强"双减"工作背景下家庭教育工作的建议》，作为界别提案被采纳，并被评为优秀提案。三是积极参与政协组织的市、区有关学习活动累计12次，参加调研、民族团结林养护活动等6次。

通过全面深入地融入，一方面提高了我作为委员履职的自觉性。作为一名委员，我将充分发挥在本职工作中的带头作用、在政协工作中的主体作用、在界别群众中的代表作用。另一方面提高了我对我国政协制度的自豪感。人民政协是适合中国国情、具有鲜明中国特色制度安排。协商民主是中国社会主义民主政治中独特的、独有的、独到的民主形式，能够为推动世界政治文明发展进步提供充满中国智慧的"中国方案"。

有缘更要惜缘。未来，我将着眼在委员主体作用的发挥方面下功夫，一是发挥"动力足"的优势，继续增强积极发挥主体作用的政治情感基础；二是克服"能力不够"的问题，不断增强发挥主体作用的担当本领；三是补齐"作用不大"的短板，全面增强发挥主体作用的成果和效果。

**作者简介：**
徐献超，第十一届丰台区政协委员，丰台区委宣传部理论科科长

# 履职参政议政　践行侨海报国

徐薇娜

我是丰台区第六、七届侨联常委，也是中国致公党党员。2016年，我被致公党区工委推荐，有幸成为第十届区政协组织的一员，并一直履职至今，成为第十一届区政协委员。作为华侨界别的区政协委员，我已经有七年的履职经历了。通过积极地参政议政、建言献策的履职实践，我在区政协组织中逐步锻炼成长。积极参加区政协、致公党区工委和市委、区侨联的相关调研活动；参与撰写调研报告，向区政协组织、致公党市委提交社情民意信息；特别是近年来，在促进内地和香港小学生文化交流方面，依托侨联和政协组织干了些实事。这是我为香港小学生了解、认识祖国内地这些年来发展建设的伟大成就，继承和发扬中华民族优秀的传统文化，使他们从了解、认识到发自内心地作为中国人骄傲，进而爱自己的祖国，做了一些很有意义的工作。

记得2016年学生暑假期间，我通过华侨界和政协，联系了香港大学同学会小学的一批学生到丰台区东高地第二小学进行暑期文化交流。香港的小学生们到了东高地二小后，听带队的香港大学同学会小学黄桂玲校长跟我介绍说："这次来的小学生都是第一次来大陆的，原本想组队招50人左右，实际只来了36人，有的孩子行李箱子里还带着卫生纸和方便面。"我很是惊讶，香港小学生乃至他们的家人对祖国内地经济社会建设发展水平的认知远远不够。

按照我们和香港方面商量的具体交流安排，在北京期间，参加暑期文化交流的香港小学生们，每个人分别住宿在选定的东高地小学生家里。我们组织者的要求是接收香港小学生住宿的家庭，要能够为小学生提供单人居住的房间。第一晚要住到东高地二小同学家里，当时香港小学生拉着他们老师的

2011 年，丰台区东高地第二小学校领导教师访问香港大学同学会小学

手久久不愿分开……第二天这些孩子又争着和老师说出自己的感受和见闻，感觉他们非常兴奋，有的同学说我们吃到了北京全聚德烤鸭，有同学说终于知道了老北京涮肉的味道，还有同学说饺子不仅好看还非常好吃；有些同学从来没有一个人独睡大房，说有点害怕，很久睡不着；也有同学感叹，内地家庭居然还有书房，那么多的书，什么书都有，就像一个小图书馆。

在香港工薪阶层的家庭，常常是小孩子兄弟姐妹三四个人住一个小房间。而到了祖国内地北京，香港孩子们有生以来第一次晚上独自一人睡一个大房间。东高地是航天科技城，香港来的小学生们多住在我们的科技人员家里，家中的环境、藏书等是香港小学生们第一次经历，他们为之惊讶、慨叹，开始初步了解并认识内地学生家庭的生活情况，映射到祖国整体的发展建设成就。

2015 年，北京市转发了中国侨联关于申报国际文化交流基地的通知，老归国华侨梁智跟我说："你们华英培训学校边上的钱学森青少年航天科学院，特别能体现中国航天领域里这些年的发展成就，也更能激发海外华人的爱国情怀，你可以好好申请申请，争取申办成功。"年底，在我们的共同努力下，钱学森青少年航天科学院成功申办，成为北京市第一个中国华侨国际文化交流基地。

我习惯于在记事本上记下工作生活中的大事项。现就我联系、参加、组织的香港与内地师生文化交流活动摘录如下：

2011 年，丰台区东高地第二小学校领导教师访问香港大学同学会小学，双方建立友好学校。

2011 年，东高地航天中学师生访问香港培正中学和澳门濠江中学。

2012—2018 年，每年二月丰台区东高地二小学生到香港大学同学会小学交流学习，并前往钱学森青少年航天科学院参观交流。每年七月香港大学同学会小学师生到东高地二小交流学习。

2013 年 5 月，丰台区东高地二小教师团队到香港包括港大同学会小学在内的学校开展听课、教研活动一周。同年 9 月香港大学同学会小学教师团队到东高地二小开展教研活动。

2014 年 5 月，东高地二小教师团队到香港小学校开展听课、教研活动一周。同年 10 月，香港大学同学会小学教师团队和丰台区东高地二小老师共同研究香港小学校本课程。

2016 年 7 月，我组织香港"亲情中华华裔青少年北京夏令营"学生们和"朝阳夏令营"北京的学生们，到中医药大学中医药博物馆和钱学青少年森航天科学院——中国华侨国际文化交流基地参观、学习交流，体验中医、中药的博大精深，观看航天火箭模型等，并与东高地航天中学进行足球友谊赛。

2017 年 1 月，香港大学同学会小学和丰台区东高地二小近百名师生在香港参加文化日活动；同年 4 月，香港李兆基小学、玛利曼小学、道教青松小学、东华三院小学的校长团队访问丰台区芳城园小学，并参观钱学森青少年航天科学院；5 月，我随同丰台区团委书记等一行访问香港大学同学会小学及中学，并邀请香港教师来京交流；7 月，香港李兆基小学和丰台区东高地第一小学建立姊妹校关系，两校师生近 200 人体验中华传统文化传承与发展，聆听中医、中药知识讲座，参观钱学森青少年航天科学院；8 月，我组织"亲情中华华裔青少年夏令营"（北京夏令营）和"朝阳夏令营"近百名学生到钱学

2016 年 7 月组织香港"亲情中华华裔青少年北京夏令营"学生们和"朝阳夏令营"北京的学生们到钱学森航天科学院参观

森青少年航天科学院参观学习；9 月，我参加北京市侨联第六届海外华文教育论坛。

2018 年 7 月，香港大学同学会小学同学们到丰台区东高地二小学习、体验中华民族传统文化传承与发展，参观钱学森青少年航天科学院，并参加模拟航天发射活动。

2019 年 4 月，香港玛利曼小学 30 余名师生到北京海淀区小学交流学习，并到丰台华英培训学校体验民族传统风筝的制作。

回望我做过的香港与内地小学生文化交流活动，心中无限感慨！今天祖国的繁荣富强，是在中国共产党领导下，几代人不懈努力、奋发建设取得的，祖国明天的发展建设，将更倚重年青一代人。加强香港同内地青少年的文化交流，增进香港学生对祖国经济社会发展建设现实的认识，是打破西方社会反动宣传蛊惑、维护"一国两制"贯彻落实的有力举措。

在 2016 年区政协全会上，我提交了《把航天科普打造成丰台的金名片》提案；2020 年 3—10 月，我参加致公党市委侨海工作委员会同致公党丰台区工委的联合调研组，就《深化港澳青少年暑期实践和国情教育 促进香港少年人心回归》课题，进行了广泛深入的调研，并参与撰写、修改调研报告，融入了我多年来开展香港与内地学生文化交流的体会和建议。该项调研成果获评致公党北京市委年度优秀课题。记得这个课题调研报告中写有这样一段话：要加强内地与港、澳地区的大中小学的对接、交流学习，增强港澳地区青少年对国家的认同感和向心力，积极融入国家发展大局，促进香港青少年人心回归，确保"一国两制"行稳致远。

---

**作者简介：**

徐薇娜，第十、十一届丰台区政协委员，北京市丰台区华英培训学校校长、北京市西城区华英培训学校副校长

# 双奥之城成就非凡之业

富　晶

14 年前的夏夜，从永定门到天安门，再到国家体育场"鸟巢"，29 个"脚印"照映出中华民族的荣辱兴衰。时隔 14 年的荣光与等待，历经六年多的筹办与准备，还是这片土地，时光轮转，北京及世界人民对奥林匹克精神的追求始终未变。

双奥之城向世界展现"中国文化"。2008 年 8 月 8 日晚上 8 时整奥运会在北京正式开幕。记得那天是周五，一家人很早就守在了电视机前，一同感受这开幕式的风采。开幕式历时 210 分钟，充分体现了中国风格、中国气派，在宏大的场面中，蕴含着史诗的韵味，给人以强烈的震撼。从造纸术、活字印刷术、指南针和火药四大发明，到书法、昆曲、京剧、国画，从海上丝绸之路到现代星空，以史为经，以璀璨的文化遗产为纬，开幕式大型文艺表演向全世界展现了中华五千年光辉灿烂的文明，精华动人之处，几乎鲜有遗漏。焰火组成的巨型足印，沿着北京古老的中轴线从永定门、天安门到国家体育场，象征了古老中国到现代中国的历史足迹，寓意深长。

2022 年 2 月 4 日冬奥会在北京鸟巢开幕，我依旧带着家人如同 14 年前一样，守候在电视机前。而本次开幕式依旧盛况空前的同时更加温婉含蓄，同时也体现出了十几年科技的变化与赋能。二十四节气、二月四日开幕、第二十四届冬季奥运会、中国代表队于九点二十四分登场……"二十四"的释义，是送给国际友人，以及全体中国人民的一份别具一格的礼物。于是，有了一场藏怀金律玉典的"二十四节气倒计时"。从随风潜入夜，润物细无声的"雨水"，每一个节气，都可以用一句经典诗词来形容。春雷响，万物长，是惊蛰；风吹雨洗一城花，何似西窗谷雨茶；时雨及芒种，处处菱歌长；大暑三秋近，林钟九夏移。桂轮开子夜，萤火照空时。每一帧都是饱含芬芳的源远文化、壮丽山河、矫健健儿，每一帧，都满满蕴含着独属你我的中华情怀。之后，无论是巨型帷幕式的屏幕，或是破冰而出的奥运五环，都让大家眼前一亮，一个个奥运冠军选手一炬、一炬，将奥运圣火传扬到大雪花上，虽无巨型火炬燃烧时的震撼，但更多了一份全体人类文明火种般的希望。

开幕式大型文艺表演出色地表现了中国传统文化的精髓，将和为贵、刚柔相济、天人合一等理念展示得非常巧妙，含蓄地表达了和平发展、建设和谐世界的中国之声。更把中国文化的和谐内涵艺术地告诉世界，让世界更好地认识中国。如果说 2008 年北京夏季奥运会是奥林匹克精神与中华传统文化首次愉快相遇的话，那么 2022 年北京冬奥会则是奥林匹克精神与中国传统文化亲密、完美地结合。开幕式上极具中国传统特色的文化元素，是对中华文化和中国精神的生动诠释，其"世界大同天下一家"的情怀，团结、友爱、平等的遵循，和谐和平的追求，构成中华传统文化与奥林匹克精神和合共生的乐园，向世界展示了中华传统文化的价值和影响力，传递出重要的世界意义。

双奥之城给建设者展现"中国速度"。2008 年的奥运会，为中轴线北端的朝阳区的洼里乡、大屯乡带来了新的机遇，2022 年冬奥会的筹办，也为张家口地区的发展带来了新的机遇，短短几年，城乡环境和市政基础、公共服务设施等得到了极大改善，人民生活发生了翻天覆地的变化。传统中轴线也借助奥运的举办向北延伸，成为北京规划史上的一个重要里程碑，展现了中国办大事的态度和中国建设速度。作为南中轴地区的建设者，作为丰台区的建设者，从内心也特别希望，自己所工作的地区能够赶上如此好的机会。回想丰台这些年的发展，最大的变化莫过于借助园博会的举办使河西的面貌发生了较大变化。鲜少有机会涉足如此有影响力的活动，总会觉得丰台很低调、丰台是个大型居住区，一提起丰台，大家的传统印象往往就是批发市场、物流基地、火车站客运站和部队汇聚地……很少与高大上沾边，想起的更多的是疏整促和大城市病。别的区已经开始精雕细刻，提升精细化管理，而丰台在搞开发建设……南北三环、四环差异越来越大，所有的日新月异也激励着丰台人要奋起直追，"倍增追赶、合作发展""学子回家""扩大丰台的朋友圈""五气连枝丰宜福台"等口号越来越深入每一个丰台干部、丰台人的心中，鼓舞着我们这批建设者用时不我待的精神，跨步追赶。2021年南中轴地区建设办创建伊始，我成为第一批拓荒者，从疏解四家市场到参与博物馆群一期的拆迁，从负责地区的基础设施建设到2023年指挥部成立以来负责地区环境建设和历史文化挖掘工作，一直按照区委四型四化干部要求，积极工作、学本领、强实干、补短板。2022年在接到梳理南苑森林湿地公园台账的任务时，短短两个月，从一个规划的门外汉，到独立汇报15.9平方公里蓝绿空间的开发建设情况，每一个在实施项目的进展、资金平衡问题等。2023年底，在接到要梳理南苑发展历史脉络的任务后，在区委领导的部署下，在各单位的配合下，三个月内，带领科室完成了《南苑地区发展史》《南苑地区建制沿革》等六本历史资料文稿（共计4.5万字），为厘清地区发展脉络，服务地区规划建设，讲好南中轴的故事，复兴城市风貌提供了历史依据。2024年，市委、市政府频繁到南中轴地区调研，提出了"要擦亮蓝绿交织生态底色，要以南苑森林湿地公园为核心，打造首都南部最大公园群落"。近半年来，深度参与首都商务新区和南苑森林湿地公园的开发建设和运营管理，进一步发挥好指挥部的统筹协调作用，加快释放蓝绿空间，加速建设"首都南部结构性生态绿肺"。统筹推进"点靓凉水河"大红门段建设，积极推动南森核心区南森观景台、生物多样性示范区建设以及南森公园的各项运营活动，组织各类调度会、会商会、专题会50余次，尽全力推动地区蓝绿空间建设。

双奥之城给我们展示着"中国经验"。作为工作生活在双奥之城的一分子，也几次来到奥运场馆、奥森、五棵松、石景山首钢园、崇礼小镇，每一处的变化，是一座座丰碑和一个个样本，给我们这些建设者提供城市更新改造的中国经验。简约大气的设计风格、低碳环保的设计理念、赛后场馆设施便民化的转变和新生的地区活动，鼓舞着我们，像一盏盏明灯，为我们指引着方向。"博物馆之城""演艺之都""生态轴、文化轴、发展轴""生态屏障""首都前院""文化客厅""享誉千年的历史文化名苑""科技＋文化的首都商务新高地"都是我们未来建设的目标。虽然现在的南苑路两侧随处可见围挡、大片的空置地，但是方向是明确的，指令是坚定的，相信有了市委、区委的坚强领导，在"三年打基础，五年出形象，十年见规模"的总体安排下，南中轴地区也会像其他地区一样，激活南部地区活力，为城南崛起贡献出丰台力量。

　　作为丰台区的干部，站在"两个一百年"奋斗目标的历史交汇点上，我感到使命光荣，双奥之城的北京建设，时刻激励着我要以时不我待的急迫感和舍我其谁的责任感，拼搏奋斗，继续让"双奥之城"熠熠生辉，让中国文化、中国速度、中国方案、中国经验等中国声音、中国魅力在历史舞台上持续传播、续写，成就人人心中的非凡之业。

---

**作者简介：**

富晶，第十一届丰台区政协委员，北京市丰台区南中轴地区管理委员会环境建设科科长

北京 丰台
FENGTAI BEIJING

丰宜福台

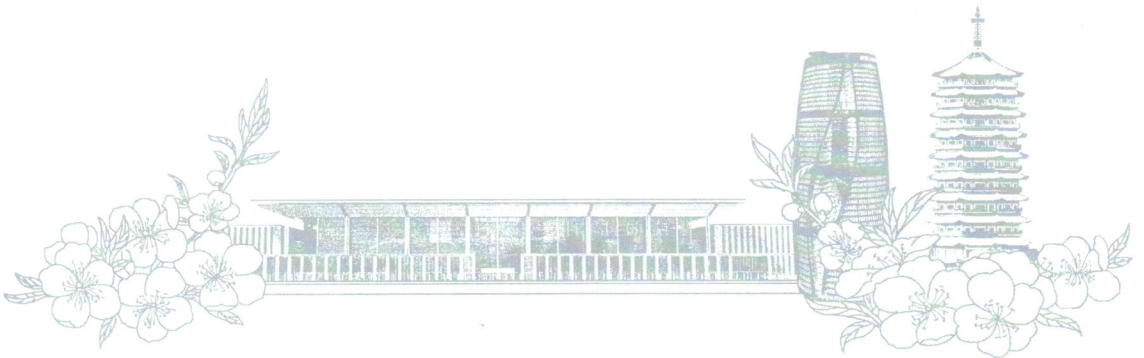

2024 京彩灯会（原梓峰 / 摄）

2024 宛平新春嘉年华
（覃世明 / 摄）

王佐镇怪村村民在稻
田敲响太平鼓欢庆丰收节
（贺勇 / 摄）

南苑森林湿地公园观景台也被称为"飞雁台"，可以 360°全景远眺北京地区，俯瞰整个南苑森林湿地公园（欧阳树辰、姜灏／摄）

莲花池公园湖面上火烈鸟游船为市民提供新体验（原梓峰／摄）

新发地首届年货节（原梓峰／摄）

2024 年 10 月，宛平文史馆正式揭牌，宛平的历史文化传承由此开启了新的篇章

2024 年 11 月 2 日上午，第十五届北京菊花擂台赛在位于丰台区的中国插花艺术博物馆举行。活动展示区，市民了解菊花栽培知识（姜灏 / 摄）

一方书庄·三联韬奋书店，孩子们在安静地读书

芳华里家庭养老社区

# 擘画蓝图  改革突破

## ——丰台区基础教育"强基工程"谋划实施的前前后后

杨晓辉

基础教育"强基工程"现在已经成了丰台教育系统人人耳熟能详的概念。让每个街镇都有优质学校，每个学校都有领军型教师，每个孩子都有享受高质量教育的机会。到 2025 年，丰台区新增中小学学位 2.3 万个，新培养或引进优秀教师 60 名；中小学校长研究生以上学历提高至 35% 以上；到 2031 年，累计新增中小学学位 3.3 万个，普高率提升至 85% 以上，特级教师达到 200 名以上，中小学校长研究生以上学历提高至 70% 以上……这些明确的目标任务已经成了丰台基础教育系统 1.2 万余名干部教师共同努力的方向，也成为丰台教育实现高质量发展可量化的攀登台阶。

## 指  引

基础教育"强基工程"这个概念，最早是在 2022 年 8 月 23 日丰台区中小学暑期研讨会上提出的。当天会议从下午 2 点一直开到了晚上 8 点多，整整 6 个多小时，认真听取了中高考分析和校长们的发言，在最后的总结讲话中，区委书记王少峰同志明确指出丰台教育要做自己的"强基工程"，从基层基础做起，拿出可行方案，制定好丰台自己的动力机制，区里一定会给予大力支持，并提出未来丰台教育要以实施"强基工程"为引领，全面提升高质量发展的水平。

丰台区委书记王少峰参加北京十一学校中堂实验学校开学典礼

　　"强基工程"的概念提出后，区教育两委即着手开展相关的调查研究工作。2022 年的下半年正值新冠疫情最为严重的时期，虽然受到疫情影响，但这项工作仍在有条不紊地进行。总结近年来丰台教育发展的成绩、经验与不足，召开机关科室与学校负责人座谈会，听取熟悉了解首都乃至全国教育改革发展政策及丰台实际的专家意见，反复研讨，认真打磨，区教育两委终于在 2022 年 12 月拿出了《基础教育"强基工程"实施方案》的草稿。

　　2023 年 1 月 2 日，还在元旦假期期间，区委即召开了基础教育"强基工程"专题工作会。区委、区政府相关领导及发改、财政、规划、人社、编制相关部门的负责同志，逐篇逐段甚至逐字逐句地听取了方案起草情况的汇报，并提出将"强基工程"聚焦在教育发展的六个重点领域，即实施六项具体工程，分别是"校圆"建设工程、名师培养工程、学子培育工程、智慧教育工程、深化改革工程、协同发展工程，并提出要推进学区制改革、探索构建区域教育发展共同体等一系列新的思路与意见。会后，区教育两委根据会议精神对实施方案进行了修改。

最终修改完善后的《丰台区基础教育"强基工程"实施方案》，包含六大项重点工程，30 项具体工作任务，于 2023 年 1 月 30 日，通过了区委教育领导小组会的审议，先后于 2 月 10 日、2 月 16 日，经过区政府常务会和区委常委会的研究，于 3 月 3 日以区委、区政府的名义印发实施。2 月 20 日，区教育两委召开了由全系统副校级以上党政干部参加的工作会，由我对《"强基工程"实施方案》进行了全面解读。因为方案的指标非常明确，任务也很清晰，几乎在解读的同时，就在全系统引起了极大的关注与反响。此后，我又在不同场合为不同学校专门解读了"强基工程"的思想理念与目标任务，大家渐渐对这一丰台教育未来发展的顶层设计有了越来越深的认知与了解。但这只是这一轮丰台基础教育改革的开始。

在接下来的 5 月 20 日、5 月 23 日，区委、区政府又专门安排时间，逐一听取了各街镇教育资源和布局情况汇报，围绕如何在每个街镇每个学段建设优质学校进行了专题研究。随后，又提出要实施级部制改革，加快推动小规模学校的整合工作，提升教育的整体发展效益。

围绕"强基工程"的制定与落实，2022 年下半年和 2023 年上半年区教育两委的很多同志加了很多班。特别是 5 月 19 日，有十几名同志几乎整夜未眠地梳理学校信息，核对印制教育资源材料。对于区域教育资源进行如此细致的调研与梳理，对未来学校建设规划、学生招生入学、教育教学改革创新、干部教师队伍建设、教育发展保障机制完善提升等进行如此全方位、多维度、系统性的思考与研究，这在近些年的丰台教育发展史上是绝无仅有的。但这也为"强基工程"的落地实施夯实了基础、创造了条件。

## 实　施

为了加快推进"强基工程"的实施，区教育两委进行了深入研究，确定了加快推行学区制改革、深化集团化办学、实施级部制调整以及大力度优化干部队伍建设四个首要的改革方向，并在 2023 年 7 月 14 日暑假前夕召开了全系统改革部署工作会，宣布了"一揽子"改革政策。

推行学区制改革，这是此次改革的基础与关键。以行政区划为依据，在全区 26 个街镇，统筹建立 13 个学区，实现各街镇教育资源的合理配置和优化，为促进教育均衡化发展夯实基础，并推动建立属地街镇、中小学和社会单位协同联动工作机制，扩大资源链接，构建社会资源整合和校际关系新模式，解决学校发展中实际问题，为学校发展积极营造良好外部环境。

深化集团化办学，调整成立新集团 4 个，扩大以高中示范校为龙头的教育集团，并首次将一般高中校纳入优质高中校集团，调整后的教育集团总数由原来的 17 个增加到 21 个，覆盖了全区超过 80% 的中小学。

实施跨校区级部制管理，将 35 所小规模学校以级部制管理的方式，就近整合成 17 个教学管理单元，促进小规模学校的资源融合，加强资源、教师、课程等整合力度，提升资源共建共享水平，彻底解决困扰丰台教育发展几十年的"小土豆"学校问题。

制定《落实"强基工程"加强教育系统基层干部队伍建设的若干措施》，围绕优化干部队伍年龄、学历、专业水平等结构，加强干部队伍建设与管理，引导激励干部干事创业等方面明确了工作措施，特别是以刚性制度推进干部老龄化问题解决，半年内学校党政正职的平均年龄就下降了 0.8 岁。

此次，教育资源布局调整涉及学校 70 余所，调整整合的改革举措都是在 2023 年暑期完成的。事后，很多涉及改革学校的书记、校长都告诉我，他们和干部教师都是在忙碌、紧张中度过这个暑假的。因为改革涉及的面很广，而且牵扯很多教师、学生的切身利益，不仅要做好方案设计，还要做好思想引导和制度机制调整完善等工作，特别是有些实施级部制管理的学校，因为两个学校原本的差异就比较大，不仅需要软件上的优化，还需要硬件上的补充与完善，所以改革的任务更重、压力更大、风险隐患也更多。但所幸的是，凭着对教育的情怀、对事业的担当以及丰富的经验和细致的筹划与实施，这些改革推进得很顺利。2023 年秋季开学非常顺利，很多学生都穿上了新的校服，进入了新的校园。

随后到来的 2023 年教师节也与以往几年的教师节有着很大的不同，不仅是因为今年没有了疫情的冲击与困扰，更主要的是今年教师节前的 9 月 8 日召开了丰台区教育工作会，在会上成立了丰台区教育发展理事会，面向社会

学生积极参加学校体育活动

公布了学区制改革的方案，并通过了区领导任普通学校"第一校长"的工作机制。可以说，区域教育发展机制的完善又向前迈出了几大步。

9 月 26 日，由区教育两委联合北京教育科学研究院和北京圣陶教育发展与创新研究院共同举办的"第七届北京教育论坛暨首届宛平教育论坛"在园博大酒店举办。这是近年来丰台教育系统举办的规格最高的论坛活动，在全市基础教育领域形成了较大影响。会议过程中，就有很多区外的教育同仁和我说："现在丰台教育发展的势头很猛，影响力与号召力越来越大。"

## 反 响

基础教育"强基工程"的制定和实施，引起了社会的良好反响。2023 年3 月 18 日，《北京日报》以"三年内新增 2.3 万个中小学学位，全区'借'编300 个抢人才，丰台教育开启'强基'之路"为题对"强基工程"的全面启动进行了报道。

9月11日，《现代教育报》《新京报》等媒体以"丰台划定13个学区，区域教育初步形成'学区＋集群＋集团'治理格局"为题，报道丰台区在基础教育"强基工程"中，明确了"学区＋集群＋集团"和"区域教育共同体＋社会参与治理"的改革路径。

9月27日，《光明日报》、中国网、教育头条、《现代教育报》等主流媒体的新媒体纷纷报道，"强基工程"出台半年以来，丰台区加强高位统筹、强化系统动员、细化责任分解，全力推进"强基工程"落地、落位、落实，全区上下真正形成"一盘棋"齐抓教育的模式。

9月28日，《劳动午报》报道，丰台已有超过半数学生享受集团化办学优质资源。"强基工程"将以教育高质量发展助推全区经济社会高质量发展，到2031年丰台区将力争建设成为首都教育强区。

很多教育界的自媒体也高度关注"强基工程"的实施，给予了很高的评价。9月8日，"学情研究所"发文提出，这是丰台截至目前教育动作最大、波及范围最宽、涉及学校最多、产生影响最大、改革力度最强的一次教育改革。看来，这次丰台教育改革系列组合拳，使出洪荒之力，进入了建成首都教育强区的快车道。

9月14日，"闻风教育"则发文指出，丰台区正式公布进行改革开放45年来全区教育举措最大（所有幼小中教育领域）、辐射范围最广（全区无死角）、涉及学校最多（至少70所中小学）、产生影响最大（动员全区资源）、教改力度最强的一次教育改革。教改新举措让丰台雄心勃勃，有了冲刺北京教育强区的坚实基础。

丰台区基础教育"强基工程"是一个瞄准未来6～9年区域教育发展的整体规划与系统工程。工程实施以来，区域基础教育发展的思路越来越清晰，支撑教育发展的制度机制越来越完善，教育优质均衡发展的总体框架已经基本搭建完成，"立德树人""五育并举"的教育理念得到进一步深化落实，以项目式学习、学习共同体建设为代表的教改实验项目正在悄然改变着课堂教学与学生学习形态，一批以专业化、年轻化为特征的优秀干部走上学校管理岗位，"教育发展共同体"成为动员社会各方力量助力教育发展的重要共识与载体。当然,这只是改革前行的最初几步,作为参与者与亲历者,我相信随着工程的实施与改革的深化,丰台基础教育的发展活力会充分释放,基础教育的质量会持续提高,办好人民满意的教育,让每个孩子都能就近上好学的目标一定会在不远的将来成为现实。

**作者简介：**

杨晓辉,第十一届丰台区政协常委,北京市丰台区教委主任,区政府教育督导室主任

# 焕新"蝶变"！我在丰台医院 20 年

韩秀娟

我叫韩秀娟，是一名皮肤科医生。90 年代初从首都医科大学毕业后，一直工作在临床一线。2003 年春，我来到丰台医院工作。2004 年 12 月，在丰台区委、区政府的统筹下，这座始建于 1960 年的医院与始建于 1958 年的原北京铁路分局中心医院完成整合，两家二级甲等医院整合成为隶属于丰台区卫生局的最大的一所二级甲等综合医院，院址分为桥南部和桥北部。桥南部用地面积约 2.2 公顷，建筑规模约 4.36 万平方米；桥北部用地面积约 3.0 公顷，建筑规模约 4.72 万平方米，共计编制床位 1100 张，全院职工 1902 人。作为丰台区域医疗中心，丰台医院承担着丰台地区人民群众的医疗和健康保障服务工作，是首都医科大学教学医院、北京市全科医师培训基地，是承担丰台辖区内百姓基本医疗服务的主力军。

在丰台医院工作的日子里，我对各种常见皮肤病的诊断、治疗、预防储备了扎实的基础知识和丰富的临床经验，发表相关专业论文十余篇，一步步从"小大夫"成为科主任，参加了 2003 年抗击"非典"隔离病房一线工作和 2008 年汶川地震救灾救护工作。2006 年，在农工党丰台区工委的发源地——丰台医院支部，我正式成为一名农工党员。2016 年，我当选农工党丰台区工委主委。我与党派领导班子一起，突出界别特色，紧紧围绕全区中心工作开拓创新，助力丰台发展。

丰台医院的工作生活承载了我的青春，在这里我收获了成长。

但随着时光推移，丰台医院的"老态"愈发明显。南北两院区基础设施陈旧落后，共有的 12 座建筑楼房，20 世纪 80 年代建成的就有 11 座，由于多

丰台医院老院区

数房屋建设年代较早，电线多为裸露明线铺设，老化程度严重，用电安全等存在严重威胁，房屋结构不满足抗震规范；虽然经过多年努力重点打造了心内科、妇产科等重点专科诊疗中心，不断提升丰台地区急危重症、疑难病诊治能力，但医疗建筑布局不合理，严重制约了医院各方面的深层次发展。

为提升丰台区医疗服务能力，作为重要民生工程，2017年丰台区委、区政府启动实施丰台医院提质改建项目，利用丰台医院北院区、原丰台区卫生健康委、原丰台区疾控中心医疗卫生用地，建设北京丰台医院新院区，以"改建"为途径，"提质"为核心，促进医院高质量发展。那一年正是我担任丰台医院副院长后不久，医院领导安排我具体负责丰台医院提质改建项目建设工作，全程参与了整个项目建设、管理、协调及有关决策工作。

新丰台医院已于2023年12月23日正式开诊，新址建筑以白色为底色，红色和灰色穿插其中，院区总建筑面积约为11.36万平方米，设置床位900张，停车位765个。门诊大厅迎面是宽大的接待咨询台，挑高三层的大厅内宽敞明亮，玻璃屋顶将阳光引入大厅，给人以温暖舒适的感觉。自助挂号、自助缴费设施分区布置，能够很好地分流就诊人群。

医院的药房引入了人工智能自动发药机，患者只要完成缴费，系统自动将数据传输给自动发药机，由仿人工机械臂完成取药，药品筐自动传输到窗口并叫号。患者只要拿着自己的单据到窗口扫码，就能从工作人员手中领取药品。

丰台医院新址还有许多科技"加持"，比如气动物流系统，实现了血样、化验单、急救药品等小型物品高效快递传递。气动物流系统在整个医院布置了38个站点，比如急诊采血血样，放在一个"子弹头"舱内，再放进物流

丰台区委副书记、区长初军威到丰台医院新院区施工现场督导施工进度

站，只要输入目的地，按下按钮，顺着管道几十秒就可抵达检验科，检验结果出来后也可通过管道返回，大大减少了来回的时间成本。

此外，医院还布局了箱式物流体系，这是一种院内轨道物流模式，输液、药剂、手术包、病号服等较大物品，可以放进制式的物流箱中，通过轨道便捷地抵达各个护士站，一小时能够运输 800 ~ 1000 箱物资，极大地提高了院内物品运输效率。

现在的北京丰台医院，设置 36 个临床科室、7 个医技平台科室，已成为集医、教、研、防一体的三级综合医院，是北京市 A 类医保定点医院。慕名而来的丰台百姓对这里便捷、温馨、舒适的医疗环境纷纷称赞。

现在回想项目建设过程中的细节，真如电影一般一帧帧闪过，可谓酸甜苦辣均尝尽。我虽然在专业之外也有过多年的行政管理经验，但对基础设施管理却没有丝毫经验，更别说牵头建筑工程项目了。所以在项目建设初始，工程会议中面对专业问题，我有时连做工作记录都会出现专业名词的错别字，更别说与相关部门进行高效沟通、快速解决各种问题了。但是，我也深知，丰台医院提质改建项目作为北京市重点工程，也是丰台区重要的民生工程，承载的不仅仅是各级领导的期盼，更是广大丰台区人民的愿景，我必须要利用一切时间，以最快的时间进入角色，做好管理工作。我从"零"开始学习工程建设管理、招标采购程序、医院功能配置等方面知识，熟悉工程建设的程序，逐步理顺工作关系。宏观学习理论，实践中学习具体程序，工程建设过程中，我坚持靠前一步去参与建设，深入施工现场第一线，了解实际情况，为领导决策提供最准确的信息。

丰台医院提质改建项目按照"一会三函"的形式推进建设，这中间的困难和压力非常大，申报的概算经过评审公司评审，审减了约 8700 万，并且出具初步评审意见，为此我组织各参建单位召开概算沟通会近 20 次，前往评审单位十余次，现场夯实已完工工程的工程量、补充未施及暂估项工程的方案及图纸、提供二类费合同及证明材料等。历经 7 个月，争取到概算金额与可研批复基本平衡。

在克服前期手续申报中的困难后，项目建设又经历了永定河生态补水和新冠疫情，工期历经多次调整。一次一次调整工期表，调整的既是目标也是压力，已经记不清多少个夜晚连夜调度工程问题，也记不清多少个夜晚因压力而失眠。项目 2019 年 4 月正式开工，2020 年新冠疫情暴发时提质改建项目

2024 年丰台医院新院建成启用，为地区居民健康保驾护航（原梓峰／摄）

建设正值关键时刻，作为项目负责人，疫情防控期间，我经常带队到工地进行检查，一遍一遍强调疫情防控的重要性，项目工地实现"零感染"，并且当年完成门诊楼、住院楼主体结构封顶，二次结构完成30%，为顺利推进工程建设做了大量的工作。在此期间，我还带领医院的工作团队，60个小时内完成了丰台区方舱实验室（PCR）的建设任务，及时为北京市在新发地疫情期间增加了丰台区核酸检测力量。

在竣工验收和消防验收阶段，我带领分管科室和设计单位前往审图单位，在审图单位楼道与设计师一起工作，对审图单位提出的问题第一时间进行协调，深夜协调各单位对图纸进行打印盖章，确保第一时间上传网页，申报消防验收。区住建委消防验收任务重，需要经常前往各项目工地，在了解这个实际情况后，我组织各参加单位在消防验收的重要阶段，在区住建委上班前就前往消防验收科，进行面对面沟通，提高效率，对上级部门提出的消防问题第一时间协调整改。

北京丰台医院新院区已经开诊，走在新院区里，我总是感慨：新丰台医院的建成不仅扩大了丰台医院建筑面积、规范了临床科室的配置、完善了丰台区医疗基础设施，而且优化了作为丰台区属大医院的就医环境，吸引优质医疗人员加入，改善了丰台群众的就医体验，更好地发挥了丰台医院作为区域医疗中心"动能引擎"的功能。丰台医院的崛起，进一步缓解了丰台地区四环外及河西地区缺乏优质医疗资源的现状，优化了丰台区医疗资源布局，成为丰台区全力打造安全城市、品质生活重要部署落地的耀眼一环。

在过去的20年里，丰台医院是我人生起飞的沃土，我也有幸成为一颗参与丰台医院"焕新"的"螺丝钉"，相信未来的我和北京丰台医院都将继续在丰台区"倍增追赶、合作发展"的过程中实现新的"蝶变"。

作者简介：

韩秀娟，第十四届北京市政协委员，第九届丰台区政协委员，第十、十一届丰台区政协常委，农工党丰台区工委主委，北京丰台医院副院长、主任医师

# 颐养康复"赛我家"

李 岚

2015 年 1 月 29 日，北京市第十四届人民代表大会第三次会议通过了《北京市居家养老服务条例》(以下简称《条例》)，并正式实施，为进一步满足居住在家老年人的社会化服务需求，提高老年人的生活质量提供了制度保障。为贯彻落实《条例》，我作为丰台区时任主管养老工作的副区长，在区委、区政府的支持下，组织相关单位以丰台区颐养康复养老照护中心为试点，积极推进丰台区首家医养结合型的养老照料中心建设，为全市推动医养结合辐射居家养老提供了典型经验。

颐养康复养老照护中心的前身是一家拥有 36 张床位的托老所，通过试点工作，依托南方庄社区卫生服务站和蓟翔社会工作事务所建立了"医疗＋社工＋养老"三位一体的综合养老照护中心，并得到迅速发展，形成了医疗、

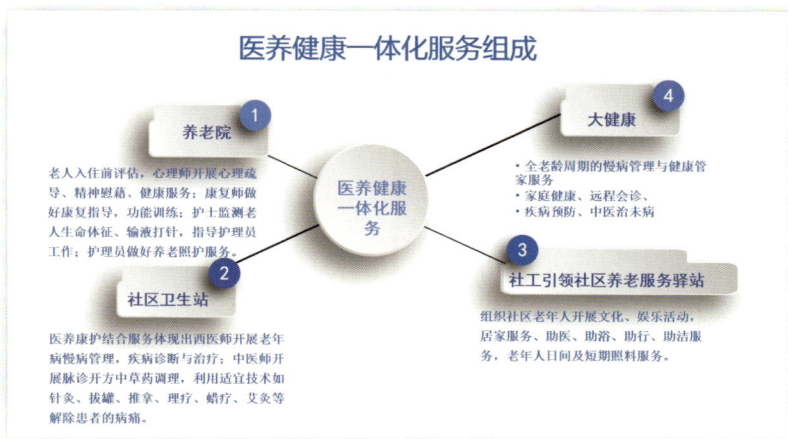

医养健康一体化服务组成

1 养老院
老人入住前评估，心理师开展心理疏导、精神慰藉、健康服务；康复师做好康复指导，功能训练；护士监测老人生命体征、输液打针，指导护理员工作；护理员做好养老照护服务。

2 社区卫生站
医养康护结合服务体现出西医师开展老年病慢病管理，疾病诊断与治疗；中医师开展脉诊开方中草药调理，利用适宜技术如针灸、拔罐、推拿、理疗、蜡疗、艾灸等解除患者的病痛。

医养健康一体化服务

4 大健康
·全老龄周期的慢病管理与健康管家服务。
·家庭健康、远程会诊、
·疾病预防、中医治未病

3 社工引领社区养老服务驿站
组织社区老年人开展文化、娱乐活动，居家助医、助浴、助行、助洁服务，老年人日间及短期照料服务。

护理、养老、营养、康复、社工、心理 7 大专业优势团队，进行跨专业整合，摸索出一套 7+X（志愿者）+N（服务供应商）的"跨专业整合式社区照护模式"，为服务居家老人提供了强大的专业支持，形成了五个方面独有的服务特色。一是四级转诊彩虹通道。建立了北京市唯一一家与二级、三级医院共同签订医养联合体协议的养老照料中心，达到急危重症到三级医院，康复稳定期在二级医院，养老护理在养老机构，并通过社区卫生服务站满足社区居家老年人的基本医疗和康复后，转归家庭老人的居家医养结合服务，形成从"三级—二级—社区卫生—养老机构"的四级联动的医养结合彩虹通道。二是医疗护理康复服务三级查房、三重保障。三甲医院医师定期巡诊查房，社区卫生服务站基本医疗护理就近支持，内设医务室医保定点单位 24 小时医护值班，进行全方位、专业化、个性化、精细化照护。三是"智慧养老 + 智能助医"模式。通过无创可穿戴设备，实时监测老人的健康指标，并上传数据至后台医护团队，由专业人员给出健康报告和医疗护理建议，以及生活方式的指导。同时将养老服务"用互联网 +"的方式辐射社区居家，形成"智慧养老 + 智能助医"的模式。四是提供中医康养服务。以中医辨证施治和中医"治未病"思想

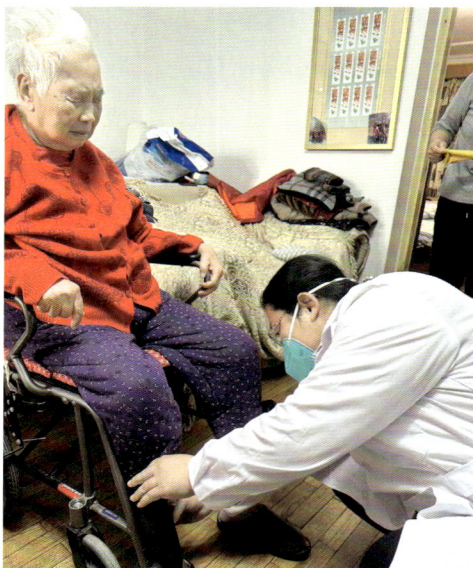

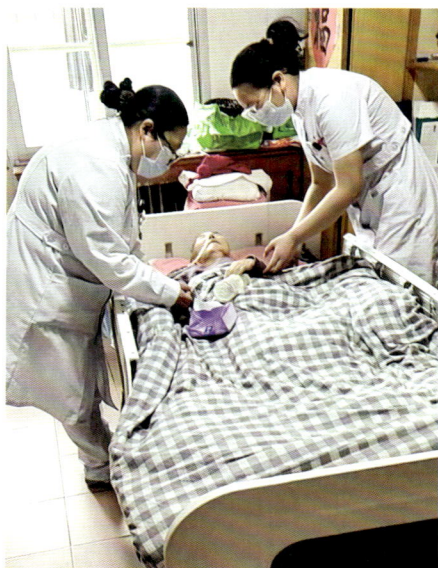

为居家老年人提供上门医疗服务

为指导，结合中医保健、中医药膳等手段，通过中医九种体质辨识，提出中医养生与健康管理建议。五是组建机构和居家康复护理团队。针对患病老人，依托社区卫生服务站的专业康复护理和医疗团队，从营养、护理、康复、中西医结合、理疗等不同角度给予综合性的专业照护与身体、心理和精神上的全方位关怀，让许多失能老人恢复了部分自理能力，重新回归社区和家庭。

2016 年，时任北京市人大常委会主任杜德印带领 30 余名人大代表来到颐养康复养老照护中心，对《条例》落实情况开展了执法检查。检查组一行实地参观和视察了养老照护中心，进入服务对象、社区居民的家中了解了情况，并听取了丰台区居家养老服务工作的汇报。颐养康复养老照护中心取得的成绩，特别是服务对象反映的成效获得了全体人大代表的一致好评。杜德印指出：颐养康复养老照护中心提供专业化的医养结合服务，同时能辐射到居家，将服务主动送上门，将养老机构的床和老人家里的床连在了一起，让老人有获得感和幸福感，受到老人"不是我家胜似我家"的评价，说明工作做到位了。并建议机构可以起名为"赛我家"。2017 年，按照时任中共丰台区委书记杨艺文同志的指示，"赛我家"商标正式注册。

"赛我家"连锁医养结合机构经过不断发展，于 2016 年被授予"全国敬老文明号"称号，社会组织评估为 5A 级单位，在业界产生了一定的社会影响力，多次被央视经济频道、北京电视台、北京新闻、首都经济报道、《人民日报》《北京日报》等主流媒体报道。机构创始人施颖秀当选中国百名社工人物、国家卫健委医养结合老龄健康委员会委员、中国老年学和老年医学学会安宁疗护分会副主任委员、北京市第三届老龄工作委员会委员、北京市养老行业协会标准化委员会委员、2020 年北京市劳动模范，还是北京市人大代表和丰台区人大代表。

"赛我家"连锁医养结合机构在实践中始终坚持以需求为导向，扎根社区，服务居家老人。以 7+X+N 跨专业整合式社区照护的模式，持续提高服务质量，扩大服务覆盖面，为提升老年人的幸福感和获得感作出了积极贡献。

**作者简介：**
李岚，第十四届北京市政协委员，第十一届丰台区政协主席

# 北京地铁 19 号线的故事

徐　清

　　城市，总是以繁华璀璨的模样展现在人们眼中。地铁，则是藏在城市地下的火车，在规定的轨道上不停地奔跑，每天和这座城市一起苏醒、一起沉睡。每一座城市，总有令人念念不忘的地铁故事；每一名轨道交通建设者，总会有一段铭刻于心的与铁路一起成长的故事。作为这一历史的亲历者，我在此要介绍其中一位让人感佩的青年——李金峰。

　　李金峰，一位敦厚热忱充满朝气的小伙子，从毕业入职到北京全路通信信号研究设计院集团有限公司（以下简称通号院），在北京工作生活了整十年，作为北京城市轨道交通建设者的一员，亲身经历和见证了北京地铁与这个城市一起发展的历程。当回忆起他与北京地铁 19 号线的故事时，李金峰侃侃而谈，充满了情感和自豪，将我代入他的故事中……

　　2014 年 8 月，刚毕业一年的李金峰参与了北京城市轨道交通的建设中，那时的他经常从丰台区新发地附近出发前往西城区积水潭附近开会，彼时还没有连接丰台与西城的轨道交通线路，通常早上 9 点的会，7 点 30 分就得从家出发，在出租车上一次又一次亲历着早晚高峰的拥堵。那时的他在想，若有一条地铁线路能从新发地直达积水潭，该是件多么美妙的事情。

　　天遂人愿，2016 年通号院作为北京地铁 19 号线弱电系统（通信、信号、综合监控、导向标识、乘客信息等系统）的设计单位，韩臻、张鹏雄、周颖、李一波、陈鹏宇、杨艳艳、姜磊、李金峰等 24 人组建形成北京地铁 19 号线弱电设计团队，李金峰作为信号系统设计负责人，全身心投入 19 号线的建设中。想着在未来几年里他将为当时梦想的那条轨道交通线路的建设添砖加瓦，顿时充满了干劲和憧憬。随着项目部的建立,19 号线的建设如火如荼地开展起来。

2021 年 4 月,距离 19 号线开通仅剩 8 个月,受制于地下水倒灌、拆迁进度、景风门附近部分住户阻碍施工等诸多因素,土建单位给出的景风门站设备用房交付时间一直推后。为了确保 2021 年 12 月底 19 号线全线通车,无论景风门站是否载客,与列车运行控制密切相关的通信、信号系统设备必须在该站完成安装和调试。于是李金峰所在的弱电设计团队开启了战斗模式,挑灯夜战、攻坚克难,随着现场情况的不断变化,景风门站的保开通方案编制了至少20 版才被最终确定。当约定的用房交付日期即将到来之际,受制于现场极其恶劣的施工环境,土建单位给出的景风门交付时间又一次向后推移,地下三层的信号设备用房,土建交付时间推迟到 2021 年 11 月下旬。得到消息后,在建设单位的带领下,信号设计团队立刻联合施工单位、集成商,连夜编制了应对方案,将信号设备调整至地下四层设备用房,当晚参建各方都没离开,共同对新方案进行了确认。第二天一早,各方立刻开始行动,施工单位的兄弟们挽起裤腿、打着手电、扛着光电缆、蹚着没过膝盖的积水,在保障安全的情况下,与土建单位并行施工;产品集成单位的兄弟们,在还未砌墙封顶的"设备用房"里,开始了紧锣密鼓的设备调试工作;监理单位的兄弟们,常驻现场,严控施工质量,保障现场忙而不乱。李金峰和队友们驻扎现场项目部,白天进入施工现场,随时为施工和集成单位解决相关技术问题,使需要与其他专业沟通协调的问题不过夜,每天晚上完成对接和方案调整,并将讨论审核后的方案当晚发送给施工、集成单位,力争不影响第二天的现场实施进度。建设单位的领导,深入一线,每天在景风门站现场项目部组织工程例会,尽可能调动一切资源,第一时间发现现场问题并解决问题。各方人员齐心协力,既要防疫情又要保安全,戴着口罩和安全帽,开始了一场与时间的赛跑。最终信号系统按时完成了景风门站的验收工作,又一次展现了中国速度!

通过所有参建者们的共同努力,19 号线于 2021 年 12 月 31 日先期开通 6 座车站,线路跨越丰台、西城、海淀三大城区,成为又一条贯通丰台区与金融街、中关村科技园等重点功能区域的大动脉。2022 年 7 月 30 日,随着北太平庄、平安里、太平桥、景风门四站的开通,这条跨越南北的大动脉被完全打通,目前工作日日均客运量近 10 万人次。22.4 公里、10 座车站、120 公

北京地铁 19 号线一期工程顺利开通，北京全路通信信号研究设计院集团有限公司 19 号线一期弱电设计团队在新宫站合影留念

里 / 小时的设计速度（北京市内首条试跑 120 公里 / 小时的线路），在草桥站可与大兴机场线便捷换乘，实现了与既有 2 号线、4 号线、10 号线、14 号线等多条线路换乘，极大方便了市民出行。同时线路向北衔接金融街、牡丹园，将大兴机场线的服务延伸到中心城区重要商务区，19 号线的贯通极大促进中心城区与南城地区的经济交融与发展。

北京地铁 19 号线一期工程还被称作北京地铁"智慧第一线"，线路构建基于工业互联网的城轨综合业务平台，形成面向统一服务场景的智能应用生态，实现对城轨多专业的深度支持。线路增加了全景摄像机、物联网传感器、乘客召援对讲等，可以为乘客提供精准信息服务；在全国率先示范应用智能调度和工业互联网基础平台，实现客流与车流匹配、减少乘客等待时间、提升乘坐体验。

每一项新技术的落地，背后都有着建设者们的辛勤付出。李金峰犹记得2020 年 3 月，当他们接到开展智能调度方案研究任务时，由于是国内首创技术，没有任何经验可借鉴。在业主的带领组织下，各参建方组成技术攻坚团队。在进行智能调度与城轨综合业务平台接口讨论时现场氛围热烈，针对接口文件中的每一条内容，大家激烈争论、发表想法，一次又一次地通宵达旦，最终在业内专家的评审把关、参建各方的积极努力下，在 2023 年 5 月完成了功能验收，各项新技术在 19 号线实现了示范应用。正是无数个李金峰这样的建设者精心设计、出谋划策、齐心协力、日夜奋战，才使得城轨综合业务平台、智能调度、智能车站、智能运维等多项智慧城轨领先技术在 19 号线实现了示范应用，北京地铁"智慧第一线"应运而生。

"如今当我步入 19 号线车站，欣赏着或清新复古、或可爱田园、或色彩绚丽、或民族风情、或绵长隽永的美丽站台，体验着智慧精准的乘客信息服务；当我站在出站扶梯上，看着周围满是蔬菜瓜果的壁画和干净清爽的蓝绿色穹顶，回想着与各车站装修设计配合设备布置点位的过往，内心不免充满了骄傲与自豪。"李金峰笑呵呵地回忆着，眼里含着光芒。

作为比李金峰年长很多的同事、作为也曾历经无数个轨道交通项目的建设者，我被他的故事深深打动，更有一种欣慰——这个城市、这个国家的建设者们的奋斗精神、创新精神始终薪火相传、生生不息。

愿轨道交通越来越好，愿城市发展更加欣欣向荣！如李金峰的那首小诗：

> 北京十九贯南北；
>
> 智慧建设源丰台；
>
> 装修设计独特美；
>
> 信息引导便民行；
>
> 乘客满意笑容绽；
>
> 科技助力服务佳；
>
> 出行首选十九线；
>
> 高效便捷惠万家。

---

**作者简介：**

徐清，第十四届北京市政协委员、第十一届丰台区政协常委，北京全路通信信号研究设计院集团有限公司副总工程师

# 筑巢引凤聚才智　创新赋能促发展

隋国栋

中共十八大以来，中国发生了翻天覆地的变化，中国的互联网行业更是蓬勃发展，展现勃勃生机。我生逢其时，在 2011 年创办了值得买科技，正是得益于中共十八大以来，各项政策的变化和支持，帮助我们一大批创新型中小企业快速发展。创办公司以来，我们深刻感受到周围创业环境的变化、政府职能的变化、科技发展的变化、时代的变化，各项发展日新月异。

作为一名在丰台创业发展的民营企业主，我们见证了丰台的高速发展，也深刻感受到在丰台这片"丰收的沃土，成功的舞台"孕育着无数的希望和生机，而我也实现了自身的成长蜕变和企业的快速发展。这一切源于丰台区对人才的渴望，对创新发展的支持。

## 起步在丰台　创业在丰台

2010 年，我从同济大学硕士毕业，进入中国铁道科学研究院下属的铁道建筑研究所工作，成为一名国企员工。由于工作相对轻松，所以工作之余的时间，我都用来倒腾我从小比较热爱的数码产品。作为一名狂热的数码产品"发烧友"，早在同济上大学时，我就算是校园里最"潮"的人，通过给科技媒体投稿赚取稿费，然后买下当时最新潮的数码产品。为了获取更多的新产品信息，我经常浏览一些外国的科技类网站，了解当前世界最新的数码电子产品、消费产品，然后翻译成中文，发表在我的"什么值得买"博客上，逐渐获得了越来越多人的关注。我也看到了"海淘"和国内消费市场巨大的信息鸿沟，但是国内并没有一家互联网公司在做相同的事，这让我看到了巨大的商机。

工作一年后，我怀着对儿时梦想的追逐，毅然放弃了所谓的"铁饭碗"选择创业。怀着对消费产业的满腔热忱，从丰台区洋桥一间小小的商住两用房起步，开启了我的创业之路，创立了一家名为"什么值得买"的导购类网站，希望通过真实、可靠的消费信息，帮助用户减少信息差，在力所能及的范围内享受更高品质的生活。

我2010年毕业来到北京就住在丰台，我买的第一套房子也在丰台，娶妻生子也在丰台，我觉得丰台更有烟火气息和创新发展空间，所以当时选择在丰台创业。事实证明：丰台是我的福地，是我成长的舞台。2011年11月，我创办值得买科技公司，从一家创始之初的电子产品交流社区，到后来的3C数码产品推荐网站，再到综合性、全品类的商品导购和服务平台，一步一个脚印，最终成长为一家国内领先的消费产业的科技集团。从三个人的小团队，快速发展成为2000多人的集团化公司（下设30余个分子公司）。2019年7月15日，我带领着值得买科技走进了深交所的大门，在创业板顺利挂牌上市，股票代码：300785，成为国内电商导购第一股。2023年，值得买科技实现营收14.52亿元，同比增长18.24%。

### 发展在丰台　成就在丰台

我们公司从成立到上市用了短短八年的时间，这一切离不开丰台区政府对创新型科技企业的帮助和支持。尤其是在企业上市前期，企业面临各种困难和考验，丰台区委、区政府在了解我们的困难和问题后，迅速成立专班，积极协调各部门帮助我们渡过了上市前的重重危机。

2018年至2019年，在我们上市筹备期间，丰台区科信局积极协助与证监会和深交所沟通，协助我们通过IPO备案；丰台区商务局在消费产业政策和资金方面给予积极支持，帮助我们快速发展，业绩得到更大提升；区金融办积极协助寻找新的办公场所，我们最终从丰台区洋桥500多平方米的办公场地，搬到科技园诺德中心8000多平方米的5A级写字楼，企业形象得到了很大提

2019 年 7 月，值得买科技在深交所上市

升；丰台科技园区管委会在企业入驻后，在工商注册、人才政策、高管子女入学、公租房等方面给予全面支持，让我们充分感受到了丰台区这个"大家庭"的温暖。得益于丰台区委、区政府、各委办局的帮助和支持，我们才得以顺利在深交所上市挂牌。

作为丰台区内重点企业，我们也享受到区政务服务中心推出的政务"绿通卡"，主要聚焦市场、投资、政务、监管、人文五大环境改善，持续优化营商环境，制定"丰九条"等惠企政策，建立企业服务包等制度，在全市率先实行智能登记、微信办照、证照联办，政务服务"一门"办理率居全市首位，企业不动产登记"一窗办理"经验做法获国务院通报表扬，营商环境评价连续四年位居全市前列，企业满意度调查位居全市第二，区内企业的获得感、幸福感、安全感不断增强。在优化营商环境一系列实打实的创新举措推动下，丰台区已经成为企业创新发展的热土。

2021 年，我们团队有幸获得丰台区第一批"丰泽计划"拔尖团队荣誉，同时也享受到区委组织部专为"丰泽人才"搭建的专属服务平台"丰泽人才荟"，享受到了人才在事业发展、人才成长、安居生活三大层面的"9 星"专属服务。例如，对人才领衔的创新、创业项目优先给予支持；定制个性化金融政策，让人才专注事业发展告别资金困扰；第一时间为符合条件的人才办理落户、配租公租房、协调子女就近就便入学，让人才家庭无后顾之忧等。

在丰台区奋斗的这 13 年，也是我人生快速成长、蜕变的 13 年，我从刚毕业懵懂青涩的青年，逐步成长为一位带领 2000 多人同心协力的上市公司掌舵人、每年创造近亿元税收的民营企业家。在丰台区政府的无微不至的支持和帮助下，我也先后获得丰台区"丰泽计划"拔尖团队带头人、科技部创业创新人才，入选中组部"万人计划"，当选丰台区第十一届政协委员，以及北京市优秀社会主义建设者等多重荣誉和身份。这一切都要归功于我生长在一个伟大的时代，成长在一个优秀的发展环境中。

### 奉献在丰台　回馈在丰台

作为扎根在丰台的企业、成长在丰台的企业，我们也希望能更好地回报丰台，与属地形成更好的良性互动。近几年，我们通过充分发挥企业在消费领域的优势，更好地助力丰台消费产业和各项事业的发展。

坚持产业链辐射带动，激发线下消费活力。为积极响应国家关于"稳增长·促消费"的号召，促进区域经济增长，发挥丰台区高端商务领域链长单位担当，积极发挥公司消费平台业务优势，通过线上线下相融合的多种活动，释放区域消费潜力。先后多次参与"丰台区消费季""北京消费季""北京信息消费节"等促消费活动。2023 年，值得买科技推出全方位"数字赋能消费计划"，联合丰台区政府、丰台区商务局向消费者发放 2000 万元汽车消费券，带动了线下 40 多家汽车 4S 店销售近 20 亿元，通过线上助力丰台区线下实体企业的发展，同时也提升了人民群众的消费幸福感、获得感和满意感。

另一方面，我们联合丰台区商务局共同打造本地线上促消费平台，由值得买科技研发的"北京丰台消费地图"小程序正式上线。同时，为了进一步推广和宣传丰台消费地图，扩大消费地图的影响力和辐射带动能力，丰台区商务局联手值得买科技、北京市地铁运营有限公司共同启动"坐着地铁逛丰台"——

城市推介活动，并推出"丰台地铁消费地图"，进一步促进区域经济发展。

2023 年，我们还策划举办一系列线上线下促消费活动，包括线上发放丰台汽车消费券、建立促销专区，线下举办"消费嘉年华"、风物国潮市集等活动，带动更多消费者线下消费，进一步激发丰台区区域消费活力，拉动区域消费。

坚持服务区域发展，积极践行社会责任。作为扎根于丰台的民营企业，我们始终坚持科技向善、回馈社会，服务区域发展。2023 年以来，积极响应丰台区"倍增计划"，先后捐助资金 100 万元，参与北京丰宜福台基金会的发起设立；积极与丰台十二中共建创新人才培养激励机制，捐赠资金 30 万元，发起成立"北京市红十字丰生教育基金"，为丰台区"强基工程"提供源源不断的创新发展动力。同时，积极参与"西山永定河文化带精华区产业"的发展规划，为河西地区产业发展建言献策。

除了关注区域发展，我们还积极参与区域抗洪救灾、对口帮扶。2023 年 7 月底，北京市突降暴雨，造成丰台区多地洪涝灾害，部分地区严重内涝，我们闻"汛"响应，先后向怀柔区、门头沟区、房山区、丰台区捐赠总价值近 13 万元的物资。2023 年 12 月，我们积极响应区发改委号召，对河西地区实行对口帮扶，与王佐镇怪村签订对口帮扶协议，在未来产业投资、文旅消费等方面，全面帮扶怪村产业发展。

发起成立国际商会，助力区域招商引资。在丰台发展的 13 年，我一直也在思考，如何带领更多的丰台民营企业积极走出去，带动产业链上下游的伙伴入驻丰台、投资丰台、建设丰台。2023 年，在区投资促进中心的帮助指导下，我们联合区内其他五家企业发起成立丰台区国际商会，希望打造一个促进丰台区民营经济合作、交流、发展的平台，帮助更多的丰台企业走出去；同时，也希望吸引更多的优质企业落户丰台。我们先后接待非洲驻联合国代表等 30 余位大使来访，推动中非跨境电商合作展开深入交流。我们在用实际行动助力投资丰台、建设丰台，助力丰台区倍增发展，推动丰台产业向全球价值链高端跃升。

回顾值得买科技的发展，我们不仅要感谢高速发展的互联网、蓬勃向上的消费市场，更要感谢丰台区优质的营商环境。在这 13 年的发展中，我们真

2023 年 4 月 26 日，值得买科技数字经济产业园奠基仪式

切感受到了区委、区政府以及丰台园区管委会对企业人才引进、上市辅导、项目孵化等方面的支持与助力。无论是助力北京市"两区"建设优秀人才激励的"丰泽计划"，促进高精尖产业发展的"丰九条"惠企政策，还是触达各项企业需求的"服务建设"，以及"惠企助商"的理念，都让我们受益与感念。

我们起步在丰台、发展在丰台、成就在丰台，而现在我们更希望植根在丰台、建设在丰台、奉献在丰台。未来，我们唯有踔厉奋发、笃行不怠，以时不我待、永不懈怠的精神状态，争当丰台高质量发展的奋进者、搏击者；以功成有我、责任在我的担当意识，争当丰台高质量发展的开拓者、奉献者。

---

**作者简介：**

隋国栋，第十一届丰台区政协委员，北京值得买科技股份有限公司党支部书记、创始人、董事长兼 CEO

# 新天坛助力健康丰台

## 韩如泉

我来自九三学社北京天坛医院支社，2018 年随着天坛医院整体搬迁至丰台区，天坛医院支社从九三学社东城区委整体加入丰台区工委。

首都医科大学附属北京天坛医院始建于 1956 年 8 月 23 日，是一所以神经科学为重点，集医、教、研、防为一体的三级甲等综合性医院。建院 60 余年以来，医院全体职工在医院党委和领导班子的带领下，发扬医德高尚、精益求精、严谨求实、勤俭廉洁的天坛医院精神，始终致力于推动我国神经科学事业向更高水平发展。已经成为世界三大神经外科研究中心之一，亚洲神经外科临床、科研、教学基地，国家神经系统疾病临床医学研究中心。

天坛医院的神经内外科享誉已久，每天都有众多从全国各地慕名而来的患者会聚于此。每天人山人海的天坛医院，受限于老院区的空间，院内就医环境拥挤、嘈杂，还影响天坛公园历史原貌的恢复。1998 年 12 月 2 日，作为中国现存最大的祭祀建筑群，天坛成为世界级文化遗产。申遗时，我国作出郑重承诺：2030 年，将恢复古坛完整风貌。申遗成功 20 多年来，天坛公园严格按照《保护世界文化和自然遗产公约》履行承诺，有计划、分阶段全面推进遗产保护。天坛医院外迁"势在必行"。

天坛医院的搬迁实质性的进展应该是 2010 年的"北京城南行动计划"。北京城南地区缺少大型综合性三甲医院作为区域医疗中心，天坛医院的搬迁首先是要承担包括丰台区、房山区、大兴区在内的"城南三区"区域医疗中心的重担，为城南地区乃至天津、河北的患者提供医疗服务。按照京津冀协同发展战略的要求，为恢复北京天坛世界文化遗产历史风貌，助力中轴线申

天坛医院老院区

遗，促进卫生资源均衡发展，2010 年 9 月，北京市委、市政府批复天坛医院从天坛公园的院址整体迁至丰台区南四环西路 119 号（南四环花乡桥东北）。2013 年底，迁建项目破土动工；2018 年 9 月，全面启动整体搬迁，当年 10 月，新院区试开诊；2019 年 1 月，天坛医院新院区正式开诊。

从南二环到南四环的搬迁，天坛医院建筑面积从 9 万多平方米增加到 35 万多平方米，编制病床数从 950 张增加到 1650 张，南城地区"看病难"的问题日益得到缓解，还完成了智慧化、创新型的"华丽转身"。为了满足城南地区百姓的就医需求，整体搬迁前天坛医院确定了"强专科、大综合"的功能定位，系统规划了医院的学科发展和临床科室设置——在确保神经学科领先地位的同时，通过增设新学科、引进学科带头人、内部挖潜等措施补短板，推进内外妇儿等综合学科快速发展。同时，天坛医院针对临床科室设置进行了重新规划和设计，按照以疾病为中心的诊疗模式统筹医疗资源、进行科室设置。例如，设置脑心共患病诊疗中心，统筹心内、心外、神经内科、神经外科、神经介入、放射科等十余个学科，针对心脑血管疾病患者，由多个学科的医生共同给患者出具综合治疗方案，患者不用再在各个科室间奔波，而是坐等医生"围着患者转"。

北京天坛医院新院区,给人留下的最深刻的印象就是大。天坛医院新院区经历了五年建设,总建筑面积超过35万平方米。医院由一组建筑群组成,其中,标志性的建筑就是门诊一部大楼。门诊一部是参照大脑神经元结构设计的由钢结构包围的大楼,紧邻大楼西侧就是医院的门诊服务大厅,再向西则是门诊二部(综合门诊楼)。门诊一部和门诊二部各有侧重,其中门诊一部大楼中,主要涵盖了天坛医院重点学科神经内外科及相关科室,以及口腔、眼科、耳鼻喉科、中医科等科室;其余科室则分布在门诊二部大楼中。从空中俯瞰新天坛医院楼群,犹如一艘航空母舰。从门诊一部向北,"航母"的"龙骨"是包含了60余间手术室以及重症监护室等医院"核心命脉"的主楼,主楼东侧是三座住院部大楼依次排列,西侧则是门诊二部(综合门诊楼)、急诊楼、医技楼、感染性疾病控制楼等。如此庞大的院区,通过一条空中走廊紧密连接。长廊的出入口均在二楼,从门诊可以通过空中走廊到达北院区的科研行政楼、国际医疗部以及教学部。在门急诊大厅醒目位置设置院内导航二维码,扫码即可实现院内导航。

天坛医院新院区不仅面积大,新院区的服务环境和条件有了明显改善,

天坛医院新院区(区卫健委/供图)

为了尽可能减少患者排队时间，天坛医院推出包括电话（114）、自助机具、医生工作站、出院复诊、现场预约及社区双向转诊预约等八种预约方式，患者可根据需要自主选择。在医院门诊服务大厅的自助服务区，从购买病历本、挂号取号，到打印检查检验结果、缴费、打印发票，提供 24 小时门诊全流程自助服务；检验报告信息推送，线上查询结果——患者轻点屏幕即可完成全部手续，大大缩短了排队等候时间。更新增设了认知障碍、血管神经病学等多个学科，在现有十个知名专家团队基础上，强化基础专业建设，为患者提供更加全面、连续、优质的生命全周期医疗健康服务。

2024 年 1 月 30 日，北京天坛医院新院区正式投入运行五周年。搬入新址的天坛医院已成为立足北京城南地区，辐射天津、河北的区域性医疗服务中心，接诊患者数量、手术和住院数量、手术难度等不断提升。五年来，医院共服务门诊患者 980.45 万人次，急诊患者 95.33 万人次，手术 16.39 万台，出院人数 34.29 万人次；其中门急诊平均每年大约 215.16 万人次，是以前老院区的 1.5 倍；四级手术 8 万台，平均每年 1.6 万台，是搬迁以前的 1.78 倍。医院年均门急诊服务量超过 200 万人次，其中来自北京城南地区的患者占北京市患者总人数的 36% 以上，占全部患者的 26%；每年服务患者（含门诊和住院患者）中，来自北京地区患者占 70% 以上，医院门急诊量、疑难手术数量和急危重症抢救数量大幅提升，发挥缓解中心城区就医压力的作用。

为了让城南患者就近获得最需要的医疗服务，天坛医院与丰台区 16 家社区卫生服务中心、三家二级医院、三家三级医院开展合作，建设信息化平台，实现患者的上下转诊，并通过培训方式，提升城南地区基层医疗机构的医疗水平。通过"北京天坛医院丰台区社区智慧家医工作室项目"，依托天坛医院优质三级医疗资源，打造了三级医院与社区医疗机构之间连续诊疗的新模式，真正实现"信息通、人员通、诊疗通"，为丰台区居民提供全方位、全闭环的家庭医生签约服务。2019 年来自丰台区社区卫生服务机构的 32 名全科骨干到天坛医院门诊和病房进行全科医疗工作，参与门诊诊疗、病房查房、"跟师带教"等活动。同时天坛医院为家医签约患者设置"智慧家医号"，提供天坛医院辅助检查优先、门诊诊疗优先和全科住院优先的"三优先"服务。2022 年丰台智慧家医工作室探索开展了"全—全联合"家医团队工作模式，实现医生的按需双向柔性流动。以丰台、新村社区中心为试点，在社区卫生服务中心组建由社区全科医生和天坛医院全科医生组成的"全—全联合"家医团队。"北京天坛医院丰台区社区智慧家医工作室"模式深入统筹区域医疗资源，有效落实了分级诊疗，创新了签约居民健康管理模式。同时开创性地实现了各级医疗机构间的全科医生的交互与流动，在一定程度上缓解了基层全科医生不足的现状，也为全科医生能力提升提供了新思路和新模式。

北京天坛医院新院区投入使用五年来，医院以科技创新为引领，推进医院转型发展，涌现出一批改写国际指南的高水平研究成果；承担科技部重点研发计划、科技创新 2030 专项项目；作为首批医学创新和成果转化改革试点，五年来医院成功转化科技成果累计合同金额近 3 亿元；承担药物、器械临床试验项目 329 项。从东城区的天坛西里 6 号到丰台区的南四环西路 119 号，医院的整体搬迁绝不仅仅是物理空间的迁移，更是从思想到行为的一次变革，是在医疗质量、学科建设、科技创新、科研转化、医院管理、人才培养等多方面一次全方位的升级。作为丰台区的三级甲等综合医院，医院在建设成为全球神经系统疾病新技术的策源地，国际知名的神经系统疾病人才培养的摇篮，智慧医院和人文医院的代表的同时，让城南患者就近获得最需要的医疗服务，让患者感受到更便捷、更有温度的服务。

**作者简介：**

韩如泉，第十一届丰台区政协副主席，九三学社丰台区工委主委，北京天坛医院麻醉科主任，教授，主任医师

# 十年一瞬——从天坛医院感受丰台医疗之变

## 周亦伦

在时光的长河中，每座城市、每个区域都有它独特的韵味和变迁。北京是一座对我格外重要的城市，我的故乡。我出生成长在海淀，工作初始在朝阳，我未曾预料到竟会与丰台结下如此深厚的缘分。2018年随着天坛医院整体搬迁到丰台，我与丰台的缘分就此开始。

其实早在2013年的初春，我的一位学生当时还在读医学硕士二年级，参加了一项社区医疗研究项目。作为科研小白，负责的主要工作是帮着学长们维持现场秩序、分发表单、收集受试者的意见反馈等，当时负责的区域恰好在丰台区，就这样她搭着研究室老师的车第一次来到了丰台。她印象比较深的是，在前往目的地的车上老师就对他们说，丰台区的条件会比较艰苦一些，医疗资源比较紧缺，受试者的身体情况比较复杂。

而当她真正接触到受试者后，发现他们非常热情、纯朴，看到医学生们站一整天会把凳子让给他们坐，会不太熟练地拿起笔认真地记录试验要求，会略显笨拙地询问非常简单的医学知识……从他们口中学生才了解到，原来他们只知道高血压、糖尿病，不懂得需要定期化验尿液；原来他们只知道腿肿了歇一歇，或者贴贴膏药，实在严重就吃点"利水药"，不能预判可能会错失肾穿刺活检的良机；原来他们吃不下饭、恶心呕吐、没有力气干活，只会去药店拿点助消化的药片，全然不知尿毒症可能已经悄然来临。短短三个月的工作，在我的学生的内心种下了一颗种子，区域医疗科普工作任重道远，区域医疗发展建设道阻且艰。尤其是肾脏病，医学界称它为"沉默的杀手"，发病隐匿，但却严重威胁生命。

2015 年，我从朝阳医院人才引进到天坛医院，刚入职时就听说天坛医院不久将搬迁到丰台花乡，听到学生说起几年前在丰台工作的场景，听她念叨：那个左腿浮肿严重的大叔现在怎么样了，他的女儿带他去治疗了吗？那个

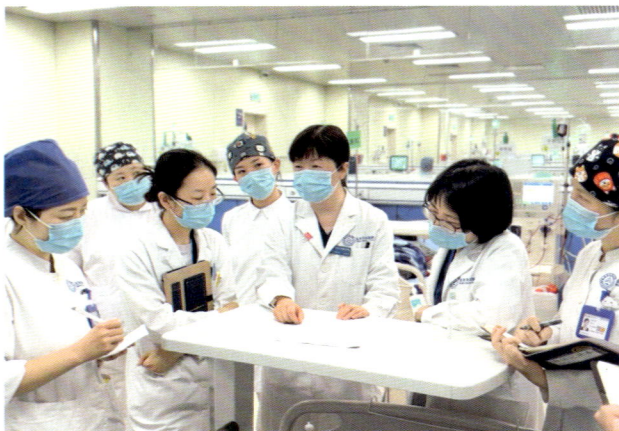

在血液净化中心查房

系着粉红色头巾的眼皮肿肿的大姐，说孙女上了幼儿园就去看病，她现在还好吗？就这样，在学生的感染下，我带领科室，带着特殊的感情和满满的干劲来到了丰台。

我们搬迁到丰台，其实区域医疗状况已经有了显著的改善；但当我们切实地面对患者时，又发现了新的医疗问题。印象特别深的几点是，所有科室面临新的挑战：呼吸科的病人普遍存在严重的慢性支气管炎，长期没有得到规范控制；心内科的病人用药极不规范，要么是几种同效药物一起吃增加了中毒风险，要么是吃完了药不复诊等身体不舒服再拿点药吃完拉倒；急诊科就更难了，来的病人都是极危重的，不到最后一刻不会来医院。困难再多，也要找到原因、摸索方法克服。天坛医院的医护，对接触到的每一个病人和家属普及医疗知识、规范用药、督促随诊。虽然收效缓慢，但在长期坚持下，周边群众的医疗健康情况慢慢有了改善。

对于我们从事的肾内科，工作进展得更为艰难。刚刚搬到丰台时，经常遇到门诊开了住院证却不想来住院的情况，原因主要分为两种，其一是对大夫的话半信半疑，觉得不需要大动干戈来住院；其二是对肾内科的医疗水平有顾虑，考虑着还是去城中心的"大医院"看看再说。我们这个"新来者"还没有取得患者的信任，他们不放心把自己交给我们！不怕被误解，就怕没实力。面对这样的困境，我们对病人实施个体化治疗，不畏重病重患，踏踏实

实，精益求精，本着对每一位病人负责的态度，逐渐用实力赢得了患者的信任和口碑。

其中有这样一位老奶奶给我留下了深刻的印象。我刚回到办公室就听说，急诊室打来的电话，一位刚刚经历了呼吸心跳骤停、电除颤、气管插管呼吸机抢救后的尿毒症患者要求住到我科。要知道，普通病房通常无法满足危重患者的救治需求，但我详细了解了老人的病情后，考虑到如果患者不进行肾病专科治疗，其他重要脏器功能将很难恢复，预后极差。最终，这位危重患者从急诊室带着监护仪，被推到了我们病房。刚到病房的老奶奶状态特别差，强迫坐位，大口喘气，呼吸道布满黏液，满肺的干湿啰音，高热，嗜睡，反应极慢，说话不成句，不能自主进食，靠外周血管输入营养液，肠道菌群失调，水样泻，每天排便40次之多，老毛病痔疮也来捣乱，痔核脱到肛门外，腹泻又使得痔核破溃出血。雪上加霜的是，老奶奶突然出现了精神异常，惊恐、躁动、谵妄，伴有癫痫发作。全身上下脏器同时出了毛病，个个都是致命的，很难想象老奶奶当时经历了怎样的痛苦。

困难再多，也要各个击破。在我们的不断努力下，经过量身定制血液净化方案、排除万难寻找癫痫病因以及针对性的抗感染治疗，最终老奶奶的病情得到了一定的控制。慢慢地，她能躺平了，能正常说话了，能吃饭了，不再担心腹泻了，不再需要吸氧了，不用埋套管针输液了。原本以为假以时日，她很快就可以像其他人一样康复出院。然而，这场大病给老奶奶造成的创伤不只是身体上的，更严重的是心理和精神上的。虽然临床上各种指标都在好转，但老奶奶逐渐出现了昼夜颠倒、失眠、头痛、噩梦、惊恐、胡言乱语的症状，不但多疑猜忌，还辱骂护工家人。我们请来心理科的专家，诊断出老奶奶患上了严重的抑郁和精神错乱，除了药物干预，心理疏导更为重要。我深知精神因素的强大作用，就叮嘱我们一线的医生每天花时间跟她聊天，有一点进步就要及时分享并且夸张地鼓励。我清楚地记得，在一次持续的癫痫之后，她经历了一段意识不清的状态，清醒后发现我们医生握着她的手陪在床旁，她转头望向我，手指微微颤抖，皱巴巴的眼角流下泪水，似乎在说：我活过来了，我不是一个人在战斗，幸好还有你们！

老奶奶一开始对长期透析十分抵触，按她的话说"脱离不了透析还不如立马去死"，我们便向她反复讲解透析的原理，聊其他病友的趣事和生活，带她了解疾病、了解治疗，给她分配任务，设定目标，建立参与感，慢慢地，她对长期透析不再抵触了，甚至还说要加油创造个最长透析纪录。心理状态的好转，让老奶奶的睡眠及食欲慢慢恢复了正常；吃饱了睡好了，她的身体状况和指标也理所当然地好起来。从艰难地坐起，到床边搭腿坐，到颤颤巍巍地站立，到别人搀扶着迈开第一步，到满楼道溜达；经历了谵妄、惊厥、躁动、兴奋、抑郁，到如今的健谈、开朗、乐观、红光满面；从需要两人照顾到生活自理甚至看护起脑梗的老伴儿；我们终于成功地将老奶奶从鬼门关拉了回来，从肾内科的病房重返她热爱的家庭和社会。

前段时间，老奶奶在女儿的陪同下来看我们，穿一件粉红色的大毛衣，倏地令我回想起十年前学生调研时碰到的那个戴粉红色头巾的大姐。是啊！如今已是 2023 年冬末，2024 年的春天即将到来！十年间，我从听闻丰台医疗的情况，到扎根服务丰台，深感丰台的医疗悄然发生的巨变。如今，天坛医院俨然成为丰台区人民看病的首选之地，我们肾内科已在市属医院中占有一席之地，取得了周边群众的充分信任，他们口口相传，再也不会为了一点泡沫尿就去别的区域排队看病了，看病在家门口就是方便！那天我穿着便衣听到病房门口的病人如是说，心里觉得暖暖的，一天的疲惫都消散了，一切的努力都值得！

在今年世界肾脏日义诊工作中，我特意随机问了问社区群众关于尿检、水肿、泡沫尿、用药、随访相关的问题，他们大多是退休的大爷大妈，结果出乎意料的，他们大多回答准确，并且知道尿检"有加号"要重视，要去瞧病，还用调侃的语气对我说，这个咱都门儿清！我想，我们肾内科的情况某种程度上代表了丰台医疗卫生的发展和进步，我们心中服务丰台人民的种子，如今已生根发芽、苗壮成长，且待它枝繁叶茂、大树参天！

---

**作者简介：**

周亦伦，第十一届丰台区政协委员，首都医科大学附属北京天坛医院肾内科主任、主任医师、教授

# 完善接诉即办　解决群众急难愁盼问题

姜东升

党的二十大报告提出，要"站稳人民立场、把握人民愿望、尊重人民创造、集中人民智慧"。北京作为一座超大城市，市民对美好生活的期待更高。北京市坚决贯彻习近平总书记关于北京工作和首都发展的重要指示和讲话精神，为了解决好北京城市发展还不平衡不充分问题，更好地满足人民日益增长的美好生活需要，探索出了以 12345 市民服务热线"接诉即办"为主渠道，以群众诉求驱动超大城市治理，形成党建引领、主动治理、法治保障、协同共治、科技赋能的崭新城市治理体系。开创了一条以接诉即办为牵引的超大城市治理新路径，形成了"中国之治"的首都样板，真正体现了"以人民为中心"的执政思想。

丰台区委、区政府高度重视接诉即办工作，围绕完善好、实施好《北京市接诉即办工作条例》，不断创新体制机制，取得了良好效果。2017—2021 年，我担任区城指中心主任、区接诉即办专班班长，直接参与和见证了丰台区接诉即办工作。在工作中始终秉持为人民服务的根本宗旨、以建设服务型政府为出发点、以提升接诉即办工作水平为目标，不断调整完善工作机制，努力提高为民办事效率，梳理总结了"两抓、两坚持"基本思路和工作方法，用以指导全区接诉即办工作，借此机会和大家分享交流。

## 抓工作态度，抓工作方法

接诉即办工作是民生工程、是政治任务、是一把手工程、是政府工作的主线。工作实行"首地负责",街道(乡镇)能自行解决的,及时就地解决;需要跨部门解决的复杂问题,则由街道(乡镇)及时"吹哨",与相关委办局共同研究解决。我在工作中始终保证让每一个办理单位领导层面、中层干部、办事人员都要高度重视接诉即办工作,避免出现"上热、中温、下冷"问题。

做好接诉即办工作关键在办,核心在干。对于群众合理诉求,千方百计解决,要用心用情用力即接即办,疑难问题加强单位内部、单位之间的联勤联动,打好协同作战。重大问题及时上报区政府协调解决。针对疑难诉求(包括不合理诉求),要用心用情、耐心细致做好解释工作,最大限度争取群众的理解,为提高响应率和满意率创造条件。

在当时全区213个社区(村)推广智慧民情图,完善居民信息数据库,对每天接到的群众诉求坚持分析分类,设置群众诉求点位和热点区域显示功能,梳理总结诉求发生规律性特点。下大力气做好"七有""五性"群众诉求办理,重点分析教育资源分配、便民设施配置、人居环境整治等群众反映集中的问题,对于能够立刻解决的要马上就办,对于需要时间解决的要及时列单上账,制定解决计划方案,推动解决。对于不符合法规政策的诉求,主动开展"面对面"沟通,要做好解释工作,最大限度赢得群众支持和理解。

做好日分析周调度工作。每日统计群众诉求热点,利用大数据手段收集汇总疑难问题,对于诉求量较大的街道(乡镇)开展分析研判。利用好专班工作机制,每周召开专班调度会,对解决率低于全市水平的街道(乡镇)逐一分析原因,提出建议。对老旧小区改造等重点工程开展历史性分析,梳理工期内诉求情况,查找群众诉求与工期进展关联性,与相关部门联合建立前置措施推动问题解决。

加强与各承办单位的沟通交流。确保各承办诉求单位坚定支持接诉即办协调调度科室的工作,尤其是争取主要领导给予最大支持,保障派件的权威性、时效性。协调调度科室与负责办件的科所站队加强沟通协调,确保群众诉求件件要核实、申报有依据。对于争议案件,专班坚持属地负责制与首接负责制相结合的派件原则,加强案件仲裁,定期通报退件情况,严控推诿扯皮,不担当以及不作为现象。

进一步强化以提升解决率为目标的考核导向,将考核原始解决率作为基础工作。各单位都要建立接诉即办考核制度，解决率考核办件部门科室，满意率考核社区（村）做群众工作的能力和水平。督促落实"见面"工作法，提升群众满意度。坚持高目标、高标准开展工作，以全市 343 个街道（乡镇）平均成绩为标杆对标本单位成绩，努力争上游。建立联络员、指导员工作机制，增强靶向指导，深入发掘问题。及时解读形势政策，分析难点问题，出谋划策改进不足，培训优秀经验做法，优化工作体系，提升丰台区接诉即办工作水平。让联络员切实担负起责任，坚持好问题分析报告制度。

加强好统筹协调。诉求承办量较大的单位，要巩固提高，充当稳定器；诉求承办量较小的单位，要奋勇争先，争当标杆。运用"吹哨报到"机制，对集中举报问题进行专题调度，集中力量优先解决群众集中反映的诉求，同时抓好个性化诉求的解决。聚焦垃圾分类等重点事项，引导居民业主通过业委会（物管会）参与决策。完善分类治理，建立社区和物业公司"双派单"制度，推动物业类诉求办理；针对共性问题、多发问题，努力探索规范化解决流程；搭建议事协商平台，调解居民纠纷类诉求；形成信息闭环处置工作机制，源头处置涉安全稳定诉求。建立好预警机制，紧盯原始解决率低、考核材料报送质量低和平时工作细节把握不准确等环节，及时跟进调整。

### 坚持问题导向，坚持解决问题

工作中坚持不断发现问题，分析原因，研究对策。接诉即办是对政府工作、经济社会发展各方面的全面体检，发挥了试金石、体温计的作用，工作坚持边干边总结，主动发现问题，分析原因，研究对策。坚持不断补短板、强弱项、堵漏洞。不断提升解决问题的能力，健全问题解决机制。强化完善经济社会发展中的痛点、难点、空白点，改进提升政府工作中的薄弱环节、治理漏洞、工作死角。积极推进未诉先办工作，检阅重点诉求台账，提前做好诉求集中点预判。紧紧围绕市民"七有""五性"需求，加强对群众诉求共性问题的规律性研究。建立应急机制，简化办理程序，及时办理群众"小、散、急、愁"问题。结合党员联系群众制度，多走访、多入户，现场研究解决问题。

民有所呼，必有所应。经过 6 年的实践考验，丰台区委、区政府始终秉承着全心全意为人民服务的宗旨，用最饱满的工作热情、最求真务实的工作态度、最切实可行的工作举措提高接诉即办工作质量。始终坚持站在群众的角度看问题，把群众的困难当成自己的困难，用真心换满意。未来，接诉即办工作，任重道远，不能有片刻的满足和松懈。继续坚持从"小切口"入手，聚焦基层现实紧迫的民生问题，解决好这些看似"小事"，实则都是群众关心的"大事"问题，继续不断用情用心用力推动解决好群众的"急难愁盼"问题，推动矛盾纠纷源头化解，切实打通为群众办实事"最后一公里"。

**作者简介：**
姜东升，第十一届丰台区政协副主席

# 围炉话"喘息" 枝叶总关情

裴玉珍

我们夸赞孩子是祖国的未来、青年是社会的砥柱、老人是最美夕阳，我们关注教育、关注就业、关注房价、关注养老。每一份社会关注都蕴含了我们对于国家和社会发展的殷殷期盼。但是，"关注"因人而异、因势而大，今天我要讲述的这个故事中的"主角"，则是一个热点关注话题中的小众弱势群体——失能失智老人和他们的照护者。

## 昨夜西风凋碧树，独上高楼，望尽天涯路——喘息服务的"前世"

2017 年 1 月，我受组织委任到区民政局工作。此时丰台区刚被民政部和财政部确定为首批全国居家和社区养老服务改革试点地区、正值试点工作紧锣密鼓筹备推进的阶段。为切实将改革试点落深落实，我们开展了大量的基层调研，对全区 387 个调研单位、共计 32.8 万老年人口的生活状况、健康状况、居住状况等基本信息和养老服务需求进行全面调查，失能失智老人及照护者这一群体也因此走入我们的视线。

根据 2017 年的统计数据，全区失能失智老年人数量约有 1.1 万名。由于自理能力降低或丧失，这些老人和家属对长期照护普遍存在刚性需求，特别是不少老人家属由于长期照顾生活不能自理的老人，身心憔悴，压力巨大，因照顾老人而影响工作和健康的情况屡见不鲜。"一人失能，全家失衡"成为这些家庭的真实写照和难以言说的痛点。而当时专门针对失能失智老年人的完整的长期照护模式和体系尚不完善，往往是在现有养老模式下寻求失能失智老年人长期照护的方法和举措。

面对日益加速的人口老龄化发展趋势，我们敏锐地捕捉到了这一"小众"养老问题必会越来越突出，建立起可持续的综合支持居家照护有效模式，成为缓解失能失智老年人照护压力的当务之急。秉持试点就要"试难点、试痛点"的理念，我们准备针对失能失智老年人照护难题"小试牛刀"！

说干就干，干就要干好！在前期调研的基础上，我们组织了多轮专家论证、借鉴分析国内外业界有关经验，针对建立护理补贴体系还是建立照护支撑体系进行讨论。如采取直接发放定额护理补贴的方式解决失能失智老年人照护问题，虽然人群覆盖面较广，但对绝大多数失能失智老年人家庭来说，仅在照护费用支出上起到一定的补偿作用，既不能有效地提高老人的照护质量和减轻家庭照护者的身心压力，也无法保证老年人家庭和养老服务机构的有效对接，对养老照护服务市场和专业服务队伍的发展也很难起到促进作用。最终决定立足"给失能、失智老年人的看护者'放个假'"开展"喘息服务"项目。项目方案最终成形，我们将它列为 2018 年居家和社区养老服务改革试点工作主要任务。在尚无先例可供借鉴的情况下，通过整合调度区域内的养老机构、护理机构、养老服务企业等社会各方资源，将"通过购买服务方式由养老照料中心、社区养老服务驿站为老年人提供短期托养服务，为其照护者提供休整机会"的工作设想变成了现实，成为北京养老服务的新生事物。

### 衣带渐宽终不悔，为伊消得人憔悴——喘息服务的"今生"

在前期的摸底调查中，全区失能失智老年人群体中重度失能失智的老年人数约 3100 人。综合考虑项目可控性及资金体量等因素，在首批试点中为 1500 名失能失智老年人提供居家照护者"喘息服务"。在居民自愿申请的前提下，优先保障 60 周岁及以上具有丰台区户籍的优抚对象，特困、低保、低收入家庭，计生困难家庭和纯老年人家庭四类重点老年人群，并将服务对象范围适当延伸至普通家庭失能失智老年人。在服务方式上，采取养老机构短期托养和居家上门照护两种方式进行。初定试点服务期 6 个月，以一个月平均服务 4 天为基数，可选择分散或集中享受服务，服务总天数不超过 24 天；在服务费用上，综合考虑市场物价、人工成本等因素，将机构照护服务费用定位在 220 元 / 人 / 天，居家上门照护服务费用为 180 元 / 人 / 天。2019 年下半年开始，根据首批服务对象的意见建议和强烈需求，将服务期延长至 8 个月，平均每月 4 天，总数不超过 32 天。与此同时，还综合考虑市场物价、人工成本等因素，将居家上门和机构照护的服务费统一调整为 220 元 / 人 / 天，调动了更多服务机构更加积极踊跃地参与到"喘息服务"中来。推动形成了"政府购服务，老人享服务、家庭得实惠、企业促发展"的失能失智老年人居家照护服务新格局。

在方案的具体实施中，如何建立运转流畅的服务机制，对项目的开展来说尤为重要。试点期间探索建立了"喘息服务"评估审核转介机制。定制开发申请人评估审核软件系统，由专业人员对申请人进行资格审核和上门评估。面向服务企业发布招募公告，根据机构资质、能力、特长等综合指标，组织行业专家对 17 家申报服务单位进行全方位评审，择优遴选参与合作机构。建立各服务主体之间的转介机制，为符合条件的申请人就近安排服务机构，做好服务匹配和服务转介等工作。秉持"可操作、可执行、有据可依"的原则，借助监管软件系统，配合抽查、调查、暗访等方式，对合作机构服务过程开展线上线下监督管理，帮助机构建立完整的服务依据，方便结算，推动实现了政府、企业、老人家庭三者之间的有效衔接。试点服务期内，全区共有 2000 余名老年人提出服务申请，其中 1000 余人完成服务匹配签约服务。在整合调度区域内 8 家养老机构，建立了 200 余人的服务人员队伍，累计提供"喘息服务" 1.6 万余人次，服务费结算总金额 339.308 万元，全部由政府买单。"喘息服务"不但在统筹与合理分配社会资源的基础上，为养老事业添加了一道可持续的保障，背后更透露出重要的价值导向，即照护失能失智老年人不只是老人家事、子女私事，还属于政府应当承担的公共服务责任，有力地推动了失能失智老年人由"老有所养"向"老有善养"转变。正是基于现实效果和价值导向，丰台区的"喘息服务"模式受到了新华社、中央电视台、《人民日报》、北京电视台、《北京晚报》、《北京青年报》、《法制晚报》等各大新闻媒体以及主流网媒的高度关注，他们从不同角度对"喘息服务"模式进行了全方位报道，在社会上引起了强烈反响，市、区各级对"喘息服务"的组织和实施也给予了高度评价。

在建章立制规范中，围绕让"喘息服务"更长远，始终坚持标准先行，在流程设计、资源整合、制度完善、监管跟进等方面不断尝试，逐步完善了"喘息服务"的各项运行和保障机制。针对有些家属将"喘息服务"与家政服务相混淆的情况，制定了《丰台区"喘息服务"操作指南》，明确了服务项目和服务内容，形成完整的"喘息服务"工作流程和服务链条。此外还陆续制定了《"喘息服务"意向评估表》《"喘息服务"日间8小时服务记录表》《"喘息服务"居家服务记录表》《突发疾病应急处理协议》等11个配套的规范化文件，为更大范围复制、推广"喘息服务"打下基础。

在聚焦难题探索创新中，坚持全局思维，实现多方共赢。于家庭而言，失能失智老人自己获得了更加专业、周到的照护服务，照护人有了可以放心支配的个人时间，家庭幸福感得到了提升。通过专业机构传帮带，照护人逐步掌握了科学护理知识和专业照护技巧，成为照护能手，达到了"授人以鱼更授人以渔"的效果，得到了照护者认可。于机构而言，通过"喘息服务"这个桥梁介入居家养老中，开展专业服务的同时，更加了解了老人和家属的实际需求，便于更好地完善服务，也让老人和家属消除了对于机构养老的一些偏见。有一些老人因为享受了"喘息服务"，最终选择入住服务机构，还主动推荐更多老人入住，提高了机构的美誉度。于社会而言，"喘息服务"让广大失能失智老人家庭切身体会到了来自政府的关心关爱和社会的温情，对发挥家庭在养老中的基础作用起到了很好的引导和带动作用，对于在全社会传递关爱老人、代际和谐的正能量，有着重要的风向标意义。

总的来看，"喘息服务"不但提升了老人照护质量，缓解了家属照护压力，更进一步引领带动了区内各方养老力量的融合发展，为建设居家、社区、机构养老相协调的养老服务体系提供了有益的尝试，实现了养老事业和养老产业的"双赢"。

### 众里寻他千百度。蓦然回首，那人却在灯火阑珊处——"喘息服务"的"来世"

居家和社区养老服务改革试点工作于2019年底结束，"喘息服务"被评为北京市民政局 2019 年十大创新创优项目。在全面总结的基础上，接受了民政部等部门联合验收。基于"喘息服务"试点工作成效，提出并研究制定了《养老服务　喘息服务规范》等四项团体标准，经中国老龄产业协会审查通过，最终于 2021 年 8 月正式发布实施。经地方推荐、初步筛选、专家复评、部门联审等程序，"喘息服务"项目于 2022 年 2 月被民政部、财政部评为居家和社区养老服务改革试点工作优秀案例。

目前区民政局已起草了《丰台区失能老年人照护者"喘息服务"管理暂行办法》并征求相关部门意见，正按照区财政局意见推进事前绩效流程。北京市新近出台了《关于完善北京市养老服务体系的实施意见》及配套政策，简称"1+N"养老政策体系。其中，《关于加强失能失智老年人照护服务支持的意见》将开展居家养老"喘息服务"、完善失能失智老年人照护服务标准规范等列为重点任务。

"喘息服务"就像我们一手孕育出的"天赋异禀"的孩子，受到家属的由衷认可、得到社会的空前关注、引发业界的广泛研讨，让我们越发坚定地去思考总结它的一路历程，去沉淀谋划它的未来。2021 年 12 月，我调离区民政局工作岗位，却一直在关注着全区养老及"喘息服务"工作，希望它不断成长壮大，取得丰硕成果。

"路漫漫其修远兮"，回首"喘息服务"的从无到有、感叹养老工作的任重道远，但我更相信，路虽远行则将至，事虽难做则必成，让我们共同期待养老工作的更美晨光。

**作者简介：**
裴玉珍，第十一届丰台区政协秘书长

# 亲历古都"南城"沧桑巨变
# 心怀"国之大者"构建最大同心圆

黄永刚

　　我出生于 20 世纪 70 年代，作为丰台区政协委员、民建北京市经济委员会委员、参政议政委员会委员、中智科博产业经济发展研究院院长，以专业的智库研究者身份和统战人士角色，围绕"发挥丰台枢纽经济优势""大红门片区城市更新""总部经济升级"等关系国计民生的热点问题，聚焦"国之大者"，积极参政议政、建言献策，助力新时代智库服务高质量发展、推动京津冀协同发展国家战略实施。

　　站在两个一百年的历史交汇点，立足强国建设、民族复兴的新征程，回顾过往，深感自己躬逢盛世，有幸亲历见证了丰台区的巨大发展变化，以自己有幸为丰台发展贡献微薄力量而略感欣慰，更激扬了自己"奋进新征程、建功新时代"的决心、勇气与信心，矢志倾力投身助力丰台区发展新航程。

## 亲历见证丰台翻天覆地巨变，"看在眼里，喜在心"，更添无限豪情

　　我在丰台工作生活 20 年，亲历见证了丰台区的翻天覆地的变化。

　　丰台区发生的巨变，首先体现在产业转型升级上。随着丽泽金融商务区、中关村科技园丰台园等园区的建设，丰台区产业转型升级加速推进，发展日新月异。近年来，丰台区通过建设"国家服务业扩大开放综合示范区"试点，进一步释放三大重点区域高水平开放引领效应，打造北京服务业扩大开放新

高地。2023 年丰台区吹响"倍增计划、追赶行动"号角，从区本级政府到重点功能区再到街镇，全面加大招商引资力度，培育市场主体，改善营商环境，跑出了"倍增追赶"的加速度，实现经济逆势上扬。丰台区从固定资产投资、新增税收到招商引资，在全市均排名前列。大红门南中轴地区，承载着大国重器的相关业态，"文化 + 科技"融合初见成效，丰台河西地区历史文化资源非常丰富，发展潜力巨大。

丰台区的居住环境改善，变化之大，特别值得一说。我 20 年前来北京时，玉泉营环岛周边都是农村。20 年来，丰台区建了很多城市公园。仅丽泽金融商务区，2021 年就开始规划集中绿地 2800 亩，将建设中央公园、三环城市运动休闲公园、丰草河生态公园、金中都城遗迹公园、莲花河滨水公园五大城市公园群。如今五大城市公园群已初见规模。原来这些地区也都是很原始的。现在这些地区从基础设施配套，到医疗、体育、文化设施的配套，变化巨大。

丰台区的枢纽经济，是突出亮点。最早人们来丰台，交通非常不便。现在丰台正在规划建设丽泽城市航站楼将与北京西站、北京南站、北京丰台站形成丰台区内"三站一楼"城市枢纽格局。地铁方面丰台区已通车的城市轨道共 13 条线路，有 9 号线、14 号线、16 号线等。尤其未来 1 号线支线将南延至青龙湖地区，该条线路将打通丰台区河西地区与中心城区的连接。

丰台区的生态环境也发生了翻天覆地的变化。随着疏解非首都功能的纵深推进，丰台区大力疏解批发市场等低级次产业。同时，大尺度绿化令人惊艳。丰台河西地区，没建园博园之前，永定河水常年干涸，盗采河沙现象严重。但随着园博园的建成，现已成为生态环境优美的旅游名胜景区，吸引全国各地游客前来观赏打卡。

丰台区的巨大发展变化，还体现在文化方面。20 年来，丰台区的博物馆建设如雨后春笋。拥有北京大葆台西汉墓博物馆、辽金城垣博物馆、中国园林博物馆、中国人民抗日纪念馆、北京汽车博物馆等诸多博物馆。卢沟桥—宛平城、长辛店红色文化国家文化公园正在谋划，大红门地区加紧打造无界共享的博物馆群，并建设南苑森林湿地公园、大红门艺术公园、南顶文化公园、凉风休闲公园三大公园。近些年，丰台区还打造了诸多驰名全国的文化品牌，包括中国戏曲文化周、中国评剧院"全国评剧展演"等非常有特色的文化品牌。

有人曾说，"生活在一个地方十年、二十年，不是故乡胜似故乡"，我对丰台区的发展变化看在眼里，喜在心里。更激发自己倾情投入丰台发展中来，争当助力丰台新时代腾飞发展的"奋斗者"甚至"时代弄潮儿"。

### "将论文写在丰台土地上"，矢志不渝构建"同心圆"，履职尽责建言"献良策"

2014 年，在国家发改委、科技部、工信部相关机构支持下，我联合北师大、北大 50 位博士共同发起，在北京丰台区创办了中智科博产业经济发展研究院，从此开启了专业智库的"特殊"行业生涯。中智科博成立九年多来，以推动中国产业经济可持续发展为使命，努力成为在区域经济与产业经济发展有使命、有贡献、有价值的智库型企业；成为中国开发区协会产业园区规划指定合作单位之一，是国家乡村振兴局智库联盟成员单位。2021 年成功登陆北京股权交易中心新四板。研究院被北京股权交易中心选入重点孵化企业之一；成功入选百度 AI 加速器第八期重点孵化生态型企业。2023 年国务院发展研究中心国研智库特邀中智科博产业经济发展研究院共同成立国研智库产业经济协同创新中心，我被聘任为中心主任。

身为研究院院长，我长期致力于专业智库建设，面对复杂变幻的世界百年未有之大变局，以内驱力主动学习前沿理论，努力提高政治素养和理论水平，使用辩证的方法分析问题、解决问题，充分发挥民建会员的参政议政渠道，关注国计民生，努力构建同心圆。我积极参与丰台区参政议政活动，参加课题调研、汇报、论证 20 余次，提交课题成果 100 多篇，主导课题 10 个、社情民意信息提报 30 余篇。提交提案多次被民建中央和北京市民建采纳。主要著作及参编的报告有《乡村振兴调查研究》《共赢》《京津冀一体化产业转移和结构优化研究》《中国安全应急产业白皮书》等。从 2019 年策划第一届"妙笔生花看丰台发展论坛"以来，我已经连续五年联合承办了"妙笔生花看丰台发展论坛"，并获得了市、区各级领导及社会各界的好评。2021 年以来，我深入丰台河西地区、房山区、门头沟区、通州区宋庄镇、于家务乡等地调研，就乡村振兴撰写了翔实的调研报告，基于深入调查研究撰写的《中国乡村振兴背景下产业发展问题与对策》，荣获民建中央办公厅 2021 "中国（天津）非公有制经济发展论坛" 优秀论文征集活动三等奖。针对疫情防控等社会重大问题，我提出了《关于加强对社区（乡镇、村）新冠疫情早期防控预警预测的建议》《关于率先对北京生活服务业复工复产提供支撑措施的建议》等建议，就进一步提升我国应对重特大突发公共卫生事件的治理能力、疫情防控复工复产提出了具有针对性的意见和建议。2021 年 5 月 19 日，在中共北京市委统战部新一轮 "8+1" 行动中，我发挥自身优势，积极建言献策 "进一步扶持壮大农村集体经济，助推新时代乡村振兴"，并被民建北京市委采纳。

作为丰台区政协委员，我立足自身热爱的智库事业，立足于发轫地，在丰台、爱丰台，积极为丰台发展不遗余力贡献智力，陆续为北京发改委、科信局等委办局主导编制丰台区高精尖经济结构课题、丰台军民融合发展研究、丰台楼宇经济升级研究、丰台航空航天、商用密码、花卉产业、数字人民币等产业研究；积极为丰台区招商引资并成功引入国际合作项目及产业园区开发项目。由于长期扎根于丰台，扎实地调查研究，这也使我更加深入了解丰台、更加热爱丰台这片发展热土，"将论文写在大地上"，倾力为新时代丰台高质量发展提供具有前瞻性、务实、可操作的对策建议。

## "谋万世、谋全局"，而后"谋一时、谋一域"，心怀"国之大者"，为国家战略提供坚实"思想力"

古话说："不谋万世者，不足谋一时；不谋全局者，不足谋一域。"在智库研究中，我始终心怀"国之大者"，以智库所应具备的前瞻视野、眼光，落实新发展理念，积极推动京津冀国家战略实施。多年来，我深入京津冀区域 80 个区县进行了翔实调研，撰写了《京津冀协同发展战略的思考》研究报告；率团队先后编制了《京津冀协同发展北京应急产业示范园概念规划》《霸州新兴产业示范区——河北省京津冀协同发展试验区概念规划》《河北固安新城镇化健康示范区概念规划》等重大项目规划；系中国社科院文献出版社合作出版京津冀产业协同发展蓝皮书起草人；编制了《北京旧机动车交易市场转型升级战略规划》，为非首都功能疏解提供了智力支持。我积极服务大运河国家公园、黄河国家文化公园建设，参与了《运河文化产业园》《黄河文化总部基地》等项目规划策划。其中黄河金三角的课题研究和提出受到国家的重视，黄河文化总部基地成为目前唯一的国家级大黄河文化产业高端智能聚合总部园区平台，并成为具体落实并实现这一宏观理念的国家战略性系统工程。参与了大型海洋经济项目《国家海洋总部基地》项目规划和《通州区与北三县一体化发展》课题研究，为国家长远、可持续发展提供智力支撑。编制了国家"十三五"时期重大文化产业工程项目——中国文化（出版广电）大数据产业园等项目规划，为文化强国建设贡献了积极力量。

在《京津冀一体化背景下北京市产业转移和结构优化研究》一文中，我对北京市三次产业发展过程中存在的问题及北京的产业辐射能力在带动经济圈发展中存在的问题进行了深入分析，提出了"在京津冀一体化发展背景下北京市产业转移和结构优化"对策建议。我秉持牢记"国之大者"的家国情怀，以赤诚之心为首都北京高质量、减量发展献计献策，为京津冀协同发展、疏解非首都核心功能、产业结构优化提供了切实可行的建议。

### "在丰台、爱丰台"，夙兴夜寐，聚焦"急难热点任务"致力当好"智多星"，服务丰台发展"谋实策"

《荀子·劝学》云："积土成山，风雨兴焉；积水成渊，蛟龙生焉；积善成德，而神明自得，圣心备焉。"我深深明白，智库之智，应是"积水成渊"之"智"，功夫应下到平时"滴水石穿"的学习研究。我长期致力于智库研究，率先提出新资源经济学理论。自 2009 年起，我投身总部经济研究及产业规划等重大项目概念规划、投资可研及评估工作，被多个地方县市政府聘为经济顾问。这些较为扎实的理论创新基础和实践经验，为我承担智库"急难热点任务"，打下了基础。

在北京非首都疏解的时代背景下，新发地市场的何去何从成为丰台区转型发展的关键问题。区委、区政府高度重视，专门成立升级转型指挥部，明确要求新发地市场按照首善标准，践行"保供应、抓安全、建平台、增服务、强规范、优环境、增税源"的转型升级发展策略。为此，我通过深入调研，提出了《关于新发地市场转型升级的五点建议》，从有关部门的反馈来看，这些建议为新发地市场转型发展提供了可资借鉴的参考。

2023 年夏，受台风"杜苏芮"影响，京津冀地区普降大到暴雨。致房山、门头沟等地洪涝地质灾害严重。2023 年 8 月 6 日，我以民建北京市参政议政委员的身份，结合多地村庄群众通信失联、逃生自救能力缺乏等问题，提出了《关于提升北京山区乡村防灾韧性，科学布局应急疏散空间的建议》，还特为门头沟、房山区受灾乡镇捐赠一大批救灾应急物资。及时可行的建议为受灾地区灾后重建及预防工作提供了思路和方向，为首都治理体系和治理能力现代化贡献了应有力量。

心系"国之大者"，积极参政议政建言，服务高质量发展、国家战略实施；一枝一叶总关情，国计民生无小事，构建最大同心圆。这就是我作为丰台区政协委员、民建北京市经济委员会委员、丰台区参政议政委副主任的智库情缘。我也发自内心地希望，强国建设、民族复兴的恢宏征程上，呼唤更加健全完善的中国特色智库体系，呼唤更多的"智多星"，以自己或强或弱的光照亮曾经"摸着石头过河""筚路蓝缕"的路，成为"强国建设、民族复兴"历史新时空的璀璨星辰，继续照亮古老东方大国首都高质量发展的前路，照亮新时代"强国建设、民族复兴"的新征程。

---

**作者简介：**

黄永刚，第十一届丰台区政协委员，中智科博产业经济发展研究院院长，北京中企规划院院长

# 见证"丰职之花"绽放

*赵爱芹*

　　中共十八大以来,我的校长生涯又开启了新的快车道,又历经了一个新十年的变迁,又在艰辛付出与喜乐成长中见证了丰台职业教育的"新质绽放之旅"。

　　这十年,我始终伴随着丰台区职业教育中心学校(简称"丰职")发展的点滴与跬步,从三十而立,到建校四十而不惑,从转型之坚毅到大气之成熟。从一所中职学校,到整合九所职业学校,整体运行丰台区职业与成人教育集团。从一个到一众,从一群到唯一。这十年,从获批国家级改革发展示范校,到建设北京市特色高水平职业院校。从大步流星到坚定引领。这十年,是国家全面深化职业教育改革的十年,是丰台职业教育奋发有为的十年,是丰职迅猛发展的十年。

## 示范建设,按下发展加速键

　　2012年,是我接任校长的第二年,恰逢丰职的而立之年。丰职在已经整合过七所职业高中、一所中专校的基础上,于2021年4月12日继续整合洋桥职业学校,成为区属唯一的公办中职校。三十年厚积薄发,学校走到了破茧成蝶的重要关口,申办"国家中等职业教育改革发展示范校"成为全校教职工的共识。但当时几乎所有的人都有畏难情绪,因为示范校不是评估制,而是建设项目制,也就是说大家不再是集中辛苦一段时间,突击通过专家的评估后即可成为国家级示范校,而是先提交申报材料,专家评估予以立项后才开始建设期,且要实实在在建设三年,圆满完成预定建设任务并以优异成绩通过专家评估,才能真正被批复为国家级改革发展示范校。我带领团队迎难而上,闷起头

学生在物联网实训基地进行城市智慧大脑运行分析

思考了两天两夜，把评估指标体系逐条逐句进行了梳理与分析，最终我们决定对标严格的申办标准，夙夜奋战尽显担当，从软硬件上全面推动学校建设。

我研究分析全球职业学校的理念与目标，精心凝练了"塑造一双会思考的手"的办学理念，建设了"厚德精工"校园文化，践行了"厚德、远志、尚能、重技"校训，仅申报材料就有 1000 多本卷宗。经过先后五年的努力，学校顺利通过验收，成为国家中等职业教育改革发展示范学校，开启了优质职业学校发展的新篇章，实现了向品牌职业院校建设的华丽转身。几载风华，几鬓风霜，迎难而上，丰职步入了国家级优质校的第一梯队。

## 集团成立，完成改革新蜕变

本以为全区的所有中职学校已经全部整合完毕，一定不会再有硬任务了，但职业教育的体系与生态建设又成为我的新目标。2017 年 4 月 19 日，丰台区职业与成人教育集团正式成立，率先实现职成教育一体化发展，这是丰职发展具有里程碑意义的一件大事，也是最具挑战的一道大题。

集团成立后，在各级领导的支持下，我牵头对丰台职业教育中心学校和丰台职工大学（社区学院）实施实质性整合，重构管理运行机制，构建内部横向学院制管理、纵向"五部五中心"集团架构（五部：行政管理部、科研质量部、学生发展部、市场开发部、社会服务部，五中心：国际交流中心、信息技术中心、后勤保障中心、新闻管理中心、社团组织中心）；对外联动政校企行各方，成立"厚德精工"校企合作理事会、"六方联动"质量监控委员会，形成内外"双循环"运行模式。

我带领集团对接现代职业教育体系和学习型城市建设，实施职成教育资源共建共享，推动区域职普融通、校社融通、职前职后融通、学历与非学历教育融通，形成了职成教育一体化管理、融合式发展、协同式育人的"丰台模式"。坚持深化产城教融合，发挥职成一体聚合效应，服务高素质技术技能人才培养、企业转型升级、中小学课程供给、市民品质生活提升、京津冀协同发展、"一带一路"国家倡议等六大领域，打造了丰职学堂、丽泽大讲堂、丝路学堂等十大服务品牌。

### 特高引领，推动发展高质量

2018年，北京市着手遴选十所左右学校，拟重点建设成为世界一流的职业院校。我的不服输的性格又开始"作祟"，我所秉持的"自信自砺、大气担当"的丰职气质与气概，最终激励着团队深耕教育教学改革的底层逻辑与空间，激励着学校成果丰硕、脱颖而出，成为全市重点建设的12所特色高水平职业院校之一，开启了特色高水平发展的新征程。

"高水平、有特色、国际化"是特色高校建设的基本目标。我带领团队立足国家经济社会发展战略，立足丰台区产业结构优化，立足数字经济对技术技能人才的新需求，创新规划学校发展布局和路径。坚持立足丰台、服务首都、辐射京津冀、面向"一带一路"办学，打造了"文化＋、科技＋"两特色，打造了餐饮艺术与管理、影视融媒、数字商贸、学前教育等七个市级骨干专业（群），建立了13个高水平产教融合平台，学校在立德树人、课程和教学改革、师资建设、服务社会等方面成绩斐然。

我们实现了：一是办学发展有特色。学校以"素养护照"为载体，实施匠心、匠才、匠品教育，打造了"感动丰职人物""丰向标"志愿服务两个北京市"一校一品"德育工作先进品牌，《京绣产品设计与制作》课程被教育部评为课程思政示范课程。学校全部专业实现中高职衔接，七个专业实现七年中本贯通培养，五个专业实现校企深度融合"五年一贯制"高职试点。二是校企育人上台阶。引大师、引企业驻校，建立新华网融媒体工程师学院、曲思义电影调色大师工作室等 13 个产教融合平台，采取智慧教学工厂、现代学徒制等方式，增强人才培养适应性。三是教育质量上水平。学校获北京市教学成果特等奖 1 项、一等奖 11 项。教师参加技能大赛获全国职业院校教师能力大赛一等奖 12 个、北京市一等奖 24 个，获国家专利 5 项。学生参加技能大赛获国际奖 18 人次、国家级奖 102 人次、市级奖 193 人次。四是精准帮扶结硕果。承担教育帮扶任务 70 项，涉及河北、内蒙古等七省职业院校 17 所，完成学生技能提升培训 1647 人、教师培训 581 人、建档立卡人员就业创业培训 694 人，打造了丰阜（平）电商、丰涞（源）结对、丰沽分校等扶持模式，助力乡村振兴。

### 丝路学堂，实现特色国际化

我始终坚持：国际化发展是丰职高质量发展的重要板块。我们通过自身的成果获批了北京市中职唯一的"一带一路"国家人才培养基地校的资质，获得留学生培养资格。发挥作为联合国教科文组织北京俱乐部学校、中国国际文化交流项目学校优势，牵头成立"丝路工匠"职业院校国际合作联盟，拥有成员校 53 所；打造了"丝路学堂"课程品牌，被列入北京"两区"建设重点项目，在 2021 年、2022 年服贸会上发布 27 门"一带一路"课程、数字非遗六合同春产品等；打造了"丝路工匠"大赛品牌，举行了两次比赛，输出大赛标准；探索形成了中泰烹饪学院海外分校等四种职业院校国际合作模式，高水平服务"一带一路"国家倡议。

### 头雁计划，建构职教体系大模型

新质生产力、AIGC（人工智能生成内容）、GPT-4o（人工智能模型）等都对技术技能人才提出了新要求。丰职的全体教职员工立足人工智能新时代，更加高位思考如何高品质服务丰台区倍增发展、服务活力新区建设计划，如何形成企业集聚、产业集群、产教融合协同发展的新生态、新体系等。于是学校对接区域传统文化、数字金融、智能装备、人工智能、智能建造、轨道交通等重点领域，打造产教融合示范区，真正形成我区职业教育"高质量、有特色、国际化"发展的生动实践，形成体制机制创新、产教科城深度融汇、构建现代职教体系的先行示范，形成首都和全国职业教育发展头雁效应。由学校深入思考、审慎布局，草拟了《丰台区"头雁计划"实施方案》，区委区政府审核、确定并最终对外发布。

"头雁计划"是深入贯彻落实国家文件精神，全方位推进丰台区职业教育改革、创新引领发展的新一轮行动计划，是加快推动区域现代职业教育体系建设改革，不断激发丰台职业教育办学活力，倾力打造首都南城职教高地，为首都国际一流和谐宜居之都建设，为丰台区倍增发展、跨越式提升作出新贡献的强力举措。"头雁计划"全面落实七大维度20项重点任务，力争用五年时间，通过科学规划、布局调整、资源整合和统筹"三协同"、推进"三融合"，全面建成育训体系完善、类型特色鲜明、产教科城融合的"北京丰台职业学院"，形成服务强国战略、建设中国特色现代职教体系的丰台经验、北京样本，建构起全方位、高水平服务社会的职教大模型。丰台的职业教育正在中国式现代化建设的征程中踔厉奋发、扬帆远航。

初心十年，勇毅前行十年；发展十年，改革创新十年。我作为校长，已经在丰职耕耘了整整12载春秋，岁月满怀、发展不辍，见证了"丰宜福台""五气连枝"的日新月异，收获了"妙笔生花""风景这边独好"的风生水起。作为类型教育的改革者，我和我们、我们的丰职，未来将会更加勇立潮头、服务社会，在数字经济、技能强国中实现职教新奉献。

作者简介：

赵爱芹，第十、十一届丰台区政协委员，丰台区职业与成人教育集团党委书记，丰台区职业教育中心学校校长，丰台区社区学院院长，正高级教师

# 天赋丽泽　共赢未来

牛铁华

北京丽泽金融商务区是北京市和丰台区重点建设的功能区。商务区规划研究范围总用地 8.1 平方公里，是北京市邻近二环的最后一块成规模集中建设区。

2007 年 4 月，丰台区政府成立北京市丰台区丽泽商务区开发建设指挥部办公室，即后来丽泽商务区管委会的前身。我有幸成为开发办公室的第一批工作人员。按照区委、区政府的工作部署，我们立即开展了商务区功能定位研究工作。先后数次邀请行业知名专家学者进行专题研讨，通过以往针对丽泽商务区开发建设的各类文件成果进行分析对比，借鉴国内外先进商务区开发建设经验，与专业机构开展课题研究，形成了《丰台丽泽商务核心区功能定位与产业布局研究》课题成果，对争取丽泽的功能定位起到了重要推动作用。2008 年 4 月，《中共北京市委北京市人民政府关于促进首都金融业发展的意见》将丽泽确定为首都"一主一副三新四后台"金融业总体空间布局中的"三新"之一，具体定位为新兴金融功能区，首次明确了丽泽在首都金融产业发展中的重要战略地位。

自开发建设以来，在市委、市政府和区委、区政府的坚强领导下，我们始终坚持党建引领，在商务区功能定位、规划编制、开发建设、招商服务等各环节，以企业需求为导向，以高质量发展为目标，面对困难勇于创新、敢于担当，引领商务区实现了从无到有、从点到面、从小到大的历史性跨越。《北京城市总体规划（2016 年—2035 年）》明确指出：丽泽金融商务区是新兴金融产业集聚区、首都金融改革试验区。经过多年发展，商务区已经初具规模，成为首都西南部发展的新地标，正在向着建设具有全球影响力的金融产

春映丽泽

业发展新区积极迈进。

## 高起点规划，打造现代化、以人为本的商务区

习近平总书记指出，城市规划在城市发展中起着重要引领作用。

丽泽金融商务区经过两次大的规划调整，第一版从 2008 年启动方案国际征集，到 2012 年控制性详细规划编制完成获批，方案提出了"立体交通网、信息高速路、绿色商务区、金融不夜城"四大理念，为打造现代化的金融商务区打下了良好基础。

但随着外部政策的调整和商务区开发建设的进程加快，2012 版规划逐渐显现了一些不足，如教育、医疗等配套相对不足，建筑与公共空间融合不够等。同时，对照新一版北京城市总规要求，原规划定位对承接非首都核心功能疏解，对加强与金融街区域、大兴机场的联系，发挥带动南部发展，辐射京津冀的作用等方面考虑并不充分。为解决这些问题，需要对原有规划综合方案进行完善及进一步优化提升。

这时，市委、市政府对丽泽金融商务区的建设发展给予了强有力的指导与支持。2017 年 12 月 7 日，时任北京市委书记蔡奇在"推进全市金融工作改革发展"调研工作中强调：推进金融街与丽泽金融商务区一体化发展。2018 年 4 月 5 日，时任北京市市长陈吉宁指出，要推动丽泽规划方案优化升级，以建设高品质商务区为目标，对标国际一流，总结金融街、CBD 发展的经验及不足，进一步优化交通、绿化、功能配套和职住平衡等。在后续的规划提升方案编制过程中，蔡奇书记和陈吉宁市长都专题听取了汇报。

丽泽金融商务区建设标准高，五线换乘等市政基础设施设计复杂，同时要求同步解决城乡统筹等历史遗留问题，肩负着带动周边区域整体发展的重任。而且本次规划是北京将规划综合实施方案纳入规划编制范畴、指导建设实施后，全市首个大型功能区的创新实践，这些都极大程度提升了规划方案编制的难度。为做好丽泽规划方案的优化提升工作，市规自委、丰台区政府迅速组织包括中国、美国、英国、荷兰等国家的国内外顶级设计团队，组建工作营开展工作。管委的领导和同事们深感责任在肩，对规划方案优化提升工作也做了详细"规划"，倒排工期、加班加点、全力以赴，与市、区相关部门及各领域专家多次研讨，向责任规划师、市民公众征求意见，推动实施方案共编共享。又经过社会公示、专家评审、部门会商等多轮优化完善，经过城市设计综合，最终编制完成《丽泽金融商务区规划综合实施方案》，作为指导丽泽金融商务区建设实施的路线图。2019 年经市委常委会和首规委会审议通过，报中央备案。2022 年获市政府批复。

优化提升后的规划践行人本城区、紧凑城区、绿色城区、活力城区规划理念，在提升商务区国际化、现代化建设标准的同时，还加大了对文化、环境、设施配套的空间布局，着力构建"一心、三带、多点"的整体空间结构。依托中央公园、城市运动休闲公园、丰草河生态公园、金中都城遗址公园、莲花河滨水公园建设，在商务区西侧和东侧形成集中连片的大尺度城市绿地，是全国首个定制化园林式创新型合作发展的金融商务区。经北京市规划和自然资源委员会和北京城市规划学会组织评选，《丽泽金融商务区规划综合实施方案》获得 2021 年度北京市优秀城乡规划奖详细规划与城市设计类二等奖，2021 年度中国城市规划协会优秀城市规划设计奖二等奖。2023 年 7 月，丽泽金融商务区获评 2022 年全国绿色低碳典型案例（园区类），为北京市唯一获评的园区。

妙笔生花绘蓝图，高标准的规划理念和人性化的规划设计极大地提升了丽泽招商引资的吸引力。作为商务区分管产业发展的副主任，我曾经问一位先期入驻的外企高管，丽泽的发展优势中哪一个最吸引他？他说最吸引他的是丽泽规划的绿地，环境优美而且适于运动。作为"北京市绿色生态示范区"，丽泽金融商务区规划绿地面积达 2808 亩，如今已经累计开放 1009 亩，成为商务办公人群和周边居民户外散步休憩的好去处。2023 年初，丽泽北区国际金融城正式进入项目启动阶段，建成后将进一步吸引跨国金融机构、高端商务公司总部等国际化企业入驻，加快丽泽国际开放的脚步。

## 高标准建设，打造高质量、有吸引力的商务区

筑巢引凤栖，花开蝶自来。现代化、高品质的办公空间，既是入驻企业高效办公的需求，又是展示实力与形象的重要窗口。2011 年丽泽南区进入集中供地和楼宇建设阶段，到 2023 年 6 月 13 日，随着丽泽南区最后一块多功能用地成交出让，丽泽南区完成全部供地工作，累计 21 个项目，建筑规模约 284 万平方米。一座座高耸的办公大楼是现在的丽泽金融商务区给人们的第一印象，在这背后，是所有商务区项目的设计者专业精巧的构思和建设者精益求精的执着。

为了确保严格按照规划实施建设，商务区与北建院总建筑师、总规划师吴晨及其团队签订合同，确立了丽泽总建筑师工作机制，同时依靠丰台区政府选聘的责任规划师团队，充分发挥责任规划师及总建筑师双师制优势，对丽泽金融商务区整体规划及项目建设提出专业意见，全过程、动态、协调推进商务区建设实施。专家在对项目设计方案进行评审时，除了对建筑自身的品质把控外，也会结合周边项目情况综合考虑，形成整体和谐的建筑氛围，打造优美的城市天际线。

在项目的施工建设过程中，我们积极统筹协调，在前期手续办理、施工安全检查、绿色工地认定及项目验收等各个环节提供管理和服务。疫情期间，

丽泽平安幸福中心

商务区还专门为项目建设施工方单独组织核酸检测，有效地防止了交叉感染，保障施工工期。

正是这样从总体方案到细节的全面落实，打造出了今天丽泽一栋栋高品质的建筑，取意"信息之门"的新华社金融信息大厦、体现"三江源"理念的青海金融大厦、高低错落合围成独立庭院的平安幸福中心……各具特色的商务楼宇吸引着金融机构纷纷驻足。其中，具有世界最高200米中庭的丽泽SOHO，以其极具冲击力的双螺旋结构，迅速成了网红打卡地。华为中国区的总部选择入驻这里，也是与公司现代化高科技的定位相契合。在丽泽SOHO的顶层，有一个可以360度环视商务区的展厅，是丽泽的云客厅，在这里，我们每天接待前来调研和考察的领导和企业，向他们汇报商务区的建设进展，介绍我们的发展优势，吸引投资者的目光。2023年2月，丽泽商务区政协委员工作站和阅读书屋在这里挂牌，我们邀请区政协委员到商务区和重点企业实地走访调研，同时充分发挥"政协委员工作站"和"丽泽管委会"工作人员双重身份的"优势"，第一时间将委员建议和企业需求反馈给管委会内部各部门进行协调解决，有效地将"问题清单"转化为政协委员的"履职清单"，助力商务区高质量发展和高标准对企服务。

### 高品质配套，打造功能完备、宜业宜居的商务区

商务区的设施配套是否完备，直接决定了入驻企业的满意度。

为提升轨道交通可达性，商务区规划了北京市第一个五线换乘车站和一个城市航站楼，错综复杂的规划和地下市政管线，建设难度很大。为保障市政交通及城市功能更好实现，大家积极学习研究，结合当前国际成熟商务区的先进经验，探索践行 TOD 站城一体化设计理念，将建设以丽泽城市航站楼为重点，集交通换乘、商业文化等重要城市功能为一体的复合型"立体城市活力中心"。丽泽城市航站楼将于 2025 年投入使用，用时 20 分钟抵达大兴国际机场，为打造国际化的金融商务区助力启航。

不仅是轨道交通和道路建设，协调市政管线接驳、为企业定制班车、申请人才公寓配租……入驻企业还有什么需求，是管委会的同事们时时记在心里的事情。我们积极协调学校建设，北京第五实验学校、十二中国际学校成功实现招生，康华小学请来了全国优秀教师、原史家小学的王欢校长，高品质的教育资源为入驻企业员工的子女入学提供优质选择，解决了他们的后顾之忧。

作为一个定位于金融＋科技的商务区，我们的服务是有"智慧"的。作为商务区智慧城市建设的分管领导，我带领丽泽控股集团下属的金都科技公司与专家团队一起研究商务区智慧化城市建设的实施路径，制定《智慧丽泽建设总体规划 2.0》并逐步建设实施。目前，商务区已经建设了自己的数据平台和规划管理平台。商务区引入市场化机制，创新开展"物业城市"环境提升一体化服务，搭建集环卫、绿化、市容巡查三项功能于一体的全域智能感知管理平台，全区域 40 条道路 73 万平方米路面环卫作业机械化率达到100%，市容卫生类接诉即办率由平台搭建前的月度平均 13 件降低到 0.72 件。通过智慧化、数字化、精细化的管理模式优化硬环境、提升软实力，为入驻企业提供了更加舒适的办公和生活环境，受到新华社、中国国际电视台、北

京电视台、达沃斯论坛等多家媒体及平台的报道。

中华保险集团于 2019 年实体入驻丽泽，是园区内第一家持牌金融机构。集团办公室大厦管理处处长王震自 2016 年开始便参与到中华保险大厦的建设中，也见证了近年来丽泽金融商务区的完整变化。"我们公司在 2019 年末正式入驻丽泽金融商务区，当时整体园区都在建设中，还是一个大工地，经过近几年的不断完善，商务区环境越来越优美，交通越来越便利，整体品质得到很大提升，员工满意指数也在不断升高，这些都是丽泽金融商务区吸引力的'软设施'。"

企业的认可是对我们工作的最大肯定。从相对落后的城乡接合部到"数治"化管理的商务区，我们时刻牢记使命，不忘为人民服务的初心。2022 年 8 月，丽泽商务区管委会获得全国"人民满意的公务员集体"称号，这是党和国家给予我们的最高荣誉，也是市委、市政府和区委、区政府对商务区企业服务的要求标准，对丽泽未来发展的殷切期待。"三环里新城看丽泽"，截至 2024 年 9 月，丽泽金融商务区入驻企业达到 1203 家，其中金融企业 484 家，科技类企业 355 家。央行数字货币研究所、银河证券、中国农业再保险、全球跨境支付公司 TTMFS 中国总部易付达网络技术服务（中国）有限公司等重点金融和优质外资企业纷纷入驻，丽泽金融商务区已经从"蓄势夯基"向着"倍增发展"强势迈进，一个国际化的新兴金融商务区正在崛起！作为商务区的建设者，我们将继续踔厉奋发、勇毅前行，把今日的成绩转化为明日奋斗的动力，为推动北京城南发展、为推动丰台区经济增长而不断奋斗，再创辉煌！

**作者简介：**

牛铁华，第九、十、十一届丰台区政协委员，北京丽泽金融商务区管理委员会二级调研员、高级会计师

# 亲历法治丰台步履铿锵勇向前

廖春迎

党的二十大报告指出，全面依法治国是国家治理的一场深刻革命，关系党执政兴国，关系人民幸福安康，关系党和国家长治久安。坚持依法治国，建设法治中国，必须高度重视区域法治建设。持续不断地推进区域法治建设，夯实国家治理现代化以及国家法治发展的区域性基础，进而引领和推动区域社会的健康发展，实现区域社会治理现代化。我本人作为丰台区政协常委、致公党丰台区工委主委，并担任丰台区的中级人民法院副院长，亲身经历并亲眼见证了丰台区法治建设的发展。对丰台区这些年来法治建设取得的成就深感自豪，丰台区委把中央部署与区域实际有机结合起来，坚定不移推进法治丰台建设，创造了许多生动鲜活的区域法治建设经验，形成了区域法治建设的"丰台样本"。

## 加强统筹聚焦重点，丰台不断提升区域法治建设质效

独特区位优势推动全区高质量发展。2023 年 10 月，我应邀参加了国家法官学院、北京市法学会、丰台区委区政府主办的丽泽法务论坛，被打造立足首都、服务全国、面向世界的一流法律服务高地的理念深深打动。丰台有着深厚的历史文化，万年永定河、3000 年莲花池和 870 年金中都，还有独特的枢纽优势，是北京的"南大门"，与八个区接壤，毗邻京津、京保石两个支撑京津冀协同发展的轴线，是连接首都功能核心区和北京城市副中心以及雄安新区的腹地。丰台利用富集的法务资源，推进丰台法务区建设，商务区与法

务区同构，着力打造市场化、法治化、便利化、国际化的一流营商环境，大力促进法治、经济和社会深度融合发展。

法治政府建设发挥法治引领规范作用。去年，全国人大代表、北京市丰台区委书记王少峰曾两次莅临北京市第二中级人民法院，研究讨论如何在推进区域法治建设的进程中始终坚持"从群众中来，到群众中去"，如何不断实现人民群众对政府行政工作的新期盼。言谈间，我感受到了王书记在扎实推进法治政府建设过程中的深入思考。这彰显了丰台区委、区政府领导班子始终坚持问题导向，着力解决制约法治政府建设的突出问题的决心。为了破解发展中的现实瓶颈，解决好群众急难愁盼问题，丰台区创建了"智慧监管系统＋跨部门协同共治系统＋企业精准服务平台"完整的综合性跨部门监管治理与服务模式，自主开发建设了"丰台区互联网经济协同监管与服务平台"；推进智慧执法体系建设，以数据归集为基础、风险管理为抓手、部门协同为核心、服务企业为重点，全方位探索"数字化监管、跨部门治理"，以数字化手段促进企业良性成长。

### 紧扣高质量发展需求，把区域法治建设向纵深推进

以人民为中心推进法治政府建设。二中院下辖东城、西城、丰台、房山、大兴五个区的人民法院，我对丰台法院近几年最大的直观感受是，丰台法院牢牢坚持为人民司法，以"如我在诉"的意识维护司法公正、保障民生福祉。丰台区政府也在维护宪法和法律权威、坚持依法行政方面取得了显著成绩。"人民满意"是衡量法治政府建设的价值准绳。聚焦人民群众的新期待、新要求，丰台区政府坚持以人民为中心的执政理念，以制度力量保障"以民为重"，切实解决党和政府高度关注、人民群众反映强烈、制约法治政府建设深入推进的突出问题；落实依法全面履职的行政要求，推进政府治理体系和治理能力现代化，全面建设守法、有为、共享的法治政府，持续满足人民群众法治获得感、幸福感。丰台区政府从新发展阶段推进全面依法治国的客观实际和人民群众高品质生活的需要出发，坚持系统观念、法治思维、强基导向，有效发挥服务首都高质量发展的保障作用。

做好加减平衡法持续优化营商环境。我参加了第 48 期民主党派干部专

题培训班，执笔调研报告《以能动司法助力营商环境建设》，在调研基层政府推进优化法治营商环境的经验做法时，我发现丰台区政府的实践和有益尝试让人耳目一新，通过打造智慧执法"丰台模式"、打通行政执法"毛细血管"、讲好法治故事等多项举措，坚持依法行政，严格规范公正文明执法，推进法治政府建设，将法治元素融入社会治理的方方面面。丰台区政府职能转变注重"减法"，优化简化程序、转变管理方式、下放审批权限，提高执行效率，释放企业活力。优化服务注重"加法"，充分运用信息化手段解决企业和群众反映强烈的办事难、办事慢、办事繁的问题，将政务服务规范化、标准化，提高政府服务水平。放管结合注重"平衡法"，创新监管方式，真正简约政府管理事项，对确实需要保留的实行清单管理，向社会公开接受监督，涉及人民生命安全、社会关注度高的领域重点监管、严格监管。

加强老年人合法权益保护，开启方庄街道养老新模式。我去年承担了市政协"完善养老服务相关政策，推进养老事业健康发展"重点协商议题。我在基层调研中，发现方庄街道作为丰台区第一个完成城市化地区，启动了系统性改造，将"养老社区"这一概念引进来，建设芳华里家庭养老社区，重新启用闲置近30年的方庄电影院，供周边老人参加各类活动，为老年人生活增添歌声、欢笑声。面对超大型老旧社区更新统筹难、资金平衡难、产业资源导入难的诸多问题，丰台区创新利用"街企结对"模式，以街道为实施单元，巧妙破解养老难题，一个个提升养老生活幸福感的新环境、新场所相继诞生。

以低效楼宇更新为抓手，建设产业集群助力区域高质量发展。我所在单位位于丰台区，近几年周边地区日新月异的变化和发展，让我对丰台区的城市更新有了切身体会。距离二中院800米远的芳城园二区，有的楼宇将原有商业写字楼打造成为集美食、时尚、体验、休闲于一体的多元文化潮流集合地，提升商圈夜间经济；有的楼宇将闲置物业办公楼改造为新型人才公寓，吸引优质企业。丰台区制定《北京市丰台区城市更新行动计划（2021—2025年）》，出台《丰台区加大力度支持民间投资发展若干政策措施》，推进"一办、一院、一平台、多伙伴"工作机制，统筹营造生产、生活、生态相融合的城市空间，完善城市功能、提升城市活力，探索推进"城市更新＋产业焕新"的实施路径，用一针一线编织城市底蕴，用一砖一瓦彰显城市气象。

## 凝聚共识增添合力，助力丰台在全面建设中走向跨越式发展

同心圆助推发展新成效。这些年来，在丰台区"倍增追赶、合作发展"主基调的带动下，我所在党派结合自身实际和侨海工作特点，找准切口、发挥优势，将助力丰台发展作为着力重点，把中国新型政党制度优势转化为推动首都经济社会高质量发展的实际成效。积极投身统一战线服务丰台高质量发展，开展引资引智活动，协调高科技医药企业落户丰台，实现为丰台区纳税额超亿元。大力弘扬关注民生、服务社会的光荣传统，举办法律援助、技能培训、扶危济困等社会服务活动，参与社会服务 97 人次。为丰台区长辛店街道 175 位独居、空巢老人捐赠价值六万余元的消防应急包；共向受灾情况较为严重的革命老区房山金鸡台村捐款十余万元。

用民主之光守护祖国未来。这些年来，丰台区政协重视引导广大青少年了解并有序参与国家政治生活，以模拟政协提案活动为抓手，主动参与学校思政课建设，积极发挥桥梁纽带作用，注重把思想政治引领贯穿模拟政协提案活动全过程，全要素参与提案制作，全链条参与提案推动，全程序参与政府答复，让青少年在亲身实践中体会中国特色社会主义制度优势，努力培养担当民族复兴大任的时代新人。我作为丰台区政协常委，积极推进这一活动，定期组织丰台区十八中师生观摩提案答复会。政府机关现场就提案办理情况进行了答复，作为提案亲身参与者的"小政协委员"也发表了自己的感受。为鼓励学生参与青少年模拟政协提案征集、模拟政协会议等工作，我将学生提出的 9 项模拟提案，修改提炼为委员提案正式提交，这些提案的办复率 100%。

在这些年经历中，我深切地感到，在新时代首都发展赛道上，丰台区正不断增强区域经济发展动能、夯实经济发展软硬实力，以"丰台速度、丰台效率、丰台质量"服务首都功能建设，走出一条具有鲜明丰台特色的区域法治现代化之路，实现新时代丰台的高质量发展。

---

**作者简介：**

廖春迎，第十四届北京市政协委员，第十一届丰台区政协常委，致公党丰台区工委主委，北京市第二中级人民法院副院长、审判委员会委员

# 丰宜福台　老年人幸福的沃土

于安安

　　我是土生土长的北京人，我的家就在丰台区，出生在丰台、读书在丰台、生活工作更是没有离开丰台的河西地区，对这片土地，有着难以割舍的情感，从小我就有个愿望，期望长大以后能为生我养我的地方做点什么，让她随着岁月的变迁，越来越好。虽然日子过得安稳，但是我心底的这个愿望却越来越强烈。

　　2010 年起，工作之余我参加了志愿者活动，多次走访失独、孤寡老人。在走访中，我认识了一对老夫妇，老先生失能病重、老奶奶失智难以沟通。印象最深刻的是第一次上门被老奶奶连推带骂地轰了出来，但随着志愿者的锲而不舍，渐渐地老人家从排斥到接受再到盼着志愿者上门，并且在老先生离世后志愿者们成了这位奶奶的情感寄托。在这个过程中我渐渐体会到了用温柔的关怀、专业的护理和悉心的照料陪伴老人走好人生最后一程的意义——这既是对一个生命最神圣的敬畏，也是对一个生命在世间最重要且最后的尊重。同时，也让我感受到，对老年人的呵护原来可以从简单的陪伴开始，从此，我便萌生了投身养老服务的念头。打算通过自己的努力探索一条敬畏生命、尊重死亡、坦然从容的养老之路。

　　随着中国社会快速进入老龄化，丰台河西地区更是面临未富先老的困境。这里老年人口多，收入低，而专业的养老机构又少，截至 2023 年尤其是长辛店街道老龄化严重的社区，老年人占比已经超过 30%。于是我有了一个念头："能不能创办一个性价比高的专业机构，让老人能够老有所养，让生命可以有尊严地离开？"

　　当卫健部门鼓励民营资本创办护理院时，我内心的种子也适时开始萌芽。2013 年 2 月，我毅然从国企辞职，带领身边志同道合的小伙伴在长辛店光明里 74 号创办了北京市第一家护理院——北京康助护理院，决心为术后康复、晚期姑息治疗和临终人员提供专业医疗护理服务。

本以为当时社会上的护理院还很少，做临终关怀的机构更是少之又少，护理院一开业就会门庭若市。然而，现实却向我狠狠泼了一盆冷水，整个社会对临终关怀服务的接受度并不高，加上医保政策不能覆盖，大部分家庭谈死色变，很避讳。不仅如此，周边的居民还不理解，有人举报说家门口开了"阴阳路"……很长一段时间我一筹莫展。然而，一想到一个个老年人应该有质量地活着，一个个兜底保障的对象应该有温度地被关怀，一个个鲜活的生命应该有尊严地离开，我便没有放弃。

自我从业以来，送走最年轻的是一位 40 多岁的脑胶质瘤患者。他在生命的最后 100 天选择了在康助度过。在陪伴他直面死亡的过程中，我深刻地体会到，衡量一个生命的意义不在于长度，而在于他影响了多少人。在他生命的最后时刻，他把自己的器官捐献给了五个家庭，让他们重获新生，同时把遗体无偿捐献给了医学事业。在从业十年中，有太多感动人的故事感染并激励着我。他们是在生命最后时刻还关心我身体健康的人，是在医院弥留之际还不忘回养老院这个大"家"的老人，是他们坚定了我走下去的信心。

2014 年，在区委、区政府的关心下，在区民政局的大力支持下，医养结合的机构逐步建立，团队规模逐渐扩大，入住对象由最初的 3 个人增加到将近 200 人。同年，康助护养院成为北京市首批街道养老照料中心之一，服务也从机构延伸到社区居家养老。居家养老有资金补贴的政策，我们也主动联系社区，辖区老人有身体不舒服，我们就主动提供义诊上门服务；社区老人有助餐、助医、助洁等需求，我们就先后承接了丰台区十余家社区养老服务驿站的运营，为更多的社区老人提供老年餐、上门助医、保健按摩、家政保洁、安宁疗护等服务，辐射长辛店、云岗、宛平、王佐等街镇的 5 万余名老年人，最多年服务量 50 万人次。2019 年 9 月，北京专家评审组对北京康助护养院进行了四星级养老机构评审，护养院通过现场评审。

2016 年，我有幸成为一名政协委员。我深知，作为政协委员，应围绕中心、服务大局，紧密联系界别群众，既要立足岗位、立足行业坚定发展信心，同时又要充分发挥委员作用建言资政。所以，成为委员既是肯定，又是鞭策，还是责任。

作为委员，就要勇担重担。2020—2023 年，康助人更秉持初心不改、信心坚定，坚持"五个不变"，即坚持防控责任不变，工作态度不变，服务标准不变，爱心、细心、耐心不变，丰富的文娱活动不变。疫情封闭期间，我们开通了"线上探视"通道，方便老人和家属网上见面聊天，让老人安心住院，家属踏实放心。医护人员为老人健康安全保驾护航，晨起的血压、血糖监测，日常的用药、打针、输液，晚间的巡诊，重症老人的监护，每一项工作都做得一丝不苟。在区委、区政府的坚强领导、区民政局的大力支持、属地政府的大力帮助、全体康助员工与老年人及家属的一致努力下，历经千余个日夜，老人们没有一例阳性，同时，我们向市委、市政府呼吁并推动了疫情期间养老机构通勤管理相关政策的出台，康助人代表北京市养老机构连线市委、市政府汇报疫情防控经验。

作为委员，就要为行业发声，建真言、谋良策。2021 年经过区政协等部门近十年坚持不懈的努力，通过央视《新闻调查》的深度报道，"医养护结合"养老服务的模式得到了各级政府的高度关注与认可，医养护结合的探索之路初步见到成效，有尊严、有质量的专业照护模式引发了社会各界的广泛共鸣。2023 年终于打通了北京市护理院纳入医保定点的瓶颈，全市四家机构全部纳入医保定点单位。

作为委员，就要引领行业前行。近年来，丰台区各项工作进入了快车道，倍增追赶、合作发展贯彻到经济社会发展的各个领域，民生福祉不断增强。丰台区连续作为全国居家养老改革示范区，涌现出了喘息服务等多个先行先试的优秀案例，养老工作始终在全市名列前茅，各项工作都有康助人的身影。近年来，丰台区初步形成了居家社区相结合、医养康养相结合的养老服务模式，老年人可以享受不出社区的吃、养、护、医、学、乐、购、娱等多元化服务，刚需失能、失智老年人还可以享受家庭照护床位、基本养老服务对象上门探访等人性化服务，真正实现了老年人人人享有老有所养、困有所助、病有所医的有尊严、有质量、有温度的幸福晚年生活。

作者简介：

于安安，第十、十一届丰台区政协委员，北京康润嘉安养老服务有限公司董事长

# 一路"春晖"，温暖前行

毛颖梅

2023 年 11 月，在北京教育科学研究院丰台实验小学的录课教室里，来自方庄教育集群学校的 20 多位老师在北京联合大学特殊教育学院专家和丰台区教委基教科老师的指导下，围绕四年级《爬山虎的脚》研讨课展开热烈交流。作课教师对"虎"字的教学利用象形字追溯字源，有效帮助学生攻克生字书写难关，给大家留下深刻印象；细致的学情分析、多感官参与学习、激发积极情绪体验等教学设计有效引导大家进一步深入领会通用学习设计理念。当天作课的两位老师更是意犹未尽，摩拳擦掌再次备新课，完全看不到当初踌躇不前的影子。看到眼前这一幕，不由得让我感慨：不知不觉中，"春晖行动"项目已经开展十年了！其间虽然遇到不少困难，比如家长不理解、老师分身乏术、资源不足等，但大家始终同心同向携手前行，才有今天深入研讨的一幕。

十年来，"春晖行动"项目惠及丰台区上万名师生、家长，大部分小学都曾参与到项目中，坚持长期参与项目的学校不在少数。通过"春晖行动"项目广泛宣传了融合教育理念，有效提升了教师的融合教育素养，大大推进了丰台区特殊教育的普惠发展。

"春晖行动"项目的缘起要追溯到 2012 年。2012 年春天，我带领学院特殊教育专业本科生到附近几所普通小学见习实习，听到多位班主任提到有情绪不稳定、学习困难、社交退缩等表现的学生比过去明显增多。在实践中我也看到：有的学生学习跟不上，下课就躲到犄角旮旯里；有的学生入学一个多学期了，还是动不动就大哭大闹，到了操场不肯回教室；有的学生上课时自顾自站起来在教室里溜达……在与东铁匠营第一小学的徐绯校长进一步交流后，更坚定了我立足专业开展更广泛和深入调研的想法。在我草拟调研方案时，正巧致公党丰台区工委召开了部署年度参政议政等各项工作的会议。我向分管相关工作的曹莹副主委汇报了调研的想法，她认为这个选题反映了基础教育一线工作当前的一项难题，很有代表性。调研报告初稿撰写完成后，在致公党丰台区工委副主委曹莹、王诗雪，秘书长王峻等人帮助下进一步完善。2013 年初由我执笔的调研报告《关注有特殊教育需求学生，整合跨专业力量促进学生健康发展》在丰台区政协全体会议上作为党派提案提交，由丰台区教委承办。提案中反映的一线教师工作的痛点和难点很快引起了区教委领导、老师的重视和共鸣。提案办理沟通协商会前，曹莹副主委建议我立足专业撰写有针对性的解决方案，经过几天的努力，特殊教育需要学生支持方案（即"春晖行动"项目书草案）出炉。当年 4 月，丰台区教委刘建宾副主任带领基教科翟洪臣科长和黎雪老师来到丰台区党派楼沟通落实提案的思路，我起草撰写的项目方案得到了区教委的高度肯定。会后，基教科黎雪老师多次来到特教学院和我沟通协商答复意见和如何开展后续相关工作等事宜。经过充分沟通协商，2013 年 9 月，区教委对该提案作正式答复。

为这些特需学生和一线老师提供专业支持，就好比拨开重重冰冷迷雾，看到温暖明亮的阳光，因此经协商将后续的特殊教育支持系列工作命名为"春晖行动"。2013 年 10 月 25 日，"春晖行动"启动仪式在丰台区西罗园第六小学举办，刘建宾副主任参加并讲话，当年即有 13 所小学积极申报参加该项目。自此，作为丰台区特殊教育工作重要内容之一的"春晖行动"拉开了序幕。当年草拟的"春晖行动"项目方案设计体现了很强的前瞻性，项目主要包含两个部分的内容，即特殊教育需要学生的评估和教师专业素养培训。期望通过这两项工作达到以下两个目的：一是发现儿童的特殊教育需求，使儿童得到适当的教育，提高融合教育的质量；二是推动教师队伍专业化进程，使教师能有效地、愉快地工作，同时也有助于提升教师的社会经济地位。现在回想十年来取得的项目成果，很多工作亮点可圈可点值得骄傲。

"春晖行动"项目开拓创新了首都融合教育工作。项目受益对象包含了当时在普通学校中尚未受到太多关注的孤独症、注意缺陷多动障碍、情绪行为障碍、学习障碍等各类有特殊教育需要学生。2013 年"春晖行动"项目的启动标志着丰台区教委在北京市最早为在普通学校就读的特殊教育需要学生全面系统地提供专项支持。党的十八大以来，政府将特殊教育事业纳入经济社会发展规划，形成了"政府主导、部门协同、各方参与"的特殊教育工作

在春晖行动项目中，组织融合班级的沙盘游戏活动，营造接纳、支持的融合教育氛围

格局。本着全心全意为人民服务的宗旨，"站稳人民立场、把握人民愿望、尊重人民创造、集中人民智慧"，在区政府领导下，由区教委系统设计精准施策，形成了毛颖梅、张旭、刘全礼、王梅、刘颂等北京联合大学特殊教育学院教授专家团队为核心，各项目以学校班主任为骨干，特殊教育专业大学生为外围专业志愿者，教师和家长广泛参与的创新工作模式。

"春晖行动"项目是丰台教育工作者不忘初心、勇毅前行的工作缩影。从2013年开始，丰台区越来越多的中小学参与到"春晖行动"项目中，更有不少项目学校克服困难持续十年参与不改初心。例如东铁匠营第一小学秉承"面向全体，服务特殊"的原则持续多年开展团体沙盘游戏活动，蒲黄榆第一小学建设并充分利用资源教室，东铁匠营第二小学充分发挥资源教师和志愿者的支持作用，芳群园第一小学则以促进家校共育为抓手，四合庄小学以雏菊为象征及时总结"春晖行动"项目阶段性成果，丰台区第五小学心理教师与校外专业人员紧密合作，北京教育科学研究院丰台实验小学积极引领方庄教育集群融合教育教研及家长培训等工作，蒲黄榆第三小学、芳星园第二小学、成寿寺小学重视家庭教育指导和特殊学生个性化干预……这项"温暖"而极具专业含量的工作很快引起了北京市特殊教育中心（现为北京教育科学研究院特殊教育研究指导中心）的关注，时任该中心副主任的孙颖老师特地到参加"春晖行动"项目的学校调研交流，给予很高的评价，并将丰台的经验介绍到其他区。

　　"春晖行动"项目为新时代首都特殊教育发展积累了先行先试经验。经致公党丰台区工委提名，丰台区委统战部推荐，我光荣地成为北京市丰台区政治协商会议第十届、第十一届委员会委员，更是有幸在2018—2022年期间作为北京市政治协商会议第十三届委员会委员履职。基于"春晖行动"项目积累的经验，我通过社情民意信息、政协提案等形式，为"十四五"期间北京市特殊教育发展建言献策。在我不懈努力下，北京市教委发布的《北京市"十四五"特殊教育发展提升行动计划》中将注意缺陷多动障碍（ADHD）、情绪行为障碍学生作为融合教育工作对象。2023年我撰写的《关于完善丰台区特殊教育支持中心设置的建议》的提案得到区教委的重视和好评，被区政协评为优秀提案。

　　"春晖行动"项目实施十年，我有幸作为发起人、参与者、见证人一路同心同行，更是感悟到"春晖行动"项目是在习近平新时代中国特色社会主义思想指导下全过程人民民主的生动实践，是新时代丰台区探索区域特色的特殊教育发展路径的生动实践，是中国共产党领导的多党合作和政治协商制度充分发挥人才荟萃、智力密集、联系广泛等优势双向发力凝聚共识的生动实践。

　　结合新时期首都及丰台区特殊教育发展的需要，"春晖行动"项目从2023年开始更名为"融合教育"项目，名称更凸显残障儿童在普通学校深度融合的特点。虽然项目名称有改变，但项目所体现的人文关怀始终如一，专业上更为精进，由个别化教育计划拓展到面向认知差异的通用学习设计。特殊教育是"实施科教兴国战略，强化现代化建设人才支撑"的重要内容，高质量的融合教育要让每个孩子都出彩。在政府的重视和公众的支持下，我坚信春天的阳光定会一直照耀在每个孩子成长的路上。

**作者简介：**

毛颖梅，第十三届北京市政协委员，第十届丰台区政协委员，第十一届丰台区政协常委，致公党北京市委委员，致公党丰台区工委副主委，北京联合大学特殊教育学院研究生导师

# 助力基层卫生　筑牢健康之基

叶财德

2010 年，作为一位来自福建泉州的年轻人，我跨越 2000 多公里来到了丰台区的方庄社区卫生服务中心，便开启了我的职业生涯。

也许一开始抱的是"世界那么大，我想去看看"的心态来探索北京，但在方庄社区卫生服务中心的第一份工作不仅让我感受到首都基层卫生的强大活力和行业影响力，也让我逐步从一名专科院校毕业的研究生逐步转型当起了基层的全科医生。

方庄社区卫生服务中心于 1999 年成为全国首家挂牌社区卫生服务中心。转型之前，医院服务主要为基本医疗；转型之后，工作理念和服务模式也随之进行转型，坚持公益性，以社区、家庭和居民为服务对象，提供基本医疗服务的同时，也着力于提供公共卫生服务。

2010 年，也就是我入职这一年，在时任院长吴浩同志带领下，方庄社区卫生服务中心率先在全国开展家庭医生签约服务及分级诊疗，促使家庭医生为签约居民提供连续协调、综合性、个性化的健康管理服务。方庄社区卫生服务中心这一大胆的尝试，不仅让社区卫生服务中心的服务能力快速提升，服务质量显著提高，而且迅速总结提炼出了咱们丰台区的独特经验模式，我们也成为"方庄模式"的首批"合伙人"，该模式不仅得到了社区居民的信任和好评，也得到了国家认可。

## 向总理汇报基层卫生工作

吴浩同志是全国政协委员，也是咱们丰台区的政协委员，同时还是我全科这条路上的领路人。2014 年，他带领我们提炼出了"智慧家医"模式：以连续性健康照护为核心，强化医患固定，落实"守门人"职责；以健康维护为中心，深化医护协同、医医协同、医社协同、医教协同，统筹资源助力健康管理；以赋能家医为目标，推行智慧诊疗、智慧档案、智慧 App、智慧上门、智慧绩效，使健康服务提质增效。

"智慧家医"模式一经提出便得到了社会各界的充分认可。2018 年 4 月，北京市卫生健康委发文将该模式向全市社区卫生服务机构推广，北京市深改办、市委宣传部组织将推广智慧家庭医生协同模式作为庆祝改革开放 40 周年北京市改革成果重点宣传内容之一。目前这一模式已被北京、深圳、广州等地 500 余家社区卫生服务机构广泛借鉴。2019 年"推广智慧家医服务，提高基层医疗服务能力和水平"被写入北京市政府工作报告。

作为丰台区原创的基层卫生发展模式，此项工作离不开丰台卫生人员的努力，还得到国家领导人的指示及高度关注，李克强总理和刘延东副总理曾先后莅临中心视察工作。

记得 2013 年 6 月 14 日那天，我接到任务说总理过几天要到单位视察，让我以国医大师孙光荣先生跟师弟子的身份向总理汇报基层中医工作的情况，同时也向领导如实汇报下基层人员不足、收入不足等问题。当时的我工作经验和社会经验均不足，但也深深感受到即使在基层，只要咱们紧跟政府的政策，结合自身的工作领域深挖细做，不仅能够服务好一方的百姓，还能通过示范引领促进行业的发展和进步。

三天后，与刘延东副总理交谈的每一个细节我至今难忘。还记得总理听完我的汇报，亲切地问我老家是哪里？我跟刘总理汇报："我是福建泉州的。"大家笑着说"乡音未改"。刘总理接着问我在北京是否习惯？我紧接着回答："报告总理，北京的基层服务能力比我们老家的要强很多，但比起同样在厦门基层社区卫生服务中心的同学，我们的工资总额要比他们还少，生活压力还是不小的。"这个画面，也被当时的记者拍摄到并留下了宝贵的瞬间。十年后的今天再来看，丰台区对基层卫生服务建设的投入，对基层人才队伍的支持确实走在了前面。丰台率先做到了"两个允许"的政策突破，努力打造并实现了覆盖全区的基层卫生服务 15 分钟的健康圈。为北京市，甚至是全国都起到了示范引领的作用。

## 为全国防疫工作贡献丰台经验

丰台力量支援武汉抗疫。2020 年，对我来说非常特别。我作为丰台区基层卫生战线上的一名士兵，跟随吴浩主任作为中央指导组防控组社区专家组成员到了武汉。

至今，我都清晰地记得 2020 年 2 月 6 日那天下午 1 点 40 分，接到国家卫健委通知，两个小时后到北京西站集合出发去武汉。那天北京下着大雪，我匆忙回家拿了点衣服，单位同事帮忙准备了一些防护物资。临走时，单位护士长把我拉到一边告诉我：目前我们手上仅有 10 个 N95 口罩，你和吴主任每人 5 个，去了一定要注意手卫生，到了新环境先消毒，出去调研不要随便摸当地材料等。现场我能感受到，大家对我们此行充满了担忧。但在我的内心，对于疫情的风险防范还是比较有把握的，更让我不放心的是如何对家人交代。父母、妻子和孩子都在老家，我都没机会向他们告别、说明情况。

"疫情就是使命，行动就是责任。"抵达武汉后，吴浩主任作为专家组组长带领我们深入一线多方调研，提出了："社区是疫情联防联控的第一线，如果不能控制传染源，就算建再多医院，也只是杯水车薪"。

我们很快形成报告向中央指导组建议：要尽快以社区为单位，实现网格式管理，发挥党建引领作用，组织党员干部下沉社区，发动人民战"疫"，联防联控。这个建议迅速得到中央指导组的采纳，措施很快落实，我们也高兴地见到一个个传播途径被切断。在中央指导组防控组的指导下，在武汉当地民众和政府的支持下，在整个团队的共同努力下，我们社区这支队伍创造了中国特色的、可以借鉴的"武汉社区防控战役"经验。

丰台经验应用到全国抗疫工作。在后来的三年里，我又先后到了天津、广东、深圳、福建、宁夏、青海、吉林、上海、新疆等疫情火线，帮助当地控制新冠肺炎疫情。开创性地提出多个防控策略，我们最早提出不同区域采取不同的防控策略，最终提炼出"三区"管理方案；确诊病例的行程轨迹在媒体上公布，便于民众自我排查；我们坚持把党建引领写进社区防控处置工作要求中，构建了群防群控的防控氛围，对阻断疫情传播链条、助力经济发展发挥了非常重要的作用。

实际上，能够提出这些合理化建议完全得益于咱们丰台区在基层公共卫生治理中积累的宝贵经验。丰台区劳动密集型企业多、流动人群多、社区结构复杂，这给我们的疫情防控带来很大挑战。早在 2020 年 1 月中旬，丰台区就启动了应对疫情的行动，社区卫生服务中心的医护人员参与辖区包片联防联控工作组，下沉到社区，使每位返京人员都被纳入网格化管理体系。基层医务人员协助丰台区疾控中心，完成密切接触患者的流调和排查，利用"智慧家医"对辖区居民进行居家健康指导，制定生活垃圾消毒和处理流程等细节规范，充分发挥了社区公共卫生服务的"网底"作用。

关键时刻彰显丰台担当。在新冠肺炎疫情有序过渡到"乙类乙管"期间，我深知在迎峰转段时期，政策切入点和微操作是决定一系列防疫政策落实成败的关键。我作为丰台区 8 小时指挥部专家组组长，利用国内外数据，科学分析、提前研判，提出多个建设性意见。在丰台区委、区政府的坚强领导下，我们丰台区的相关政策每一步都迈得谨慎而坚实。

在丰台区迅速取得防疫成效同时，我及时撰写并上报工作的经验和建议，提出的《关于在全市推行"奥密克戎病毒毒株抗原＋核酸联合检测"防疫措施的建议》得到时任北京市委书记蔡奇同志的批示；《关于科学精准做好首都疫情防控工作的建议》得到尹力书记的批示。同时，我还参与编写了《北京市常态化防控手册》《居家隔离医学观察工作指引（第五版）》《居家健康监测工作指引（第二版）》《隔离观察人员中医药防控小贴士》，是《新型冠状病毒阳性感染者居家康复专家指引》《新型冠状病毒阳性感染者社区健康管理专家指引（第一版）》《北京市社区卫生服务机构发热诊区工作指引（试行）》《新型冠状病毒感染者恢复期健康管理指引》等多个首都疫情防控相关工作方案和指引的主要起草者，帮助首都建立完善基层防控、救治、服务保障体系。

## "双专员双进入"促进健康丰台建设

如何把疫情防控与基层治理相结合一直是我最关注的问题。在持续三年的新冠肺炎疫情防控工作中,丰台区基层各级组织摸索与积累了一套富有成效的基层公共卫生治理的经验,优化了基层公共卫生体系的组织管理和运行,提高了基层公共卫生系统治理的系统化、社会化和专业化水平。

2020年,在处置新发地疫情期间,我作为北京市社区防控组丰台区组长,在吴浩院长的指导下,针对基层公共卫生治理、联防联控等问题,认真调研,首先提出了"双专员双进入"工作机制,促进了基层医街协同工作机制的落地,扎牢了全区联防联控的机制,为之后的新冠疫情防控打下了坚实的基础。2022年,丰台区率先推出区、街镇(园区)、居(村)三级公共卫生委员会建设方案,构建了三级公共卫生服务体系的雏形。该机制对丰台区创建国家卫生城、三级公共卫生委员会、健康丰台的建设都有着深远的影响。

丰台区基层卫生服务队伍深学笃用,踔厉奋进,用实干实绩展示了基层公共卫生服务成果。目前,我区已建成并运营21个社区卫生服务中心,148个社区卫生服务站、村卫生所,覆盖了全区多数街镇(园区)、居(村)。区内大部分街镇(园区)、居(村)与社区卫生服务机构之间,以妇女、儿童、老年人、慢性病人、残疾人、贫困居民等为服务重点,建立了多种形式的协同工作机制。同时,活跃在区内的医疗、医药、养老、护理、康复、家政等各类社会力量也在以不同的方式与形式参与基层公共卫生体系建设。

丰台区社区卫生服务机构持续推广"智慧家医"优化协同服务模式,2024年1—10月,社区卫生服务机构当年为居民提供了769.2412万人次,同比增长14.87%,诊疗签约服务82.09万人。截至2024年8月31日常住居民健康档案建档率达到67.82%,截至2024年6月30日高血压患者规范管理率达到80.19%,截至2024年8月31日老年人城乡社区规范健康管理服务率为42.59%。

在取得一定的基层公共卫生成绩的同时,我们也清醒地认识到:在基层公共卫生、重大应急事件中,不是只有预防医学就能解决公共卫生的事,也不是只有临床医生就能解决公共卫生的事,一定要融合。公共卫生绝不是卫健系统这一个部门的事，要社会参与协同，要注重政府社会多部门多系统多层次协同作战，尤其是要发动基层力量。

我们一定要在党的领导下，利用制度优势、组织优势，集中力量办大事，只有坚持基层联防联控、协同治理的工作机制，让更多人员参与社区卫生的工作，才能汇聚参与基层公共卫生工作的磅礴力量，最终实现全民健康。

---

**作者简介：**

叶财德，第十届丰台区政协委员，农工党丰台区工委副主委，丰台康复医院副院长，主任医师

# 蝶变的丽泽商务区

## ——记我眼中丽泽商务区的十年变迁

### 许 蓓

最近，我与一位多年未见的朋友聊天，她说的两句话让我印象深刻。一句是富有哲理的话："我们每天都感觉没有变，实际上我们每天都在变。"她感慨的是我们都已不再年轻。确实，时光总是在不经意间溜走。看看身边，那个牙牙学语的小丫头，已经成长为翩翩美少女，十年光阴见证了我们的成长与蜕变。另一句调侃的话是："十年前，爱搭不理；十年后，高攀不起。"她在感慨我所在的丽泽商务区的房价。转眼间，丽泽商务区已经走过了十年的历程，我亲眼看到了这片土地从无到有、从冷清到繁华的蜕变过程。

2005 年我定居在丽泽桥附近，一晃已经十年有余。十年前的丽泽商务区，宛如一张静待挥洒色彩的白纸，空旷却充满无限可能。随着时间的推移，规划建设的逐步推进，在短短十年间，丽泽区域焕然一新，蜕变为一个充满活力的现代化商务中心，高楼林立，基础设施完善。还记得当初政府宣布要将这片土地打造成集商务、金融、科技、文化于一体的现代化商务区时，我的朋友和邻居们对此充满了疑虑。大家不禁怀疑：这真的能实现吗？因为他们已经习惯了这里的沉寂，认为位于三环内的这片区域，错过了发展的机遇。然而，事实证明，丽泽的未来远比人们的想象更为辉煌。为了实现这一宏伟目标，政府投入了巨大的资金与人力，对丽泽商务区进行了全方位的改造。扩建道路，便捷交通，完善周边基础设施，吸引优质企业入驻，为商务区的发展注入了强大动力。原本破旧的厂房不复存在，取而代之的是一座座外观时尚、设施齐全的现代化写字楼。与此同时，丽泽商务区周边还兴建了一批高品质的住宅小区，持续提升配套品质，保障人才住房。丽泽不仅仅是一个商务中心，它已经成为一座宜居、宜业的现代化城区，展现出无限的活力和前景。

如今，丽泽金融商务区加速崛起，进入高质量发展的"收获期"。金融业作为丽泽的核心支柱，吸引了大批国内外知名金融机构入驻，不仅带动了资本流动和投资机会的增长，也进一步巩固了北京作为全球金融中心的地位。截至2024年9月，已入驻企业超过1200家，集聚了银河证券、长城资产、中信资管、中广电、Thunes等国内外优质企业，以金融业为主、科技和高端商务为支撑的产业生态逐渐形成，区域内经济活力稳步提升，呈现出强劲的集聚效应。众多金融、科技企业的入驻，尤其是在金融科技领域的深耕，不仅提升了区域的创新能力，也推动了金融服务的智能化、数字化转型。以国际知名金融科技公司Thunes为例，其全球支付技术和跨境交易网络，进一步增强了丽泽在全球金融市场中的竞争力；以银河证券、长城资产和中信资管为代表的龙头企业，将积极推动金融创新和服务模式的转型，助力区域经济结构的优化升级。此外，随着中广电等大型企业的加入，丽泽的商务环境更加多元化，吸引大量高端人才和优质项目落户，区域的商业氛围愈发浓厚。

最让我们这些居住在丽泽附近的人感到幸福的是，丽泽金融商务区的基础设施建设也在不断完善。现如今，丽泽坐拥"城市航站楼"、紧邻"三大"高铁站、地铁"五线"可换乘，天然独特的区位资源、四通八达的交通路网，吸引了更多企业和人才选择在此扎根。与此同时，丽泽的教育、生活、商业等配套设施也在全面升级，北京丽泽国际学校已于2022年9月正式开学招生，为区内及周边的家庭提供了优质的教育资源；喜来登、嘉年华两家高端酒店已投入使用，为企业会议及商务洽谈提供了高标准的接待服务；北京丽泽天街和平安幸福汇等商业综合体也已正式开业，为居民和上班族提供了丰富的购物、娱乐、餐饮选择，进一步提升了生活便利性。在生态环境方面，随着中央公园、丰草河健康生活带、金中都城遗迹文化带等一系列项目的建成，丽泽的绿色生态空间得到了极大扩展。未来还计划建设串联区域内水系、公园群和绿化带的生态慢行步道，使这里不仅是商务办公区，也是放松休闲的理想场所。无论是午间在公园内散步，还是下班后与家人在自然中享受片刻宁静，丽泽为居民提供了高品质的生活环境。

时光荏苒，十年过去，丽泽金融商务区不仅成为了北京的经济新引擎，也在逐渐变成一个集工作、生活、教育、休闲于一体的全功能城市区域。高品质的教育资源、完善的生活配套设施、便利的交通网络和宜人的生态环境，让这片区域充满了吸引力与活力，真正实现了从一片白纸到繁华都市的蜕变。商务区的变化不仅体现在硬件设施的改善，更是经济繁荣的有力见证。在我眼中，丽泽商务区十年的变迁宛如一部波澜壮阔的故事，一个繁华商业中心的崛起，见证了众多企业的兴衰起伏，也记录了政府的积极推动和居民的期盼与奉献。

商务区的变化不仅是城市发展的缩影，更是时代飞跃的体现。未来的丽泽商务区将如何发展，谁又能预测呢？也许会进一步引进国际化企业，扩展商务区的规模；也许会继续提升区域品质，打造一个更高端、更宜居的生活环境。无论未来如何，我坚信丽泽商务区将继续闪耀着无穷的光芒，为城市的发展贡献更大的力量，成为一个繁华而充满活力的商务中心。

**作者简介：**

许蓓，第十一届丰台区政协委员，北京市丰台区第二幼儿园保教主任

# 我的丰台十年

马　强

## 丰收的沃土　成功的舞台

2013 年 6 月，"黑钻石"在丰台落户安家。

夏日夜里很热，北京的七位小伙伴在将公司的文化装饰上墙后，聚在设计师楼下的啤酒广场上，畅想起公司未来的发展。那时，来自全国各地的大家并不知道丰台对于自己的意义，但与这个地名从此结下了不解之缘，命运的齿轮开始转动。

"黑钻石"是以路演系统服务城市和企业的咨询机构，选择来北京，希望立足北京、辐射全国市场，我们选择了以路演的形式开发市场，每周开展一次路演分享沙龙。黑钻石也慢慢在丰台总部基地落地安家。

2014 年，在一场沙龙中，正在台上分享路演方法的我突然发现，时任丰台区副区长、中关村丰台园管委会主任的张婕女士就在台下，因为分享过于投入，刚开始我丝毫没有注意到。分享结束，她对我说："你的路演方法对企业发展的帮助很大，你要把'黑钻石'的成长与丰台园的成长结合起来。"这句话给予刚落地在丰台的我们很大的鼓励。我们制订了一系列方案，不久后得到区里回应，一个长达十年的服务丰台、服务丰台园的路演行动正式开启。

我们首先为当时正在招商的丰台园制定了一系列的影像路演招商工具的打造，包括三部影片《成长》《变革》《荣耀》和一系列 PPT，这三部影片也代表了我们对丰台的期待。

为了这三部影片的创作，我们几乎走遍了丰台园的每个角落，走访了多家企业。直到现在，有些丰台企业在宣传的时候，仍然选用了这三部影片的很多镜头。可以说，一次采集，为未来丰台城市区域宣传打下了很好的素材基础。如今的园博园、总部基地以及丰台企业的镜头都源于当时影片的创作。我们采访了交控科技的创始人郜春海，他在影片中说道："丰台园是一个很好的企业发展聚集区，交控科技创建之初就搬到了这儿。"采访四年后，交控科技就上市了。如今，交控科技已经成为丰台园在轨道交通领域的具有代表性的龙头企业。我们还采访了位于园博园的依文集团创始人夏华女士，她激动地说："我们在丰台20年了，这儿是丰收的沃土和成功的舞台。"

这些对丰台的炙热表白，使我深受感染。我们一边创作，一边给自己打气：黑钻石未来也要成为知名、有特点、有影响力的企业。

在影片《荣耀》中，我们还采访了一位德裔、将企业落户在丰台的创业家。我问他为什么要选择丰台，他的回答令我很诧异："丰台风水好。""风水好"三个字从一位老外口中说出，实为难得。实际上，丰台风水的确好，作为首都南大门，丰台不仅有古老的文化背景，而且山水林湖俱全。我们站在这儿回顾十年前的丰台，很难想象会发生这么大的变化。如今，丰台区被生态环境部授予全国第六批"绿水青山就是金山银山"实践创新基地，成为全市首个成功创建"两山"实践基地的非生态涵养区。丰台的生态已经成为一张亮丽的名片，永定河文化带建设、"金角银边"工程都让丰台朝着成为国际一流的宜居之城迈进。

2014年，酷热的夏天过去之后，我们的三部影片也完成了。在这里要特别感谢时任丰台区副区长、中关村丰台园管委会主任的张婕女士的点拨和支持。她说："影片做完是拿来用的，应该让人知道，不能做完就做完了，要更好地宣传。"

于是，我们紧急策划了丰台园影片的首映礼。终于，两个月后，首映仪式在赛欧科技园区成功举办，园区干部、丰台各委办局干部出席了活动。我们通过影片把丰台园当下的故事和未来的故事讲述了出来，获得了巨大成功。

直到现在，参加丰台园影片首映礼的很多人岗位发生了变化，但因为工作交集聚集在一起时，还会提及当时的三部影片。可以说中关村丰台园给了我们最初成长的力量、发展的支持以及能力的自信。

丰台区新联会赋能中心为服务团成员颁发聘书

2015 年初，随着这三部影片的成功和口碑的传播，黑钻石在路演领域的影响力也越来越大，许多园区的企业纷至沓来，与黑钻石合作。黑钻石服务了斯玛特教育机构、中国航天科技集团、北斗航天等一大批明星企业，如今这些企业不仅在丰台深深扎根，其市场和品牌更是覆盖全国，黑钻石非常荣幸与这些企业共同成长。

随着黑钻石大量的路演实践，黑钻石的方法论也日趋成熟，我们出版了路演领域专著——《路演兵法》。

2014 年末 2015 年初，国家提出"大众创业、万众创新"国策，中关村丰台园鼓励具有企业服务能力的机构积极投身于双创浪潮中。黑钻石开始将路演方法形成系统，更深度服务企业的投融资路演及市场开发路演。截至目前，黑钻石已经服务、培训企业近 7000 家，服务城市数十个，丰台更是成为黑钻石在全国建立路演体系中的"总部基地"。

中关村丰台园是黑钻石在丰台的落脚点，也是黑钻石走向路演事业成功的出发点。丰台园给黑钻石留下了丰台务实、创新、开放、包容的城市形象，让黑钻石可以看见这片丰收沃土的强大活力和成功舞台所释放出的强大魅力。

如今，中关村丰台园已经成为全球领先的航空航天科技的重要策源地和轨道交通领域的重要研发基地，其打造的总部产业聚集区是国家重要的科研基地，也是丰台"科技＋金融"的两大支撑型功能区之一，更是京津冀协同发展中京雄科创走廊的重要支撑点。

感谢这片沃土，感谢这个舞台。

## 妙笔生花看丰台

2017年，随着北京市对丰台区五个功能定位的明确（丰台区应建设成为首都商务新区、科技创新和金融服务的融合发展区、历史文化和绿色生态引领的新型城镇化发展区、首都高品质生活服务供给的重要保障区、高水平对外综合交通枢纽），以及时任北京市委书记的蔡奇书记对丰台"妙笔生花看丰台"的愿景提出，丰台迎来了新一轮的发展，丰台的定位也日渐清晰。

已经在丰台扎根五年的黑钻石此时已经参与了丰台的众多项目服务，对丰台有了更深的了解，也参与了丰台众多的品牌活动：如中国戏曲文化周、丰台科普大篷车、丰台惠民文化消费季、科技活动周、京企丰台行，随着参与的加深，我们对这片土地有了更多的情感，"如何更好地推动丰台发展"也成为时刻萦绕在我脑海中的问号。此时对丰台的新鲜感已经褪去，一种亲情般的情感成为自己和丰台之间的纽带。"丰台发展得好，黑钻石才会更好，丰台好，自己脸上才更有光彩"已经成为我下意识的反应。

同时，我也敏感地留意到：丰台城市发展的关键在于产业聚集，产业聚集的关键在于招商，招商的关键在于城市品牌和营商环境的打造，而自己做的恰好就是这方面的工作，所以，把思考转化为具体的行动就成了在那一刻非常重要的一个动作。

怎么做呢？还是从自己擅长的呈现力开始。我发现在城市的推广宣传中，往往存在着一种公式式公文、传播式传播的割裂状态。政府的公文，老百姓不爱看，甚至看不懂；老百姓津津乐道的内容却是政府语境中罕有的，该如何将城市良好的态势、有价值的定位及有感染力的信息转化为大众所喜闻乐见的内容？

在 2018 年，我用了一个月的时间画了一张丰台的城市路演标签图，将五大功能定位所包含的城市载体、载体中的亮点特色、亮点特色的代表性事物进行汇总。这张图画完后，我首先在全国各地的城市路演分享现场进行了展示，引起了强烈的反响。大家纷纷表示：这样的一张图让人一下子就把城市轮廓记住了，能留下深刻印象。让我没想到的是，五年后，这张图以另外一种形式出现，引爆了全北京。这个我们稍后再讲。

2018 年，随着丰台日趋活跃的城市招商工作的开展，丰台最新的城市宣传影片的创作也提上日程，一部以"妙笔生花看丰台"为主题的宣传片创作就此拉开了序幕。

在影片中，大家可以看到万年永定河，拥有 800 多年历史的金中都，被誉为"北方的红星"的长辛店，拉开中华民族全面抗日序幕的卢沟桥、宛平城，可以听到飘荡在公园、社区的戏曲。

丰台的"2+4"产业日趋成熟，就在影片完稿并在丰台各大活动、媒体传播之际，我们也迎来了中华人民共和国成立 70 周年。

2019 年可以说是自己人生中的高光之年，这一年，丰台区新联会成立并从新联会中筛选出部分代表人士参加了庆祝新中国成立 70 周年天安门典礼，我就是其中的一名。在十一当天，我与其他 2971 人共同组成的"中华儿女"方阵走过长安街，接受检阅。

那一瞬间，我的脑海中回想起无数个奋斗的场景，从 2013 年踏入北京丰台这片土地，这片土地也给了自己事业的成长空间及思想上的滋养，让自己一步步从小我的事业的成功的追求到大我的社会贡献的追求。

在天安门跳起的那一瞬间，我分明觉得自己和共和国同呼吸、同频共振。

当天晚上，天安门前的群众演出中，丰台区组织排演的"鱼水深情"联欢，完美呈现，赢得了央视 11 个画面聚焦。丰台正在从原来不为人知的"郊区"成为城市中心区闪亮的一员。

从城市的标签到天安门的闪耀，2019 年，我与丰台都完成了一次妙笔生花。

## 花开盛世　丰宜福台

2023 年正月初六，大部分人还沉浸在浓厚的过年氛围中，丰台区委大楼里正举办签署责任状的仪式，在区委书记王少峰的带动下，区委领导都领了自己在倍增追赶之年的责任书。远在广州的我看到了这一幕，心有所感："三年的疫情过去了，再也没有什么能够阻挡我们前进的步伐了，每个人都要苏醒过来，唯有扎实做事才是面对困难的最好的方式，在这个节点，我能做点什么呢？"打开电脑，那张城市路演标签图赫然出现在眼前，是否可以用传播力更好的方式把丰台的价值传播出去呢？只思考了一秒，我就决定下笔，连夜赶制出一部长达八分钟的短视频——《丰台的六个城市标签》。第二天，这部短视频就在全网爆火，如今全网浏览量已达 200 万，作为一个城市类推广短片，这个数字实属不低。这部短片还在丰台全区干部培训会上获得了提名表扬。

2023 年是丰台区倍增追赶、合作发展之年，在这个城市发展战略中提出了：到 2030 年，生产、生活、生态服务品质和量级迈入世界一流行列，中关村丰台园、丽泽金融商务区等园区成为站在全球创新科技前沿、集聚世界高端产业集群、汇聚国际一流资源要素的产业功能区，形成多个千亿级产业集群，成为彰显首都流量经济、平台经济、服务经济活力的高品质国际化典范城区。这份规划全面激发了各阶层人士的奋斗热情。

随着第一部短视频的火爆，丰台区委统战部、宣传部都给予了极大肯定，并鼓励多多创作，为倍增追赶营造良好氛围，黑钻石团队也开启全部马力，为倍增追赶摇旗呐喊。截至 2024 年 1 月，黑钻石共创作涉丰短视频 28 部，这些影片成为倍增追赶合作发展中一道亮丽的风景线，而我也从一个幕后创作者一跃成为人们口中的大网红，这个身份的转变着实让自己不适应。

2023 年 9 月 6 日，随着阵阵彩带声响，我剪彩了黑钻石全新办公室，黑钻石近 70 名员工共同庆祝黑钻石成立十周年，这也是黑钻石在丰台的十年。那天，办公室里摆满了鲜花，午后的阳光洒落在办公桌上，每个人都在各自的岗位忙碌。夏末秋初的时节，丰台的天气正好，一切都是那么舒适、和美，望着眼前这一切，我也回想起了这十年的诸多瞬间。如果用一句话来形容这十年，应该是什么呢？忽然瞥见了办公桌上的倍增追赶相关文件，映入眼帘八个字："花开盛世　丰宜福台"，是的，如果把黑钻石比成一朵花，这十年就是最美的花期。十年间，黑钻石在丰台这片沃土尽情绽放，我们每个人都是画匠，不断执笔，绘画出最美的画卷，在这里，我要感谢这片福地。

从 2013 年踏上这片丰收的沃土开始，到 2023 年，刚好是十年了。我们见证了丰台从规划到建设的十年，从慢跑到快追的十年。这座城市在不断发展，黑钻石也在不断成长和变化，变化是时代发展永恒的主题，不变的是我们和这座城市依旧存在着无法割舍的联系。

**作者简介：**

马强，第十一届丰台区政协委员，丰台区新联会会长，黑钻石（北京）文化传媒股份有限公司董事长

# 十年从"智慧社区"到"倍增追赶"

贺立新

中共十八大以来，在习近平新时代中国特色社会主义思想指引下，我工作的右安门医院也走过了快速发展的十个年头。医院工作中，我们坚定走好新时代党的群众路线，把服务基层、服务社区居民作为提升、淬炼初心使命的着力点，努力解决群众就医中的急难愁盼问题。同时，也在近十年的街道、社区工作中亲身感受到了基层治理日新月异的变化。我们创城、创卫，打造卫生城区、健康城区、文明城区，我们身边的凉水河从臭水沟变成了景观河；杂乱的边角地被绿化点缀成了园林小品；很多社区的三防工作，有了人工智能产品的加持。卓有成效的实干，给普通百姓带来了获得感、幸福感、安全感的多重提升。

因为亲自抓服务社区工作，我结识了很多街道、社区的基层工作者，在右安门医院覆盖的丰台区"马、西、右"地区，我们服务"背街小巷环境整治""治理拆墙打洞"，为居家养老人群的入户医疗，为辖区的学校、养老机构、企事业单位提供过多种医疗保障服务，也和很多社区一线工作者结下了深厚的友谊。

其中马家堡街道嘉园三里社区的"智慧社区"项目令我记忆犹新。在我的印象中"智慧社区"建设口号应该是1992年国际通讯中心第一次正式提出的，2012年我国开启智慧城市建设试点工作。2015年，也就是我国《政府工作报告》提出制定"互联网+"行动计划那一年，时任丰台区马家堡街道嘉园三里社区党委书记的李军找到了我，为把坚持和加强党的全面领导贯穿于智慧社区建设的全过程和各方面，他们建立了丰台区第一个社区级的智慧社区平台——"阳光嘉三"微信公众号，希望能与医院建立合作机制，以确保智慧社区在服务功能和建设层面的正确方向。

当时的"阳光嘉三"是服务号，应该算是"智慧社区"的启蒙时代。社区党委计划每个月发送信息四次，每次八条。在建设伊始，平台以宣传为主要目标，大力宣传党的政策方针，同时宣传社区居委会的工作职能，争取更多居民的理解与认同。因此，"阳光嘉三"推出了线上党课、听书苑、书记日记、社区通知、社区活动等专栏，同时设置了 100 个与居委会办理的政务事项有关，且全部是政策内容及办事流程的自动回复关联词。

为了进一步倾听社区居民的声音和诉求，2016 年，"智慧社区"升级了互动功能，同时增设了"故事会"及线上活动专栏。

"故事会"以中国传统文化故事为内容，通过文字缩减、配图，形成图文并茂的中国传统故事集。其中，音频是由社区居民、社区青少年、社区青少年＋家长等不同组合录制，开启了"阳光嘉三"智慧社区平台互动的新时代。

线上活动是"阳光嘉三"智慧社区平台与居民互动的延伸。每年开展线上活动 20 余次。其中固定的线上活动有青少年假期社会实践活动，为了方便假期回老家或外出的学生参加社区组织的社会实践活动，社区将活动类型丰富到了线上，让所有的学生都有时间、有机会参与社会实践。很多社区的孩子来到医院参观、当一天志愿导医，为行动不便的患者推轮椅，有的现在已经考上了首医大，立志当一名"白衣卫士"。

"阳光嘉三"智慧社区平台还将"书记日记"专栏更换为"期待书记办的事"。起初，他们希望居民通过"书记日记"了解社区的基本职责及工作内容。后来发现，变成了居民期待解决和需要帮助的专栏，医院的住院专车、紧急救援、大型检查检验的预约，甚至陪诊工作就在这个时期陆续开展了起来。这个专栏全年受理居民提交的问题 17 个，全部妥善解决，恰巧与 12345 热线正式上升为国家标准同步，社区干部都为自己走在了政策前面开心不已。很多社区书记加入了智慧平台的改进工作，我们开始商量"智慧社区"的智慧未来。

2017 年，"阳光嘉三"智慧社区平台增加了治理功能，并将"期待书记办的事"专栏改为"我的社区我作主"专栏。旨在将社区的问题放在这个专栏里，由居民讨论解决途径，统一认识后，由社区党委牵头执行。

2018 年，"阳光嘉三"智慧社区平台又增加了新的治理功能，即志愿者智能管理功能，应该是一个比较超前的思维和质的飞跃。那时，通过智慧社区平台发布志愿者值班表，记录志愿者服务时长，将志愿者服务时长转化为积分，志愿者可以通过线上商城进行积分兑换。这个功能不仅实现了志愿者信息化管理，同时充分体现了公开、公正、公平的原则，为后来的"志愿者管理系统"得到广泛推广运用，奠定了坚实的基础。也是在这一年，我工作的右安门医院门诊综合楼启用了一个阶段，业务量逐渐增多，门诊导诊服务能力和医患关系处理能力出现短板。第二轮医药分开改革正在进行，提升服务能力水平必须有突破性的实际举措。我们请来了社区书记座谈，希望引入社区中有闲暇时间，愿意为他人服务的中老年退休居民，组建医院的志愿导医队，并通过医院和智慧社区平台共同给予回馈机制。没想到，此举不仅提升了医院的服务水平和档次，还让老有所为体现了价值，让"人人为我，我为人人"的志愿服务精神有了真正的体现。到今天，右安门、马家堡地区的多家医疗机构都有了志愿导医队，我们的志愿导医队也要六岁了。

2019 年，"阳光嘉三"再次增加治理功能，在接诉即办工作开始之初，"阳光嘉三"智慧社区平台就增加了"@书记"功能，居民在平台直接点击"@书记"，就可以与社区书记一对一微信对话，直接向书记反映诉求。这时的右安门医院借鉴了社区智慧，开始了我们的未诉先办，建立多套多线值班，开通总值班和院长专线，第一时间主动接诉，第一时间为患者解决实际问题。

2020 年初，新冠疫情暴发，医院人员管理和社区人员管理同样遇到了困难。春节返京人员登记工作量大风险更大，社区工作者面临极大压力。大年初三，医院把自己开发的"线上登记预检分诊"小程序在智慧社区平台推出，返京人员在小区门口扫码登记，既减少了接触风险，也减轻了社区工作人员的工作压力。智慧社区平台推出的"线上登记"功能，比"京心相助小程序"提前了 20 天，充分彰显了智慧社区平台建设的潜力和意义。

疫情三年，医院在智慧社区平台的帮助下发挥了重要作用。社区通知、线上活动，既可以零距离地通知居民做核酸检测的时间地点、注射疫苗的安排，也可以零距离地丰富居民的居家生活，组织居民开展线上问诊等。同时开展线上志愿者招募活动，通过推文展示抗疫志愿者的风采，弘扬正能量，引导正向言论，抵制不听从政府的号召、不严格遵守居家规定的行为。

疫情过后，为了更加全面地服务社区、服务居民，新的智慧社区平台将"@书记"升级为"码上办"小程序。小程序包括未诉先办、一刻钟服务圈、网上办事大厅、志愿者智能管理、数据统计五大功能，真正实现了强化系统观念，整合现有资源，推动系统集成、数据共享和业务协同，打破信息壁垒，为基层赋能减负。

八年来，我们与街道、社区党委一直积极推进"智慧社区建设，彰显社区智慧"工作进程。尤其是近两年，借助"智慧社区"平台，在推动产业升级、加强区域合作、优化营商环境、推进城市更新等方面做了许多有益的尝试。十年间，智慧平台从启蒙到全面铺开，我工作的右安门医院从一级综合晋升为三级综合，我们都在为丰台"倍增追赶、合作发展"贡献着绵薄之力。

---

**作者简介：**

贺立新，第十、十一届丰台区政协委员，北京丰台右安门医院院长、主任医师

# 一幼 65 年成长让我们看到别样的丰台

朱继文

　　65 年，在历史的长河里并不算太长，但却能记载一所幼儿园的发展，尤其是改革开放 40 多年它翻天覆地的变化令人备感震撼，这也代表整个丰台区学前教育插上腾飞的翅膀，成为北京乃至全国学前教育的名片。

　　丰台区历史悠久，底蕴丰厚。作为首都中心城区，北京城市总体规划赋予丰台区的功能定位是"首都高品质生活服务供给的重要保障区，首都商务新区，科技创新和金融服务的融合发展区，高水平对外综合交通枢纽，历史文化和绿色生态引领的新型城镇化发展区"。我所在的北京市丰台第一幼儿园（以下简称一幼）作为丰台区第一所市属公办幼儿园，从我自身在幼儿园的亲身成长感受、从前辈教师和家长口中听到的对幼儿园的评价，我认为一幼一直把服务百姓生活，构建高质量的学前教育作为高品质服务保障的重要窗口，并不断以崭新面貌开启发展的新篇章。

　　不忘初心，砥砺前行是我对一幼的评价。在我眼中，一幼人始终在思考和践行应以什么样的姿态传承一幼的传统。为了更加清晰地了解当时的一幼，我和老师一起采访了退休多年的强淑卿、张秀卿、黄凌、彭秀云和刘玉维老师。在和老前辈的对话中，我了解到：丰台一幼的前身是北大地幼儿园，当时在丰台师范院里西操场的南侧，也就是现在的丽泽中学的东操场，当时有两排低矮的平房，将幼儿园隔成前后两个小院，前院是活动室、儿童睡室、办公区、幼儿食堂，西侧是锅炉房、孩子的浴室；后院有厕所、活动房（活动房兼具会议室、车棚、教师资料借阅室和备课室的功能）；西侧角落有教师食堂，空间都十分狭小，幼儿园把所有的稍微宽敞明亮的空间都给予了孩子们。幼

幼儿园老师为孩子们洗衣服

儿园由丰台教育局的幼教科直接管理，特别注重孩子的保育工作和生活照料，以孩子的生活能力和生活习惯的培养为主要任务。当时北大地幼儿园是寄宿制幼儿园，每个班级孩子都有 50 人左右，教师们以服务好每一个孩子为工作重点和己任。

在幼儿园里，老师都是"多面手"，站在讲台上时是孩子们的知心姐姐和亲切的老师；给孩子们喂饭、穿衣时是孩子们慈祥的妈妈；拿起扫帚时又是清洁工人；孩子碰伤流血时又成为专业的白衣天使。那时环境条件很艰苦，幼儿园发扬"有条件上，没有条件创造条件也要上"的精神。夏天，炎炎烈日，老师们为改善环境刷墙、刷床、搬砖铺地；冬天，寒风凛冽，食堂老师们脚踏偏斗自行车采买、自己搬煤做煤球取暖、淘堵塞的下水道、运大白菜储存、捡木柴烧火做饭。每天早晨，看整托孩子的老师们 5 点半开始就要忙碌起来，将孩子们的毛巾用开水烫好，也就是毛巾消毒，然后把毛巾晾在大盆边上，待凉后拧干挂在毛巾架上给孩子们备用。班里没有自来水，老师们要提前去打水、烧水、提前把水凉好，倒进饮水桶里，温度要保持40度，用来给孩子们洗脸、洗手、洗头。用过的水先留在水桶里，再运出去倒在室外的下水道里，没有肥皂的水要留下来浇花浇草。每周老师们都会为住宿的孩子们洗澡、换洗两次衣服，每个班都有大铝盆、搓衣板，用来给孩子们洗衣服，每次都要洗好几十件。那个时候老师们特别害怕的就是冬天，洗衣服的水冰凉刺骨，很多老师的手都生了冻疮，但大家好像不知道疼一样，该怎么洗就怎么洗，不会缺少一道工序，从不偷懒。晚上孩子们睡觉需要生煤火取暖，因为存在很大的安全隐患，所以老师们都会把煤火台子上的遮挡看好，全身心地保护每个孩子。

当时幼儿园的房屋由于多年风雨侵蚀已经风化，到了下雨天，房屋总是漏得稀里哗啦，许多大大小小的盆子都成了接水的工具，真是外面下大雨，屋里下小雨，这时候孩子们上厕所就成了困难，需要老师抱着过去或每个班共用一个便盆在屋里方便。那时厕所是蹲坑，也就是旱厕，没有冲水，需要教师们人工来冲洗。厕所的口比较宽，孩子们一不小心很容易滑进茅坑里。除厕所外，由于厨房在室外，做饭也很不方便，孩子们吃饭也是个问题，尤其是冬天，为了保持饭菜的温度，老师们都是跑着端饭端菜的。

虽然条件艰苦，但当时，北大地幼儿园是丰台区仅有的一所寄宿制幼儿园，老师们对孩子照顾得非常仔细，还有各种服务，帮孩子做棉衣棉裤、给女孩子剪头发、给男孩子推头发等幼儿园老师都会，可以说只要是家长有需求，幼儿园基本都能够满足，因此幼儿园的声誉很高，许多家长都期盼能将孩子送到一幼来。但那时幼儿园活动空间小，孩子的教室常常是一室多用，两个班一个睡室，两个孩子睡一张床。

为解决危房和入托难的问题，当时范园长四处奔走，寻求各级领导帮助改善办园条件，尝试各种途径，最后通过区政府、教育局为幼儿园申请下了新的办园地址，也就是现在的地址，过去叫东大街乙8号，现在叫作丰台区东大街27号了。

转眼间，丰台一幼已有六十多年的发展历史。幼儿园的环境已发生翻天覆地的变化，不仅有宽敞的活动室、睡室、图书馆、创意坊、木工坊等功能

北京市丰台第一幼儿园——"养成教育的摇篮"

教室，还有暖气、空调、新风系统、空气净化机、手部消毒机、身体测温消毒仪、刷脸打卡机等等，班级的现代化信息技术设备也是齐备，互动一体机、iPad、儿童智能拍照、游戏互动地面、VR 情境互动系统等，以完备的硬件设施设备保证孩子的身体健康与游戏发展需要。

幼儿园在 1991 年成为首批北京市一级一类幼儿园、1999 年成为北京市卫生保健市级示范园、2002 年成为"北京市市级示范幼儿园"，之后陆续获得北京市教育科研先进单位、师德先进集体、先进基层党组织、管理干部挂职锻炼基地等荣誉。为满足社会对优质教育资源的迫切需求，幼儿园逐步开设五所分园，开始了集团化办园管理模式。在继承和发展的基础上，幼儿园秉承"爱的教育""养成教育"优良传统，以"红杉精神"为引领砥砺前行。红杉参天挺拔、盘根交错，在飓风中相互扶持、屹立不倒。我们将"红杉"作为一幼的文化象征，形成一幼的"红杉文化"。即在团结协作中彰显个性、在无私奉献中品味收获、在朴实无华中追寻真谛、在创新实践中和谐发展。随着对文化内涵的不断理解，"红杉文化"的精神力量已注入丰台一幼每一位教师心中，渗透在幼儿园管理、教育教学、队伍建设、后勤管理、园本课程等方方面面，更是提出"儿童立场""一个都不能少""人人都是教育者、人人都是研究者、人人都是管理者"等管理理念，将"红杉文化"的内涵进一步深入化和具体化，传承和发扬一幼人扎实研究、无私奉献、勤勉创新、追求卓越的奋斗精神。

优质的幼儿教育是建立在优质的课程体系基础上的。基于这种认识，幼儿园一直把幼儿园课程建设作为提高保教质量的重要载体，秉承尊重儿童、理解儿童、欣赏儿童、发展儿童的理念开展课程。在生活过程中渗透生态文明的环保教育、渗透德智体美劳全面发展的教育，站在儿童视角，关注儿童的生存权、发展权、受保护权和参与权。

其中，我最爱和大家讲的，也是最令大家津津乐道的便是幼儿园大滑梯的改造过程。以前自主活动时，大滑梯总是孩子们的首选对象，而近两年选择滑梯的孩子越来越少了，这是怎么回事呢？是玩具多了孩子选择的空间大了吗？我们开始倾听孩子们的声音："咱们幼儿园的滑梯如果能像体能运动场的滑梯一样多好啊！""我上次在游乐场还玩了高空滑道呢，特别刺激！""应该安装索道，那个好玩。"听到孩子们的聊天，我们展开了讨论：要不要把它换掉？如果换掉，对孩子们来说价值有多少？如果在旧滑梯上改造，可以怎么改？滑梯既然是孩子的玩具材料，就该由孩子们自己决定。于是孩子们都踊跃地参与到滑梯的设计中。"如果有个坡能让我们跑上去就好玩了！""如果这里有一个小荡桥就有意思了！""要是有一个长长的通道能把我运到沙地上多好玩！"孩子们的想法总是那么奇妙。于是，支持孩子的愿望从玩具改造开始了。

改造的玩具是不是符合孩子健康发展需求？我和班子成员决定，由后勤维修、班级教师、教研教师组成团队，当然孩子们是团队的最主要的成员，我们把教研现场搬到户外，体验式参与"大滑梯改造"工程。果然，由孩子们共同研制的大滑梯，成了他们爱不释手的宝贝。在这个过程中幼儿成了研究的主人，尊重、研究、创新已经成为一幼的亮丽风景线。

通过与孩子们一起现场教研，后勤人员也感慨："孩子们真是了不起，要是直接购买新的滑梯，不听听孩子们的声音，就会失去了过程中对孩子们的理解，购买的滑梯对于儿童来讲就会成为资源的浪费，看来我们要向孩子们学习啊！"所以，对于一幼来说，后勤并不是简单的服务那么简单，需要眼中有儿童、心中有课程、脑中有儿童的发展。

文化涵养发展，研究推动成长。一幼在自身发展的基础上，坚持敞开园门办教育，开展国际交流，先后与挪威奥斯陆教育学院、挪威卑尔根大学、新加坡华文幼教机构等建立了友好关系，我们自信地把中国学前教育的理念和实践传递给世界；同时幼儿园充分发挥示范辐射作用，开展多元化"手拉手"帮扶活动，为民族团结、为乡村振兴、为优质普惠的学前教育，我们每年都会召开全国幼教的高质量的论坛，引领全国各地学前教育的高质量发展，与新疆和田、青海玉树、山西、云南、内蒙古等多所幼儿园建立长效帮扶机制，使双方教师共同进步与成长。

在我眼中，一幼的发展是丰台教育发展的一个缩影，丰台是能够以儿童发展为先的丰台、丰台是儿童友好的丰台、丰台是传递中国学前教育理念的丰台、丰台是教育自信的丰台、丰台是追求教育强国的丰台。

**作者简介：**

朱继文，第九、十、十一届丰台区政协委员，丰台第一幼儿园园长、正高级教师

# 从"老天坛"到"新天坛"

朱克明

在北京天坛医院新院区试运行的百天里，我深入新天坛医院，亲历了这家医疗明星从试运行到正式开诊的整个过程，也见证了一场医疗服务的崭新篇章。每一天，都伴随着医院的成长，见证着它从一个崭露头角的医疗机构蜕变为丰台花乡的医疗亮点。就是这短短的百日时光，承载了医患情感，记录了天坛医院由老到新的历史。

在这百天里，医院的门急诊总诊疗人次明显增加，传统优势学科就诊人数攀升，为城市居民提供了更广泛、更优质的医疗服务。而医院的发展规划更是展现了其雄心壮志，不仅提升神经系统疾病诊疗能力，还强化了内、外、妇、儿等学科建设，为满足多样化的患者需求提供了更全面的解决方案。

试运行的最初，新院区的大门敞开，患者们纷纷走进这个富有希望的医疗殿堂。每一次的门急诊接待都成为医护人员的一次考验，也是对医疗事业的一次实际检验。我目睹了医护人员全力以赴，为患者们提供及时、高效的医疗服务，每一位患者都在这个过程中感受到了医护人员的专业和关怀。

医院的传统优势学科在试运行中崭露头角。神经外科和神经内科的就诊人数呈现出明显的增长趋势，这不仅反映医护人员专业水平提高，更是对患者负责的表现。神经系统疾病患者在这里得到了更专业、更全面的治疗，这也是医院一直以来所追求的目标。

社区居民对医疗服务的需求明显增加，儿科、产科等领域的诊疗需求激增。基础学科门诊量占总门诊量的 68.75%，比去年同期增长 31.77%，医院在服务社区居民健康方面取得了显著的进展。而患者们的信任与满意，是医护人员最为珍视的鼓励。

患者诊疗需求的变化也是显而易见的，新院区搬迁后，居民常见病、多发病以及儿科、产科诊疗需求大幅增加，医院积极应对，加强了基础学科的建设，确保患者获得最佳的医疗体验。

为了更好地服务社区，新天坛医院积极探索医联体建设。与北京儿童医院联合建设"北京儿童医院天坛诊疗中心"，共同致力于提供儿科医疗服务。这种协同模式不仅加强了专科建设，也为患者提供了更全面的医疗资源。儿科病患在这里得到了更为便捷和专业的治疗服务。

医院在探索更好的发展模式方面取得了新的进展，启动了研究型病房试点。这个试点涉及神经肿瘤、脑血管病、神经感染及免疫性疾病和认知障碍等领域的临床研究。目前已经启动了近 70 个试验项目，其中超过 20% 来自 G20 企业和北京本地企业。这标志着医院在医学研究和创新方面迎来了更多的可能性，为未来的医疗科技发展奠定了坚实基础。

在试运行的过程中，医患沟通和医疗体验也成了医院关注的焦点。医护人员通过各种渠道与患者进行有效沟通，了解他们的需求和反馈。同时，医院致力于改善医疗环境，使患者在就诊过程中感受到更为温暖、舒适的氛围。这些努力旨在建立良好的医患关系，提高患者的整体医疗体验。

时任北京天坛医院常务副院长王拥军介绍说，试运行期间新院门急诊总诊疗人次明显增加。数据显示，新院区试开诊以来，无论是门急诊接诊量，还是手术数量，均比去年同期有明显增长。其中，与 2017 年同期相比，门急诊合计增长 25.39%。出院患者共 1.4 万余人次，较去年同期增加 4.6%；完成手术例数 7623 例，较去年同期增长 7.5%。作为北京天坛医院传统优势学科，试开诊 12 周，天坛医院神经外科就诊患者 4.45 万人次，同比增长 5.44%；神经内科就诊患者 6.12 万人次，同比增长 15.98%。

试运行的百天，新天坛医院接诊患者近 60 万人次，这是医院发展的生动数据。每一个接诊的背后，都是医护人员的辛勤付出和患者的信任。作为政协委员，我深感责任重大。我们要密切关注医院的发展动态，提出更多建设性意见，确保医院在未来能够持续发展，为居民提供更好的医疗服务。同时，要关注医护人员的工作环境和待遇，保障他们充分发挥专业水平，为患者提供更优质的医疗服务。

一个真实的案例让我对新天坛医院有了更新的认识。来自河北省的王女士刚下火车，就风尘仆仆地来到北京天坛医院"踩点"，为第二天来"抢号"提前做好准备。走进医院大门，她一眼就看到门诊服务中心西侧的玻璃门上张贴着醒目的"24小时自助服务区"字样，不用排队、不用长时间等待，王女士用服务区里的自助终端设备，顺利地预约上了想看的专家号。

天坛医院的神经内外科享誉已久，每天都有众多像王女士一样从全国各地慕名而来的患者会聚于此。而如今天坛医院的门诊大厅，没有了老院区的拥挤、嘈杂，绝大多数时候都是敞亮、有序的。

这不得不归功于五年前，从南二环到南四环的搬迁，天坛医院建筑面积从9万多平方米增加到35万多平方米，编制病床数从950张增加到1650张，还完成了智慧化、创新型的"华丽转身"。

天坛医院的故事，也是北京的故事。近年来，北京的优质医疗资源逐步从中心城区向外疏解，"看病难"的问题正在日益得到缓解。

从"老天坛"添堵，到"新天坛"看病，不再"想想就头疼"这一转变是令百姓切身感到便利的。

天坛排队长龙每天出现，追忆起彼时还在天坛公园西南角的天坛医院老院区，许多人至今仍记忆犹新。"天坛医院名声大，就诊患者络绎不绝，但也没少给周边的交通'添堵'。"家住天坛医院老院区附近的赵女士回忆，老院区大门正好对着天坛南里、木料巷、天坛西胡同三条路的交叉口，这里成了"老堵点"，常被各路车辆堵得水泄不通，"要是遇到运送急危重症患者的救护车，半天走不动道，看得人干着急"。

路上"排队"，进了医院还得排大队。天坛医院门诊部主任张悦回忆，南迁前，医院每天早晨7时开始放当天的号，往往午夜刚过，就有患者来排队。"到了凌晨四五点，等候挂号的长队从门诊大厅排到院子里还得拐个弯儿。"

同时，每天人山人海的天坛医院，还影响着老邻居天坛公园历史原貌的恢复。

现在可不用提前出门了，医院地面、地库停车位比老院区多了不少，即使是就诊高峰，稍微排一会儿就能进门。"过去，城南地区的百姓看病，都要往中心城区扎堆。天坛医院搬迁过来以后，我们按照'强专科、大综合'的功能定位，完善科室设置和服务内容，目前医院共有 50 多个临床和医技科室，基本能够满足城南地区居民的就医需求。"北京天坛医院院长王拥军说。

我相信在未来，新天坛医院将继续致力于提高医疗水平，拓展服务领域，为更多患者提供高质量的医疗服务。医院计划进一步加强科研力量，推动临床研究和医学创新，为医学领域的发展贡献力量。同时，医院将进一步完善管理机制，提高医院的运行效率和服务水平，努力打造成为丰台区医疗事业的典范。

**作者简介：**

朱克明，第七、八、九、十、十一届丰台区政协委员，民建丰台区工委副主委，北京诚天志科工贸有限责任公司董事长

# 丰台火车站的前世今生

赵 强

今天我向大家讲述一个跨越了一个世纪的故事，关于丰台火车站的故事。始建于清末的丰台火车站是北京城第一座火车站，先后成为京奉、京汉、京张等铁路上的重要车站，它见证了中国铁路从无到有的发展历程。随着历史的车轮不断向前，北京市的铁路布局不断发展，丰台火车站的功能与定位相应有所调整，直到 2010 年，丰台火车站最终停止了客运业务，但这座拥有 129 年历史的老站被保留了下来，它就像一个迟暮的老者，终于可以歇一歇，向人们展示它的饱经沧桑。与此同时，在它东侧约一公里的位置上，新建的北京丰台站拔地而起，已经投入运营，并成为目前亚洲最大的铁路枢纽客站，建筑面积比北京故宫还要大两倍，继续传承老丰台站昔日的辉煌。

## 百年沧桑，丰台火车站交通枢纽的发展与变迁

回溯至清光绪十四年（1888 年），身任直隶总督的李鸿章提出修建天津至通县的铁路，因受到朝廷内保守势力的阻挠而未获批准。清光绪二十一年（1895 年）4 月，因中日甲午战争中中方战败，清政府被迫签订了《马关条约》，在条约中规定，清政府要开放口岸修建铁路。此时，清廷复议了李鸿章修建津通铁路的奏折，并决定将最初设定的终点为通县的那条铁路线，移到卢沟桥，修建津卢（天津至卢沟桥）铁路（后称京奉铁路）。1895 年，津卢铁路全线开工，并于年底修至丰台，并在丰台建站，丰台火车站由此诞生。在津卢铁路开工建设的同时，卢汉铁路（汉口至卢沟桥）也在筹备中。丰台站

丰台火车站旧貌

成为津卢铁路和卢汉铁路的交会点，丰台站的重要性渐渐凸显出来。1909年，丰台火车站又迎来了一条重要的铁路线——京张铁路。京张铁路自丰台火车站为起点，经广安门、西直门、南口西达张家口，宣统元年（1909年）8月建成通车。至此，丰台火车站成为京奉铁路、京汉铁路、京张铁路三条干线的联轨站，连接起了张家口、汉口、沈阳等当时的重镇，交通枢纽地位日益显现。

20世纪30年代中后期，日寇侵占丰台火车站以后，出于掠夺中国资源的需要，对丰台火车站进行了改建和扩建，成为日军侵华期间为战争服务的产物。抗日战争胜利之后，由于国民党忙于内战，致使客货运量急剧下降，形成丰台火车站历史上最不景气的年代。

1949年之后，丰台火车站成了华北地区重要的交通枢纽。虽然1956年3月建立了丰台西站，分流了丰台火车站的货运和编组任务，但丰台火车站的地位仍举足轻重。

2010 年 6 月 12 日，丰台火车站贴出了公告，宣布自 6 月 20 日起停止办理客运业务。至此，走过 115 年风雨的丰台火车站，结束了自己辉煌的历史。

## 新旧交替，老站停运新站顺利通车

2016 年 4 月，《丰台火车站周边地区规划设计研究》通过专家评审。2018 年 8 月 13 日，丰台站改建工程正式开工。2022 年 6 月 20 日北京丰台站开通运营，百年丰台火车站旧貌换新颜，开启新航程。

新丰台站位于丰管路以南，丰台东大街以东，丰台东路以北，西四环与西三环之间的地块内。北京丰台站地区紧邻西三环路、西四环路、京开高速公路、丽泽路和丰台北路等骨干道路，地铁 10 号线和 16 号线在站区地下通过。车站普速车场规模为 11 台 20 线（含正线 5 条），到发线有效长度为 650 米，站台长度 550 米。普速车场主要承担京广、丰沙、京原、京九、京沪线及市郊铁路旅客列车始发终到作业，承担通过旅客列车到发作业。高架车场规模为 6 台 12 线，6 座岛式站台，站台长度 450 米，站台宽度 11.5 米。到发线有效长度为 500 米。高速车场主要承担京广客专、京石城际旅客列车始发终到作业。

## 应运而生，丰台火车站交通枢纽投入建设

随着北京丰台站的通车，其配套的综合交通枢纽的投运也迫在眉睫。我作为丰台区政协委员、丰台火车站交通枢纽的总指挥长，深感压力重大，也深感无上光荣。我带领各参建单位以"时不我待，只争朝夕"的饱满热情积极投身于丰台火车站交通枢纽的建设工作中。在解决了征地、拆迁等各前期阶段存在的问题后，丰台火车站交通枢纽于 2022 年 4 月正式开工建设。

丰台火车站交通枢纽由南枢纽和北枢纽两部分构成，分别位于北京丰台站站房南北两侧。项目主要承担北京丰台站与本市交通系统的衔接换乘功能。项目建设用地面积约 9.34 公顷，总建筑规模约 20.65 万平方米。主体建筑高度为 10 米，地上一层，地下两层；主要建设内容包括枢纽集散大厅、换乘厅、

丰台火车站新颜（原梓峰/摄）

公交设施、出租车蓄发车区、业务管理用房等。枢纽采用站城一体的设计理念，以人为本，打造交通换乘便捷、城市功能复合、空间层次多样、景观立体融合的"城市综合体"。在市区两级政府的支持领导下，我带领各参建单位攻坚克难，圆满地完成了各年度的建设任务。说到攻坚克难，丰台火车站交通枢纽单层建筑面积可达 4.3 万平方米，钢结构最大跨度为 79.3 米，基坑最大深度为 16.2 米，且部分结构为不规则双曲面相交，施工难度极大。我带领参建单位着力在智能建造方面下功夫，针对 4.3 万平超大基坑，项目采用紧邻地铁智能监测、智能安全控制等技术进行基坑安全管控，以保证基坑开挖过程中的生产安全；针对超大跨度钢结构，项目采用数智建造平台、焊接机器人、智能巡检狗、全周期 BIM 应用等技术，降低施工安全风险的同时优化施工工艺，降低施工难度；针对复杂双曲面幕墙结构，项目采用多项前沿施工工法以及 BIM 技术进行施工模拟，优化复杂节点施工工艺，加快现场施工周期。并且项目通过数字机电、地面智能机器人的应用、测量机器人、爬壁机

器人、三维激光扫描等 37 项新技术，针对交通枢纽建设各施工阶段优化施工工艺，建立施工样板，将智能化设备与项目施工相结合。南北枢纽于 2023 年底均实现结构封顶，目前正处于内外装及机电施工的建设关键期，我有信心完成丰台站交通枢纽今年年内开通运营的总目标。

## 站城一体，丰台区交通体系未来展望

丰台火车站交通枢纽是京津冀交通一体化的重大工程，建成后可满足远期高峰小时 7 万人次、全日 72.3 万人次的进出客流量需求，将成为首都重要门户枢纽，为国家的国际交往提供服务；同时丰台站枢纽的建成将进一步完善京津冀地区铁路枢纽功能布局，促进形成京津冀核心区一小时交通圈，对打造"轨道上的京津冀"具有重大意义，深入推动了京津冀协同发展。绿色发展紧扣绿色出行，而以绿色出行为起点的丰台火车站交通枢纽将干线铁路、城际铁路、市郊铁路与城市轨道线路进行有效衔接，为加快实现"四网融合"提供有力支撑。同时，通过与地面公交、慢行系统等交通方式的衔接，进一步促进"多网融合"，提高绿色出行比例，建成后逐步实现公共交通出行比例达到 88%（轨道交通 60%，地面公交 28%），将小汽车和出租车出行比例控制在 20% 以内。

根据北京市《促进城市南部地区加快发展行动计划》，城南地区将建成"一轴一带多园区"的产业发展格局。丰台火车站交通枢纽毗邻东北部的北京丽泽金融商务区、西南部的北京中关村丰台科技园区和总部基地，是城南地区计划打造的城市活力中心之一，通过车站综合体的细化设计，打通铁路南北地区，构建"丽泽商务区—丰台火车站—丰台科技园"的空间序列。有效织补被铁路割裂的城市空间，形成区域公共空间系统中的重要节点，全面提升公共空间品质。在服务城市功能方面，丰台火车站交通枢纽践行交通功能与城市功能深度融合理念，实现站城一体，相互融合。枢纽用地内同步规划建设 6.2 万平方米商业开发，强化了枢纽与城市功能相融合。同时，枢纽与周边地块相连通，与周边多业态开发相统筹，并通过"城市绿谷"与地铁丰台南路站轨道微中心串联形成有活力的城市公共空间，将有力促进城南地区经济社会发展，以供给侧结构性改革引领和创造新需求。枢纽建成后，还可带动城市周边地块的开发建设，形成以枢纽为核心的综合城市群。以枢纽为中心带动城市核心区的规划建设和城市更新，形成从交通中心到城市功能中心的转化，是亚洲新一代站城融合的典范。

在丰台火车站的前世今生中，我们见证了一段从历史深处走来的辉煌篇章，以及其在新时代下的华丽蜕变。丰台枢纽，作为这个故事的最新篇章，不仅是一座建筑的重生，更是北京乃至中国发展蓝图上的一颗璀璨明珠。它不仅承载着过往的记忆与荣耀，更肩负着连接现在与未来的重任，成为推动区域经济、促进社会进步的强大动力源泉。

---

**作者简介：**

赵强，第十一届丰台区政协委员，北京市公联公路联络线有限责任公司枢纽工程指挥部施工管理指挥部总指挥，高级工程师

北京 丰台
FENGTAI BEIJING

倍增追赶

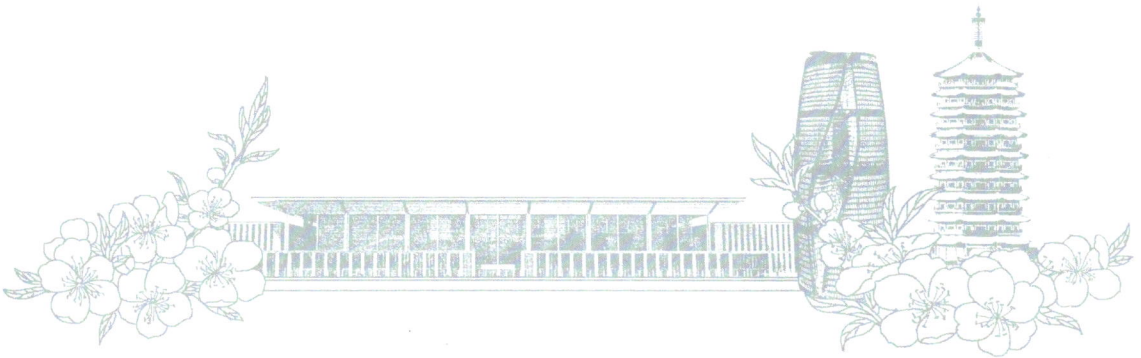

蓝绿交织的现代商务区（丽泽商务区管委会 / 供图）

区政务服务和数据管理局工作人员介绍丰台区智慧政务数据中心建设情况（姜灏 / 摄）

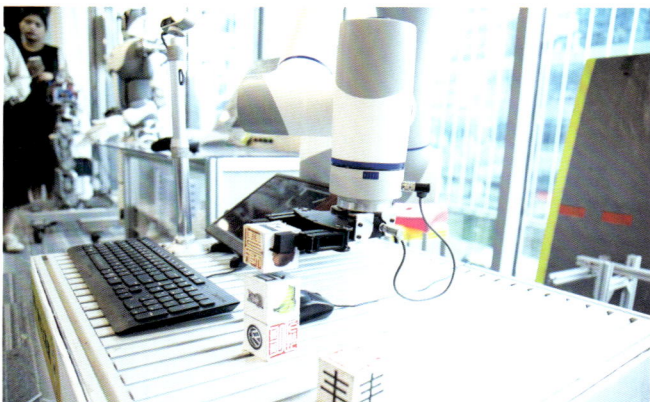

丰台科技园区企业北京钢铁侠科技有限公司工程师在对机械手臂功能进行测试（原梓峰 / 摄）

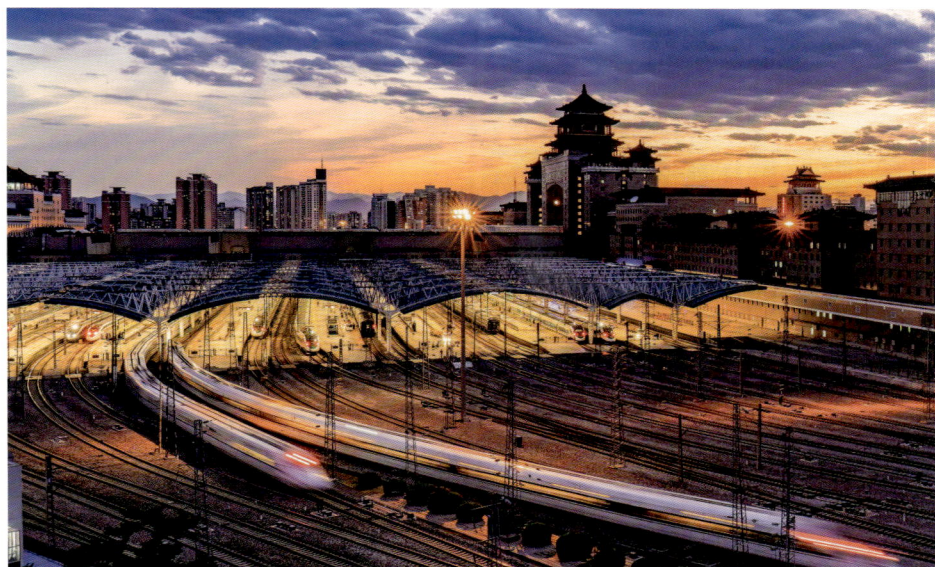
中国高铁　享誉世界（胡利明 / 摄）

丰台科技园（区政府办 / 供图）

丽泽天街（区商务局／供图）

第三十一届中国北京种业大会丰台分会场（袁文勇／摄）

南中轴国际文化科技园

# 十年法治耕耘，创业丰台沃土

张 冰

2013年，我们家从回龙观搬来丰台，自此我正式成为丰台的一分子。2014年，怀揣多年法律服务的理想实践，我放弃稳定的工作出来创业，决定创办一家律师事务所。首先要解决的就是业务定位和律所选址问题，尤其是在律所选址问题上踌躇再三。考虑到我本人过往的工作经历，决定将律所设立之初的主营业务定位在投融资与并购、企业法律顾问等法律事务上。客观地说这些业务在朝阳、海淀这些商业发达的区域开展得更加成熟，但是同时上述市场也趋于饱和，竞争激烈，而丰台区有总部基地和丽泽商务区的双核心发展规划，强烈吸引了我的目光。于是，经过再三斟酌，下定决心选择在丰台起步，一方面考虑到离家近，更重要的是我看好丰台这片百业方兴未艾、发展大有前景的希望沃土。最终，北京科宇律师事务所于2014年金秋十月正式在总部基地开业。

这十年来，丰台区城市面貌发生天翻地覆的变化，也印证了我当时作出的选择是正确的。科宇律所创立伊始即秉持立足丰台、发展丰台的定位，律所的发展与丰台发展息息相关。回望这十年，恍若隔世，发自内心地感到欣喜舒畅，抬望眼，希望尽在不远处，更加激励我加快步伐。

## 解危助困服务民生工程

宛平城建于明崇祯十三年，距今已有将近400年的历史。但是随着历史的发展，宛平城内部分居民的居住环境日益恶劣，部分居民住宅被鉴定为C

级、D 级危房，已出现漏雨、墙体开裂现象，居民搬迁诉求强烈。2020 年 7 月底，丰开集团相关负责人找到我，委托我的律所为宛平城解危项目提供法律服务。虽然在解危方面有丰富的经验，但听到项目组倒排工期，要求在 40 天内全面完成所有危房住户的搬迁腾退工作，我心里仍忐忑不安：涉及这么多户、日程这么紧、历史遗留问题这么复杂，能这么快完成吗？但经过项目组多次开会，了解到宛平城解危项目作为区重点民生项目，丰台区委、区政府高度重视，在各方面都给予极大的支持，我坚定了信心，作出了"按期高质量完成任务"的坚定承诺。我随即带领律师团队驻扎到宛平城项目现场，挨家挨户审核申报资料、签署补偿协议，全方位提供法律服务，撸起袖子加油干。由于时间紧、任务重，又要赶在汛期来临前使被解危人安全搬离危房，我带领律师团加班加点，夜以继日，经常忙到深夜。不少住户看到后，被我们务实肯干的行为打动，自发对我们的工作给予配合。有位祖居宛平城的高龄老者感动地表示，从大家熬红的双眼感受到政府的殷切关怀。最终工作成效是从入户调查、评估踏勘到签约，仅用了一个月时间，提前十天完成了 35 户的搬迁腾退工作，创造了宛平解危样板，维护了政府的诚信形象。

后来，我带领团队为五里店棚户区改造项目和丰台火车站站城一体化项目提供法律服务。在搬迁项目中，由于历史遗留问题较多，情况复杂，遇到法律问题时需要抽丝剥茧，条分缕析，最难的是将相关问题向被搬迁人解释清楚，以求得理解与支持。过程虽充满挑战，但看到居民改善了居住环境，不再为刮风下雨担惊受怕，看到丰台区旧貌换新颜，尤其是丰台火车站焕发生机，站前广场的大片绿地更是令人心旷神怡，心中为自己能够参与其中而感到骄傲。

### 见证发展面貌日新月异

作为北京市三环内唯一成规模的集中建设区，丽泽金融商务区是新兴的金融产业聚集区、首都金融改革试验区。丰台区委、区政府高度重视丽泽金融商务区的发展，在媒体及各种会议论坛上不遗余力推介丽泽金融商务区，相关领导多次带队进行招商引资，引进高端金融科技企业，完善丽泽金融商务区的产业形态，不断为丽泽金融商务区的腾飞夯实基础。截至 2023 年 7 月 17 日，丽泽金融商务区共入驻企业 1060 家，其中金融企业 474 家，新兴金融企业 440 家，占金融企业的 92.8%，更是吸引了中国银河证券股份有限公司、中国农业再保险股份有限公司、华为公司中国总部、中国广电网络股份有限公司、中国南水北调集团有限公司等头部企业入驻。我担任丰台区知联会轮值会长期间，组建专项调研组，参加丽泽金融商务区实地考察活动。走访过程中，站在丽泽 SOHO 俯瞰丽泽金融商务区，高楼耸立，充满现代科技美感，三环城市公园绿带、金中都城遗迹文化带、莲花河景观带三条绿化带穿插其中，与高耸的商务楼宇交相辉映，构建出现代建筑与绿色生态和谐共鸣的画卷，彰显着丽泽金融商务区的雄心与抱负。同管委会领导、企业代表座谈交流时，能够感受到企业的雄心壮志，以及对未来长远发展的坚定信心。

新中国成立 50 周年之际，东四环路建成通车，到 2001 年整个四环路全部连成一体，四环路打通了北京社会经济发展的大动脉，无数怀有中国梦的人在四环路上来回穿梭奔驰。律所坐落于南四环边上，透过办公室的窗户俯瞰南四环，尤其是秋高气爽的季节，望着窗外蓝天白云，高楼鳞次栉比，地上穿梭着滚滚车流，动静结合，观之令人心情愉悦。回想起我刚搬来丰台的时候，万寿路南延工程多年延滞，毫无进展，小区西门外杂草丛生、小商贩占道停车杂乱无章，环境脏乱差，周边居民也颇有怨言，成为困扰丰台发展的一个顽疾。得益于丰台区委、区政府的重视，万寿路南延改造工程加速推进，四环主路被架起来了，宛如一条待腾飞的巨龙。经过紧张的施工，一座崭新的菱形立交桥拔地而起，万寿路南延与丰科路相连，总部基地附近南北跨越南四环增加一条主干道，有效缓解了周边交通拥堵状况，这座立交桥被命名为怡丰桥。2022 年 1 月 12 日通车当天，我特意一大早在怡丰桥下拍照留念，为北京速度点赞！

在第三届环球城市招商引资推介大会上，《中国城市投资吸引力报告》发布，丰台区获 "2022 中国十大最具投资价值县（市、区）" 称号，是北京市唯一获此殊荣的区。近些年，丰台区以金融和科技为两翼，持续优化区位交通、释放产业潜能、改善生态环境，发展重点功能区，筑巢引凤，引进高端企业及高级人才，让我切身感受到丰台区基础设施及营商环境的持续改善。

## 坚守初心参与法治进程

从大学到现在，我一直在从事法律方面的学习、工作。法律崇尚公平正义，是社会的行为底线，法治信仰已经融入我的血脉之中。独木不成林，独丝不成线，个人在法治之路上无疑是孤独的，需要抱团取暖，找到自身的组织归属。因此，作为律师"娘家"的律师协会就尤为重要。丰台区律师协会成立于2010年，成立时仅有84家律师事务所、744名律师，经过十余年的发展，如今已有200多家律师事务所、1800余名律师，且成立了各个专门工作委员会和业务研究会，组织架构日益清晰，职能日益完善，我个人也从一名普通律师成长为丰台区第四届律师协会副会长、丰台区律师行业新联会第一任会长。丰台区律师协会积极参与丰台区的法治化进程，为丰台区提供优质的法律服务，选拔组建一支由45家律师事务所、112名律师组成的公益法律服务团，依托"普法茶亭"模式，为丰台区人民群众提供免费法律咨询。在防汛救灾恢复重建阶段，丰台区律师协会完成防汛救灾法律意见的系统梳理和专题研究，并向受灾地区捐款捐物，彰显了丰台律师的社会责任与担当。在2023年召开的"倍增追赶合作发展丰台大会"上，我们科宇律所及丰台的另外九家律所入选首批丰台发展伙伴名单，为丰台"倍增计划"和"伙伴计划"进行法治赋能。

十年栉风沐雨，至今仍奔波在奋斗之路上，在丰台这片充满生机活力的沃土播下希望的种子，不断生根、发芽、成长！能够见证、参与、推动丰台的发展与有荣焉，如今工作生活皆在丰台，漫步在丰台的街头，感受到丰台的勃勃生机，花开盛世、丰宜福台，愿我们的大丰台发展越来越好，妙笔生出新花！

**作者简介：**

张冰，第十一届丰台区政协委员，丰台区知联会副会长，北京市丰台区律师行业新联会会长，北京科宇律师事务所主任

# 北京铁道所——轨道交通产业发展的亮眼"名片"

## 王赤宇

2023 年 11 月，第十六届中国国际现代化铁路技术装备展览会在京盛大召开。来自中关村丰台园的入驻企业，北京铁道工程机电技术研究所股份有限公司（以下简称"北京铁道所"）与华为联合研制的高铁巡检机器人重磅亮相，引起了社会各界的广泛关注。身为丰台区第十一届政协委员，同时也是中关村丰台园的党员干部，我曾与北京铁道所有过多次接触，眼见他们一步步发展成丰台轨道交通产业的亮眼"名片"，深感与有荣焉。北京铁道所的发展历程，既是高新企业推进科技自立自强的具体实践，也是北京丰台积极构建现代化产业体系的生动例证。

### 丰台科技园的亮眼"名片"

2002 年，在丰台科技园各项规划建设蓝图绘就、方兴未艾之际，我得到消息，有一家名为"北京铁道所"的单位进驻到了我们园区。经多渠道了解，这是一家成立于 1989 年的企业，技术底蕴雄厚，自此我与它结下了特殊的缘分。20 年来，该企业的佳讯频传，先后获得首批国家高新技术企业、北京民营科技创新百强企业、北京市专精特新"小巨人"企业等多项殊荣，成为丰台科技园轨道交通产业的一张亮眼"名片"。

2023 年，再次应北京铁道所邀请，我到访该企业做深入调研。通过近距离地访谈参观，我发现该所的成功，与磐石般的战略定力是分不开的。20 年来，他们坚持深耕轨道交通重大装备行业，自主研发产品 588 项，获国际、国家发明专利、软著等 800 多项，获国家发明奖，铁道部、北京市、湖北省科学技术奖 60 多项，铁道部、北京市科技鉴定和技术评审项目 32 个，主持制定铁道行业标准 4 项，展现了强大的研发实力。

尤其给我留下深刻印象的，是其自主研发的拳头产品"高铁地坑式同步架车机"。该产品创下了国际上兼容车型最多（CRH1、CRH2、CRH3、CRH5）、举升长度最长（十六编组）、同步控制精度最高（±1 毫米）三项"世界之最"，结束了我国没有十六编组地坑式同步架车机自主知识产权的历史，而且价格比国际同类产品低 50%，帮助我国在高铁检修重大装备领域达到了世界领先水平，被媒体盛誉为"世界第一升"。

"宝剑锋从磨砺出，梅花香自苦寒来"，北京铁道所自研产品保持高产的背后，是该所自立自强的路径选择与中关村丰台园高度契合的产业环境共同作用后结出的硕果。

## 科技自立自强的具体实践

习近平总书记强调，"科技自立自强是促进发展大局的根本支撑"。通过座谈我发现，面对智能制造的发展大潮，该所并没有满足于现有成绩，而是选择以习近平经济思想为指导，坚持走自主研发、抢占技术高地，推动科技自立自强之路。具体表现为三种路径：

积极推动产学研深度合作。积极与清华大学、华中科技大学、华为等单位强化合作，共同研制出一系列轨道交通智能重大装备，通过装备数字化、AI 人工智能，打造高铁检修安全大数据平台，实现设备云检测和故障诊断，构建起了全方位的轨道交通检修安全生态链。

全力实施创新驱动发展。推出高铁安全联锁作业评价信息系统，全国市场占有率高达 100%；首创了基于机器视觉的高铁动车移动同步架车机智能

高铁地坑式同步架车机

对位系统、智能车底大部件拆装重大装备、电机检修智能产线、悬挂单轨检修作业平台重大装备、机车制动盘激光智能清洗装备等一系列自研产品,尤其是与华为共同研发的高铁动车智能巡检机器人,采用华为盘古铁路大模型和昇腾架构,大幅度提升了故障识别率,在智能运维装备领域取得了新的突破。

努力提高科技成果转化水平。如今的北京铁道所,不仅通过了德国 IRIS 认证,美国 CMMI 5 级资质,ISO9001 质量管理、环境管理、职业健康安全管理体系,安防工程企业和铁路运输安全设备生产企业等资质认证,还取得了许多值得称道的荣誉:北京市专利试点企业(2008)、中关村国家自主创新示范区创新试点企业(2009)、北京市博士后(青年英才)创新实践基地工作站(2010)、全国博士后工作站(2016)、北京市知识产权示范单位(2019)等。

## 构建现代化产业体系的生动例证

此次走访使我认识到,北京铁道所的成功,既是他们坚持打造核心竞争力、走自主研发之路的结果;也是丰台区委、区政府贯彻落实习近平经济思

高铁安全联锁作业评价信息系统

想、构建现代化产业体系在丰台大地的生动例证。20 年来，丰台科技园坚持聚焦轨道交通等主导产业，努力推进产业"强链建圈"、积极打造高水平营商环境。主要表现在三个方面：

打造轨道交通的产业集群。丰台良好的发展基础和完善的产业生态适应了北京铁道所这样的技术型企业发展的迫切需要。丰台是全国领先的轨道交通产业聚集区，中关村丰台园也是唯一获得轨道交通领域五个国家级认定的轨道交通产业集群发展示范园区。在中关村丰台园，像北京铁道所一样在轨道交通领域领跑的企业还有中国中铁、中国通号、交控科技等重点企业 133 家，覆盖从设计勘察、通信信号到智能控制、运营服务的轨道交通全产业链，形成了以"一个创新型集群、一个国家级试点、两个国家级基地"和"两个市级基地"为特色的轨道交通产业集群。2022 年共吸纳从业人员 5.6 万人，收入规模超过 2500 亿元，近五年年均复合增长率超过 10%。

厚植轨道交通的发展沃土。北京铁道所的高速发展，也与丰台区的产业政策适配息息相关。长期以来，丰台区致力于通过资源整合、政策扶持、培育服务助力区域企业发展壮大。以新推出的《丰台区轨道交通产业创新发展行动计划（2023—2025 年）》为例，计划重点推进关键技术攻关行动、产业矩阵再造行动、产业空间优化行动、外向合作提速行动和专业服务提升行动，为进一步做优做强轨道交通产业，促进轨道交通事业繁荣，推动轨道交通产业质量、体量、能量全面提升提供了重要保障。

推动轨道交通的倍增发展。北京铁道所的成功，对我们园区干部而言，更是一种激励，它证明了我们的使命是光荣的，工作是有成效的。以丰台2023轨道交通创新发展大会为例，将有助于我们充分发挥北京市科技创新和产业资源优势，实现创新引领、企业伙伴发展圈和产业创新生态圈"两圈"赋能，进一步推动制造业、服务业"两业"融合，轨道交通与其他行业"跨界"融合。这也是我们中关村丰台园进一步加强产业集群顶层设计，动态绘制产业图谱，建立年度链长单位清单、产业生态圈招商目标清单、锻长板重点领域清单、补短板突破环节清单，建立健全"倍增计划"目录企业遴选扶持工作机制的现实逻辑所在。我们坚信，通过动态调整、精心培育、亲清服务，将有效推动产业链、创新链、供应链、场景链"四链融合"，持续推进一批创新企业规模效益倍增发展。

"雄关漫道真如铁，而今迈步从头越。"北京铁道所的发展历程，既是一代人筚路蓝缕、踔厉奋发的缩影，也是丰台矢志不渝推进轨道交通产业高质量发展的见证。站在新的历史节点上，我将进一步发挥政协委员的使命担当，将本职工作同政协履职充分结合起来，在产业促进、对企服务等方面积极作为，为推动丰台轨道交通产业创新发展行动计划落地贡献力量。

**作者简介：**

王赤宇，第十一届丰台区政协委员，中关村科技园区丰台园原工委委员，北京丰台城市数字科技集团有限公司原董事长、高级会计师

# 丰台积极打造服务业开放发展新格局

凌佩利

　　不久前，得到一个好消息：丰台区在 2023 年度全市"两区"建设［指北京市建设"国家服务业扩大开放综合示范区"和"中国（北京）自由贸易试验区"］工作评估中，等级获评为 A 级。其中，招商引资方面，出台《推动商务经济高质量发展的若干措施》，建立"北京丰台 RCEP（《区域全面经济伙伴关系协定》英文缩写）招商服务中心"，举办丰台区对外合作发展论坛等系列活动，新增入库项目 168 个；重点园区建设方面，在丽泽金融商务区举办了新兴市场国家和发展中国家（EMDC）发展合作北京论坛、数字金融论坛等高层级、高水平活动；在制度创新和成果创新方面，"首创三项举措实现个体网店变更登记便利化"被评为市级创新案例，成立"绿色能源新型贸易企业联盟"，打造北京市 RCEP 知识产权公共服务平台。看到这份沉甸甸的"成绩单"，除了由衷为丰台服务业的开放发展感到高兴外，也让我回想起曾经参与这方面工作时的情景。

　　2019 年岁末，组织安排我到丰台区商务局工作，自那时起，有幸直接参与到丰台的服务业扩大开放工作中，并逐步对此有了一些了解。相较于服务业开放程度较高的区域，丰台受产业定位等因素影响，曾面临着服务业开放程度不高、国际化水平较低的尴尬局面。以 2011 年为例，在外资方面，年度实际利用外资金额仅有 7000 多万美元，驻区外资企业仅有 200 家左右，体量也普遍较小，最小的注册资金仅有几千美元；在国际化环境方面，缺少成规模的写字楼群，没有一家国际学校、国际医院，双语路牌等公共配套设施也不够完善，就连星巴克这类咖啡厅都显得比较稀缺，漫步大街小巷、产业园区甚至旅游景点，很难看到"外国面孔"。而这在客观上也导致了一些部门和企业的工作人员开放发展的意识不够，推动区域服务业扩大开放的动力不足。2015 年 5 月，国务院宣布北京市成为全国首个服务业扩大开放综合试点城市，从而开启了北京市服务业扩大开放的新征程。丰台紧抓机遇，聚焦国家和本市部署要求，统筹力量推动区域服务业扩大开放，并取得了明显成效。例如，注重强化教育培训，不断提升干部队伍的国际化视野以及服务业扩大开放的意识和能力；通过举办"中外知名企业投资丰台行"等活动开展外资企业招商引资，积极吸引全球优质资源入驻丰台；加快推动丽泽金融商务区、中关村丰台园等重点园区建设，积极打造国际化发展环境。截至 2019 年底，一批高端商务楼宇、星级酒店、购物中心等陆续在丰台建成使用，驻区外资企业也增至近 300 家。

2020 年，对北京服务业扩大开放而言是极其重要的一年。当年 9 月 4 日，习近平总书记在中国国际服务贸易交易会全球服务贸易峰会上宣布，支持北京建设"国家服务业扩大开放综合示范区"和"中国（北京）自由贸易试验区"。北京的"两区"建设自此正式启航。乘着"两区"建设的东风，丰台服务业扩大开放按下了"加速键"，开始步入了一个崭新的阶段。区委、区政府专门成立了由主要领导挂帅的领导小组，出台了《丰台区建设国家服务业扩大开放综合示范区工作方案》，提出了增加实际利用外资等一系列新的目标任务，积极打造"区域＋领域"的服务业开放发展新格局，并正式将外资企业的招商引资工作纳入"1511"产业发展提质工程（指为推动产业高质量发展，丰台计划每年至少培育引进 10 家上市公司、50 家高质量外资企业、100 家高成长企业、100 家区域贡献超千万的规模企业）……区领导率先垂范，克服疫情等不利因素影响，不仅及时部署相关工作，而且经常带领我们研究工作计划、政策措施，走访涉外机构、外资企业，并带头开展招商引资、宣传推介等活动。按照区委区政府的部署要求，全区上下积极行动，商务局作为区服务业扩大开放综合示范区工作领导小组办公室强化统筹组织，各专项工作组加强研究推动，相关部门和人员坚持抓好落实。其中，通过举办专家讲坛、专题培训班、业务学习班、印发政策读本等形式，不断开阔干部的国际化视野，提升干部促进服务业开放的能力水平；通过宣传推介、举办论坛活动等形式，不断加大丰台服务业开放宣传力度，积极营造丰台开放发展新形象；围绕"1511"产业发展提质工程，通过对接市外资企业协会、走访欧盟商会等形式，并利用服贸会、进博会等平台，大力吸引外资企业入驻丰台；组织国际知名咨询机构和驻区企业等深入开展政策创新研究，努力为国家构建更高水平开放型经济新体制、为推动区域经济社会高质量开放发展探路先行……

经过不懈努力，丰台服务业扩大开放工作取得了可喜成效。我觉得可以用四个"显著"来概括：一是外资成绩显著提高。其中，2022 年丰台实际利用外资金额 1.8 亿美元，是 2011 年的 2.5 倍，增速排名城六区第二，创五年来的新高。连续三年每年招引外资企业超过 50 家，2023 年底驻区外资企业已经超过 400 家，较 2011 年翻了一番。目前，丰台已经逐步成为外资头部企业的瞩目之地，伦交所路孚特、全球跨境支付公司中国总部——易付达网络技术服务（中国）有限公司、世界 500 强企业壳牌中国全资子公司北京壳牌智汇科技、毕马轨道交通研究院等多家外资头部企业纷纷入驻发展。

二是国际化环境显著改善。其中，丽泽金融商务区加速发展，被纳入全市"两区"建设 20 个重点园区之一，并在 2022 年度综合考评中位居全市第一。由著名建筑师扎哈·哈迪德设计、建筑高度 200 米的丽泽 SOHO 已经成为丰台的标志性建筑，位于其 52 层的丽泽城市云客厅成为展示丰台的"新窗口"。丽泽国际学校 2022 年开始正式招生，从而填补了丰台国际学校教育布局方面的不足。此外，因丽泽金融商务区内汇聚了众多国际品牌、时尚元素，以及丰富多彩的餐饮、娱乐场所，已被正式认定为北京国际消费中心城市建设的国际消费体验片区之一。中关村丰台园作为全国最早提出发展总部经济的产业园区，在积极增加国际元素、打造国际环境的同时，不断开发全球性技术交流活动 IP，打造了中关村轨道交通国际创新创业大赛、新加坡全球创新联盟 GIA——北京创新加速计划项目路演等国际性产业赛事活动，在全球创新领域的声望不断提升。

三是国际双向交流显著加强。外国使节、国际组织和境外商协会代表、外资企业负责人等纷纷通过线上会议、线下论坛、实地考察等形式，与丰台深入沟通、洽谈合作。如今，漫步于丰台的功能园区、旅游景区、购物中心等，会发现除了国际化公共配套设施不断完善外，"外国面孔"也逐渐多了起来。与此同时，区领导亲自组织赴英国、阿联酋、中国香港等国家和地区开展招商引资等活动，积极寻求为区域高质量发展注入国际新动能。

四是制度创新探索显著增强。"两区"建设以来，围绕为国家制度型开放探路先行的目标，丰台组织相关单位认真研究分析，总计形成了20余个创新性强、集成度高的制度创新实践案例，在数字货币、金融服务、科技创新等领域提供了有益探索和生动实践。其中，"构建科技创新全链条服务'生态'体系"被商务部评为向全国复制推广的"最佳实践案例"，"首创三项举措实现个体网店变更登记便利化""'丝路学堂'打造职业教育服务'一带一路'新标杆"被纳入本市"两区"建设改革创新案例。与此同时，丰台还不断建立健全开放型政策体系，陆续出台了"丰九条"、"新开放五条"、《丰台区推动商务经济高质量发展的若干措施》等一系列促进服务业开放的政策，积极为企业提供更加灵活、高效、创新的"类海外"发展环境。回望过去的实践与探索，虽有不易，但更有收获。丰台与世界的连接已经越来越紧密。

习近平总书记强调指出，"世界经济开放则兴，封闭则衰"，"中国开放的大门不会关闭，只会越开越大"，"要更加主动对接高标准国际经贸规则，稳步扩大规则、规制、管理、标准等制度型开放，加快打造对外开放新高地，建设更高水平开放型经济新体制，加快构建新发展格局"。2023年底，国务院批复同意《支持北京深化国家服务业扩大开放综合示范区建设工作方案》，这不仅为北京更好服务和融入新发展格局指明了方向，也为北京高水平开放型经济建设提供了坚强保障，更为进一步推动丰台服务业扩大开放带来了新的机遇。"雄关漫道真如铁，而今迈步从头越"。党的十八大以来，丰台沿着服务业开放发展的道路持续阔步前行。未来，我们有理由相信，丰台服务业开放发展之路必将越走越宽广；同时，我们也由衷祝愿，丰台必将在打造服务业开放发展新格局中不断取得更多可喜成绩。

**作者简介：**

凌佩利，第十一届丰台区政协常委，丰台区政协专委会工作二室主任

# 我与丰台共成长

## ——记我眼中丰台区轨道交通产业发展

郜春海

每天清晨，太阳还没有升起，我们脚下一辆辆地铁就从车站驶出，开始穿梭于城市地下世界的各个角落。车上有赶飞机、火车的乘客，有保障城市运转早出晚归的劳动者。一座超大的地下城市正在被点亮，开启了繁忙又有序的一天。

1969 年，北京地铁一期工程建成通车，截至 2023 年底，北京市城市轨道交通运营总里程达 836 公里。从一条线到一张网，城市轨道交通给人民的生活带来便利，给城市的发展注入活力。作为轨道交通建设者之一，我见证了从业者的砥砺前行，也见证了丰台区轨道交通产业的高速发展和卓越贡献。

2009 年，我离开任职多年的大学，带领团队来到丰台区，成立了交控科技股份有限公司。虽然有诸多不舍，但我清楚，我正在做的是无比艰难又无比有意义的一件事，那就是解决我国城市轨道交通信号系统"卡脖子"难题。在轨道交通的产业链上，信号系统是一个极其重要的组成部分。从作用角度来看，信号系统是地铁的"大脑"，控制着线上所有车辆的运行情况，保障列车以最小安全间隔距离运行，达到最大的运输能力。从价值角度来看，由于其对研发、安全的高要求，信号系统也是轨道交通中附加值最高的环节。选择落户丰台区，是团队深思熟虑的结果。丰台区是全国领先的轨道交通产业聚集区，具备良好的发展基础和完善的产业生态。这里有轨道交通规划设计、工程建设、装备研制和运维管理全环节企业，更便于我们协同产业上下游企业。在区领导、丰台科技园管委会领导的协调帮助下，交控科技顺利落户丰台科技园总部基地。

创业初期，由于从方法论、研发工具、验证评估、安全认证到项目管理手段都是清一色的进口货，要打破国外如此环环相扣的技术体系垄断难题一大堆，我们几乎见不到希望！最迷茫的时候，我将自己封闭到一个地方，不分昼夜地进行研究分析，然后再将思路源源不断地传到研发基地。在研发的过程中，加班加点是家常便饭，有时候为了做测试，团队在"咣当咣当"的列车上一待就是好几天，夏天一身汗，冬天一身寒。

艰难困苦，玉汝于成。2010 年，从丰台区宋家庄始发的北京地铁亦庄线建成通车。亦庄线 CBTC 信号系统示范工程顺利开通，标志着自主创新CBTC 系统首次应用于实际工程，使我国成为亚洲第一个、世界第四个掌握该项核心技术并开通运用的国家。作为一项关系国计民生的核心技术，CBTC 系统的技术突破和工程化应用，打破了国外大公司长期以来的行业垄断，填补了我国在该领域的空白，实现了进口替代。自从有了交控科技和具有自主知识产权的 CBTC 系统，迫使国外进口 CBTC 大幅降价。自此，中国成功走上了一条赶超世界先进列车运行控制技术自主化的发展道路。

取得了突破性的成就，我们内心充满了喜悦和兴奋之情。同时我也清楚一个道理，是买不来核心技术的，也买不来话语权，只有自主创新才能让中国轨道交通信号系统不再受制于人，持续创新，是我们必须坚持走的路。在当时，不同的信号系统、不同厂家的信号系统不能互相兼容，这不仅造成了运营维护的高成本，也让跨线运行成为奢望。虽然，互联互通能让车流组织与客流需求的匹配度拥有更大优化空间，建设和人工成本也将持续降低，但是让十多家厂商的信号系统实现互通绝非易事。我们并没有被困难吓倒，反而激发起创新的热情。研发团队经过不懈的努力，首次创造性提出不同系统间互联互通的理念，解决了这一世界性难题，并首次应用于重庆互联互通国家创新示范工程，还带领国内多家企业开发满足互联互通标准的系统，形成中国标准的 CBTC 互联互通产业链。

创新永远没有止步的时候。针对自动化和智能化发展需求，交控科技成功攻克了自动化最高等级 GoA4 级 FAO（全自动运行，俗称"无人驾驶"）技术，并在北京地铁燕房线国家示范工程中首次应用，打破国外在轨道交通全自动运行系统领域的技术垄断和技术封锁，成为我国第一条真正意义上具有自主知识产权的全自动运行线路。在 FAO 基础上，交控科技进一步升级研发并掌握第 4.5 代互联互通的全自动运行系统，并在北京大兴国际机场线上首次示范应用，该条线路设计速度达到 160 公里 / 小时，成为目前全球最快的城市轨道交通全自动运行线路，实现了 FAO 系统与国际同领域相比，从"跟跑"到"领跑"的转变！

目前交控科技正在全力推动轨道交通全场景的基础研究和全生命周期的技术创新，通过采用 5G+AICDE（人工智能、物联网、云计算、大数据、边缘计算）等新技术为轨道交通赋能，探索研发高效率、低成本、可持续发展的第 6 代智能轨道交通系统，全力以赴实现在世界范围内的"领跑"。

2023 年，丰台区发布"倍增计划"与"发展伙伴计划"，交控科技成为轨道交通领域"丰台发展伙伴"链长单位，我们将发挥自身产业上中下游资源整合能力和协同能力，提升整个产业链的发展效能。我们成长于丰台，发展于丰台，未来也将壮大于丰台。十余年的发展，交控科技与丰台区携手前行，从一个创业小团队，到今天科创板上市企业，从一栋低矮的小型办公楼，到今天 5 万余平方米的交控大厦，我们见证了丰台区轨道交通产业的高速发展。地铁宋家庄站、丽泽商务区站、草桥站等众多交通枢纽的建成，联通北京城四通八达。北京西站、北京南站、丰台站更是联通全国，从丰台出发，奔向梦想。

2023 年 11 月 8 日，轨道交通创新发展大会在丰台园博园召开，来自国内外轨道交通领域知名企业、高校院所和业主单位的 500 多名嘉宾代表会聚一堂，共商共促轨道交通产业创新发展。相信在区委、区政府的坚强领导下，在轨道交通同仁的齐心协力下，丰台区的轨道交通产业，必将谱写更加辉煌的篇章。

**作者简介：**

郜春海，第十届丰台区政协委员、第十一届丰台区政协常委，丰台区工商联主席，轨道交通运行控制系统国家工程研究中心理事长，交控科技股份有限公司董事长

# 丰台科技创新引擎的诞生与发展

张云贵

第一次知道丰台是 1983 年的一次"路过",我从南方坐火车到清华求学,那时候的丰台,对我来说只是一个站名,离北京还很远。想不到这个"站名"所代表的一方水土,将会是我的第二故乡,会是我一生耕耘的地方。

我第一次实地来到丰台是 1988 年,还是为了求学。我的研究生导师是冶金自动化院的彭天乾先生,是中国冶金行业知名的轧钢专家。记得很清楚,当时是从六里桥坐 340 路公交车,车越走,田园风光越秀美,可我的心越沉重,一种强烈的"上当"的感觉油然而生。要知道我可是学人工智能的,我的理想是将智能技术与工业制造相结合,用当下的术语叫"智能制造",难道我要在美丽乡村搞这样的科研?

也是巧了,我第一次来丰台,触动最深的还有一件事,就是在丰台路口看到一个圆形路牌,里面是一个拐弯的箭头上画了一道粗斜杠,也就是"禁止掉头"标志牌。

就好像是一种命运的隐喻:不许掉头。我的职业生涯就要从这里起步,起步了就不能回头。丰台好像也是从那时候开始,科技驱动已经上路,从此也不能回头。就这样我和丰台一起成长,一路奔波,从美丽乡村走向科技高点。

90 年代的冶金自动化院是丰台科技创新的高地。当时自动化院是科技部树立的科技改革典型,在中国冶金自动化领域享有很高的声誉。凑巧的是,同时期冶金自动化院还是丰台"天际线"的代表。记得国庆 45 周年要放庆祝焰火,丰台镇这边就选择了冶金自动化院,因为我们目前在西四环路边上科研楼顶就是那时候丰台路口以南的"制高点"。

现在每天从四环路过的人，即便是"老丰台"，还有多少会关注四环边上自动化院的那幢七层楼？

原因是"轻舟已过万重山"。从新世纪开始，尤其是中共十八大以来，丰台的发展进入了快车道。丰台有了崭新的科技天际线和地标建筑天际线。

就我的亲身经历而言，丰台区科技创新引擎的发展可以分为三个阶段：孕育期、突破期与高速发展期。从改革开放到新千年之前的这段时间，与国家科技体制改革同步，丰台的科技创新驱动进入孕育期。进入新世纪，尤其是以 2003 年总部基地横空出世为标志，丰台的科技创新进入快速突破期。随着中共十八大召开，一批国家级科技平台和一批国有民营高科技领军企业在丰台落地与发展，丰台的科技创新引擎进入高速发展期，为地方经济社会发展提供了强大动力。

我亲身见证了丰台科技引擎的发端、发动与发展。自己也从一名学生，成长为自动化工程师，成为博士生导师、冶金智能制造全国重点实验室副主任，目前担任中国钢研集团有限公司钢铁绿色化智能化技术中心主任，主持中国钢研集团有限公司钢铁绿色化智能化关键共性技术的研发与新业务的孵化。

非常神奇的是，自动化院发展和我自己成长的时间线，很多节点与丰台区科技创新发展的时间节点高度重合。

2000 年前后丰台总部基地开始筹划，2003 年正式宣布成立。2002 年 9 月冶金自动化院控股的北京金自天正智能控制股份有限公司在沪市 A 股上市，金自天正的总部就设在总部基地。这种时间节点的神奇同步正好也预示着冶金自动化院这样的驻地高科技单位与丰台的发展同频共振、相互成就。

为了金自天正上市，冶金自动化院集中了当时最核心的力量参与上市材料的编写，我有幸参与其中，成为上市材料编写的成员之一，参与了先进控制系统方向方案的策划与编写。那段封闭的时间，编写组反复讨论，讨论最多的是自动化领域的未来前景，以及丰台区科技创新的未来图景。今天再回首，必须诚实地说：我们严重低估了科技发展的速度，低估了科技创新对当地经济社会发展的引擎作用。

2012 年我有幸成为丰台区第九届政协委员。同样是在 2012 年，依托冶金自动化院，后来由我担任副主任的"混合流程工业自动化系统及装备技术国家重点实验室"验收通过，一个国家级的重大科研平台落户丰台。

又一次神奇的巧合！

其实哪有什么巧合，所有的"恰巧"都是无数人相向而行、共同努力的结果。丰台区委、区政府一直以来高度重视区域科研创新"种子选手"的发掘与扶持。国家级科研平台的争取、扶持始终是区委、区政府的重点关注内容。据我所知，除了自动化院的流程工业的国家重点实验室外，同期还有轨道交通方向的国家重点实验室落户丰台，还有航天军工、知识服务等方向的一批重大科研基础设施在丰台落地。与此同时，一大批军民融合、智能制造、新一代信息技术的骨干科技企业、潜在的科技"独角兽"企业也在丰台快速成长，成为丰台区科技创新引擎的核心动力源。

我有幸成为第九、十、十一届连续三届区政协委员。区政协对我也礼遇有加，2022 年以我的名义在自动化院成立了委员工作站。2022 年国家对全国的国家重点实验室进行重组。由我担任副主任的原国重室重组成功，更名为"冶金智能制造系统全国重点实验室"，成为行业唯一的智能制造专业全国重点实验室。

非常神奇的又一次"巧合"！

区政协、区科信等部门相关负责同志多次莅临我的工作站，他们礼贤下士、询道问计，让我非常感动。我也依托委员工作站，联合王霞、王丽娜、杨光浩、高如阳等委员成立了一个"智能制造"专业工作组，聚焦区域智能制造产业发展主题，发挥工作站委员专业优势，联合丰台区内智能制造的政、产、学、研、用各方力量，力争促进智能制造技术与市场生态构建，为丰台区"倍增计划、伙伴计划"提供可持续、专业性的支持。

一切过往，皆为序章。未来已来，愿我热爱的丰台稳健而又高速地前行，动力澎湃。

**作者简介：**

张云贵，第九、十、十一届丰台区政协委员，中国钢研科技集团有限公司钢铁绿色化智能化技术中心主任、人工智能首席科学家、正高级工程师、博士生导师

# 当成长的步履沾满泥土的芬芳

## ——伴随丰台"三农"发展变迁的十年

吴宏锐

2011 年我来到丰台区农业农村局（原丰台区农村工作委员会）参加工作，先后在动物卫生监督所及机关财务、经济发展、村镇建设、动物卫生管理等多个科室任职。作为一名日渐成熟的"三农"工作者，我亲眼见证着丰台区快速发展的步伐，也亲身感受到丰台的农业农村在发生着日新月异的变化。

### 抱负——为农安质量监管强筋蓄力

2012 年冬日的某个凌晨，位于西四环辅路旁的岳各庄农副产品批发市场依旧人声鼎沸，一进肉类大厅，浓厚的市井气息扑面而来……彼时，我作为一名官方兽医，驻场职责主要是对凌晨进京的动物产品进行检疫监督，对检疫不合格、染疫及疑似染疫的货物实施生物安全处理等工作。这一年，我们在驻场官方兽医室推进了动物产品快速检测试点，通过纵向与市级动监、横向与区级疫控进行动物产品检验与残留检测的双对接模式，大幅提升了丰台区的农产品安全保供能力。这样的工作通常会从前一日傍晚持续到第二天清晨。走出大厅，天已微亮，抬头望着楼沿上伫立的几个大字，当时的我还不知道三年之后这里将迎来怎样脱胎换骨的变化……

2016 年，市场投资 3459 万元进行升级改造，建立电商配送平台——食讯网和高碑店仓储中心，通过转变经营模式，推动物流深加工，有效改善了曾经车流量大、外来经商人员密集、交易方式原始落后等问题，经营环境和硬件设施得到大幅提升，市场也实现着向管理自动化、服务规范化的体系进行转变。

这个始建于 1986 年，影响了几代北京人的"菜篮子"至今仍凭借着它完善的配套服务体系、全面的经营品种及强大的物流集散功能，服务和保障着京西地区的百姓生活和周边单位的农产品供应，为城市增添浓浓烟火气息的同时也在促进农业增产、农民增收、维护城市和谐稳定等方面作出了重要贡献，形成广泛的社会效益。

### "财"富——为事业创新发展激活动力

"这个 KX-FT872CN 型号的传真机是宏崑科长用的那台，那个缺角的办公桌是从建英主任那屋搬过来的……"区政府南院 4 号楼三层的库房里，作为财务人员的我和原绿指办的同事们在仔细核对着固定资产条码上的内容，匹配资产归属及使用人信息，确保账实相符。

2015 年是区农业农村局历史上具有重要意义的一年，原区绿化隔离地区建设指挥部及其办公室因机构改革被撤销，相应职责分别由原区农村城市化领导小组及原区农委承担，按"人随事走、编随人转"的原则，原绿指办的 9 名行政人员划归我单位，机关科室重新整合，岗位职责得到优化，队伍士气空前高涨。

这一年，我首次尝试从出纳向会计的身份进行转变，在琐碎繁杂的事务中谨守"眼大、心细、手勤"的工作准则，逐渐开始接触和了解其他科室的工作，迅速成长。这一年，我们建立了农村社区建设工作推进机制，选派了 8 名熟悉社区建设工作的街道干部到乡镇挂职。网格化社会服务管理在农村地区实现全覆盖。这一年，全区累计完成新型农民培养 3278 人。6321 名农民参加城镇职工社会保险，城乡居民养老保险参保率达到 98%，农村民生保障持续改善，农民幸福指数稳步攀升。这一年，农村地区引进亿元以上企业 20 家。农业观光园接待人次 136 万。全区实现农村经济总收入 362.5 亿元，同比增长 4%；农村居民人均纯收入 24628 元，同比增长 9.2%，农民增收成效显著。

### 背负——为壮大集体经济拼搏角力

为贯彻落实 2018 年 11 月市委主要领导来丰台调研时曾提出的有关促进南部发展的一系列工作要求，区委及时出台《关于加强农村集体土地和房屋管理工作的意见》（京丰发〔2019〕1 号），明确街镇、村集体经济组织在利用农村集体土地和房屋进行租赁、建设、合作、抵押等处置事项时须履行相应审批程序。一年后，该项工作初见成效，集体土地和房屋管理渐入正轨。2019 年，集体资产监管联席会议审议通过项目共为全区创造留区税收 1.81 亿元……同年 7 月，岳各庄、郑常庄两村投资两亿元的农副产品物流集散中心项目在我区对口支援的内蒙古林西县正式开工建设，积极带动当地的农副产品销售和群众就业；同月，樊家村劳动力安置用地项目暨樊家村鼎业文化产业园项目开工，建成后将进一步完善天坛医院及口腔医院新址周边的配套设施；次月，新发地光山农副产品批发市场及冷链物流园项目奠基仪式也在河南省光山县举办……值新中国成立 70 周年来临之际，丰台集体产业呈现"遍地开花"之势。

"王佐三个沟道、长辛店两个园子——向水务、园林征求设计方案意见……；佃起农业园——与规自确认基本农田上栅栏材质、入土标准……；跟水务咨询水源保护区耕种水稻的相关要求……"，这是我 2020 年工作日志某页上曾记载的内容……这一年，我们统筹拨付涉农财政资金 3150 余万元用于农业信息化、生态农业、环境整治等多领域专项工作，着重投向经济薄弱村的沟道治理及农业种植类项目，在强化农村人居环境整治的同时极力扭转"大棚房"清理后期休闲农业园区发展迟缓的不利局面。支农项目管理体系逐步健全，涉农资金使用效益有效提升。

回顾经济发展科的工作，机遇与挑战并存，忙碌而充实。2019 年随市

王佐镇佃起村用四色水稻勾勒出"乡村振兴""美丽王佐"和融合佃起村元素的村徽图案，组成彩色稻田创意画（王佐镇/供图）

农业农村局赴浙江、陕西考察调研，"绿水清山就是金山银山"的科学论断、"百村示范、千村整治"的经验成效使我此行受益匪浅。此后两年，丰台通过打造"西山—永定"丰台段休闲线路、促进农业园区创星、举办农业节庆活动等手段提升全区休闲农业经营品质及辐射带动能力，打造出特色化、差异化、品牌化、多主题的休闲农业聚集区，形成"一线十三园"的格局，以休闲农业高质量发展促进城乡融合、农民增收及集体经济的可持续增长。2021年全区休闲农业园共接待人次 211.7 万，同比增长 71.1%；全年收入达到 1.57

亿元，同比增长 39.1%，乡村消费潜力得到持续释放。

### 肩负——为种业繁荣振兴保驾助力

"吴宏锐负责会议疫情防控及医疗保障工作的联络对接……"。这是出自 2021 年种业大会部署会上的安排。于我，倍感荣幸，却也颇为忐忑……彼时新冠肺炎疫情仍在肆虐，"百名干部包社区村"的巡查督导工作机制已建立一年有余，日常巡查点位中曾暴露出的各类复杂衍生问题依旧历历在目；新发地疫情期间驻场支援的工作经历也仍令人心有余悸……

这一年是大会自 1992 年创办以来第一次经市委、市政府批准由原先的"丰台区种子大会"升级为"北京种业大会"。作为国内第一种业会展品牌，它承载着全国现代种业信息、科技、人才、成果交流转化的重要功能，也服务和支撑着全国现代种业的快速发展。举办此等盛会，疫情防控绝容不得一点儿偏差，这是我对自己的要求，也是对组织的承诺。态度决定一切，心态左右行动……联系疾控中心的专家对每日疫情进行分析研判，针对形势变化及时调整防控措施；开展全面消毒及环境采样；无数次往返丽维赛德酒店的三个入口督导工作人员严格执行入场测温、验码及核酸查验，针对重点地区进京人群开展重点摸排工作；三天内对参会人员、展商及工作人员开展两轮全员核酸检测。最终，本次大会得以圆满收官，受到业界的一致好评。艰难方显勇毅，磨砺始得玉成，在陕西、甘肃、内蒙、宁夏等地区疫情多点突发的困局下，我们成功保障会议期间无一例传染病事件发生。时任北京市委农工委书记的付兆庚同志以"天衣无缝"四个字高度评价了本次大会的举办。

种业振兴，北京先行，作为北京种业科技基础最雄厚、创新资源最集聚、创新主体最活跃的地区之一，丰台必将发挥种业资源、人才及技术的优势，积极推动种业振兴。放眼未来，"小"种子定能促成"大"发展。

### 托付——为维护农民权益靶向发力

时间来到 2022，这一年是农业农村部门从规划和自然资源部门手里接过宅基地管理职责的第二年，也是丰台行政区划调整完成后的第一年，涉农地区由原三乡两镇变更为十七个街道办事处两镇 56 个行政村。河西地区上位规划不稳，部分村庄城市化发展路径尚不明晰，统筹纳入项目实施搬迁腾退的道路布满荆棘，再加上按绿隔地区政策要求我区已有 20 余年未开展宅基地审批工作，人口急剧增长造成人地矛盾颇为紧张。全区范围内无规划保留村庄，所有村民都需通过城市化项目搬迁腾退实现回迁上楼，通过整建制转非改变户籍身份，纳入城镇社会养老及医疗体系。

"你好，我王佐的，我要举报邻居超盖房屋"……"是区农委吗？我是卢沟桥村民，大队没给我认成劳动力，将来是不是就不给发钱了？"……"我家是南苑的，我们这九几年建了几栋回迁房，分配有问题。"……在村镇建设科任职期间，常常会接到许多村民的来电，内容包含宅基地、城市化、劳动力等多方面疑问诉求。在耐心进行政策解答的同时我们也开始着手建立相应的矛盾纠纷调处机制，要求相关街镇以联审联办、专人负责、专窗办理等方式，就农宅翻建矛盾等多发事项，与职能部门强化联动，健全完善受理、办理、反馈、督办、回访、重办、评价等环节，提高信访及 12345 热线办事效率，为群众做好服务，进一步完善乡村治理机制。

2022 年，区农业农村局通过现场接待群众来访、电话接访、"接诉即办"、信访平台、区长信箱、外网邮箱、邮寄信件等渠道答复办结共 192 件。村民们急难愁盼的生活样本各有不同，对此我们在工作中也进一步强化调查研究，到问题最集中的地方，到广大农民群众中问需于民、问计于民、问策于民，在群众工作中检视问题、改进工作、赢得民心，在调查研究中找准良方，保障农民合法权益，推动丰台区农村问题共享共治，实现可持续发展。

## 奔赴——为实现乡村振兴凝心聚力

2023 年 7 月，一场题为"初心如磐 使命在肩 奋力开创农业农村高质量发展新局面"的党课在国家农作物品种展示基地悄然开讲，从顺势而为、乘势而上、聚势而强三个维度，深入分析了以"合作发展"赋能丰台"倍增追赶"的高质量跨越式发展道路和实施路径，查找梳理了丰台"三农"工作存在的

北宫镇中华名枣园入选全国"两山"理论转化的典型实践案例,将原来野草丛生,荆棘遍布的荒山野岭打造成观光采摘景区(北宫镇/供图)

差距和不足,阐释说明了今后努力的方向,在党对"三农"工作的全面领导下,积极探索新时代丰台的乡村振兴之路。

国家农作物品种展示基地是丰台举办 2014 年世界种子大会的宝贵遗产。2023 年,基地挂牌成立"国家粳稻工程技术研究中心北京优质粳稻育繁种基地",共完成国家级、省市级展示评价作物品种 6000 余个,作为农作物种业前沿品种、科研成果转化的重要纽带,是北京市打造现代种业交易交流展示的窗口平台。虽说这个地方我们再熟悉不过,但这堂新奇的党课还是让大家感到意犹未尽。

学习"活"起来,党员"动"起来。近年来,单位不断深化拓展理论学习模式,建立完善"一线学堂+田间课堂+特色宣讲"的"党建学习矩阵",将田间地头、红色基地、工作一线等作为主题党日活动主战场,增强了党课的吸引力和感染力,提振党员干部精气神,扎实推动党的二十大精神在丰台沃土上落地开花。做好"三农"工作、实现乡村振兴,基层党组织必须坚强,党员队伍必须过硬,这样才能助推农村党建再上新台阶,走出一条具有丰台特色的抓党建促乡村振兴之路。

如今，我在局机关工作已十年有余，在当下倍增追赶合作发展的大背景下，农村地区的高质量倍增发展三年行动计划应运而生，我执笔的《丰台区关于加强绿化隔离地区超转人员保资金使用管理的实施意见》也正式通过区委区政府的审议，由国资集团接棒推进后续方案实施……日子一天天过去，工作一件件完成，那些日渐膨胀的文件夹，见证着无数像我一样的"三农"工作者，大家践行着初心使命在平凡的岗位为谱写丰台发展新篇章默默奋斗。

时光往复，冬去春来，十年弹指间，在丰台地图上走南闯北，至今仍清晰记得初见成片耕种的油菜花、向日葵和风吹稻浪连绵翻滚的好"丰"景，也难忘打铁花、太平鼓、水田插秧、开镰割麦带来的感官震撼……这些藏于田间地头的惊喜完美填补了我在农村传统文化认识方面的不足，也成功打捞起儿时曾对乡土情怀的眷恋与向往。那一句句听得见的乡音、一幕幕看得见的乡愁也在提醒着我——丰台这片沃土，就是我身边记得住的故乡。

回顾脚下走过的路，其实是贯穿生命的一段段征程，生命很长、也很短，足迹不会白白留下，爬坡过坎间步履不停，鞋底已然沾满泥土的芳香……

**作者简介：**

吴宏锐，第十一届丰台区政协委员，丰台区农业农村局动物卫生管理科科长

# 聊聊丰台的轨道交通产业

熊 飞

我是丰台轨道交通产业发展的亲历者。

2008 年丰台区委组织部面向几所部属高校选调干部，我从北京航空航天大学来到了丰台，担任丰台科技园区企业服务管理处处长。初来乍到便得知企管处背负着艰巨的经济指标任务，园区财政收入要占全区 20% 且每年增加一个百分点，而此时美国金融危机波及全球，在这样的环境中，每年增加一个百分点谈何容易！

## 缘 起

2009 年，是保增长的一年！在国家采取刺激经济增长措施的大背景下，我开启了在丰台的第一个工作年。这一年繁忙而紧张！熟悉情况、了解企业、参加各种会议并撰写经济分析报告。同时，我不断地思考如何支撑经济指标持续增长。经过一年的摸索，我确定了发展思路：抓企业家、抓产出、抓产业。人才是园区发展核心资源，抓住核心企业可提供基本支撑；优质企业加倍产出及培育新优质企业能保证经济指标增长；打造品牌产业可提升园区竞争力。

有了想法便付诸行动。2010 年，一系列举措陆续展开。4 月成立了全市的轨道交通产业联盟；6 月建立了园区的民营企业家联谊会，并且每年开展系列活动；9 月出台了丰台科技园区企业倍增计划，当时是"四个倍增"，即企业销售收入倍增、上市速度倍增、科技创新能力倍增、领军人才倍增。四个倍增分别都有具体的计划与任务指标。

## 联盟的建立

现在具体说说这个产业联盟。其实在联盟建立之前经历了长时间准备。轨道交通分为大铁路与城市地铁，而我们的联盟主要服务于北京的城市轨道交通发展。当时全市已建成地铁线路 9 条，共计里程 228 公里，投资 694 亿元；在建线路 11 条，共计里程 325 公里，投资 1709 亿元。全市轨道交通设备的国产化率已达到 85%，但是部分关键技术还掌握在国外厂商手中，有的技术甚至被国外企业所垄断。因此，市里有关领导及部门都在考虑，每年大额的地铁投资能否带动北京相关产业的发展，同时，被外企控制的一些技术，对于今后运营安全与后续维护也是巨大挑战，能不能通过这个联盟协作解决部分关键技术，提升产品的国产化率，进而带动北京整个轨道相关产业的发展。

最初这个任务是交给中关村管委会的，众所周知，中关村是全国创新资源最丰富的区域。当我们了解到要建立轨道交通产业联盟这件事之后，就积极主动地向中关村管委申请把任务接下来，正好在 2009 年丰台科技园向科技部申报了轨道交通的国家高新技术产业化基地，园区在产业方面也相对有基础。

任务接下来之后，最主要的问题就是怎样把联盟建好，最初联盟的名称拟定为"中关村轨道交通产业联盟"，但征求市里相关部门意见之后，认为有些局限，这一联盟应该定位在全市，考虑到既然是服务城市轨道交通，那么自然得由北京地铁的业主单位，也就是京投公司来牵头，担任理事长单位，北京地铁的其他两家单位轨道公司、运营公司再加上中国中铁和北京交大，成为副理事长单位，秘书处就设在了丰台科技园企业服务中心，这个中心是事业单位，具体工作与人员都由我们企业管理处负责与承担。联盟最后确定的名称是"北京轨道交通产业技术创新战略联盟"。

2010 年 4 月 2 日联盟正式成立，开展了多项活动。5 月，组织联盟企业与中关村政府采购中心的对接；8 月举办联盟及中关村企业的轨道交通产品推介会；9 月拟定联盟行动计划；10 月召开联盟全体大会，交控科技 CBTC 项目落户丰台科技园；12 月举办主题为"推进轨道交通产业发展、助力首都世界城市建设"的北京轨道交通产业发展峰会。在此基础上，我与京投公司沟通后决定发起设立一支专注于轨道交通领域的产业投资基金。

## 基金的设立

设立北京市轨道交通产业投资基金对丰台科技园和京投公司都意义重大。对丰台科技园来讲，是配合着联盟支持轨道交通产业的一项重要举措。当时园区有很多对企业的支持政策，但缺乏专门针对某一产业的投资基金。对京投公司来讲，与科技园区合作设立基金，不仅能解决主业投资的问题，而且有我们这些专业的园区工作者做支撑，对所投资企业的筛选与价值成长肯定是大有帮助的，投资的成功率当然也会大大提升，因而双方一拍即合。

按照筹建方案，北京市轨道交通产业投资基金规模总计 15 亿元人民币，其中首期募集资金不低于 5 亿元，重点投资轨道交通和节能环保等新兴产业。在首期募集资金中，京投公司出资 3.5 亿元，占比 70%；中关村管委会出资 1 亿元，占比 20%；丰台科技园出资 5000 万元，占比 10%。

在给区政府的请示中，我们是这样讲述这只基金设立的意义的：一是通过金融资本的引入，将使处于建设初期的轨道交通产业基地加快发展，有助于培育一批高成长企业做大做强，提升基地经济规模；未来几年将诞生一大批重点新产品、新技术，产业基金的引入，有助于实现联盟企业的聚合作用，争取使联盟承担国家重大科技项目。2. 随着产业基金对产业的促进效果逐渐显现，基金将成为丰台发展轨道交通产业的新品牌，吸引更多优质企业与重点项目落户我区，以形成产业链条完整、发展环境优越的高端产业聚集区。3. 根据初步估算，基金预期年收益率将不低于 20%。

经过半年多的准备，2011 年 9 月 19 日基金在园区玛雅岛酒店发起成立。这件事对于丰台整个轨道交通产业的发展发挥了重要的作用。交控科技就是这只基金建立后首批投资的企业。

## 产业品牌的初成

经过两年多的努力，到 2012 年丰台轨道交通产业的规模与影响力已初步形成，具备了比较雄厚的基础与实力。拥有两个国家级的授牌基地——科技部授牌的"北京国家轨道交通高新技术产业化基地"，工信部授牌的"国家新型工业化产业示范基地（轨道交通）"；一个市级的产业联盟——北京轨道交通产业技术创新战略联盟；一支专业化的投资基金——北京基石轨道交通产业投资基金；并正在建设产业集群——科技部批准的"国家级轨道交通创新型产业集群"。

轨道交通作为丰台区的主导及重点产业，在"十二五"规划时就开始纳入全区规划，并获得中关村管委、市科委等委办局认可与支持。最初建立联盟时，有的区是很有意见的，人家认为自己区域内的轨道交通产业同样也很强，凭什么你丰台就想独占？到这时这已经成为不争的事实了。之后，轨道交通产业在"十三五"时又写到了市级的规划里，尤其是在中关村国家自主创新示范区扩区时，市里要求中关村各园区都要有自己的特色产业，我们恰好由于提前布局而抢占了先机。

这个阶段之所以叫初成，是因为我们轨道交通产业名片的知名度与认可度在外界还不够高。记得 2012 年科技部对高新技术产业化基地进行复核，我去汇报答辩时，就有评审专家问："提到轨道交通，我脑子里首先想到的是株洲、青岛这些城市，怎么你们丰台竟然是轨道交通的高新技术产业化基地？"我就笑着给专家解释，我说您提到的这两个地方确实轨道交通出名，他们轨道交通产业的占地规模也更大，但从产业角度来讲，他们主要以轨道交通的车辆制造为主，核心主体是中车集团下属的两家主机厂，而要讲高新技术产业化，尤其是从这一产业的全链条及多技术角度，我们丰台这样的区域在全国还真找不出第二个。专家想了想确实如此！

因此，之后对于这个产业的培育，就更有针对性地考虑提升我们产业的知名度与美誉度。但不巧的是，这年 5 月开始，我就被区里抽调参加园博会的市场开发工作去了，2013 年园博会结束之后，组织又安排我到中车集团挂职，2015 年回到科技园区任管委会副主任，主管产业工作，我才又接续开展了后面的工作。

## 成绩与遗憾

2015 年回到园区后，我思考我们的轨道交通产业提升点在哪里？

这年的 4 月中央审议通过了《京津冀协同发展规划纲要》，5 月国务院印发了《中国制造 2025》产业行动纲领，强调要把增强制造业创新能力作为核心任务，围绕制造业重大共性需求，发挥行业骨干企业的主导作用，依托企业、高校、科研院所改建新建一批国家制造业创新中心，开展产学研协同创新。

为了进一步擦亮丰台轨道交通这张名片，我就有了一个大胆的想法：要推动中车集团在丰台建设"中国高铁创新中心"，地址选在河西地区的二七车辆厂。剩余厂房及机器可建设成中国铁路工业博物馆，为此我又请主管副区长协调市经信委向工信部作了专题汇报。

对中车集团来讲，南北车合并之后产能过剩的问题日益严重；制造业已不适宜在北京发展，两个二七厂迟早要关停或减产；二七车辆厂紧靠园博园，周边交通与环境在园博会之后已经变得非常有吸引力；建设中国高铁创新中心，不仅可以充分利用北京的人才与创新资源，还可以就地解决二七厂的后续发展问题，同时也可以改善一下集团总部的办公条件。

对丰台区来讲，如果中国高铁创新中心建立起来，对区域产业环境必定还会形成进一步的提升与支撑；河西地区一直是丰台发展的洼地，一个标志性的产业名片对这一区域未来发展的带动是充满想象的，对丰台全区域经济平衡发展也会是功不可没的！

对北京市来讲，关停制造业转身为科技服务业，一定是可以支持的方向。这不正是京津冀协同发展的要求吗？不正是响应北京四个中心功能定位中创新中心建设的行动吗？而且落地一个制造业创新中心，配合着丰台区域现有的轨道交通产业，进一步形成产业协同带动效应，还可以更好地服务首都经济发展。

鉴于此，我深知这件事对丰台区发展的重要意义，便多次向区领导汇报，区长带队拜访了中车集团，经过努力，中车集团领导与区领导于国庆节后第一天进行会商交流。我在国庆假期为汇报做准备，10 月 8 日，中车集团总裁带队来与区长会谈，我就建设中国高铁创新中心、建立中国铁路工业博物馆、中车集团衍生新企业落户丰台等想法作了汇报。会谈非常愉快，双方就合作前景作了交流，后续中车也确实将很多新组建的公司，比如中车金控、中车产投、中车财务等落户在了丰台，但遗憾的是对于前两条提议，中车一直没有正面回复。

尽管有一些遗憾，但我相信丰台的轨道交通产业在科技园区人的努力下会越来越好！

2017 年 3 月，我从丰台调至京投公司所属的北京轨道交通技术装备集团工作。到任后第一件事就是将这家公司迁到了丰台，对京投装备来说，丰台这个区域是产业聚集地，政策与产业协同都有利于企业成长，对丰台来说产业集群式发展是永恒的主题！这是一件双方互利共赢，符合高质量发展的好事！

---

**作者简介：**

熊飞，第十届丰台区政协委员，北京基础设施投资有限公司董事会办公室（战略管理部）主任

# 百年老站——从"北京最早"到"亚洲最大"

李军武

在北京的众多火车站中，我对北京丰台站有着特殊的感情。20 世纪末，火车是最大众最实惠的交通方式，我曾经到市区有关单位联系业务，还被问到是不是从丰台坐火车过来的。转眼在丰台工作已有 20 多年，北京丰台站重新开通运营，以崭新面貌迎接八方来客，而在老丰台站乘车的场景还时常浮现在眼前，感觉就像前几天的事。

## 凤凰涅槃，浴火重生

我国铁路工程专家詹天佑在《敬告青年工学家》中曾激励广大青年："莽莽神州，岂长贫弱？曰富曰强，首赖工学。交通不便，何以利运输？机械不良，何以精制作……"100 年前，中国处于积贫积弱最为危险的年代，1895年甲午战争失败之后，清政府才意识到铁路对国家发展的战略作用，丰台火车站就是那时清政府为了修建津卢铁路，通过"借洋债""聘洋人"在北京城外修建的第一座火车站，那会儿我国人均铁路长度还"不如一根香烟长"。丰台火车站作为北京最早的火车站，它的发展既是中国陷入半封建半殖民地深渊的见证，也代表着中国着重发展铁路基础设施思想意识觉醒的开始。

我依稀记得 90 年代第一次到丰台站的时候，路上的旅客还是摇着扇子、席地而坐。后来随着首都城市建设和铁路的快速发展，北京西站开通运营之后分流了丰台站大量运输任务，原有的客运、行包托运等业务相继移交北京西站、丰台西站等站，2010 年 6 月 20 日，这座百年老站运输业务全部停办。

丰台火车站旧貌

2018年9月，丰台站正式实施改扩建工程，一座现代化高铁站开启了它的"凤凰涅槃"之路。2022年6月，丰台站正式更名为北京丰台站。丰台站改扩建工程启动之时，我在丰台区住房和城乡建设委员会担任征收管理科科长。作为承担丰台站征收任务的工作人员，为丰台站保驾护航是我的职责使命；同时我又是一名丰台区政协委员，关注丰台区轨道交通建设是我义不容辞的责任担当。在丰台站改扩建工程建设的四年里，我有幸亲历、亲见、亲闻它发展壮大、实现华丽转身的整个过程。

它的"重生之路"并非坦途：丰台站原有老站房区域受限，不适宜进行大规模拆迁，另觅一处数十万平方米的空间也不现实，更何况作为城市交通枢纽，不得不考虑重新选址带来的连锁反应。最终，北京丰台站选址定在老丰台站东侧约一公里的地方，在这个基础上扩建，既充分利用了现有的土地空间，同时又能承载新的城市功能。我们这些干征收的刚知道项目在老丰台站基础上扩建时，是又开心又紧张。开心的是丰台区又迎来了一座大型交通枢纽，紧张的是扑面而来的工作压力。不过在原有基础上改扩建，不仅工作难度降低，更是减轻了前期征拆协商工作的压力。

丰台站站房建筑面积约40万平方米，每小时可容纳1.4万人同时候车，设有 32 条到达出发线，32 个客运站台面，是亚洲最大的铁路枢纽客站。按照设计方案，丰台站内部分为地上三层和地下一层，是国内首个采用普速、高速双层车场设计的铁路枢纽，形成"顶层高铁、地面普速、地下地铁"的立体交通模式。明确的功能区分可以有效节约车站建设土地，集约整合交通资源配置，土地和资源得到了充分的利用。这样一个集多种功能于一体的大型综合交通枢纽建筑，其结构设计需承载多重功能，同时还要建筑"重结构轻装饰"的美感，设计复杂程度可想而知。

### 上下联动，合力统筹

丰台站改扩建工程作为北京市的重点项目，是落实首都城市功能定位、完善首都综合交通体系的重要坐标。北京丰台站的开通运营可以有效分散西站客流，增加首都开往全国的列车对数，加强首都与全国城市的联系，同时它也是承载北京城南快速发展的新支点，是城南经济实现突围破圈的全新引擎，对强化周边地区高效功能布局和对外交通连接大有裨益。抓好丰台站组团开发，将显著提升城南能级，也能够更好融入京津冀协同发展大局。丰台站建设的意义在于变化和发展，交通的发展和即将随之而来的经济发展，能够极大改善丰台的人居环境，提高生活服务品质。

为了保障丰台站顺利开通运营，我区各级部门牢固树立"一盘棋"思想，全面推行"高位化调度、集成化作战、扁平化协调、一体化办理"工作模式，全区上下凝心聚力、合力攻坚。区领导以上率下、高位调度，对重大事项亲自推动，重点环节亲自协调，既挂帅，又出征，对重难点问题身体力行、靠前指挥，并且高频次统筹调度，亲自督促落实，采取一切措施加速推进丰台站建设、环境提升和交通秩序治理等多方面工作。那几年全区上下干劲特别足，丝毫不敢懈怠，北京丰台站早日开通运营是大家日思夜想的一大盛事，都期待着早日一睹北京丰台站的新风采。

让我印象特别深的是，2022 年丰台火车站的前期征拆工作进入攻坚阶段，面对 6 月通车的任务要求，单位同事夜以继日，拼尽全力，护航丰台站专项行动。我们当时面临巨大的压力和挑战，同事几人细化分工，部分同事负责每天到项目现场调解谈话，从各个角度向被征收人讲透搬迁政策。其他同事在单位整理拒不搬迁的被征收人的案卷材料，及时报相关部门裁定。短短的几个月下来，大家都消瘦了一圈，但仍然坚守在岗位上。我们还有个同事那段时间血压升到190，大家都心疼她，让她请假回家休息，她只是淡淡地说："没事，轻伤不下火线，我还可以坚持，重点任务不能耽误，而且这也是关系老百姓出行的大事。"

在征收实施过程中，为了获取更大利益，部分被征收人持观望态度，不肯协商征收补偿事宜。为了应对前所未有的项目复议、诉讼压力，维护政府机关的公信力，我们几个同事从事实、法律、证据三个层面对每一个复议、诉讼案件深入把握，保证正确适用征收拆迁领域的政策法规及相关配套文件。

在最后的攻坚期，丰台区创新制定"双线并进"工作模式，一方面采取领导包案制，属地街道、社区主动上门沟通，逐一入户深入协商，协力做好群众思想工作；另一方面，对反复劝解疏导无效的被征收人依法依规，引导回归合理诉求，陆续签约，征拆收尾工作顺利完成。

## 拔地而起，飞跃历史

2022年6月20日，时隔12年，丰台站以全新面貌投入运营。从清晨到黑夜，潜藏在北京地下的"大动脉"默默承担着这座城市大部分的客运量。每逢过节回家时，我总会选择从北京丰台站乘车，漫步在车站内部，随处可以感受到设计的美感和智慧，到处充斥着北京元素，钟鼓楼的壁画、马赛克形式的北京风貌图景，传统与现代的形式结合每次都会让我眼前一亮，也都会想起当年和同事一起忙碌、奋斗的身影。

百年来，丰台站见证了中国铁路的沧桑巨变。而我作为当时的工作人员，幸运地成为这段历史的亲历者之一。从昔日北京城外的小站舍，到今日集人文情怀、绿色温馨和智能便捷为一身的亚洲最大铁路枢纽站，丰台站是中国铁路历史性飞跃的完美诠释。

不断延伸的高铁，带给我们缩短时空的惊喜。拔地而起的车站，刷新我们感悟科技与智能的认知。北京丰台站的开通运营，北京正式迎来"七站两

北京丰台站（原梓峰／摄）

场"的新时代，从"北京最早"到"亚洲最大"，处处彰显着新发展理念，它正在重塑首都乃至京津冀的发展格局，完善的首都综合交通体系也将进一步带动社会经济的发展。我是如此幸运，有生之年能够用自己的奋斗见证了丰台站这一伟大变迁历程，每每想起内心都会感到无比自豪和骄傲。

最后我想对詹公说：这盛世如您所愿，铁路建设者正在不断将中国铁路的标杆工程呈现于世人面前，用实际行动续写"筑路强国"的光荣与梦想。

**作者简介：**

李军武，第十一届丰台区政协委员，丰台区住房和城乡建设委员会建筑行业管理科科长

# 践初心勇担当，与企业同成长

田振磊

　　我是一名丰台区建筑行业从业者。在建筑领域悉心耕耘的 20 余年里，我见证了丰台区一座座高楼平地而起，一栋栋老楼重现光彩。并多次亲身参与建设重大项目、民生项目、抢险项目。每一次出发，都不曾忘记自己作为国企建筑人的初心使命，以艰苦奋斗的前进姿态，与众多并肩作战的兄弟姐妹共同凝聚起照亮风雨征程的璀璨光芒，用一腔热血为社会发展"添砖加瓦"，让城市日新月异，让我们的生活更加便利、更加美好。

　　中共十八大以来，政府提出了加快城镇化进程的战略目标。这一目标的提出对丰台区建筑行业来说，意味着前所未有的机遇和挑战。我所任职的北京市丰房建筑工程有限公司是一家区属国有建筑施工一级企业。自 2001 年进入公司以来，我在项目一线夯实根基，严把安全质量关，参与建设的平改坡工程、丰台区 110 指挥中心工程、宛平经适房工程、南苑棚户区改造一、二期工程、青塔回迁楼、市政务服务中心拆迁安置房等多项工程等均得到了建设单位、监理单位、设计单位及丰台区建筑行业主管部门的一致认可。与此同时，旧丰房正在破茧化蝶，迎来新的生机，公司逐步取得总承包壹级资质以及多种施工资质，荣获北京市结构长城杯银奖、金奖、群体银奖。奖章荣誉百花齐放，这是奉献者最好的奖杯，这是企业精神最珍贵的传承。

　　随着三大国家战略之一的"京津冀协同发展"战略出台，公司顺势而为，再拓市场。作为一名年轻的党员干部，基于公司领导的信任，我直面挑战，磨炼自我，带头领导河北分公司开展业务，组织施工，项目一线是完成公司成果效益的直接指挥部，三年间河北分公司共计完成约 18 万平方米的施工任务，工程质量、安全、文明施工等方面得到了当地建设行业主管部门的一致赞扬，展现了我区国有企业的品牌价值与综合实力。

中共十九大对深化国有企业改革提出了新要求，明确了新任务。丰房公司在稳步发展的同时，更注重承担国有企业的社会责任，助力政府的惠民政策落到实处。此时我荣幸地成为公司领导班子中的一员，也更多地参与公司发展规划的讨论。为了承揽更多的施工任务，公司上下一心，加速发展，将企业各项工作推向新高度。我们推行项目承包制，打破以往大锅饭的分配模式，使有能力的年轻人提前走上管理岗位。积极开展工资集体协商制，实行按功论酬，极大地激发了职工的工作积极性与能动性。这一系列举措皆是与时代同频发展所呈现出的喜人成果。我们公司每年向税务上缴 1000 多万税款，并荣获丰台区经济发展贡献奖。丰房人常讲："金杯、银杯不如老百姓的口碑，为民建好房才是我们国企应尽的责任。"公司作为北京市老旧小区改造工程的先驱者，承建的"宛平地区平改坡项目"，不仅让老房子变成暖屋子，更让一栋栋具有仿古外观的居民楼与宛平城的底蕴相得益彰。承建的"莲花池西里 6 号院的加梯改造工程"，建成时，小区一位 80 多岁的老奶奶送来一幅字——"初心正道，真诚为民"。政府的认可，老百姓的口碑激励和鞭策着我们把政府的民生工程办实、办好，用实力担当推动城市更新建设，为首都发展增光添彩！

在新的历史时期，公司紧扣"十四五"规划与丰台区南中轴区域发展规划，着眼区域内整体保护与更新、绿色建筑等市场方向。2019 年 3 月参与了原福成服装大厦全面转型升级工作。以术业专攻推进工程建设，积极与各参建单位协调配合，选派经验足、能力强的项目班子成员，从安全保障、技术质量、经营管理、生产管理等层面逐项攻破，有力保障工作进度。鉴于项目的重要性，公司首次引进 BIM 技术，有效解决了专业间管线穿插和排布问题，不但降低了各种管线穿插打架等现象，更重要的是极大了施工工期。最终以全新形象、全新面貌助推区人保、医保、不动产、税务、民政等 40 多个委办局以及图书馆、党政服务中心等公共服务部门，为民众提供美观、舒适、便捷的办公环境和服务。该项目荣获"北京城市更新最佳实践"案例优秀奖。

在抗击疫情期间，作为提升疫情防控应急处置能力、更好守护人民群众生命安全的重要举措，建立方舱医院在疫情防控战"疫"中起到了关键作用。公司接到上级的指示后，我作为丰体轻症方舱医院建设的带头人再次率队出征。从2022年4月起，我们仅用21天便完成丰台区首个方舱医院筹备建设，于11月20日正式开舱接诊，11月27日首批康复者出舱。在这场与疫情的长跑较量中，"5+2""白加黑""我是党员我先上""两班倒""24小时不间断作业"……我们在平凡的岗位上默默地践行使命，扛起抢建改造重任，全力做好服务保障，与各参建单位协同作战、分秒必争、逆行而上，再次以行动诠释了丰房人的责任担当。

面对急难险重任务，我们奋勇向前，越战越勇，不畏艰辛，关键时刻站得出、挺得住、干得好。无论是房屋坍塌危机，还是暴雨频发汛期，公司都严阵以待、冲锋在前。在丰台区和义大厦抢险任务中，顺利排除了主体结构安全隐患；在庄户自然村污水问题抢修改造、马家堡67号院居民楼供水管线改造时，应急抢险队完成地下管线铺设、供水管线改造等工序，打通了地下"动脉"，千余户居民的生活环境得到了明显的改善。今年7月底，北京地区突如其来的特大暴雨，多处出现险情，公司防汛队员奔赴南宫领秀翡翠山B、C区地下车库、宝隆公寓等多地全力开展应急抢险抢修工作，全力保障了人民群众生命和财产安全。在灾后的重建工作中，我们的应急抢险队精准发力、逐个攻坚，鲁家山循环经济基地供水保障灾后恢复工程的受灾区域连接二级泵站至三级泵站已正式恢复供水，有力保障了北京首钢生物质能源项目生活垃圾处理和再生水供水任务，为灾后重建工作作出贡献。

百舸争流千帆竞，借海扬帆奋者先！党的二十大把高质量发展作为全面建设社会主义现代化国家的首要任务，而建筑业的高质量发展是国民经济高质量发展的重要组成部分。作为一名新时代的建筑人，践行爱国报国之志就是要在实践中开拓创新，直面挑战，精耕细作，我将坚持与时代同步伐、与人民共命运，带动公司发展实现从"量"到"质"的转变提升，勇当开路先锋、争当事业闯将，为丰台区倍增追赶、合作发展作出更大的贡献！

**作者简介：**

田振磊，第十、十一届丰台区政协委员，北京丰台城市更新集团有限公司·政源公司党支部书记

# 城市更新促发展　丽泽蝶变展新颜

## 李　声

两年前，我与丽泽金融商务区结缘，深入丰台金融产业高质量发展一线，接过接力棒，继续带领丽泽控股集团攻坚拔寨、开疆拓土。转眼间，在区委、区政府的坚强领导下，丽泽金融商务区南区经营性用地全部完成供应，新出让地块开工建设，重点项目稳步推进，丽泽面貌已从"蓄势夯基""提速增效"向着"跨越崛起""倍增发展"迈进。

如今，丽泽是"天赋福泽的金融园区"，是"暖心贴心的企业港湾"，也是"面向未来的数字新区"。丽泽的发展，离不开区域的固有优势，离不开科学的战略规划，离不开持续的开放合作，更离不开每一名丽泽人的齐心奋斗。作为丰台一分子、丽泽一分子，见证着脚下这片热土向上、更新、蝶变，我倍感振奋、与有荣焉，更觉使命光荣、责任重大。

在我看来，丽泽的蝶变，是区域固有优势带来的必然结果，是"天赋丽泽"的深刻体现。

丽泽金融商务区有着得天独厚的区位优势。这块土地位于北京市西南二三环之间，处于京津冀经济圈的核心位置，规划面积 8.1 平方公里，核心区面积 2.8 平方公里，地上新建建筑规模 546 万平方米，已经是北京市邻近二环的最后一块成规模集中建设区。天赋所在，让丽泽成为资源充沛、活力充沛的发展之地，必然在城区整体高质量发展中发挥重要作用。

2008 年，市委、市政府将丽泽纳入了首都"一主一副三新四后台"的金融业总体布局。2011 年，北京市"十二五"规划中将丽泽定位为首都"六高四新"产业发展格局中的"四新"之一。2017 年，《北京市城市总体规划

丽泽金融商务区诞生前的面貌

（2016年—2035年）》中明确提出丽泽金融商务区是新兴金融产业集聚区、首都金融改革试验区。2018年，时任市委书记蔡奇同志作出重要批示，"丽泽要成为第二金融街"。2020年，丽泽金融商务区被纳入北京市新一轮服务业扩大开放综合试点，定位为金融科技创新示范区主阵地之一。2022年，北京市丰台区发布的《"十四五"时期丽泽金融商务区发展建设规划》中明确丽泽将建设成为"首都发展新的增长极""具有国际影响力的全球新兴金融高地"。从建筑工地到高楼林立，再到"北京第二金融街""全球新兴金融高地"，天赋所在，让丽泽成为资源充沛、活力充沛的发展之地，必然在城区整体高质量发展中发挥重要作用。

基于区位优势，丽泽畅通立体交通"输血管"，带动着各类要素充分流通。近年来，丽泽逐步搭建起"三站一楼""一站五轨"的立体交通网，丽泽城市航站楼项目连通地铁11号线、14号线、16号线、丽—金联络线以及新机场线五条轨道交通线，旅客在丽泽即可完成值机、安检等环节，仅20分钟即可到达大兴国际机场。周边环绕北京西站、北京南站、丰台火车站三个高铁站，形成十分钟交通圈，打造城市流量枢纽，打通要素流动渠道，大大促进丽泽金融商务区与世界互联互通，让丽泽成长为国际交往中心的新门户。

丽泽的蝶变，还在于科学战略规划激发增长动能，各项服务不断完善。

丽泽要发展，培育现代金融商务新业态是核心。自 2019 年丽泽金融商务区第一栋商业楼宇晋商联合大厦投入使用以来，近年来，丽泽金融商务区紧密围绕"数字金融科技"主线，从新增楼宇投入使用面积翻番，产业空间加速扩大，到优质金融央企总部入驻，千家行业巨擘云集，再到配套设施资源接连释放，环境发展加速提升……在科学规划的指引下，丽泽发展能级日益释放、发展活力全面彰显、发展势头充沛强劲，向着建成具有全球影响力的金融产业发展新区不断迈进，逐步成为北京发展版图上冉冉升起的耀眼新星。

丽泽的发展，离不开企业的能动性、创造性。因此，我们始终高度重视企业服务。成立于 2009 年的北京丽泽金融商务区控股有限公司作为丽泽金融商务区的开发建设主体，主营业务为土地开发、园区建设、金融地产、产业服务、招商引资等。15 年来，始终立足丰台，深耕丽泽，在推动丽泽金融商

丽泽金融商务区实景图

丽泽数字金融科技示范园一期将于 2026 年华丽亮相

务区现代城市高质量发展、推进"金融＋科技"的产业集聚、提升区域经济发展上持续发力。既有完善的配套设施作为"硬支撑"，也有精准的企业联络提供"软支撑"，让企业服务有层次、有细节，如"管家"般，让企业倍感温暖。

先是产业空间得到扩容。丽泽金融商务区南区已投入使用 207 万平方米，入驻率达 82%，下一步重心将放在北区的开发建设上。2023 年，丽泽国际金融城也已进入项目启动阶段。国际金融城建设总规模约 160 万平方米，建成后将打造涵盖商务办公、休闲功能于一体的全球活力中心，进一步吸引和集聚跨国金融机构、高端商务公司总部等国际化企业入驻。

再是配套设施加紧完善。加快完善周边配套设施，开展企业服务提升和营商环境优化工作。规划建设九家高端酒店、两个购物综合体、多家高端医疗机构，以及幼儿园、中小学、国际学校等各类学校，现代文化艺术中心及健身活动中心一应俱全，将丽泽金融商务区建设为集办公、居住、商业、休闲娱乐、体育健身于一体的复合型商务区。

更有对企服务精准优化。依托"丰九条""两区建设"相关政策红利，加大政策扶持力度，从资金奖励、住房保障、子女教育、人才引进、交通出行等各方面提供优质政策服务。建立"丽泽政协委员工作站",一系列丰富有趣的讲座活动,让对企联络成为常态。设立"企业家联合会",实施常态化楼宇走访服务机制,做到"对台账、勤走访、交朋友",为企业营造舒心、便捷的"软环境"。

还有环境质量显著提升。丽泽金融商务区是园林式金融商务区,规划集中绿地 2800 亩,包括核心区内中央公园、三环城市公园绿带、金中都城遗迹文化带、莲花河景观带,区域内生态慢行步道长 34 公里,形成了城市滨水活力与亲水休闲活动空间,让广大企业员工能够"开窗见绿,下楼进绿"。

就这样,丽泽暖心、贴心、用心的形象深入人心,一步步搭建起"兴业港湾""企业家园",带动企业生态集聚,撬动发展增量。截至目前,丽泽金融商务区入驻企业共计 1160 家,包括央行数字货币研究所、银河证券、中国农业再保险、长城资产、伦交所、路孚特等重点金融企业 477 家,其中新兴金融企业占比达到 93%。

丽泽的蝶变,是持续敞开合作开放大门,面向未来谋发展。

深入丽泽金融商务区核心位置,西三环与凤凰嘴街交口处,数字金融科技示范园这"崭新的一子"正在落下。为继续扩大合作开放程度,激活数字金融发展动力,我们积极探索数字金融新赛道,投资约 140 亿元,持续发力数字金融科技示范园建设,面向创新、面向未来求发展,为区域金融创新画卷再添亮色。

项目位于丽泽金融商务区核心区域,坐落于丰台西南位置。总占地面积约 6.8 万平方米,总建筑面积约 50 万平方米,其中地上建筑面积约 29 万平方米。聚焦数字人民币、数字监管、数字资产等重点领域,重点突破包括隐私技术、联盟链、监管技术等具有引领性的数字金融关键技术,将推动园区前沿技术开发走向前列,逐步成长为丽泽发展新增长点。

2023 年 10 月,在丽泽举办的第三届数字金融论坛上,区委书记王少峰指出,将致力于引入更多数字金融优质企业,全力推动丽泽成为数字金融产业发展新高地。这为数字金融科技示范区前进指明了方向。同时,在刚刚过去的第二十六届京港洽谈会上,丽泽数字金融科技示范区精彩亮相,作为丰台区重点项目,由丰台区委常委、副区长崔旭龙进行重点推介,吸引了众多港企关注目光。

乘着时代的浩荡东风，丽泽数字金融科技示范园区前路可期、大有可为。下一步，数字金融科技示范区园作为实现远大目标的重要抓手，将以国际化视野、高标准规划、精细化施工，打造超五星体验的城央地标级形象综合体，构建 24 小时国际商务生活时区，以高品质硬件条件、高水平综合服务，吸引优质企业集聚，盘活产业发展空间，擦亮丽泽数字金融"新名片"，进一步为企业成长、区域建设、首都发展注入澎湃动能。

服务丽泽、建设丽泽，有困难，更有荣耀，有平川，也有高山。但我始终相信，丽泽的前方是光明的，丽泽的事业是伟大的。回首来路，丽泽金融商务区已在长期探索和实践基础上，取得了一系列创新突破。面向前路，无论是丽泽控股集团，还是丽泽金融商务区，仍是使命催征、唯有奋斗，必须鼓足劲儿，往前走、向上攀。

作为集团党支部书记、董事长，我将继续带领丽泽控股集团走好新时代的"长征路"，锚定发展目标，聚焦主责主业，统筹资源和人才储配，保持与丰台"倍增追赶"同频共振，不断以新思想、新方法、新路子化解遗留问题，迎接新挑战，努力成为顶尖园区城市运营商，推动丽泽金融商务区营造一流营商环境、绘就跨越式发展新画卷。

**作者简介：**

李声，第十一届丰台区政协委员，北京丽泽金融商务区控股集团有限公司党支部书记、董事长

# 我的丰台故事：泛华集团与科技园区的十年变迁

程树青

　　光阴如箭，岁月如梭，作为丰台科技园区的首批入驻企业泛华集团的负责人，我有幸目睹了这片土地从一片荒芜到今日繁荣的华丽蜕变。每当我回首往昔，初次踏入园区时的景象便历历在目：那里一片荒凉，交通不便，周边设施匮乏，夜晚的园区如同沉睡的空城，空寂而冷清。

　　然而，时光荏苒，17 年的风雨兼程，丰台科技园已焕然一新。人气的汇聚、产业的升级、龙头企业的崛起，以及园区的绿意盎然和基础设施的完善，共同绘制了一幅宜居宜业的美好图景。营商环境的持续优化，科技园管委会的赋能措施，以及政府的政策支持，让我们在自豪地介绍"我是丰台人""我在丰台科技园区工作"时，心中充满了骄傲。

　　作为一名驻区企业负责人，我对丰台区各级机构伴随企业成长的变化感慨万千。2006 年，交通的不便是制约我们吸引和留住人才的最大障碍。如今，每个企业都实现了"小企业大配套"的赋能支撑，这离不开政府的大力支持和指导。

　　泛华集团作为一家非公企业，在发展历程中曾面临诸多挑战，组织建设之路并非一帆风顺。然而，过去的 10 年，我们得到了丰台区委、区政府及科技园区管委会的慷慨支持和精心指导，使得我们的组织建设得以稳健前行。从深化组织的意义与目标，到完善制度建设，再到政府提供的上门帮扶服务，每一步都体现了政府的深切关怀与智慧，为我们的成长注入了强劲动力。泛华党委荣获的"北京非公有制经济党建示范单位"和"双强六好"党组织经费奖励等荣誉，不仅是对我们党建工作的肯定，更是对各级组织赋能服务成效的有力证明。

2021 年，区总工会在政策宣贯、建会程序、制度建设、日常工作开展以及慰问服务等方面，为我们提供了细致周到的指导和帮助。这些关怀备至的支持，不仅让泛华集团感受到了丰台大家庭的温馨，更赋予了我们前进的信心与力量。泛华工会荣获的"丰台区和谐企业劳动关系示范站""产业工人队伍建设改革试点""首都职工教育示范点""北京市职工代表培训教学示范点""首都劳动奖章"等荣誉称号，是对这种支持与帮助的最好回报，也是对我们未来工作的鼓舞与激励。

自中共十八大召开以来，丰台科技园区的营商环境得到了显著改善，基础设施建设和便民服务的每一个细节都彰显了"人性化"的理念。科技园区管委企服中心深入调研，倾听企业的声音，针对上下班交通的难题，积极推出覆盖不同地区、不同高峰时段的班车服务。面对企业员工就餐不便的问题，园区大力推动饮食广场的建设，优化了区域布局，提升了食品安全和环境质量，大大减轻了企业的后勤负担。特别是疫情期间，我们作为传统企业，产业上下游均受到极大的冲击，作为非公企业尤为脆弱。区政府先后出台的各项优惠政策、具体保障措施包括提供的政策服务包、党群服务中心下沉式服务等，帮助企业渡过难关。

在这些年的发展中，丰台区在人才吸引和培育方面展现了前所未有的决心和行动。通过丰泽计划人才、职称评审、子女教育、职工住房以及参政议政等多方面的奖励政策和配套保障，特别是对非公企业的大力倾斜和支持，极大地激发了企业的活力和创造力。在科技园区管委的积极推荐下，我们的员工有幸成为丰台区政协委员、党代表、优秀共产党员，并连续两届入选丰泽计划人才，这些不仅是对个人的荣誉，也是对企业的认可。通过政策的保障，我们还解决了员工子女的教育和住房问题，这让我们作为丰台区的企业感到无比的荣幸和自豪。

泛华集团自 2018 年推动数字化转型以来，得到了丰台区建委、市场监管局、工商联等主管部门的大力支持和指导。2023 年 3 月 28 日，"倍增追赶合作发展丰台大会"上，泛华集团成为首批"丰台发展伙伴智能建造链长单位"，这不仅是对泛华集团的认可，也是对我们未来工作的激励与鞭策。接下来我们将以丰台区智能建造链长单位为切入口，发挥泛华集团生态型平台企业的优势，积极参与丰台城市建设和产业发展，在数字经济、城市更新、绿色低碳、产城融合、智能建造、产业园区等领域，助力丰台区高质量发展。

城市更新作为北京从"资源聚集型增长"向"功能疏解型发展"转变的重要战略，丰台区在这方面走在了前列。通过以北京方庄模式为代表的全街道片区类城市更新实践、以长辛店为代表的历史文化老街重拾繁盛景象、以南中轴国际文化科技园为代表的传统商圈向现代产业转型、以栋能魔王运动空间为代表的工业建筑蝶变……这些具有代表性的城市更新项目凝结成了"丰台经验"，为丰台园区生态环境及基础设施建设提供了参考。

如今的丰台园区生态环境优美，公共交通便捷，产业业态丰富，生活配套齐全。尤其是近年来，区委、区政府及丰台园区加强周边环境建设，治理河道、拓宽道路、增加绿化，提升园区的留白空间，既有时尚活泼的现代科技元素，又保留着浓郁的生活氛围和人文气息，为企业员工及附近居民提供了休闲小憩的空间，生活空间与工作氛围相得益彰，已然成为宜业宜居的典范。优美舒适的工作环境也成为企业吸引员工、留住员工的优势之一，作为丰台的企业，我们将与丰台区携手并进，为建设一个更加生态美丽、经济繁荣的丰台而不懈努力。

**作者简介：**

程树青，第十一届丰台区政协委员，泛华建设集团有限公司党委书记，高级统计师

# 在丰台的高质量发展中奉献青春

赵颖慧

2015 年，香港京港洽谈会现场，我作为丰台区投资促进局招商团队小组长正在同大家一起紧张地准备着。就在丰台区专场推介前，我们收到一则重大的消息，丰台区定位由北京城市功能拓展区变为首都中心城区。面对这一振奋人心的消息，大家激动万分。2015 年 11 月 26 日，"魅力丰台　共创未来暨北京市丰台区（香港）投资环境重点项目推介会"成功举办，"北京丰台京港会签约 71 亿元""丰台展台受港商热捧"……多则消息刊登在香港与内地的各大报刊头条。回想起整个活动，我们在香港的准备时间只有两天，提前一天到岗通宵开会组织布置，清晨开始搭建展台布置会场，第一时间媒体发布，来自投促、园区、丽泽招商小分队的年轻人展现了我们丰台青年干部的责任与担当。同年，我也被评为北京市先进工作者。

## 转型升级促发展

2016 年，我光荣地成为政协北京市丰台区第十届委员。在政协，我学会了如何做一名合格的政协委员。那就是履职尽责、服务大局、担当作为，为丰台区经济社会高质量发展贡献自己的力量。在履职的过程中我印象最深的还是疏解整治促提升。丰台区始终坚持以疏解非首都功能为重任，把京津冀协同发展作为全区工作的重中之重和丰台高质量发展的重大机遇，并取得了显著的成效。但同时，在以大红门片区为代表的丰台区疏解工作的中后期，也面临了一些新的问题和挑战。比如如何保障疏解企业在承接地的良好发展，如何精准定位疏解后的空间资源，如何推动疏解困难的项目加快进程。针对这些问题，我经过与疏解办领导访谈和实地的商户调研，查阅疏解整促优秀做法案例，提出了研究建立产业转移配套体制机制，协助商户做好政策与服务对接，为疏解产业及企业持续发展提供保障，促进疏解企业与承接地共同发展；以前瞻性的眼光对大红门疏解片区整体以及各街乡镇疏解的商场、工场、仓库等空间进行整体资源盘点与整体产业定位，根据项目资源特点做好标志性项目的定位；进行清退与疏解，加快对于符合区域功能定位的创新产业的聚集等一系列举措。这篇信息获得区领导的批示，被区发改委、疏解办、商务委等多部门参考借鉴。作为一名丰台区一线的经济工作者，能够通过政协这个渠道，在非自己工作领域为丰台区转型升级、高质量发展贡献力量，我发自内心地高兴，这也对我后期积极建言献策给予了很大的鼓舞，并对我提高站位、开阔视野地从事本职工作起到了很大的促进作用。

### 第二金融街之崛起

2018年，北京市委、市政府召开新闻发布会，发布《促进城市南部地区加快发展行动计划（2018—2020年）》。

2018年6月15日，时任北京市委书记蔡奇、市长陈吉宁调研丽泽。蔡奇书记强调，丽泽金融商务区是南部地区"一轴两廊两带多点"区域空间结构中的"多点"之一，要对南部地区发展提供支撑。丽泽金融商务区要与金融街一体化发展，主动承接金融街、北京商务中心区外溢配套辐射。市领导明确指出"丽泽要成为第二金融街"，指明了丽泽未来发展的战略目标。当年，包括长城资产等项目在内的44万平方米于年底投入使用，同时，丽泽将构建"立体交通网"，车站与商务楼宇将互联互通，直通新机场的城市航站楼将可办理值机。这一年北京电视台拍摄《投资北京》宣传片在丽泽选景，彼时的丽泽一栋栋高楼大厦拔地而起，当时丽泽SOHO还没有建设好，拍摄组却天还没亮就在SOHO边上的大厦楼顶等待，说要拍摄太阳在塔吊林立的丽泽冉冉升起的景象。我当时陪同拍摄组选景，还客串了一下演员，作为推介者在展板处向外商介绍。记得当时我还问拍摄组，怎么安排的投资者是外商，拍

中关村丰台园 30 年打卡点

摄组负责人笑着告诉我，这是市里和大家对丽泽的期待啊，这必将成为一个充满活力的国际化新商务区啊。那一刻我深信，在寸土寸金的北京城，在丽泽这样核心的区位，这么大面积的待开发空间对于丰台、对于北京市意义重大。我们有什么理由不好好建设它呢？我参与引进了中国人民银行数字货币研究所等一批具有影响力和创新力的新兴金融机构。2019 年，我被评为区政协年度优秀信息委员和年度优秀提案委员。

## 科技园风华正茂

2021 年，丰台科技园区建成 30 周年，园区的官宣有个值得纪念的车票，上面印着"丰台园风华正茂号"，1991 年到 2021 年，30 年风雨兼程、30 年春华秋实。为了建设美丽丰台园，有众多优秀的技能人员始终坚守在生产一线；有许多优秀的企业团队带领研发人员克服困难坚守一线进行产品研发，解决"卡脖子"技术问题；更有中关村科技园区丰台园多年来的不懈努力，创造良好营商环境。2020 年下半年我有幸来到丰台科技园投资促进处负责园区的招商引资工作。如何通过新鲜血液的引入，激发科技园的活力，促进园区转型升级是我工作过程中一直思考的问题。一是通过落地一批突破"卡脖子"研发技术、重大成果转化平台等优质项目、亮点项目，为国际科技创新中心建设、"两区"建设提供有力支撑。落地北京天琪国际转化医学研究院、北京天坛医疗科技有限公司，作为北京天坛医院科技成果转化载体平台，打造"天坛转化医学创新中心"。引入国内首个国产 ECMO 产业化项目，其研制的辉昇 -I 型 ECMO 产品，打破国际主流产品垄断形势。推动中兵智能创新研究院新设园区，建成国内顶尖开放式国家级智能化研究机构。围绕轨道交通主导产业引入中车转型升级基金、中电建路桥北方建设、弘燕高新等轨道交通重点企业 20 余家，进一步完善全区轨交产业链条。二是深入落实区领导指示，牵头制定"独角兽八条"，吸引独角兽企业，落地傲林科技等泛独角兽企业 10 家，打破了我区泛独角兽企业为零的纪录。三是紧抓北京市打造数字标杆城市、丰台科技园园博数字经济产业园建设的契机，吸引 50 余家数字经济类企业落户，如南水北调中线信息科技、云软数智科技、华戎科技等。牵头举办北京园博数字经济产业园入园企业座谈会，促成 8 家数字经济创新企业与丰台区政府签订了战略合作协议，合作涉及人工智能、数字金融、数字城市建设等多个领域。

## 新起点，新征程

2021 年，我荣幸连任政协北京市丰台区第十一届委员。由于长期从事一线经济工作，我始终对市场和产业保持敏感性，对企业家充满敬佩。2021 年我完成《关于借助冬奥会举办契机带动丰台区体育休闲产业发展的建议》提案，2022 年完成的《关于丰台区发展"双碳"产业的建议》被选登在两办信息。2022 年作为负责人完成的民盟中央课题《关于将我国无人机产业培育成为高质量发展新增长点的建议》获得国家领导人重要批示。当年通过课题调研我成功引入应龙无人机有限公司等无人机企业，并考虑在丰台科技园和二七厂布局无人机产业。2023 年 12 月 11 日，《人民日报》海外版刊发专题文章《国产无人机赋能千行百业》《让国产无人机"飞"得更高更远》，并介绍了我国为何要大力推动无人机产业发展与应用，以及放眼全球中国的无人机产业水平。2023年我作为负责人完成的"构建科技创新人才培养使用生态，激发创新创造活力"课题，经民盟北京市委转化，在市政协、市委统战部联合召开的议政会上作主题发言，获得市领导肯定。

习近平总书记在中共二十大报告中对广大青年的寄语，"广大青年要坚定不移听党话、跟党走，怀抱梦想又脚踏实地，敢想敢为又善作善成，立志做有理想、敢担当、能吃苦、肯奋斗的新时代好青年，让青春在全面建设社会主义现代化国家的火热实践中绽放绚丽之花"。在丰台区工作的十多年，我有幸见证了丰台实现综合实力大跃升、转型发展大突破、城乡面貌大变样、民生福祉大改善。当前，正是我们丰台区倍增追赶、合作发展的关键时期，我深感责任重大。我将用更加昂扬的姿态，更加拼搏的精神，投身到丰台区发展建设的大潮中去，为丰台区在新时代首都发展赛道上跑出丰台速度、丰台效率、丰台质量贡献自身的力量。

**作者简介：**

赵颖慧，第十、十一届丰台区政协委员，民盟丰台区工委副主委，丰台区发改委副主任

# 见证科技体制改革助力技术创新

王丽娜

我于 2004 年研究生毕业入职冶金自动化研究设计院，从院研发中心到国家重点实验室，再到集团智能化技术中心、智能制造全国重点实验室，一直工作在科研第一线，经历了工业控制软硬件产品从采购国外产品到部分替代，再到研发具有自主知识产权的工业互联网和人工智能技术产品，现在已是采用国内自主的软硬件产品、系统和创新应用模式助力企业实现数字化转型和智能制造；坚守科研一线的我亲身见证了创新体制改革对技术创新和应用的巨大推动作用。

## 拿来主义与消化吸收

21 世纪初，在工业领域国内外巨大的技术差距使得国外产品从研发设计、生产制造、经营管理等方面的软硬件系统处于绝对的垄断地位。同时科研投入的不足使得各个企业无法产出有效的技术成果，一定程度上各设计院成了事实上的国外技术产品的代理商、集成商。大家根据求稳保险的心理选择国外成熟的产品与技术来实施，面对冶金这种可靠性要求很高的行业，整个系统绝大部分都是国外品牌的产品，往往一个系统只能选择一家厂商及其配套的产品，各家外资主流厂商之间壁垒森严，零配件价格昂贵。但是在面对用户迫切的需求和我们自身技术差距，尽管心有不甘但只能暂时忍耐。但是我们并没有放弃，理解学习国外产品，认识到了这些产品的主要功能和性能，对于部分使用过程中不是很完善的产品采用逆向思维、有了研发替代的想法。

坚定了这一想法后使得我们在应用过程中沉下心来不断摸索，逐步形成了完整的替换思路和技术方案。

通过国家项目的政策支持，结合单位自主产品研发方面给予的经费支持，设定的主攻方向就是聚焦行业软硬件产品进口替代。在此期间，我积极参与多个重点研发计划课题，研发了多款工业用软硬件产品，形成了一系列的产品，硬件成本降低到国外同类的 1/5，软件产品融入了自主能耗优化算法，形成了完整的系统技术方案，在多家钢铁集团应用取得了很好的经济效益，每年能为企业增加效益超过 5000 万。在此过程中我认真学习、归纳总结、不断成长，结合工程应用出版技术应用类专著一部，申请专利两项，发表论文多篇。但是此阶段行业内的生产流程优化、产品质量提升等关键系统，依然依赖国外的产品，同样面临成本高昂、技术壁垒的问题，迫使我在技术创新的道路上继续不断思考。

## 克服困难重点突破

我作为技术人员不断总结部分产品替代所带来的效果，以及目前行业面临的技术难题，整理列出技术攻关地图并和团队逐一开展研究。依据国务院发布《关于强化企业技术创新主体地位　全面提升企业创新能力的意见》，单位决定以国家重点实验室、国家工程中心和冶金工程技术中心为重要抓手，全面提升企业技术创新能力；同时制定了创新驱动战略，成立了集中科研力量解决行业急需重点技术的攻关团队，我有幸参与其中。结合国家提出的"自主创新，重点跨越，支撑发展，引领未来"的指导方针，冶金行业提出了重点科技方向"可循环钢铁流程工艺与装备"，该方向重点研究开发以熔融还原和资源优化利用为基础，集产品制造、能源转换和废弃物再资源化三大功能于一体的新一代可循环钢铁流程，作为循环经济的典型示范。我有幸作为技术骨干参与了科技支撑计划项目"钢铁行业固废循环利用技术及应用的研究"，主要负责钢铁企业生产线高可靠数据采集与传输和固废资源综合监管方向。在技术攻关过程中加班加点、反复测试、精益求精，针对钢铁企业高温、高振动、强屏蔽环境下的数据感知和传输问题，研制出了高可靠数据采集和传输装置；针对固废资源综合监管问题，构建了固废循环利用优化模型和管理系统。技术成果在沙钢等企业应用转化，每年可为企业增加利润超 2000 万元。在该成果中我作为第三完成人获中国自动化学会科技进步二等奖。这些年我坚持工作在科研一线，不懈努力，积极探索和创新，个人能力有了很大的提升。

## 自主创新卓有成效

随着工业互联、大数据、人工智能、云计算等新技术呈现指数级增长，制造系统集成式创新不断发展，新一代信息技术与先进制造技术深度融合所形成的智能制造技术，成为世界科技前沿和新一轮工业革命的核心驱动力。国内应用场景的丰富和智能化水平要求的不断提升，倒逼各行各业不断进行技术创新应用。因此 2019 年底集团成立了智能化技术中心，集中集团相关科研力量，建设高水平的科研平台，聚焦生产智能协同优化、质量管控、能碳协同等方面，努力解决行业关键共性难题和"卡脖子"问题。

我带领团队主要聚焦开展工业互联网、大数据、人工智能等在智能制造领域的共性关键技术难题研究。所研发的冶金机理模型工业互联网平台，相关技术成果达到国际领先水平；针对流程复杂、时空跨度大、跟踪匹配难的问题，提出基于工艺知识语义模型的数据表征和关联方法，通过数据语义融合和基于生产过程资源描述的知识图谱实现数据集成，实现了数据分析算法与行业知识深度融合。作为技术负责人建设的钢铁智能制造标准试验验证平台大大提升了智能制造的标准发展和技术推广；多项技术成果在钢铁智能制造和高铁、军队智能化系统等领域应用，为企业带来的年增效益超过亿元。

目前，我正在带领团队开展人工智能与冶金行业融合的技术研究，通过构建行业认知知识图谱，结合机理、知识和数据建立多源信息耦合协同的知识模型，实现对钢铁生产知识的持续学习与积累；聚焦开发大模型并结合具有自主知识产权的算力资源进行轻量部署应用，形成高价值的数据集和行业大模型。这些研究成果都将为解决自主"卡脖子"问题和核心竞争力形成技术助力。

## 不负韶华坚守一线

我 20 年如一日地工作在科研一线，深深体会到我们与国际先进水平的差距不断缩小，技术成果的不断涌现和自主技术的不断进步，让我们由跟跑到现在的部分领域领跑，这些不仅与众多的科技工作者的坚守有关，更与不断创新的科研体制改革有关。通过鼓励人才进步、待遇提升、增加科研绩效支出等方面提升科研人员的创新积极性和主动性，使其发挥最大潜力；通过科研改革增加项目负责人自主权，帮助其集中时间进行技术攻关，无须花费太多精力处理流程琐事；同时大大增加基础设施建设的投入来促进科技创新，科研设备和条件有了很大改进，研发效率得到了大大提升，尤其在人工智能和工业软件等领域研发方面改善明显；这些科技体制的改革措施都成了技术创新的助力。

伴随着国家和单位科技创新的时代潮流，我也贡献着个人的青春与才智，收获了成长，近十年来已完成的主持或参与的国家科研项目超过 10 项，所研究技术成果达到国内领先水平。获得省部级以上科技进步二等奖 3 项、科学创新奖 1 项，出版专著 1 部，制定标准 6 项，授权发明专利 14 项，登记软件著作权超过 10 项，发表论文多篇，指导多名硕士研究生毕业。

我在科研工作之余，在委员工作站与同领域同行业的委员通过沙龙等形式进行技术交流，增进了解，不断碰撞出创意想法，解决在企业科技革新和智能提升方面的技术难题。同时我将认真思考的科技创新模式、低碳高质量发展思路等建议整理成提案，为政府建言献策，促进区域科技创新高质量发展。同时我积极参加每年的科技周科学普及公益活动，为中小学生、职业教育学生带去新技术的最新体验。

作为丰台区政协委员，我将一如既往地积极投入科技工作中，带领年轻的科技工作者解决目前仍然面临的"卡脖子"技术难题；同时不断总结，形成高效科学的创新模式，激发创新潜力，不忘初心，砥砺前行。

---

**作者简介：**

王丽娜，第十一届丰台区政协委员，冶金自动化研究设计院研发中心技术总监，正高级工程师

# 从"菜篮子"的"见证人"到"建设者"和守护者

张月琳

我叫张月琳，1980年出生在丰台区新发地村，现任新发地农产品批发市场总经理。作为土生土长的丰台人，我对这片生我养我的土地有着非常深厚的感情。我不但亲眼见证了新发地市场及新发地地区发生的翻天覆地变化，也由"菜篮子"的见证人，转变为了"菜篮子"的"建设者"和"守护者"。

新发地市场是首都人民的"菜篮子""果盘子"。20世纪80年代初，改革开放的春风席卷京郊大地，新发地村村民开始把自家种的蔬菜摆在路边叫卖，并吸引了远在大兴、固安的农民赶过来做生意，随着人员越聚越多，也带来了缺斤短两、打架斗殴、环境脏乱差等问题。为了解决这些问题，也为了帮助新发地及周边村民解决卖菜难题，1988年5月16日，我父亲张玉玺带领14个人，利用15万元资金，在15亩地上开启了这场横跨36年的传奇。

市场刚成立的时候我正在上小学二年级，那时北京的四环路和京开高速公路还未修建，新发地周边还都是连片的菜地，村民们普遍住在低矮的瓦房里，过着日出而作、日落而息的传统农耕生活。赶上刮风下雨天，村里的道路要么满是泥泞，要么就是尘土飞扬，正应了"雨天两脚泥，晴天一身土"的说法。而现在的新发地村村民大部分都住进了村里自己开发的天伦锦城、期颐百年和天骄俊园三个居住小区，不但居住环境相对于过去更加干净整洁，村民也都过上了打卡上下班，每月按时领工资的城市人生活。

其实我小的时候并不太喜欢新发地市场。那时候父亲张玉玺因整日忙于市场事务，无暇顾及我们兄弟二人，让幼年的我们缺少了应有的父爱。而且自己家里也种有一些菜地，十三四岁的时候就要凌晨起床，骑着小三轮车到市场帮家里卖菜。但后来我回到市场工作，特别是自己也当上了父亲之后，才真正理解了父亲当年创业的艰辛与不易，他把自己有限的爱分享给了太多的商户和村民，但唯独少了他自己和家人。因为在保障首都农产品供应方面作出的卓越贡献，父亲曾被评为"全国劳动模范"，还当选过北京市人大代表。这是党和政府，以及广大人民对他最大的肯定和最好的安慰。

真正让我对市场的作用和城市农产品供应有深刻认识的，还得从2003年"非典"期间说起。当时我利用假期在一家配送企业打工，我们把蔬菜用汽车运到市里的各个社区售卖，由于价格低、质量好，深受大爷大妈们的欢迎。那时候蔬菜都是论筐卖，几家人合伙买回去后自行分配，有点类似现在的团购。那段卖菜的经历，不但让我有了满满的成就感，也让我意识到了蔬菜在城市供应体系中的重要作用。2005年我回到新发地市场工作后，从办公室的一名普通员工干起，一路摸爬滚打，一路学习成长，最终在2013年被任命为市场总经理。说实话，当上领导以后我更能感受到肩膀上沉甸甸的社会责任。

这些年，不管是南方冰冻灾害、汶川地震等自然灾害发生后积极承担社会责任，还是北京奥运会、历次全国两会等重大活动期间的供应保障，我们都全力以赴、积极应对。印象比较深的是汶川地震发生后，我们把市场20周年场庆紧急改为了赈灾义演，从全国各地赶来的同行、社会各界人士及市场商户纷纷慷慨解囊，现场捐款长队一眼望不到头，一些小朋友甚至把自己的储蓄罐搬了出来。当天的募捐活动持续了将近一上午，现场募捐近70万元。

如今的新发地市场已经走过了36年的征程，回溯它"滚雪球"式的发展历程，大致可以分为以下五个阶段：

### 初创阶段：1988年到1993年

市场成立之初，国内并没有现成的办场经验、管理办法和规章制度可以借鉴。市场领导通过身份转换，全程参与农产品的批发销售。在充分体验的基础上，总结制定出了新发地市场的"三大纪律、八项原则"，并提出"让客户发财，求市场发展"的宗旨，通过持续不断地营造良好的营商环境，为市场后期的发展赢得了口碑，打下了基础。

20 世纪 90 年代初，新发地市场刚刚起步时的交易场景

## 快速发展阶段：1994 年到 2013 年

依靠前期"摸着石头过河"积累下的经验，市场的制度建设纳入工作日程，各项管理工作也更加规范，先后设立了农残检测中心、信息中心、治安管理办公室、场风监督管理办公室等具体业务部门，更好地服务客户及市场的发展。四环路和京开高速公路于 2001 年相继通车，也给市场的快速发展注入了活力。在此期间，我们经历了"非典"疫情的考验，也让各级领导开始关注和重视新发地市场的应急供应保障能力。市场首次尝试引进海南冬季瓜菜，改变了北京市场冬季蔬菜传统供应格局。从那时起到现在，新发地市场的交易量、交易额连续多年在全国同类市场中名列前茅。特别是 2004 年前后大钟寺市场拆迁后，大量经销商，尤其是水果经销商涌入新发地，让市场的水果业务得到了迅猛发展。这期间我们打通了市场东环路的铁路桥，初步形成了目前铁路桥以南为果品交易区，以北为蔬菜交易区的格局。随后市场还启动了"内升外扩"发展战略，着手构建首都新型农产品供应保障体系。

### 持续繁荣阶段：2013 年到 2019 年

有了前期两个阶段的积累，新发地市场的品牌知名度和交易量、交易额不断创造新高，市场进入了持续繁荣发展的"快车道"，电子商务、会展推介、净菜加工、社区服务等新兴业态崭露头角，市场"一个中心，两头延伸"的产业链全面铺开。一个中心即以市场为中心，两头延伸则是指向"田间地头"和"百姓餐桌"两端延伸。市场在持续繁荣发展的同时更加注重社会责任担当，相继在脱贫攻坚、"一带一路"、民族团结等方面发挥市场的品牌、规模、资源和平台优势，通过消费扶贫、产业帮扶、对口支援等形式，引领带动一大批贫困地区农户脱贫致富，相继获得"全国脱贫攻坚组织创新奖"等一系列荣誉。

### 疫情阶段：2020 年到 2022 年

2020—2022 年，市场先后遭遇多波疫情，这给市场原本正常的经营秩序带来了很大的冲击。

市场的疫情处置工作及农产品供应情况时刻牵动着各级党委、政府领导的心，市委、市政府，区委、区政府领导先后到市场视察指导疫情防控及保供稳价工作。

在各级党委、政府的坚强领导、大力支持和鼎力相助下，新发地市场全场商户、职工团结一心、迎难而上，较好地完成了抗击疫情、保障供应的双重任务，从而托稳了首都人民的"菜篮子""果盘子"，确保了疫情期间首都农产品的安全稳定供应，也得到了各级党委、政府的高度赞扬和充分肯定。

### 全新发展时期：2023 年 1 月 18 日至今

2023 年 1 月 18 日中共中央总书记习近平以视频连线的方式慰问了新发地市场的全体干部员工和商户，这是对我们最大的肯定、最好的鼓励，让我们备受鼓舞、深感振奋。2023 年 5 月，在丰台区委、区政府的关心和支持下，

2023 年 1 月 13 日，新发地首届年货节开幕

新发地转型升级指挥部正式成立。

在指挥部的指导下，2023 年以来新发地市场及周边正在悄然发生转变，年货节、种子节、美食节、丰收节和首届农博会带来了会展经济的红利；国际榴莲馆、净菜产业园、抖音直播、团购带货等新兴业态的兴起，让减量增效、提档升级触手可见；京良路、丰南路的改扩建让周边交通出行更加便利；期颐百年公园的建设让周边环境更加优美宜居；72 个小院的特色小镇改造，也将更多的文化融入市场发展……有理由相信，未来市场将越来越好。

**作者简介：**

张月琳，第九、十、十一届丰台区政协委员，北京新发地农产品批发市场总经理

# 丰台财政预算民主监督的发展

## 郎大鹏

我是第八、九、十、十一届丰台区政协委员，九三学社社员，担任第九届、第十届区政协城乡建设管理委员会和经济科技委员会副主任。因为财政专业教师的背景，一直参与丰台财政预算民主监督的工作，也亲身经历了丰台财政预算民主监督工作的发展。

### 财政预算民主监督制度建立

2010 年是北京市"城南行动计划"的启动之年。记得我第一次参加年底政协委员小组讨论，听取意见和建议的领导是政协主席初建华。作为新委员的我很荣幸能进入政协大家庭，对"城南行动计划"的启动感慨万千，也谈了些经济和财政方面的问题。主席了解了我的专业背景，当场邀请我参加财政民主监督小组。由此开启我的财政民主监督之路。通过学习和参与我了解到与人大的法律监督、行政的审计监督和党派、公众的社会监督不同，政协民主监督更加具有中国特色且作用独特。

1995 年 11 月，北京市政协在全国首创了财政预算民主监督制度。北京市政协财政监督小组成立主要有几个方面的原因：一是当时发生了隐瞒财政收入、非法将预算内巨额资金转移到预算外的严重经济犯罪事件，对财政预算有加强监督的需要；二是市政协广大委员对市财政预算有进行监督的强烈愿望；三是被监督单位有接受监督的意愿。在此背景下，经北京市政协常委会批准，1995 年经科委正式成立"财政预算协商监督小组"。而据丰台区政协经科委原主任解锡仲回忆，2005 年在丰台区委的支持下，经区政协常委会审议通过，政协财政工作民主监督小组正式成立。监督小组在区政协常委会直接领导下对区财政工作行使民主监督职能。

随后，丰台区政协出台《关于财政民主监督工作暂行办法》，遵循了北京市政协财政民主监督工作的基本方式，每年活动两次。第一次在 6、7 月，协商讨论区财政局关于丰台区前一年财政决算和当年上半年预算执行情况报告的征求意见稿，听取区审计局关于对区财政审计工作情况的通报，并提出意见建议，同时将协商讨论情况报告报送政协主席会议审议；第二次在 11 月或 12 月，听取区财政局关于丰台区当年财政预算执行情况和来年财政预算草案的报告（征求意见稿），向区委、区政府提出意见和建议报送政协常委会审议，并作为每年政协全会文件下发。

### 财政绩效管理改革中政协监督稳定发展

近年来，财政部门积极推进预算绩效管理，不断深化预算管理改革，加强预算绩效制度建设，积极开展预算支出绩效评价，合理应用评价结果，提高了财政资金的使用绩效。政协主动作为，财政预算民主监督的内容进一步拓展。作为财政民主监督小组成员，我积极参与重点项目资金运用的民主监督座谈协商，撰写相关提案建议，积极参与财政支出项目的事前、事后绩效评估，目睹了政协财政民主监督的稳定发展。

预算绩效管理改革的发展。预算绩效管理经历了绩效考评重点突破，进入预算编制、执行、总结全过程绩效管理阶段。2006 年北京市财政局成立绩效评价机构负责绩效评价工作，为深入开展预算支出绩效考评工作提供了组织保障。2010 年在全国率先推行事前绩效评估模式。2011 年，北京市作为全国绩效管理 8 个试点地区之一，北京市人民政府办公厅印发《北京市人民政府办公厅关于推进本市预算绩效管理的意见》，北京市财政局制定《北京市预算绩效管理办法（试行）》《北京市预算绩效管理问责办法（试行）》和《北京市财政支出绩效评价管理暂行办法》，建立预算绩效管理机制，实现全过程绩效控制和管理。到"十二五"末，北京已将全过程的预算绩效管理推广到所有市级部门。2018 年北京市开创性实施全成本预算绩效改革，通过开展事前绩效评估，探索全成本预算绩效管理，强化成本控制，建立预算管理和绩效管理融合机制。"十三五"期间，北京市财政局共完成事前绩效评估项目 378 个，涉及资金 609.6 亿元，核减资金 35.6 亿元；完成绩效评价项目 187 个，涉及资金 2258.1 亿元；开展全成本预算绩效管理改革试点，形成定额标准 86 项，节约财政资金 60.7 亿元；实现市级部门全过程预算绩效管理的全覆盖和闭环管理，重点支出项目绩效目标全面公开。

2008 年区财政局正式成立绩效评价科并设立绩效考评中心，不断完善绩效考评制度，逐步扩大绩效评价范围。2009 年印发了《丰台区区级部门预算支出绩效考评管理暂行办法》，编制了《丰台区绩效考评工作手册》。2011 年选取了 16 个预算单位涉及资金 2.18 亿元的 20 个项目开展绩效考评工作。2012 年进一步开展绩效考评工作创新，对卫生局游泳池水质在线检测和公安局视频侦查实验室等项目开展事前绩效评估试点。近年来，区财政局落实北京市全成本预算绩效管理要求，聚焦重点领域成本绩效分析，压减预算资金安排，可持续降本增效。2022 年完成事前绩效评估项目 77 个，评估金额 17.1 亿元，核减金额 5.6 亿元；顺利完成 28 个重点项目及重大政策的绩效评价工作，涉及 28 个预算部门 32.54 亿元财政资金。

政协财政预算民主监督内容进一步拓展。一是拓宽财政民主监督渠道，提高民主监督实效。北京市财政预算民主监督从重大项目及专项资金的民主监督着手，进一步关注公共支出项目的使用效益。早在 2004 年，北京财政预算民主监督小组同政协教文卫体委员会联手就教育部门专项经费使用情况开展监督。2014 年 10 月时任区政协副主席、财政工作民主监督小组组长李新民同志，带领区政协财政民主监督小组成员，就丰台街道北大地四里老旧小区综合整治资金使用及项目进展情况开展财政民主监督。此后，区政协每年选取一项重要民生项目做重点监督。自十届政协以来，分别对财政扶持驻区企业发展及营商环境建设、晓月苑山体健身公园建设等财政资金使用情况开展了民主监督。二是参与到财政预算绩效管理的日常工作中。2012 年区财政局积极开展绩效考评工作创新，把人大依法监督、政协民主监督纳入财政预算绩效管理的日常工作中。邀请人大代表、政协委员参与重点项目事后绩效评估及部分项目的事前绩效评估试点，推动了预算绩效管理改革。

## 扩大政协财政民主监督的前景展望

新时代政协财政民主监督工作越来越重要，展望未来，需要在以下三个方面着力：

一是渐进推动财政预算公开和透明度建设。推动部门预算公开，部门预算编制、执行和支出评价结果应逐步公开，接受社会监督。新预算法要求财政管理的统一完整和公开透明，增强了预算的约束力和严肃性。北京市委、市政府也高度重视预算公开和透明度建设，先后作出一系列决策部署，财政预决算公开工作取得积极成效；但是，预决算和支出评价公开短期满足不了社会和公众的需求，而政协的预算监督有利于增强财政预决算向社会公开的有序性，也是对公众关切公共资金筹集和分配的有力呼应。

二是研究和推进政协参与财政民主监督的方式方法。及时通报重大项目或重要部门的预算编制、执行和评价，保障政协委员的知情权。通过制度安排，保障政协委员参与重大项目及专项资金事前编制及事后绩效的评估。按照政协民主监督既监督又支持的要求，组织委员中的专家、学者对财政公共性支出的绩效开展评估，并提出有针对性和可操作性的意见和建议。设立政协财政预决算工作专家组，建立财政预决算通报机制，建立专项资金和重大项目的评价机制。

三是形成帮助财政做好预决算工作的协商议政制度。政协作为社会各界精英汇集的重要平台，可以帮助政府在对各行业、各领域公共资金分配的协调与平衡中发挥积极作用，从而进一步提高公共资金分配的科学性和合理性。通过一定方式明确将财政预决算作为政协履行政治协商、民主监督、参政议政的重要内容，并在政府年度财政预算编制之前，向财政部门提出委员重点关注的问题和相关意见与建议。

**作者简介：**

郎大鹏，第八、九、十、十一届丰台区政协委员，首都经济贸易大学财税学院副教授

# 与丰台科技园共同成长

李　晨

　　时光如梭，在丰台工作生活了 11 个年头，依稀记得第一次来到丰台科技园的印象，那时还没有通地铁，坐了一个半小时的公交，满眼还是热火朝天的工地。如今再次谈起丰台科技园，依然抑制不住内心的激动，怀念这段见证科技园发展的岁月。

　　十年前我毕业后来到丰台科技园，在一家新能源行业工作。这十年是我国新能源行业实现跨越式发展的十年，也是丰台区加速发展的十年。我们这个公司初创时仅有 20 多人，集中在丰台总部基地的一栋小楼里办公。那时的新能源是什么大众还认知不足，只是零星地知道安装一些大风车和光伏板发电。因为是总部和分公司的运作机制，上缴区里的利税也较少，大量的投资都释放到了全国各地的项目上。作为一个驻区企业，和政府的联系并不多，只是每天上下班的路上，都能看到一些新的企业总部入驻科技园区，特别是一些行业内上下游的企业，使得这里的科技产业愈加兴盛。随着 2012 年 9 号线的开通，入区上班的交通方便了很多，丰台科技园周边的环境也变得越来越美。

　　2016 年，新能源行业迎来了一次大发展，国家的政策越来越清晰，公司的发展也真正步入了快车道，每年以 300 万千瓦的规模递增。公司在京员工很快将近 500 人，他们来自五湖四海，多数同事把孩子老人都接到了北京生活。作为一个以北漂为主的单位，随之而来的是孩子入学、老人就医、个人住房等基本生活需求逐渐增多。如何真正解决员工生活息息相关的问题就摆在了单位领导面前。

通过与区内各部门的交流，我们逐渐建立了较为流畅的沟通渠道，我们也在区里设立了实体化的科技公司，将税收留在区里，同时也享受了高科技企业的人才税收返还、员工廉租房、就业居住证等多项政策红利。同时企业也享受到丰台区和丰台科技园多层面的投资奖励政策，包括科技创新政策、投资融资政策、税收政策、人才政策等几十个政策。员工也感受到了与企业共成长、和园区共发展的实惠。真正做到了惠民于实处。

在首都城市格局中，丰台区既属于"一主"，又处于"一轴"沿线，是"四个中心"功能的集中承载地区，是建设国际一流和谐宜居之都的关键地区。丰台区以"一轴、两带、四区、多点"为空间布局规划，丰台科技园区此时就成了驱动轴。多条轨道交通的通车推动了丰台科技园区的发展。天坛医院的整体迁入给区域的医疗资源注入了强心针，万寿路南延的打通连接了长安街和南四环，新丰台站的投入运营使得交通更加便利，对于我们这类出差繁多的公司，总部基地的出行便利，让人有了跨世纪的感觉。我们可以去北京西站、丰台站、草桥搭乘大兴机场快轨，四通八达。

国家提出的"3060"双碳目标又一次给新能源的发展注入了一针强心剂。值此之时，公司集团适时地将总部搬到了园区，同时各在京的二级公司也聚集到此，我们将未来的发展与丰台科技园区的发展进行了深度绑定。栉风沐雨11载，公司深耕新能源行业，借丰台科技园之势而发展，顺公司搬迁之势而成长。如今的新能源公司已经实现在运装机4500万千瓦，在建2300万千瓦，年利润总额超115亿元的新能源行业第一梯队。公司的发展得益于党中央政策，受惠于国家的经济发展，同时也凝聚着区政府和各单位的关心与爱护。我们不忘回馈社会，在内蒙古兴安盟兴建了第一个自治区国家扶贫项目，兴安盟300万千瓦大基地，同时在兴安盟的盟委所在地乌兰浩特无偿捐赠建设了一座高品质的白鹭小学，革命老区的孩子们拥有了一个硬件优异，师资优秀的学校。吃水不忘挖井人，我们看到孩子们那一张张喜悦的笑脸，所有的付出都值得。在建设过程中，偶然间得知兴安盟的扎鲁特是咱们丰台的对口援建单位，这正是心有灵犀。

十多年来，我们走过祖国的许多名山大川，竖起了一座座大风车，建起了一片片的光伏板，深刻感受到祖国日益强大，人民富足安康。每次从外地回到北京，回到丰台，看着园区周边的万家灯火，车水马龙，由衷赞叹丰台的日新月异，那种回家的感觉甚是强烈。衷心祝愿丰台区在改革开放的发展中乘风破浪！

---

**作者简介：**

李晨，第十、十一届丰台区政协委员，中国石化销售股份有限公司北京石油分公司发展规划部业务主管

# 好风凭借力，送我上青云

## ——18 年公司快速发展路，18 年园区发展壮大史

姜元进

中安网脉（北京）技术股份有限公司创立于 2006 年，注册在丰台科技园区，是丰台区一家较早专注于网络安全建设和商用密码应用的高科技公司，主要的服务对象涵盖各级党政机关、企事业单位、军队等。

我作为一名参与公司筹建、风雨兼程地陪伴公司走过 18 年历程的员工，亲身经历了公司生存、起步、发展和壮大的过程，也见证了丰台科技园发展壮大的历史，感受了丰台区经济社会的变迁，体会了北京市营商环境的优化成果。

### 高科技企业的扶持政策，让公司渡过了生死关

公司在 2006 年成立之初，注册资本 1248 万元，仅有 17 名员工，办公场地面积约 200 平方米，那是妥妥的属于小微企业。由于受到产品、技术、市场和资金的限制，公司初期的业务举步维艰。不得不维持的人力成本、差旅费用和新产品研制投入，以肉眼可见的速度消耗着公司有限的自有资金。截至 2007 年底，公司已经实质性亏损 900 余万元，几乎走到了生死攸关的悬崖边。

得益于丰台科技园有关高科技企业增值税部分返还和企业所得税减免的扶持政策，公司申请取得了"中关村高新技术企业证书""国家高新技术企业证书""商用密码产品生产定点单位证书""商用密码产品销售许可证"和信息安全服务资质等资质，获得了部分增值税返还和所得税的减免，减轻了公

司经营的压力。2008 年至 2010 年，公司成功申请了 450 万元的"北京中小科技创新基金"、200 万元的丰台区科技型中小企业创新基金的项目支持，有效缓解了公司研发经费短缺的状况，加快了公司自有产品的开发进度。经过公司全体员工的不懈努力，截至 2011 年底，公司员工规模已经超过 120 人，项目合同首次突破 5000 万元，实现了税后利润超过百万元，公司顺利迈过了初创公司存活时间多数不超过五年的生死阶段。

### 良好的园区软硬件环境，使公司走上了起步路

成立之时，本着节约公司运营成本、便于沟通等目的，公司因陋就简，借用驻区某学院图书馆四层作为办公地点，注册在丰台科技园区的场所一直处于停用的状态。

员工队伍大了，公司对办公场地面积扩大的要求在不断增强。此时，公司将目光投向了软硬件配套设施较为优良的丰台科技园区。经过反复比较和考察，2012 年 8 月，公司将办公地点搬离了校园，入驻了丰台区南四环西路 188 号总部基地十六区的多维钢构办公楼三层，办公面积增加到 1000 余平方米，开始了公司的起步阶段。

俗话说，计划赶不上变化。在国家及丰台区对高新技术企业各项扶持政策的大力支持下，借助特有的市场资源、产品体系等"东风"，公司在不到一年的时间内，员工数量快速超过 200 人，项目合同已经达到 2 亿元，原来准备使用五年的办公场地立即变得拥挤不堪。在不得已的情况下，公司于 2013 年 8 月又开启了办公场地重新选址和搬迁之路，落脚于海鹰路 8 号院的金伟凯生物科技园，办公场地面积增加到 2000 余平方米，为公司运营提供了必要的场地支撑。

在金伟凯园区办公的七年间，公司经过平稳的起步阶段，华丽地进入了稳健的发展阶段。其间，公司员工数量稳步增加到 450 余人，项目合同年度总额首次超过 4 亿元关口，销售收入突破 3 亿元，税后净利润将近 4000 万元，净资产达到 2.6 亿元，已经成为一个名副其实的中型高科技企业。同时，公司的软实力得到了空前的增强，跻身于涉密业务建设的国家队行列，系统集成与安全服务能力得到较大的提升，在安防监控、系统运维等业务方向立

住了脚跟，连续多次通过国家质量体系认证，多次获得国家软件企业和高新技术企业证书。

应该说，丰台科技园良好的软硬件环境、丰富的存量产业空间承载了公司起步阶段的梦想。可以讲，公司因科技园而起，科技园因公司而兴。

### 营商环境的不断优化，助推公司快步健康发展

从 2017 年起，北京就加大推动营商环境改革，陆续出台了优化营商环境改革的 1.0 ～ 6.0 版，并加以贯彻实施。从"聚焦企业全生命周期"到"全方位推进营商环境各领域改革"，再到率先出台《北京市优化营商环境条例》，进而到正式发布《北京市投资领域审批事项清单（2020 年）》《北京市进一步优化营商环境更好服务市场主体实施方案》，努力打造国际一流营商环境高地，在国内营商环境评价中继续保持第一，营商环境系列改革成果越来越显而易见，北京对营商环境政务服务的智慧化、智能化、精准化程度日益提升。

作为一个丰台科技园区内的企业，公司对丰台乃至北京市营商环境的改善感同身受、受益颇多。2018 年，公司通过园区工会的热心帮助，与富丰物业公司签订公寓房租赁合同，解决了 20 余套交通便捷、价格适中的员工宿舍，为 60 余名员工解决了住房租赁与通勤问题；2018—2021 年，共有十余名员工通过园区管委会兑现的园区企业服务包政策，住进了丰台区政府分配的公租房；近五年内，根据丰台科技园区人才引进政策，公司共引进十余名业务发展所急需的非京籍高科技人才。近年来，公司的员工明显感受到科技园区的人气旺了、交通便捷了、生活方便了、高质量的医院有了、高水平的学校多了，丰台科技园业已成为北京市通勤热点地区。相信在园区营商环境巨大的改革浪潮之下，以新产业、新业态、新模式为特征的新经济，必将为北京高质量发展增添无限新活力。

### 资本增强与结构改变，为公司的壮大保驾护航

2019 年 12 月，以建投华科投资股份有限公司成功入资公司为标志，宣布

公司进入了壮大发展阶段。

2020 年 8 月，为了适应业务要求，公司的办公场地又一次搬迁到了五圈南路 30 号院，办公场地面积增大到 4000 余平方米。在此后的三年中，凭借较为充实的资本注入和资本积累，公司不仅经受住了长达三年的新冠疫情的考验，而且凭借着自身的实力，公司的市场、技术、产品等各个方面得到了飞跃式的发展。截至 2022 年底，公司员工数量突破 550 人，销售收入超过 6.5 亿元，年度净利润约 8000 万元，净资产超过 4.5 亿元，在丰台科技园区的高新技术企业中崭露头角，顺利获得北京市企业技术中心、国家级"专精特新"小巨人企业和丰台区商用密码链长单位。

### 飞鸟无惧恨天低，借风送我上青云

经过 18 年的发展，中安网脉公司已经拥有了一支经验丰富、专业领先的信息安全专家和技术骨干团队，研发人员占比超过 60%。聚焦商密产品、安全应用、安全服务三大业务板块，打造了电子文件全周期、数字办公跨域指挥高协同、数据安全保障全方位、物联网安全防护多层级、网络安全运营全视角等五大领域系列解决方案。

公司重视科技创新，专注云计算、大数据、人工智能、物联网、量子通信等热点技术研究，不断在新一代信息技术领域进行了大量前沿探索，创新了基于商密技术的安全咨询、安全集成、安全运维、安全监测、安全培训全方位服务模式，从而更好地助力数字政府建设、助推数字经济发展。在公司软实力建设方面，公司拥有信息系统建设和服务能力评价四级、信息安全服务二级、安防工程一级、ITSS 三级及国标质量体系认证、信息安全体系认证等多项行业权威资质。

### 好风劲吹送暖意，园区凭力换新意

十余年来，丰台科技园在落实好各级产业创新政策的同时，补位出台丰台园自有政策，相继出台了"创新十二条""营商环境二十条""科技创新 12

条""金融 11 条""丰台 10 条""丰台新 10 条""独角兽八条"等政策文件，极大地增加了园区的产业落地的吸引力。这一桩桩、一件件的变化，如涓涓细流、如春风化雨，见证了丰台科技园区的变化与壮大。

目前，丰台科技园已形成轨道交通产业和航天航空产业两大千亿级产业集群，同时还重点培育了电子信息、新材料、生物医药和先进制造四大百亿级产业集群。借助"倍增发展""伙伴计划"的进一步推进，2024 年上半年，丰台实现地区生产总值 1023.3 亿元，同比增长 7.1%，增速居城六区第二，实现了良好开局。

未来，借助丰台区的"后发"优势、区位优势和产业政策，我们有理由相信丰台区能够跑出丰台速度，也相信公司能够乘上丰台区的产业列车驶向更加美好的明天。

---

**作者简介：**

姜元进，第十一届丰台区政协委员，中安网脉（北京）技术股份有限公司工会干部

# 从报道者到创业者

## ——坚持科技创新，与丰台共成长

李长青

作为一名科技创新赛道的报道者、参与者、创业者，我与丰台有一种特殊的奇缘和情感。从 2005 年在国家统计局六里桥办公区的《中国信息报》工作到 2015 年在丰台科技园创立八月瓜科技公司，我见证了丰台科技和金融的飞速发展和辉煌蝶变；也见证了我一生中最美好的奋斗时光，从一名意气风发的记者，到如今成长为一名创业者。

十几年前，来到国家统计局《中国信息报》成为一名编辑记者。这家媒体就坐落在丰台区六里桥。当时我在报社所负责的条线以科技创新领域为主的科技成果宣传推广工作，这给了我接触大量科技企业和采访许多企业家以及像袁隆平这样科学家的机会。

有人说，人与人之间最大的差别是人生经历所带来的认知差异和思维差异。正是这种多年的采访经历，让我深刻认识到中国科技创新领域的弱点和短板。

现在回想起来，感触最深的是，当时中国在科技信息数据领域的落后，以及一些科学家对"卡脖子"的无奈。以专利数据检索为例，当时国内要完全依赖美国的科睿唯安这样的跨国巨头，不仅价格昂贵，也存在较大的数据安全隐患。

但以当时的认知很多机构还没有认识到科技信息数据的重要性，加上数据投入需要大量的资金、技术、人才等各种叠加资源加持，想改变这种局面还是非常困难。一是整个科技企业还没有形成创新和保护创新的氛围，很多企业多以模仿国外技术为主，没有形成知识产权保护意识；二是科学家毕竟是少数的，虽有很多创新成果，但想要落地转化并带来经济效益还是非常少的。

随着国内经济的高速发展，与美英等这些西方科技强国在科技创新领域的竞争尤为激烈。特别是以科技信息数据的检索分析工具作为科技创新的基础设施工程重中之重。

当时，国家正大力推动"大众创业、万众创新"，这给了很多像我一样有创业想法、跃跃欲试的年轻人一个机会。

在一次采访中，一位院士告诉我："我们的科技创新还有很多基础工作需要做，在科研设备、科技信息数据等方面还需要加快追赶。目前我们搞科研用的数据库大部分被外国垄断，希望未来能使用我们中国人自己的数据库。"这次采访对我影响很大，院士的话一直回响在我的耳边。我感觉自己被希望之火点燃了，仿佛眼前出现了一条崭新的大路，这正是我愿意为之奋斗一生的事业。

2015 年，我在丰台科技园注册北京八月瓜科技有限公司，主要提供科技信息大数据检索分析、知识产权、科技成果转化业务，正式从科技记者转型到创业者。当时的丰台区委、区政府正全力推动和加快丰台科技园的发展，在区政府各部门的关心和支持下，公司很快从十来人的团队发展到近 200 人，服务了 1 万多家专精特新和高新技术企业，这坚定了我扎根丰台的决心。

随着所处行业赛道的大力发展以及政府部门的支持，公司在营收规模、社会影响力等多方面的提升，实践了当年记者生涯时想为国内科技工作者做科技信息大数据服务的梦想。

其中，由八月瓜建设的《构建科技创新全链条服务"生态"体系》经北京市丰台区政府推荐，最终成为向全国推荐的最佳实践案例。而构建科技创新全链条服务"生态"体系主要是为企业、高校、科研院所等微观创新主体，提供研发前的科技情报检索分析、科技咨询，研发中知识产权申请评估、高价值专利挖掘、专利导航、专利分析，研发后科技成果转化、技术尽调等全链条科技创新服务。由此也成为丰台科技创新的一名贡献者，这也让我更加坚定科技创新赛道的信心。

行百里者半九十。回顾自己多年来的创新创业之路，既深感道路之艰辛，个中曲折不足为外人道也，也深感政府部门努力为我们创造越来越好的营商环境，这也将激励我继续带领公司践行好为创新主体提供"让创新更有价值"的使命感和责任感。

**作者简介：**

李长青，第十一届丰台区政协委员，北京八月瓜科技有限公司董事长

# 政务服务在丰台

李　阳

　　我所任职的新广集团成立于 2011 年，多年来深耕政务服务领域，十余年的工作经历承载着我对丰台的情感，我深切感受到丰台区对政务服务改革的不断投入和努力，深切感受到丰台营商环境方面的诸多变化。

　　新广集团紧跟党和国家的步伐战略布局，创新为首，紧贴"放管服"改革，秉承"不忘初心、牢记使命"的宗旨，自集团创办以来，已服务于北京市八个区政务服务中心及 30 多个镇街实现"一窗通办"的改革试点。一路走来，我见证了政务服务改革的全过程，见证了丰台区从开始的内部整合到综合窗口，再到全流程电子化，每一步的迈进都为民众提供了更优质的服务体验，加快了公共服务的数字化转型。

　　近年来我有幸成为丰台区政协委员，在与丰台区共成长的十几年中，我深刻感受到党和政府对企业、对人民的关怀。丰台区政府不仅出台一系列惠企政策，而且帮助企业纾困解难。疫情期间，丰台对区内营收过亿的企业进行奖励，但由于居家办公，集团虽达到要求但并未申请这笔奖励。后来，区科信局辗转通过我们办公地的六里桥街道，主动联系我们并详细指导系统审报。除此之外，六里桥街道工会经常为企业送温暖，在炎炎夏日送来防暑降温物资，在狂风暴雨中送来慰问品，在情深岁寒时送来新春祝福。这些党和国家对我们集团的关心和帮助，使我们企业信心倍增、干劲十足。

## 政务服务"从新出发"

2019 年，人社部将行政办事员（政务服务综合窗口办事员）列为新职业，这个职业新就新在"综合"二字。政务服务大厅最大的特点就是"一窗通办"，大厅内进驻事项近两千项，从过去的各自摆摊，到如今的"一窗通办"，群众办事不需要辗转奔波，也不用再重复排队。

为了更好地适应新职业的工作变化，更好地服务群众，2020 年，在中国就业培训技术指导中心的指导下，我所在的新广集团参与了行政办事员国家职业技能标准编制工作。标准发布后，我集团于 2021 年面向本单位职工开展了首批职业技能等级认定工作，政务服务窗口人才队伍职业化发展迈出了坚实的一步。核查材料、资质审批、证书办理等工作内容，看似简单，其实，作为窗口服务人员，需要过硬的专业能力和素质。作为工作在第一线的窗口经办人员，他们直接面对群众、面向社会，不仅代表政务服务系统形象，更是党和政府联系群众、服务群众的重要桥梁和纽带。

2023 年初，为全面建设高质量技能人才队伍，规范职业技能培训，由新广集团多位专家作为教材编委会委员，全程参与编写的培训教材《政务服务综合窗口办事员》正式出版，推动窗口人员"持证上岗"。2023 年，在丰台区人力资源和社会保障局的大力扶持下，集团成为北京首家行政办事员认证第三方机构，这充分肯定了集团数年来在政务服务领域的努力，也极大地鼓舞了集团员工的工作积极性。系列政策的颁布进一步规范了窗口工作人员的职业行为准则，提高了礼仪素养，为更好地服务经营主体、营造良好的营商环境打下坚实基础。如今，政务服务综合窗口办事员这个新职业正吸引着大批年轻人加入，既实现了年轻人的职业梦想，也提高了政府的政务服务水平。

## 政务服务"拔节生长"

建设一支高素质的职业技能人才队伍，是提高政务服务水平，打造服务型政府的重要举措。

2022 年 2 月，我集团旗下的智慧政服职业技能培训学校在北京金融安全产业园正式揭牌，这是一所由人力资源和社会保障局、民政局批准的产教融合、校企合作的职业技能培训学校，专注于新职业行政办事员（政务服务综合窗口办事员）的技能培训与认定，这所学校将为各级政务服务机构培训更多的高质量窗口，为政务服务行业输送高质量、高素质、高水平的窗口服务人才。

2023年2月，北京千余名政务服务窗口人员参加行业地标培训，闲暇时间前来参加培训的小伙伴向我感慨："过去都以为坐在政府部门窗口办事的人都是公务员，现在才发现，原来我们这些不是公务员的人也可以从事这份很有价值感的工作。"小伙伴的这句话让我倍感幸福、倍受鼓舞，更加坚信我们党的领导之崇高正确，更加坚信"为人民服务"是真诚的付出。

为深入贯彻落实中共二十大精神和习近平总书记致首届大国工匠创新交流大会贺信精神，2023年9月，由智慧政服管理咨询有限公司承办的首届北京市职工职业技能大赛（政务服务综合窗口办事员竞赛活动）正式拉开帷幕，历时三个月完成初、复、决赛事举办，遵循"坚持标准、重视基础、全面考核"的原则，以国家职业资格高级工的技能知识为基准，针对行政办事员的职业能力开展竞赛，全面考核参赛选手的政务服务礼仪规范、业务理论知识及职业技能标准，本次竞赛活动共有万余名选手报名参加。这是北京开通政务服务"综合窗口"近五年来，首次举办政务服务综合窗口办事员竞赛活动，比赛中，立足本职工作的办事员在总结五年工作的同时，收获了成长的喜悦，比赛背后，办事员不断提升的业务能力和北京不断优化的各项政务服务政策，也通过一窗通办的综合服务窗口，惠及了无数企业与市民。

### 政务服务"更快更优"

中共十八大以来，我感受最深的就是"办事方便了、工作踏实了、心里暖和了"。回想最初接触行政服务中心时，群众办事的事项材料大多都是纸质材料，而且需要到中心提交，其间可能还要辗转多地办理手续。丰台区人口多、市场主体多，政务服务办事需求量大，很多办事难题都亟待解决。自从行政制度改革迈出第一步，丰台区行政服务每年的变化我都记在心里。近十年来，我感受到了六大变化：信息化程度更高了，一体化政务服务平台，好多事项直接在网上办理，群众"少跑腿"或"零跑腿"；政务服务体系更加完善了，服务"触角"延伸到了基层；投诉渠道更畅通了，群众对办理事项不满意，可以直接在手机客户端、省一体化政务服务平台等多种渠道进行投诉；行政审批事项、行政许可事项减少了；办事程序更加规范、办事流程更加公开、办事更加透明公正；营商环境持续优化了，近年来，丰台区在鼓励科技创新上发布了多项惠企政策，各级政府为企业提供机会，解决困难，切实解决企业的急难愁盼问题。丰台服务型、创新型政府的角色定位更加清晰。

政务服务直接影响着政府在老百姓心目中的形象，我们始终把"便民、为民、惠民"作为工作出发点，把"人民满不满意、人民幸不幸福"作为一切工作的标准，持续不断为丰台区经济社会发展贡献更多力量。

**作者简介：**

李阳，第十一届丰台区政协委员，北京新广视通科技有限公司副总经理

# 使命光荣　责任重大

杨会银

2021 年 12 月，我有幸成为第十一届丰台区政协委员。作为一名"80 后"新委员，我心中充满荣誉感、责任感和使命感。我毕业于首都经济贸易大学，工作于丰台区财政局，也是致公党丰台区工委委员，从学校到工作岗位、再到成为一名民主党派人士，是丰台的沃土一直培养着我成长与进步；同时我也怀着感恩的心，严格要求自己，学以致用，在本职工作、党派工作各个方面兢兢业业为丰台发展贡献自己的力量。成为丰台区政协委员后，我的视野和工作思路迅速扩展开来。

2012 年我入职丰台区财政局，先后在人教科、监督检查科、办公室、农业科、街镇科工作。从综合性岗位到业务岗位的转变，使我透过财政数据对丰台发展的前景看得更加清晰，对财政人建设丰台的认识更加深刻。从 2012 年到 2022 年的十年间，全区财政数据从规模、结构、质量等方面均呈上升之势，它充分说明了丰台的高效发展。

这十年，丰台区的一般公共预算收入规模从 68.6 亿元增长到 137.6 亿元，其中 2021 年收入最高值为 145.2 亿元，是 2012 年（68.6 亿元）的 2.1 倍，十年累计收入 1205.8 亿元。财政收入取之于民，用之于民，财政支出规模从 2012 年的 142.4 亿元到 2022 年 277.7 亿元，十年累计支出 2327 亿元。每年持续增长的财政收支数据是我们财政人的骄傲，收入的不断增长得益于丰台经济实力的持续提高；支出规模的逐年扩大，同时反哺了丰台经济社会的全面发展。

这十年，我们力争做到能"省"钱，会"花"钱。"省"在政府过紧日子、节用裕民上。比如：大幅压减非急需非刚性支出，勤俭办一切事业，"三

## 2012—2022 年丰台区一般公共预算收入统计图

单位：亿元

一般公共预算收入整体上涨，但2022年增速略有下滑

| | 2012 | 2013 | 2014 | 2015 | 2016 | 2017 | 2018 | 2019 | 2020 | 2021 | 2022 |
|---|---|---|---|---|---|---|---|---|---|---|---|
| 求和项:一般公共预算收入 | 68.6 | 76.9 | 86.1 | 94.5 | 104.6 | 113.1 | 121.6 | 127.7 | 129.9 | 145.2 | 137.6 |

公"经费只减不增，不该花的钱一分不花，该花的钱一分不少，"花"在发展紧要处、民生急需上。作为一名财政专管员，我们每到一年预算季、每新增一个项目、每到一次现场，我们都要苦口婆心的宣讲解释"一定要把资金用在"刀刃上"！一个项目一个项目的和预算单位探讨，结合市区重点任务，与预算单位一起优化支出结构，理顺优先顺序，重点任务全力保障。

2016 年至 2020 年，在丰台大红门地区疏解整治促提升专项行动攻坚那几年，我所在的部门负责对接大红门疏解办、区农业农村局和区经管站等部门，共同推动大红门地区疏解腾退工作。一方面是市区各项疏解任务的压力，另一方面是大红门地区批发市场、厂房大院所属村集体直接经济损失的阻力。作为资金保障部门，我们以大红门地区的特殊性向市级争取资金支持，同时向朝阳区、海淀区等兄弟区取经学习疏解奖补政策，最终联合区级相关部门共同制定了的大红门地区市场疏解补助资金管理办法，有效化解了集体经济组织困难，助推疏解任务及时完成。现在的大红门地区利用疏解腾退空间建成新政务服务中心，规划建设南中轴国际文化科技园，培育植入科技、文化、商务等产业，打造城市更新样板，正在实现"华丽转身"。

2021 年丰台平稳有序完成行政区划调整，撤"三乡"增"八街"，破解了区域重叠、边界交叉、权责不清、治理难度大等突出问题。2016 年我到财政局农业科工作时，负责丰台区三乡两镇预算管理工作，2021 年在区划调整后，全区 16 个街道、3 乡、2 镇调整为 24 个街道和 2 镇，我们的工作内容也调整为负责 26 个街镇预算管理工作。为了应对街道区划调整、执法力量下沉、接诉即办等新形势新要求，我们到石景山区、朝阳区走访调研，学习了解财政对街道的资金保障体制，结合丰台实际情况，统筹考虑各街道社区（村）数量、辖区面积、人口等因素，于 2021 年底制定了街道民生实事资金保障方式，将财政对街道的保障资金由原来的平均每个街道 700 万元大幅提升至 1950 万元，并将该项保障措施直接落实到 2022 年度预算中，确保街道财权事权在区划调整后第一时间有效衔接，保障我区城市治理水平提质增效。

2021 年我成为第十一届丰台区政协委员，新的角色赋予了我更多机会为丰台发展贡献力量，特别感谢区政协的信任和鼓励，我对委员身份倍感珍惜，使命光荣、责任重大。为了克服"本领恐慌"，我积极参加区政协的各项培训班、读书班活动，学习政协委员职责和使命，学习如何履好职、建好言，尝试如何将自己熟悉的领域与政协委员职责有效结合，学习撰写提案、社情民意。2023 年，我积极参与了区政协经科委组织的各项履职活动，得到了更多学习锻炼的机会。参加了"加快推进看丹独角兽创新基地建设"协商恳谈会工作，参与"进一步优化营商环境，打响'丰台品牌'"议政性常委会议题专题调研，担任经科委第 6 小组组长。政协使我不拘泥于本职岗位，站在了更高的平台、更加全面的了解丰台区情，能和各党派团体、各族各界代表人士以及各领域专家共同学习沟通，提高了站位，开阔了眼界，增长了知识。

回顾两年来的履职情况，政协为我提供了提升能力、发挥作用的广阔平台，使我从最初的学习者逐步成长为一名积极的参与者。在今后的履职工作中，政协委员的责任也将继续鞭策我立足自身专业和熟悉的领域，将工作经验思考与履职紧密结合，不断深化履职成效，为丰台的发展贡献自己的力量。

**作者简介：**

杨会银，第十一届丰台区政协委员，北京市丰台区财政局街镇科副科长

# 数说丰台孵化器发展

李　雷

　　作为一名科技服务工作者和孵化器的"老兵"，自 2013 年我踏入丰台这片热土，到如今已经十余年了，这十年正是丰台飞速发展的十年。从孵化器行业发展看丰台的倍增追赶、合作发展，意义重大。

　　1988 年 8 月，原国家科委开始实施"中国高新技术产业开发计划"（以下简称火炬计划），由科学技术部（原国家科委）组织实施，火炬计划将高新区、创业中心作为其重要组成部分。1989—1994 年，北京高技术创业服务中心、中关村科技园区海淀园创业服务中心和中关村科技园区丰台园科技创业服务中心相继成立。这三个创业中心成立初期的宗旨是全面落实火炬计划，为全市中小科技入孵企业的创业活动提供全方位的孵化服务、政策落实服务，为全市的科技企业孵化器提供支持服务，最终目的就是促进北京地区科技成果向现实生产力的转化，促进科技与经济的结合。

　　在不断发展实践中，丰台区科技服务业孵化器探索出了面向特定专业技术领域和特定创业者群体的多种新型孵化器组织形式，在组织方式、运营模式上进行了不断创新。从早期丰台园孵化器网络建立的科技孵化一条街，被业内专家誉为独具特色的"丰台模式"到双创大潮中的"丰台加速"，再到近年来的"丰台倍增"，丰台区在孵化器的新模式、孵化机构集聚、创业生态系统等方面在全国发挥了引领作用。

　　同时，丰台区对孵化器领域的企业发展在政策支持方面表现出了显著的积极态度并采取行动。为了激励科技企业孵化机构加强高企引培力度，丰台区政府积极落实各类扶持措施。例如，对区级孵化机构引进孵化高新技术企业、专精特新企业、瞪羚企业、小巨人企业等高成长性企业进行奖励，并对其入驻中小微企业实行租金减免补贴。这些措施旨在鼓励更多的创新型企业入驻孵化器，从而推动科技创新和经济发展。

此外，丰台区还加强了科技企业孵化器和大学科技园等创业孵化机构、科技类社会组织专业孵化能力建设，推动一批老旧厂房、产业园区升级改造为高新技术企业孵化服务基地。对经认定的孵化平台，给予最高 500 万元支持。这些措施有助于提升丰台区的科技创新能力，并为更多的创新型企业提供了良好的发展环境。丰台区政府持续根据市场环境和对科技创新的引领，相继出台了一系列扶持政策，包括 2019 年中关村丰台科技园正式发布"丰台园创新 12 条"，利用 2.5 亿元支持规模优势企业发展、支持综合高贡献企业发展、支持科技型企业开展研发活动等，不仅切中园区企业发展的痛点难点，也对企业提质升级提供帮助；2020 年 8 月发布的"丰九条"政策，多维度体现了丰台对于企业发展的支持；2021 年 11 月，为区域高质量发展提供新动能和新引擎，又推出加快独角兽企业集聚发展的八条措施，简称"独角兽八条"；2022 年 7 月，丰台区发布"支持高新技术企业发展的若干措施"（以下简称高新八条），从多个维度支持各类高新技术企业发展，全年支持资金可达 2 亿元。在空间载体、科技创新、成果转化等方面给予了奖励和补贴，为丰台区的科技创新和经济发展提供了强大的动力。

2013 年我初入丰台时，丰台区有四家国家级孵化器和中关村丰台园内为数不算多的区级孵化器，而我们的孵化器成为园区外唯一的一个国家级孵化器。对比今天，丰台区科技企业孵化器及众创空间已遍地开花，达到 72 家，位居全市前列。同时丰台的科技孵化器又在北京市非常有特色，第一个特色是产业精，涉及的产业方向包括航空航天、生命科学、智能制造、应急救援和科技文化等；第二个特色是辐射广，地理位置从二环到六环，从北到南、从东到西均有覆盖，充分亲历丰台孵化服务行业十多年的发展，也经历了"大众创业万众创新"的大潮，丰台的孵化服务机构的整体存活率和发展在北京都是最稳的，基本没有因浪潮起又因浪潮关的孵化服务机构，这在北京乃至全国都是少见的，充分体现了丰台的孵化器人都是专注扎根在这个行业稳步前行的；第三个特色是丰台的孵化服务机构质量都特别高，举个例子，在

2016—2018 年中央财政支持孵化服务机构发展时，经历重重评审，丰台的孵化服务机构在全北京市同行业是平均受到中央财政支持最高的，这体现了多年如一日的专注和扎实。回望十年，国家级科技企业孵化器从初入丰台时的 4 家到如今的 12 家，平均每年新增一家，占全市总量的 18.2%，在全市的科技服务业发展中充分体现了丰台质量和丰台速度。区级孵化机构连续多年成功入选国家级科技企业孵化器，形成了"区级、市级、国家级"的"梯队培育模式"，有效促进了区域科技创新和科技成果转化。这种"梯队培育模式"不仅提高了孵化器的运营效率，也为在孵企业提供了更多的资源和服务。截至 2023 年上半年，丰台国高新企业总数达到 2801 家，跃升至全市第三。1134 家科技型小微企业获得市级研发资金支持，数量排名全市第二。从 2013 年到 2023 年的十年间，丰台区的孵化器数量和种类都有了显著增长，孵化器的服务产出也有了指数级的增长，这反映出丰台区在推动科技创新和创业方面的高度关注，并与科技部门的努力分不开。感谢历任区领导对丰台孵化器的关注、支持，感谢主管部门刘少华、朱京宁、张咏梅、刘博涵、孟丹、罗胜、张博轩、崔颖、陈士辉等主管部门领导与丰台一代代孵化器人的并肩同行、砥砺前行，促进创新链、产业链、资金链、人才链深度融合，全面贯通科技创新、成果转化、孵化加速、产业集群发展链条，共同推动丰台区高精尖产业和科技、经济发展取得更大成效。

**作者简介：**

李雷，第十、十一届丰台区政协委员，北京欣悦众成科技孵化器有限公司董事长

# 我与审计共成长

赵　欣

　　我是一名从中专毕业生成长起来的审计项目负责人，多年来的审计工作锻炼了我批判的思维能力和抽丝剥茧、精益求精的思维方式；2011 年成为一名中国民主同盟盟员之后，我渐渐懂得了为民请命的含义，信息、建言专报成为我为民生事业呼吁的利器。批判的思维能力和为民请命的使命感相结合，让我拥有更为独特的视角，得以更好地关注民生。2016 年 10 月，我有幸成为一名政协委员，区政协的信任，让我能把全市乃至全国审计工作中看到的热点与功过得失，第一时间"回家"分享，以政协委员的身份践行家国情怀。

## 审计工作促我成长

　　1997 年，中专毕业的我，怀着对审计事业的憧憬，成为一名投资审计人。正值喜迎祖国 50 周年华诞，首都掀起了新一轮建设高潮。新的政策、新的项目、新的领域，给投资审计人提出了新的要求。年轻的我首先深刻感受到的是横亘在书本知识和实际工作之间的鸿沟。

　　老同志像师傅般手把手教我如何开展投资审计，言传身教之间，我渐渐认识了周围的投资审计人：那是一群默默无闻、勤勤恳恳、甘于奉献、仗剑直言的人。从那时起，师傅们开始用近乎苛刻的要求，帮助我成长，统计表一遍遍调整、汇总，核实材料一次次修改、抄写，审计报告字斟句酌，让我领略到审计工作的严谨扎实、一丝不苟。

　　纸上得来终觉浅，绝知此事要躬行。几年的锤炼，呆板的理论变为实践经验，熟练掌握审计基本方法的我，心中充满了对新工作的无限期待。审计覆盖面不断扩大，带领社会中介组织完成审计项目，成为投资审计人面对的新问题。25 岁的我成为第一批从事此项工作的人。一年时间，一人带领三个不同的社会中介组织，完成首都图书馆等六个审计项目，压力之大可想而知。此时，几年的积累让我充满信心，同志们的鼓励与帮助更成为我前进的动力。

当六个项目顺利完成，回首发现，苛刻的要求已化作我坚强的翅膀，昔日的困难成为我高飞的力量，一路的暴风骤雨铸就了我坚强不屈的品格，这正是我一直无限感佩的投资审计人的精神。

肩负政府的重托、人民的期望、20 多个奥运场馆及配套工程是投资人责无旁贷的任务。从图形算量到关注质量、从量价分析到现场踏勘，审计成果浸润着大家的汗水，更为我局捧回了第一个审计署优秀专家经验奖。

凝视着获奖证书，似乎又感受到商谈结算的紧张气氛，眼前浮现的是同志们辛勤计算、奔走在施工现场的忙碌身影。当国歌奏响，人们为奥运健儿勇夺金牌而喜悦、欢呼的时候，我们心中感受到的是为北京奥运保驾护航的成功和欣慰。

转战地铁工程现场，骄阳似火、震耳欲聋的工作条件，阻挡不了投资审计人按时、优质完成任务的决心和信念。回首昨天，我们为国家节约建设资金，展望未来，我们为首都发展奉献青春。我们有幸，首都建设有我们参与。我们欣喜，世界城市渐成现实。我们欣慰，纳税人的血汗有我们保驾护航。

走过天安门广场，飘扬的国旗，雄伟的纪念碑，脑海中浮现出 1998 年隆冬我参与广场改造工程审计的场景。当新中国成立 50 周年盛典顺利举行，我感受到了作为一名投资审计人的无上荣光。从一个 19 岁的毕业生，到 20 多次担任项目负责人的造价工程师，24 年的成长，24 年对审计业务孜孜以求，我与审计共成长，与审计工作经验同步积累的，是我批判的思维能力和多角度分析问题的思维方式，这些能力为我提出高质量的建言信息打下坚实的基础。

### 时刻关注民生热点

通过《丰台盟讯》和《北京盟讯》两项盟务交流平台，我看到了广大盟员对盟务关注度之高，对社会事务关注度之广，特别是诸位老盟员以扎实的基础业务和以民生为己任的精神，一针见血反映民生百态中的热点，为民生奔走呼吁、不懈努力的精神，这些都是我学习的楷模。

积极关注民生热点是民盟盟员的职责，温家宝总理在 2011 年 4 月 17 日接见国务院参事会议上曾引用"知屋漏者在宇下，知政失者在草野"这句话，在审计工作岗位上，我参与国家重点建设项目审计工作，能够有更多机会看到国家投资使用情况和建设项目效益情况，这让我能了解政府投资落实情况和建设项目在民生中发挥的作用。这为我提交更多的信息、提出更多针对国家基本建设投资领域的建议提供了资料准备。

民盟为我们提供了发表言论的渠道，让我们的观点可以以信息和专报的形式上报，可以将我们这些来自基层的建议、代表百姓的呼声、政策落实的效果上报各级领导，把我们了解到的政策落实情况化作政府决策的参考。

2020 年疫情来袭首先冲击的是湖北省工农业生产，重创湖北省经济，疫情稍有稳定，我立即通过民盟渠道上报《关于稳定湖北地区棉花播种、促进湖北省经济尽快恢复的建议》，以期尽量挽回疫情对湖北工农业基础的影响，被民盟中央采用，为湖北省经济有序恢复提供参考。

"知者尽言，国家之利"。在"十四五"规划开局之际，一方面我要更多关注社会生活中的方方面面；更要立足本职，在做好自己审计工作的基础上，将自己看到的社会生活各方面情况以信息的形式及时上报，并提出自己独立的想法和建议。这不仅是我们盟员应尽的义务，更是我们应该坚持的，正如陈寅恪先生讲的"独立之精神，自由之思想"，又如钱伟长先生谈到的，在每个领域，当我们需要时，就能够掌握这个行业和领域需要的知识，并提出自己独立的见解。

### 谏言之路笃定前行

中共十八大为祖国发展擘画了宏伟蓝图，作为一名土生土长的丰台人，政协组织的信任让我有了助力家乡发展的机会，把审计工作中发现的其他单位的工作得失化作提案、信息，助力家乡、宣传家乡。

以丽泽商务区为支撑的金融产业是家乡振兴的新引擎。金融街的发展令我们羡慕，我们要认真汲取他们的成功经验，打造适应中共十八大以后新形势、新发展要求的商务区。一次次调研学习，我们虚心求教，一轮轮研讨分析，我们献计献策，从总体规划到现场踏勘，从地下结构到交通工程，我们立足丽泽的小天地，在家乡铺展金融产业的大文章。

以河西大开发为抓手的广阔天地是家乡进步的阶梯。河西沃土衔接京津冀与华北地区腹地，是首都核心区仅有的尚待开发的沃土，振兴丰台，以振兴河西为核心。怀着助力家乡振兴的憧憬，委员们在全市层面搜集兄弟区发展的经验，借鉴发展中出现的问题，为家乡发展献计，为振兴河西出力。

因教育产业不足导致中国航空发动机有限公司等优质央企未能落户丰台，是我们卧薪尝胆、不断进取的努力方向，也是家乡振兴的内驱动力。当中航发为代表的优质央企来京选址，我们拿出了全市仅有的三环沿线优秀地块——胜出，拿出了全市仅有的二环沿线保障房——胜出，但是我们没有与海淀比肩的教育资源，最终因教育资源不足等原因未能引进这家优质央企，为此，我们迎难而上，卧薪尝胆，苦练内功，打磨家乡优秀的教育资源，为引进众多优质的企业助力家乡振兴，委员们群策群力，蓄芳未来，共筑丰台教育精品，助力家乡发展。

十年浸润，我们踌躇满志，丽泽成为首都金融发展的新地标，更是高新技术产业的聚集区；我们信心满满，河西的蓝图即将铺展，必将成为首都西部大走廊的核心、枢纽；我们锐意进取，第五实验学校等新一批优质教育资源将成为莘莘学子向往的优质名校。

不仅关注丰台不足并全力追赶，家乡的优势更是我们以建言献策助力全市乃至全国发展的信心源泉。抗疫初期，方庄社区卫生服务中心率先在全国首创从社区医院到社区防疫全模式，统筹社区医院、街道办事处、物业公司、居民楼等各个环节，初创社区防疫模板。我第一时间以信息形式上报《从方庄地区抗击新冠肺炎情况 谈对当前防控工作的几点思考和建议》，于 2020 年 2 月 20 日发表于政协北京市委办公厅《诤友》（2020 年总第 406 期）通讯，为全市乃至全国社区防疫提供参考。三年抗疫之路走来，方庄社区依托此项抗疫成果，成为全国社区防疫工作的样板，宣传家乡成绩、助力全国抗疫，家乡发展得到全国认可与关注。

一届政协委员，让我有幸近距离见证并参与了家乡的发展；一生政协情怀，"倍增追赶计划"更让我们清醒地看到家乡的不足。委员们要做的不是谈成绩，而是领任务、交作业，立足家乡、振兴中华，持续为家乡振兴、国家发展、民生福祉而努力。

**作者简介：**

赵欣，第十、十一届丰台区政协委员，北京市审计局第十二派出局一级主任科员

# 光荣与梦想——亲历丰台 15 年发展

## 关　超

15 年，在一个人的生命历程中，是一段漫长的岁月。这样一段时光，如果恰逢一个伟大民族的复兴，将会给这段时光镀上璀璨的光芒。15 年，在一个城市的发展长河中，只是一个短短的瞬间。这样一段时光，如果见证了一个区域的崛起，将具有非同凡响的力量。我见证了丰台发展的 15 年，丰台的变化可以说是翻天覆地的。这是一段充满光荣与梦想的发展旅程。

回想起 2008 年初到丰台，那时的丰台蓄势待发，但数字经济、轨道交通、商业航天、人工智能等科技领域好像又离我们很遥远。我亲眼看见丰台如何从一个普通区域逐渐蜕变成升级版的城市中心，一个集商业、科技、金融于一体的繁华之地。当年的小路，现在已经变成了宽阔的柏油马路，交通四通八达，两旁的建筑物也从低矮的平房变成了高耸入云的摩天大楼。如今，这种生机与活力始终未减，反而在不断升级与壮大。

15 年来，作为一名科技工作者，亲历丰台的科技产业取得了令人瞩目的成就。从最初的低端制造到如今互联网技术、人工智能、大数据、轨道交通、航空航天等高端科技产业，丰台已经逐渐成为科技创新的重要基地。这些变化都让我深深地感受到，生活之所以越来越好，科技和经济的快速发展是一个重要因素，但是最关键还是得益于党的坚强领导和明智决策。党的领导为我们指明了前进的方向，提供了坚实的后盾，为我区科技进步和经济增长提供了强有力的保障。众多科技公司的总部或分部在这里设立，它们带来了先进的技术和创新理念，吸引了大量的高科技人才和独角兽企业前来投资和发展，有效带动了丰台经济的快速发展。2008 年来到丰台工作后，我一直梦想着在丰台区这片充满活力和机遇的土地上实现自己的创业梦想，这里不仅有众多高校和科研机构，还有许多优秀的创业者和企业。2016年我怀揣着创业梦想开始了自己的创业，起初，我对丰台的创业环境和土壤并不熟悉，我遇到了许多挑战和困难，在这个过程中，丰台区委、区政府和各个委办局给予了我们很多支持和指导，提供了很多实用的创业服务和资源，如法律咨询、财务知识、人力资源服务等，并且还提供了场地租赁优惠、税收减免等政策，帮助我解决了许多实际问题。相关部门还经常组织创业培训和交流活动，让我结识了许多志同道合的创业者，我们一起分享经验、互相学习、共同进步，不断提高拓展自己的视野和思维方式。这让我在创业初期能够更加专注于业务发展和市场开拓，经过几年的努力和拼搏，让我们从一个孵化型企业在短期内成为一个快速成长型高新技术企业。近年来，丰台区在持续优化营商环境、扶持创业等方面不断加强，为创业者提供了良好的创业环境和支持，例如"丰九条""丰十二条""高新八条"等，同时，在入学、落户、人才引进、公租房等方面提供了一对一的服务，这些全方位的服务和政策为我们创业者提供了良好的创业环境和支持。我深感丰台区是一个充满机遇和挑战的地方，在这里，我不仅实现了自己的创业梦想，也让我成了丰台区经济发展的参与者。所闻所见、所思所行，让我对丰台的经济发展有了许多亲身体验，通过一个人的成长窗口，可以看到一个区的经济发展，我坚信丰台会站在新的历史起点上再出发。

与此同时，丰台的城市建设也发生了巨大的变化。过去，丰台的城市设施可能相对落后，但是现在，我们可以看到丽泽商务区一座座高楼大厦拔地而起，城市航站楼将与周边的地铁站、高铁站等交通枢纽形成便捷联通的"地下城"，中央公园、三环城市公园绿带的建设，将为商务区提供优美的生态环境和休闲空间，商务区的建设正在朝着国际一流商务中心的目标迈进。另外，我们的社区党建中心、图书馆、文化中心以及"金边银角"的街区公园都在逐年增加，这些设施不仅丰富了我们的精神生活，也提高了我们的生活质量。我记得，小时候，我们只能在电视上看到这些文化活动，但现在，我们可以随时在身边找到它们。

随着时间的推移，如今的丰台，舞台更大了，领域更广了，从原来的单一领域小舞台，到如今的全区金融、科技、文化大舞台，从单一的发展途径到现在的多元领域，丰台的发展历程充满了变化和进步。另外，我深刻感受到丰台作为首都功能拓展区、中心城区增长带、城南行动引领区，其快速的发展对首都经济建设起到方方面面的作用。丰台经过几十年的发展历程逐渐清晰并走向成熟，我坚信在党和政府的带领下，以"倍增计划"为契机，以"伙伴计划"为抓手，以"五气连枝"为引擎，绘就蓝图，丰台未来一定会更加繁荣、更加美好。

回顾过去的 15 年，所闻所见、所思所行，让我更加热爱丰台，作为丰台经济发展的见证者、参与者、建设者、受益者，我对丰台的发展感到无比自豪。见证，不是为了见证，而是为了建设。我相信，只要我们继续努力，丰台一定能够实现更大的光荣与梦想。

---

**作者简介：**

关超，第十一届丰台区政协委员，丰台区工商联副主席，北京国卫星通科技有限公司董事长

# 看丰台十年飞跃

王若雄

十年光阴犹如白驹过隙，但丰台在这十年间发展变化却犹如沧海桑田的巨大。回想 2015 年，当时我刚从国外毕业回到丰台工作，公司位于万丰路和七里庄交会口，虽说那时公司大楼还属于区域的地标性建筑物，但周围已经是塔吊林立，处于大发展进行时中。如今，丰台在新时代的发展是有目共睹的，在公司办公室阳台顺着万丰路向北看，车水马龙热闹非凡，成为丰台夜生活中心、餐饮中心、消费中心；顺着丰北路向东看，两侧商场鳞次栉比，商业氛围浓厚，再远处的丽泽商务区高楼林立，已经呈现出国际大都市商业中心的新气象。夜晚走在万丰路上，道路两旁霓虹闪耀，犹如满天星河，各色餐馆应有尽有；路上看到有青年男女来约会聚餐，有一家三口来享受生活，也有全家来为老人庆祝生日……沉浸在这充满烟火气息的环境中，感觉这里的烟火气才是生活的真谛和发展的表现。

2017 年，我成为丰台区第十届政协委员，因工作职责所在，观察视角又发生了改变。从微观看丰台转换到了宏观看丰台。通过参加重要会议、听取政府工作报告等，全面了解丰台年度发展情况；通过政协的履职工作，积极参与到丰台的发展当中，听取各界群众的声音，整理提案建言献策；通过政协参与到国家脱贫攻坚的任务当中，跟随政协领导定点考察对口帮扶的内蒙古扎赉特旗，捐赠巴达尔胡镇小学 20 万元设备设施。与此同时，通过调查研究和工作实践，看到了丰台正在不断推进营商环境优化，政府各部门办事大厅开放线上预约、线下办理的流程，提高了办事效率，开放企业联系通道，企业遇到问题可以得到更快解决。

2020 年，全球新冠疫情大暴发，丰台作为北京重要的副食品供应基地，外来人员流量大，疫情也较为严重。当时企业所属的物业公司正在管理丰台区的部分隔离医院，经常有救护车送来疑似病例，我带领物业团队全副武装保障医护人员的后勤工作；所属两家酒店也应政府号召成为隔离酒店，为疏散隔离疑似病例作出了一点贡献；同时，通过政协平台组织捐款捐物，包括口罩、隔离服等物资。结合我的经历，看到丰台区干部群众在疫情期间凝心聚力，积极参与到抗疫的工作当中，最终全面完成市里交给的保供等任务，并保证了辖区居民群众的身体健康和生命安全。

2021 年，丰台区为提高老旧小区居民的生活幸福指数，老旧小区改造工程全面展开。政府出资改造老旧楼房上下水管道，解决水质不好、经常堵塞漏水等问题。优化小区内绿化环境、加装电梯，大大提升退休职工与老年人的生活幸福指数。此时，作为已成为第十一届区政协委员的我积极调研，通过政协提案对于老旧小区改造问题提出意见和建议，并和区城管委进行有效沟通，完善整改措施。有次回到奶奶家的老小区，看到奶奶和几个同小区的老人在树下乘凉，听他们说现在小区环境变好了，改造过程中社区工作人员也注意听取小区居民的意见，新建了小花园和长凳；每个单元都加装了电梯，高层居住的老人也愿意经常下楼了，邻居间的交流增加了很多，幸福感提升了；小区内增加了许多运动娱乐设施，退休职工帮子女带孩子也不用去外面了，小区内多了很多欢声笑语。

疫情转段后，丰台迎来了"倍增计划、伙伴计划"的开局之年。区政府加大招商引资力度、优化招商引资政策，国际企业和大型国企央企陆续入驻，引入前沿高新企业，引领丰台区高新产业发展；各街镇纷纷召开合作发展大会，启动伙伴计划带领中小微企业发展，丰台区 GDP 再创新高。同时，丰台积极打造民营企业的"朋友圈"，在产业发展、公共服务、城市治理、政策创新等方面携手奋进，鼓励同等条件下优先使用驻区企业的产品及服务，助力形成全员参与、合作共赢的经济发展新格局，为区域高质量发展汇聚磅礴力量。我所在的企业也积极响应号召，把握机遇，主动融入丰台"倍增追赶合作发展"的新格局中，计划最大限度用好扶持政策，争取更多发展可能性，把企业打造成为更有核心竞争力的创新主体。

　　为了更好构建和谐劳动关系，丰台鼓励企业以培训为抓手，打造员工素质能力提升工程，积极构建学习型企业。技术工种职工参加各类技能学习并考取证书，目的在于培养复合型人才，同时也能够帮助职工提升岗位竞争力，拓宽职业道路，实现职工有本领、企业有人才的双赢局面。鼓励企业建立、健全"职工之家""职工书屋""职工活动室"等，能够让职工在工作间隙强身健体，丰富精神生活。公司响应号召，建立实施企业员工培训制度，并荣获了"首都劳动奖状"；另外，在社区的支持下，楼宇内建立党办沟通联络室，帮助写字楼内企业与职工处理劳动关系纠纷，免费提供律师咨询和法律服务，减少投诉，构建文明社区。

　　看丰台十年飞跃，经济发展、城市建设踏上新征程；看丰台十年飞跃，环境优化、生活指数迈上新台阶；看丰台十年飞跃，和谐劳动、人才培养进入新阶段……妙笔生花看丰台，十年发展百花齐放、争相斗艳，每一朵花都散发着独特的魅力，共同绘就了一幅绚烂多彩的丰台画卷。

　　丰台过去十年有我们共同见证，未来十年由我们凝心聚力，我们有责任、有信心、更有决心为推动丰台经济社会高质量发展贡献更多力量和智慧！

---

**作者简介：**

王若雄，第十、十一届丰台区政协委员，北京冠京投资管理有限公司总经理

# 使命光荣　砥砺践行　倍速发展　伙伴计划

王　霞

2021 年 12 月，我有幸成为第十一届丰台区政协委员，作为一名新委员，深感无比光荣与自豪，但更多的是责任重大。我是北京中鼎昊硕科技有限责任公司创始人，公司成立于 2011 年，总部位于北京市丰台科技园区，是集产品研发、软件开发、系统集成于一体的国家高新技术企业，公司荣获国家专精特新"小巨人"企业、"小灯塔"数字化改造平台企业、国家高新技术企业、瞪羚企业、"创新簇"企业、北京专精特新中小企业等多项荣誉称号。

2023 年 1 月 4 日，政协北京市丰台区第十一届委员会第二次会议在北京园博大酒店举行。我首次提出将商业密码作为重点发展方向，会议结束的第一天就去请教有中国可信计算之父的沈昌祥院士如何发展丰台商业密码，撰写界别提案《商业密码产业振兴助推丰台经济高质量发展》，邀请科信局刘局长到公司进行探讨发展路径。

我公司之前的主营方向是航空航天的工业互联网和数字化转型，为了响应丰台区发展方向，转型专注于商用密码技术的研发，其内容包括：商用密码核心技术 CipherSuite，主要用于密码技术与应用系统之间的快速融合。同时，中鼎昊硕基于 CipherSuite 开发了包括安全接入网关（含国密 SSL、国密 IPSec 安全接入）、密钥管理系统和适应多种网络接入场景（有线、Wi-Fi、5G、行业专用频段无线）的微型一体化装置，并获得了国家密码管理局审批的商用密码产品认证证书，以上产品应用于工业控制、金融、能源、交通、医疗卫生、测绘、公共安全等领域。

2023 年 4 月，工信部网安中心与丰台区政府达成战略合作，双方以新一代信息技术融合应用产业为主线，以商用密码技术、大数据安全、区块链、新一代工业互联网、数字金融安全为核心，在轨道交通、航空航天、智慧建筑、智能建造、数字金融等应用领域发力，构建"技术突破＋融合创新＋需求牵引＋产业集聚"的协同发展模式，打造新一代信息技术融合应用产业创新发展先导区（商用密码产业园），争创国家数据安全产业园。双方共同聚合密码产业优势资源，力争把先导区建设成为商用密码企业的集聚区，先进密码技术和解决方案的创新地，传统行业密码应用实践的试验田，在北京市数字经济产业布局中与海淀、朝阳、亦庄经开区形成错位竞争、协同发展的格局，为把北京建设成为具有全球影响力的科技创新中心提供有力支撑。

### 商用密码应用创新展示推广中心

用于展示商用密码产业概况、发展特征、新政策、新技术、新应用、新场景和典型解决方案，开展供需对接服务以及产品及服务场景式示范推广，宣传丰台区商用密码产业发展最新成果，整体提升丰台区产业发展形象。重点按技术展示密码产品、按场景展示密码应用，吸引企业对标定位探索商机、推进企业招引落地、助力成果转化推广与技术交流合作。同时可以依托展示推广中心定期组织举办专题展览、技术交流、供需对接、创新竞赛等活动。

已完成建设并开展运营，截至 2023 年 11 月底，展示推广中心已接待、对接工信部机关司局、国家密码管理局、全国地方工信主管部门、北京市密码管理局、宁波市、上海市静安区、保定市等政府部门；接待北京市青年企业家协会、西北工业大学、丰台区内高校等组织开展产业推广调研交流；对接中国金融电子化集团、国科量子、中国通号设计院等用户单位；以及密码云芯、中鼎昊硕、数盾科技等商用密码及网络安全服务企业开展技术与业务合作交流。合计开展各项参观交流接待 80 余场，覆盖人数千余人次。

### 商用密码技术与应用创新中心

商用密码技术与应用创新中心（商用密码技术及应用公共实验室）作为

开展关键技术研究、提供公共服务、支撑产业创新驱动发展的核心机构和商用密码技术及应用公共实验室，打造协同生态，重点面向轨道交通、航空航天、数字金融、工业互联网、智能建造等领域提供信创云及云密码等公共服务。建设商用密码关键技术协同创新攻关平台、产品及应用测试验证平台、商用密码应用技术开源平台、人才培养平台（四平台），努力构建商用密码技术研发和应用创新生态，为企业研发、创新提供技术支撑、协同攻关等服务和资源。

目前，商用密码技术与应用创新中心各项技术平台已初步形成建设方案，并完成云密码、信创云等部分基础技术平台的开发建设工作，2023 年 12 月丰台创新中心机房建设完成后，将继续推进系统部署工作，同步开展提供技术创新、协同研发、生态服务等产业推进工作。

为落实推进实施"倍增计划"，构建"2+4+6"现代产业体系，防范网络和数据安全风险，推进航空航天、轨道交通等重要领域商用密码应用，夯实全区密码保障基础，助力北京市数字经济安全快速发展，参与讨论建议制定以下商用密码产业支持措施。丰台区促进商用密码产业创新应用发展的若干支持措施（建议稿）（以下简称"丰台商密七条"）：

第一条　鼓励商密企业及服务机构入区发展、孵化培育。

第二条　助力驻区商用密码企业做优做强。

第三条　鼓励商密新技术、新产品研发及研究成果转化。

第四条　支持拓展商用密码产品应用领域。

第五条　支持商用密码创新生态建设。

第六条　支持商用密码产业人才队伍建设。

第七条　支持商用密码产业发展配套保障。

作为"小巨人"企业带头人，除了做好自己的企业之外还要赋能更多专精特新企业。我多次参加区里各个部门组织的需要分享小巨人经验的会议，帮助更多企业了解政策和方法。

作为政协委员要配合完成以下工作：当前丰台区正以轨道交通、航天航空、数字金融等主导产业的信息技术创新应用为主线，构建"技术突破＋融合创新＋需求牵引＋产业集聚"的协同发展模式，超前布局、系统推进、"错位"发展，围绕商用密码打造数据安全产业，为建设全球数字经济标杆城市作出丰台贡献。

一是建设标杆园区。以中关村丰台园、丽泽金融商务区、园博数字经济产业园等空间为载体，建设以商用密码为核心的数据安全产业园、丰台区商用密码产业先导区，争创市级、国家级商用密码技术与应用创新中心。

二是推进强链补链。深入落实北京市"数据二十条"，积极培育数据要素产业，以数据安全为重点，持续打造"两中心、四平台"产业创新驱动引擎，面向商用密码产业链关键环节，引入和培育上下游企业，全面拓展密码应用和服务功能。

三是加强技术创新。不断累积密码技术核心竞争优势，与区内龙头企业、机构协同构建创新联动机制，提升关键核心技术创新能力，力争在密码前沿技术领域实现国内领先。

2021年，我成为第十一届丰台区政协委员，新的角色赋予了我更多机会为丰台发展贡献力量，特别感谢区政协的信任和鼓励，我对委员身份倍感珍惜，使命光荣、责任重大。2023年，在区政协经科委的带领下，我得到了更多锻炼学习履职的机会。参加了"加快推进看丹独角兽创新基地建设"协商恳谈会工作，参与"进一步优化营商环境，打响'丰台品牌'"议政性常委会议题专题调研。政协使我不拘泥于本职岗位，站在了更高的平台、更加全面地了解丰台区情，能和各党派团体、各族各界代表人士以及各领域专家共同学习沟通，提高了站位，开阔了眼界，增长了知识。

在过去的这十年中，通过我自己在丰台学习、工作、生活的亲身经历看到了丰台区容区貌翻天覆地的变化，享受到丰台宜居便捷的生活空间。作为一名新政协委员，通过两年来的履职工作，我更加体会和展望到丰台未来发展的潜力与前景，更加信心倍增地投身到助力丰台发展的各项工作中，为经济社会的发展作出更大贡献，为广大人民群众创造更多福祉。

**作者简介：**

王霞，第十一届丰台区政协委员，北京中鼎昊硕科技有限责任公司董事长

# 多维度看丰台发展

李建乐

　　中共十八大以来，丰台区委区政府根据丰台定位加强全区政治、经济、社会、文化等方面发展，并取得了一系列丰硕成果。全区市容风貌焕然一新。我作为丰台区的致公党员，深感丰台近年来发展的显著变化蓬勃发展的势头。这种变化不仅仅是外在的，更是渗透到了我们日常生活的方方面面，激发了我参与并贡献于丰台未来建设的巨大热情和动力。我为能在这样的时代背景下，作为丰台发展的一分子，亲历并参与到这份辉煌的变革中而感到无比荣幸。

　　思想建设方面。围绕践行社会主义核心价值观，加强公民思想道德与行为规范教育，持续开展"五大文明创建""学雷锋志愿服务""发现丰台之美""北京榜样·最美丰台人"等群众性精神文明活动，崇德向善氛围日益浓厚。依托"北京丰台 App"，丰台建设新时代文明实践网络互动平台，广泛征集基层群众的服务需求，建立文明实践活动项目库，实现供需对接；计划打造"丰台区新时代文明实践邻里驿站 App"，实现 500 米新时代文明实践志愿服务圈，夯实全区精神文明建设根基。挖掘"丰台好人"，选树丰台区新时代好少年。各单位、各街道、各家庭、各学校积极争创"首都文明单位""首都文明村镇""首都文明家庭""首都文明校园"荣誉称号。全区文明实践站全部完成标准化建设，多家单位获评市级新时代文明实践基地，积极举办群众性文明实践活动。群众精神面貌焕然一新，意气风发。

　　科技创新建设方面。持续试水"1511"产业发展提质工程，高精尖产业支撑有力。丽泽金融商务区成功举办数字金融论坛、发行"丽泽数币一卡通"，打造数字货币生态圈，成为全市金融科技创新示范区主阵地；世界几百家知名企业、累计近千家头部企业入驻，将丽泽打造成为涵盖商务办公、休闲、购物功能于一体的全球活力中心；中关村丰台园整合发挥"产业、空间、政策、企业"优势，大力引进培育新型研发机构和产业协同创新平台；加大看丹独角兽创新基地招商力度，加快建设园博数字经济产业园，擦亮园区科技创新品牌，发展形成轨道交通；航空航天两个千亿级和新一代信息技术、新材料、智能制造、医药健康四个百亿级产业集群；国家高新技术企业数量、技术合同交易额持续保持快速增长；轨道交通、航空航天两大主导产业创新发展，产业规模数千亿元；"列车自主运行智能控制铁路工程研究中心"揭牌运行；目前，金融业、科技服务业、商务服务业对全区 GDP 增长贡献率超过 180%。预计 2025 年以后，丽泽、首都商务新区、丰台科技园等区域将成为北京变化最大，影响深远的活力中心。

经济建设方面。紧紧围绕北京"四个中心"定位，紧扣全市"五子"联动，紧抓"城南行动计划""两区"建设等契机，加快促转型，着力育动能，切实推动经济发展质量效益实现双提升，全面驶入高质量发展快车道。地区生产总值连上两个大台阶。金融、科技、文化、商务成为全区主要发展产业。未来，丰台区将加强都市特色产业集群培育，实施优质企业倍增发展行动，建立健全"倍增计划"目录企业遴选扶持工作机制，推动创新链、产业链、服务链、供应链"四链融合"，营造"金融＋科技＋商务＋高精尖"产业融合格局，打造"金刚、领军、瞪羚、雏鹰"高成长企业接续发展梯队，实现创新型中小企业数量倍增、专精特新和独角兽企业数量倍增、企业规模效益倍增。探索推动"元宇宙＋服装""生活场景＋鲜花""互联网＋消费""智慧农业＋度假"等生活体验新业态发展，做大做强新兴金融、高端商务、智能制造、数字经济等优势产业，做精做细智能建造、商用密码、综合能源管理、新材料、智慧医疗、都市智慧农业等引领未来新赛道的新兴产业，拓宽丰台产业创新发展格局。

基础教育方面。以发展优质教育为中心，聚焦重点环节，系统谋划了"三个一"和"三个都有"发展思路，从"校园"建设、名师培养、学子培育、智慧教育、深化改革、协同发展六个方面，对基础教育高质量发展做了全面规划，不断推进基础教育"强基工程"，调整优化教育布局，加大优质教育资源供给，持续推进教育改革创新，提高区域教育的社会影响力、认可度，形成丰台教育高质量、有特色发展的新局面，为丰台区人民群众提供优质教育资源服务。

文化建设方面。坚持以文化人、以文兴业、以文塑城，聚焦古都文化、京味文化、红色文化、航天文化、创新文化的挖掘和培育，将西山永定河文化带和南苑—大红门地区作为重点，做好区域文化资源的内涵挖掘和保护利用工作，让历史文脉得到有效延续与彰显。积极推动文化馆、图书馆、博物馆、美术馆等选址规划工作，持续推进街镇级文化中心、社区村文化室建设；创建首都公共文化服务示范区，举办"我的丰台我的家""家庭书房阅读"等系列群众文化活动，实现文化惠民；立足丰台特点落实"文化+"战略，将文化融入旅游、花卉、服装、展示等领域，推进国家数字出版基地建设，推动文化成为科技、金融等区域主导产业发展的强大助力。

人居环境方面。以中心城区定位为发展目标，结合本区域实际和特点，以民生建设为强区之本、发展之基，加强基础设施建设，着力改善生态环境，坚决向"城市痼疾"精准发力，逐步补齐基础设施建设和公共服务供给等发展短板，拓展一系列的便民空间，增加更多的文化体育项目建设；坚持"民有所呼、我有所应""闻风而动、接诉即办"的要求，建立服务群众响应机制，成立"接诉即办"督导组，组建工作专班，聚焦物业管理、市场秩序、停车管理、施工管理等高频问题，集中开展专项治理；坚决打好蓝天保卫战，改善区域空气质量。使区域内群众生活更便利、精神世界更丰富、基层治理更精细，持续优化城市人居环境，奋力谱写中国式现代化丰台新篇章。

城市建设方面。全面完善大型交通枢纽、大型居住区、轨道交通线路周边道路体系建设。推动了通久路等20条道路工程建设，完成共计50公里的自行车道及人行步道改造，实施"点靓凉水河"行动，将凉水河打造成为景观带、文化带、休闲带、产业带，形成一廊五区十景。北京丰台站打造"站城一体、产城融合"商业样板。围绕永定河周边环境开展了一系列综合治理工作，建成园博园、进行北宫国家森林公园全面提升工程，打造了"北京西岸"生态奇迹。持续开展环境提升工程，加强老旧小区综合整治，积极推进"街巷长制"，整治背街小巷。通过留白增绿、平原造林等工程的实施，提高区域绿化覆盖率，建设群众家门口公园，努力实现"让老百姓能够步行 500 米就进公园"的目标。

　　以上成绩的取得和巨大变化，是在丰台区委区政府领导下，与丰台人民一道，群策群力，共谋发展。作为丰台致公党的一员我将继续保持着跟共产党走的合作初心，致力为公的传统，侨海报国的精神，充分发挥民主党派作用，在新时代首都发展赛道上，为丰台区跑出"丰台速度、丰台效率、丰台质量"，为北京在全面建设社会主义现代化国家新征程上走在全国前列贡献丰台力量。

---

**作者简介：**

李建乐，第十一届丰台区政协委员，致公党中央教育委员会委员，致公党丰台区工委副主委，中国教育发展战略学会副秘书长

文化赋能

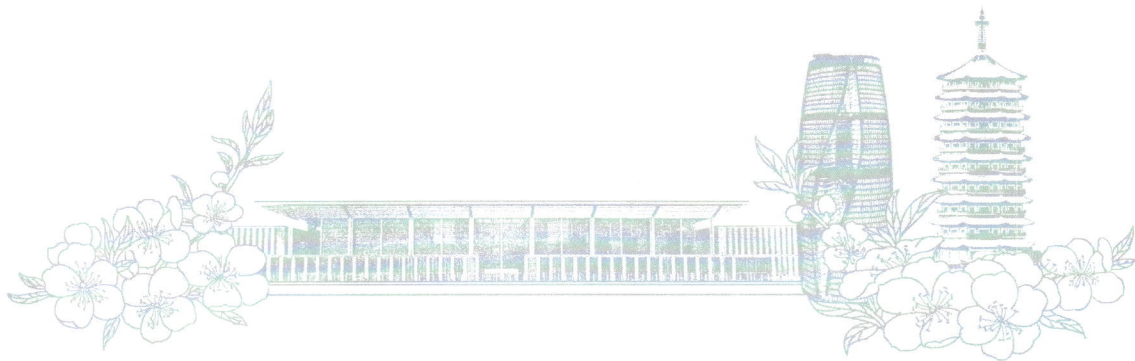

绚丽多彩的晚霞与卢沟桥上的石狮、古老的桥体共同构成了一幅美丽的画面［丰云台（北京）融媒科技发展有限公司／供图］

戏曲文化周在北京园博园精彩亮相（原梓峰／摄）

2024北京中华民族文化周，民族舞蹈精彩纷呈（姜灏／摄）

方庄文化艺术中心

在人大附中丰台学校小学部举办的中国航天日航天科普嘉年华河西教育专场活动中，孩子们争相了解航天科技相关产品（赵自谦／摄）

丰台职业教育中心学校京绣系列作品《千里江山绣》在北京工艺美术博物馆首次展出（徐伟／摄）

泰舍书司（原梓峰／摄）

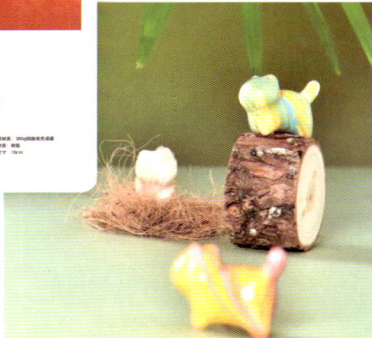

丰台礼物

# 金中都城"显形"记

李世琪

公元 1153 年，金海陵王完颜亮将都城迁到燕京，即今天的北京，史称金中都。自此，北京从一个地方行政中心崛起为王朝的首都，逐渐成为政治中心、文化中心，开启了北京作为都城历史的崭新篇章。历经 800 余年风云变迁沧海桑田，金中都的宫殿、街巷、城池等等已几乎荡然无存，湮没在了厚重的历史尘埃之中。如今，北京地面上仅余三段金中都城墙夯土遗址，分别位于丰台区的凤凰嘴、高楼村和东管头，也正好位于北京丽泽金融商务区的中心区域。

金中都是古今重叠城市。随着元、明、清封建王朝的更迭，以及近现代以来北京城市的发展，金中都城三处土遗址的保存状况和保存环境不容乐观，也渐渐不为大多数公众所知。同时，由于金中都在北京城市发展史上具有里程碑式的意义，历史考古学界对于其历史价值的关注度极高，从历史地理、城市规划、考古等角度开展了大量的研究，仅金中都的复原图就达 30 余种，但考古发掘等实证材料相对较少。

为了保护好金中都城墙遗址，挖掘其历史价值，展示文化传承文脉，多年来，丰台区做了大量的努力。2022 年，我到丰台区文化和旅游局工作，了解了之前的许多情况，也有幸成为这一持续工作的见证者、亲历者。

2015 年，丽泽金融商务区面临新一轮规划建设，金中都城墙遗址周边居民、公司的拆迁，给文物保护预留了空间尺度，也给文物保护、考古研究、遗迹展示利用等工作带来了机遇和挑战。时任丰台区文委主任王虹和文物科负责人韩淑敏带领课题组，经过一年的辛勤努力，于 2016 年完成了《金中都城遗迹保护规划》编制，提出了将金中都城遗迹本体保护纳入丽泽金融商务区规划建设，设置带状绿化建设金中都遗址公园，形成与未来发展有机结合的保护利用建议。这一建议得到了区委、区政府的认可，并纳入了《丽泽金融商务区绿地总体规划》和《丽泽金融商务区规划综合实施方案》中。

纳入规划仅仅是开始，如何保存和延续历史遗存的价值，使公众得到精神层面的感知，是一项系统工程。对于整个城市来说，阐释、解说、管理的要求相当于将整个历史城市当作一个开放式的博物馆来整体策划主题展示。这项工作需要综合协调文物、规划、园林、住建等多个部门，以物质空间的规划为基础，以更高的标准要求、更加专门的解说和服务为目标。通过保护、研究、展示、利用、宣传、管理，使遗址真实性、完整性获得有效保护和延续传承，还有很多工作要做。

2019 年至 2020 年，为了深化对金中都城的研究，做好城墙遗址的保护展示工作，时任丰台区文旅局局长樊维带领丰台区文物所，委托北京市文物研究所（现北京市考古研究院）对金中都城墙遗迹的西城墙、南城墙及周边开展了为期两年的考古发掘工作。考古场地位于丽泽金融商务区待建设区域，周边建筑已拆迁腾退，水电气热等基础设施缺失。文旅局多次组织召开专题工作会，并前往现场协调沟通，为北京市文物研究所的考古工作顺利进场提供有力保障。

丰台区文物所所长麻莉莉给我讲过考古发掘过程中的一些小故事。

第一期考古发掘工作刚开始没多久，有一天她和同事一进考古工地的大门，市文研所负责这次考古工作的领队丁丽娜老师就特别兴奋地说："快来看看，发现夯窝了。"她们赶紧走到探沟前，眼前猛然出现一片密密麻麻排列规整的小圆坑，没想到刚清理完现代渣土层就发现了夯窝，惊喜来得太快了。这些小圆坑刚刚被清理出来，还带着新鲜的泥土味。金中都的城墙是土城墙，土是松软的，古人为了使土墙更加坚硬不易倒塌，于是就用圆形的夯具对土层进行逐层夯打，这样筑成的城墙就更加稳定和结实，也会留下一层一层的夯窝。看见夯窝，就意味着城墙找到了。抬起头是繁华的丽泽金融商务区，低下头是 800 多年前北京史上的第一座都城。看着这些夯窝，会有一种古今交汇身临其境的奇妙感觉，虽然古人不说话，但古人留下来的这些遗迹在默默地诉说着 870 年前那座辉煌都城的故事。

在考古过程中，会遇到很多突发情况，需要第一时间赶往现场，有时候还会遇到棘手问题，需要多方协调及时处置。2020 年 2 月底的一个下午，丰台文物所负责考古工地的刘翔接到了工地保安队长的电话，说工地有一处从地下开始不停地冒水，马上就要渗到路上了。冲坏了考古现场可不是小事，麻莉莉和刘翔赶紧赶往现场，在路上就开始协调，一是让保安队赶快挖一条排水沟，尽量把水流引到考古场地的另一边，防止破坏文物。二是联系丽泽管委，到现场排查漏水源。赶到现场，经过排查，出水位置并没有相关管线的记录，水到底是从哪儿来的还冒出来呢？只好采用笨办法，顺着出水口往下挖，挖到半人深，水量越来越大，水也越来越清。"找到了，肯定是高楼村拆迁以前村里用的水管漏了，给自来水公司打电话，不管多晚也要把水止住。"自来水公司抢修人员赶到后，经过检查果然是一条不用的自来水管道阀门破裂造成的漏水。经过抢修，水终于止住了，所有人员都松了口气。自来水公司抢修车开出工地的时候已经夜里 11 点了，大家忘了寒冷，忘了没吃晚饭，忘了疲惫，心里是踏实的温暖。

20 世纪 40 年代至今，金中都遗址经过了多次考古调查、勘探和发掘。然而，确定城市位置的最重要依据——城墙，一直深埋于地下，从未被考古正式揭露。870 年前的金中都，城墙到底长什么样，夯层有多厚，夯窝规格有多大，夯窝排列成什么样，谁也没有真正见过。这次考古发掘工作，基本厘清了金中都外城城墙的保存状况，揭示了其形制结构以及与城外护城河、城内道路之间的关系，更重要的是，首次确认了护城河、城墙的宽度及其营建方式。24 米宽的城墙，向外突出 20 米长 7 米宽圆角梯形的马面，距城墙外 17 米是 66 米宽的护城河。金中都城防设施的形制，体现了金代城池外墙防御理念的变化，是对火炮和填壕技术大量使用的应对措施。这些珍贵的考古发现，不断刷新我们对金中都城的认识，也在丰富着金中都格局复原的细节。

2022 年至 2023 年，为配合丰台区万泉寺村产业用地项目开发建设，北京市考古研究院又对这一地块进行了考古发掘，发现了金中都城内一条重要的南北向道路遗迹，道路宽约 20 米，根据位置、规模、出土遗物及使用情况，初步推测是端礼门门内大街。

史料记载，金中都城有十三座城门（一说十二座），其中正南门为丰宜门，大致位于菜户营桥以南，京开路附近，清代学者认为"丰台"名称就来自"丰宜门外拜郊台"简称。西城墙南侧为丽泽门，可能已经被早年的城市道路破坏。南城墙西侧为端礼门，是金中都各城门中，当前最具有考古发掘现实可行性和考古发现可能性的一座城门。如果能通过进一步的考古发掘工作，顺利找到端礼门并揭露出来，那么金中都的外城墙体系就有了完整的实物证据，对于金中都形制的研究会是一个新的突破。

丽泽金融商务区，是北京市西二环边最后一块成规模的集中建设区，也是首都西南部发展的新地标。按照新版北京城市总体规划，丽泽金融商务区是新兴金融产业集聚区、首都金融改革试验区。"三环里新城看丽泽"，作为市、区两级重点发展的新兴金融功能区，近年来，丽泽金融商务区建设发展全面提速，已成为丰台区推动倍增追赶合作发展的核心区域和重要支撑。一栋栋高楼大厦拔地而起，各项基础设施、综合开发项目正在紧锣密鼓如火如荼地建设施工。如果开展考古发掘，会不会影响商务区的建设进度，增加土地开发成本？如何处理考古发掘、文物保护与丽泽金融商务区开发建设的关系？面对这些问题，丰台区委、区政府没有任何犹豫，坚持"先考古勘探发掘，再开发建设"，决定推进实施端礼门考古相关工作。万泉寺村和首开集团也对这项工作给予了大力的支持。截至我撰稿时，金中都端礼门的考古勘探工作已经基本完成，正在推进下一步考古发掘的各项工作。

完成考古发掘、学术研究等还不是工作的终点。习近平总书记指出，"让收藏在博物馆里的文物、陈列在广阔大地上的遗产、书写在古籍里的文字都活起来"。（习近平在联合国教科文组织总部的演讲，新华社 2014 年 3 月 27 日）为了更好地做好金中都城墙遗址的研究、保护、展示、利用等工作，落实金中都城遗址保护规划，2021 年 5 月，丰台区丽泽管委联合多部门共同发起了面向全球的金中都城遗址公园概念性设计方案征集活动。经过严格的评审和反复的修改完善，最终确定了工作组织架构和设计方案。公园的设计突出了城墙遗迹的整体价值，通过"城墙基址示意带"和"自然文化体验带"的结合，强调城墙的连续性。从北至南分为河、门、城、坊、艺五个区域，从都城的河城体系、中原文化延续、城墙夯筑技术、里坊街巷特色、戏曲文字工艺等方面，通过园林景观、建筑小品、空间设计等现代景观语言对金代历史文化进行再现和阐释，并在高楼段展示完整的金中都城池体系。这一系列工作，不仅是对历史的尊重，也是对未来的展望。

2023年，通过不懈努力，金中都城遗址公园开工建设。公园中间的遗址保护带，种植小灌木或宿根花卉，防止对地下文物产生破坏。2024年5月，公园7.52公顷建成区正式对外开放，预计年底前对外开放面积将达到10公顷。未来金中都城遗址公园将打造成沉浸式的考古景观带、参与式的城市新地标、建都之始的全景博物馆，实现千年对话、古今交融，为现代化的丽泽金融商务区注入具有鲜明特点的历史文化标识。

古垣赋今诗，新城看丽泽。870余年的金中都城日益"显形"在高楼林立的北京丽泽金融商务区，架起了连接过去与现在的时空桥梁，让历史文脉与现代文明在这里交相辉映，共同见证北京这座城市的辉煌与梦想，共同见证丰台作为首都中心城区的发展和绽放！

**作者简介：**

李世琪，第十一届丰台区政协副主席，丰台区文化和旅游局局长

# 北京汽车博物馆历史记忆

杨 蕊

　　一座博物馆，诞生在这个时代与城市，在这里，历史与当下、传承与创新彼此映照交汇。北京汽车博物馆作为一个新世纪诞生的博物馆，它承载着怎样的记忆？

　　时光荏苒，记忆的时针拨回至 2007 年初，我来到隶属于丰台区政府的北京市重点项目汽车博物馆的筹建办工作，当时汽车博物馆恰逢破土动工，我从一名普通职员开始做起，历任部长、主任助理、工程指挥部副总指挥、验收整改领导小组组长、副馆长、馆长等职务，亲历了这座博物馆从建设、筹办到运营的全过程。历经十余载，带领北京汽车博物馆从一个新馆到广受观众喜爱的博物馆，从一个专题类博物馆到国家一级博物馆、全国最具创新力博物馆，在这个过程中我有幸与博物馆共同成长，也见证着这座城市的发展和时代的巨变。

## 记录历史，与时代同行

　　北京汽车博物馆是在国家实施科教兴国战略和文化大发展、大繁荣背景下诞生的。进入 21 世纪，我国培育了全球最大的汽车市场，并朝着夺取自主技术创新制高点、变汽车大国为强国的目标迈进，北京汽车博物馆应运而生，它是我国第一个由政府主导建设的汽车类专题博物馆。2011 年 9 月 23 日，北京汽车博物馆正式开馆，它以崭新的面貌矗立在四环路边，迎接着四海宾朋，八方来客。它的建筑极富张力和吸引力，俯瞰宛如一只明亮的大眼睛，寓意

北京汽车博物馆俯瞰图

"放眼世界、面向未来"。它集博物馆、展览馆、科技馆三位一体，按照"科学—技术—社会"的选题方式，诠释"人—车—生活—社会"文化景观，展陈打破国家、地域、品牌的界限，把中国汽车工业发展融入世界百年汽车史。

建设好、运营好、发展好一座博物馆是一个挑战。北京汽车博物馆接待过几百万的观众，从他们口中听到的最高频词汇是"震撼"，惊叹一座国际水准现代化的博物馆建筑、赞叹超有想象力的展览和展品，还有被夸奖最多的就是无处不在带着激情和热情工作服务的博物馆人。很多人说"杨馆长一谈起博物馆，眼里闪着光，好像浑身使不完的劲儿，能把满世界的资源都联系上用来做汽车博物馆"。"相由心生"，我深知这样的气场源自汽博人从建设期就形成的一股子精气神儿，那就是"坚持、坚定、坚韧，信仰、信念、信任"。

### 攻坚克难，全力以赴保开馆

回想走过的艰难建设期，从事过重大工程建设的人都知道，其复杂程度不是一般人所能预料到的，能坚持独立的一个团队把一座博物馆的建设做完又能去连续运营的，在全国来说也是凤毛麟角。北京汽车博物馆筹建工作从零起步，在没有展品、没有场馆、没有先例，以及资金、人才匮乏等诸多困难和挑战下，坚持科学规划和统筹整合的基本工作方法，在完成征地拆迁、工程建设工作以外，将工作重点放在了博物馆内容研发、文化积累、资源整合、教育传播等方面。遵循科学的创新精神、探索精神、求实精神和团队精神，组织整合60多家社会单位的专家学者参与，实现了同步内容研究、同步资源开发、同步技术整合、同步组织建筑与展陈工程实施，使得建筑的使用功能、展览的内容与艺术形式、建筑与展览技术的衔接达到较好的协调统一。

连续几年每年上千小时以上的加班算不了什么，最重要的是作为文化工作者如何坚持以国际标准和一流水平为目标，敢于去碰硬骨头，不敢有一丝马虎。让我印象最深刻的就是担任验收整改领导小组组长期间，牵头各项质量整改约1000项，查问题、抓落实、促进度。每天一到单位，就像开始了一场战斗，几乎没有任何停歇，有时早上接的一杯水，到晚上下班还没喝完。为了第二天的工作有序进行，小组全体成员晚上八九点离开是正常，经常开会或写文件到十一二点，遇到特别赶工期时就连轴转，既要把工作目标定好，又要说服几十家施工单位能够接受博物馆工程非普通工程项目，一切要在控制造价成本的前提下，以"展览展示效果达到最佳，未来运行经受住考验"为目标去完成任务。各参建单位有理解的也有不理解的，有上门吵架的，也有要上法院的，面对巨大的压力和困难，我带领工程验收小组从来没有退缩、没有怨言，敢于直面矛盾和问题，克服重重阻力，保持对建设的热情、对博物馆事业的热爱和精益求精的精神，感化协调各方统一思想，确保如期高质量开放运行。

## 藏品征藏，讲述世界汽车发展史

在藏品征集上，按照"短期满足开馆必需品，中长期不断丰富和完善馆藏"的战略，根据藏品与展品征集目录，将征集遴选的视野扩大到了除车辆类以外的构成类、文献类、模型类、票牌类、杂项类共六大类21小类。2008

年 5 月取得了商务部允许进口旧汽车作为藏品的特许批文，获得了重大政策支持。组建了藏品鉴定委员会，为博物馆藏品鉴定、藏品保护、藏品信息咨询等工作提供了大量指导和帮助，填补了国内空白，开创了汽车类藏品定级工作的先河。

通过征集工作，北京汽车博物馆对中国汽车工业和文化进行了抢救性的保护，藏品具有一定的广泛性和系列性，征集到了红旗系列、上海系列、北京系列等代表中国汽车工业文明发展的大量珍贵工业产品文物。同时，还征集到了代表世界汽车工业发展的 1886 年奔驰一号（授权复制车）、1902 年杜里埃、1927 年福特 T 型车等经典代表，具备了成为国家级专题博物馆的藏品条件。

2010 年最后一天，首批获准可以提运的 11 辆藏品车终于在下午 4 时缓缓从天津海关出发。由于藏品车在路上要尽量避免颠簸，而且不能行驶过快，同时为防止有车辆掉队，一路上押送队伍缓缓而行，直到夜里 10 时多才抵达场馆。在全馆人员紧锣密鼓的搬运后，夜里 11 时 58 分，最后一辆车进入指定展位，紧接着新年的钟声也敲响了，我依然清晰记得每一个在场的人脸上都洋溢着兴奋和满足的笑容。

## 全心服务，让博物馆更有温度

我们在建设期形成了既要仰望星空、以国际眼光和视野去谋划工作，又要脚踏实地，立足现实，发扬艰苦奋斗、敢打胜仗、能打胜仗的汽博精神。到运营期我们提出了"传承文化文明、创新驱动发展、加强多方合作、追求卓越服务"的核心价值，明确了"展示一流、服务一流、效率一流"的工作目标。如何让一个 540 人的队伍、10272 件（套）藏品、14940 台（套）基础设备设施、6439（台）套展览设备设施，在 5 万平方米的场馆中高效平稳地运转，这是我一直在思考的。作为一个新建馆，我带领北京汽车博物馆充分发挥后发优势，在整个行业率先运用"标准化"这个科学手段，带着平均年龄只有 34 岁的团队，花费四年的时间去倡导"依标准治馆"，成为全国博物馆、科技馆行业首家国家级服务业标准化示范单位，形成 178 个标准出版《"汽博馆标准"系列丛书》（八本）和《博物馆服务标准化实践指南》。

对于今天的博物馆而言，最宝贵的财富是社会的需求和观众的认可。博物馆不仅要"大而辉煌"，也要"小而体贴"，我们先后制定了214个标准，编制了263个岗位工作手册，标准覆盖率达100%。在博物馆里，从观众打进第一个电话开始，就产生了服务。我们从全心全意为人民服务根本宗旨出发，真正站在观众的角度去思考服务事项，搭建了参观、餐饮、购物、会议以及独具特色的科教文化五大服务体系，其中参观服务涵盖了停车、问讯、订票、售票、检票、寄存、导览、讲解、助览及互动体验九项参观服务事项。比如从一走进博物馆，观众从进门开始，安保人员转身45度戴着白手套敬礼迎宾，导览服务人员面带微笑提供暖心的引导，讲解员用心用情传播汽车文化……每天24小时各个岗位的人员都在精心打造服务。当然，这不仅包括人对人直接提供的服务，还包括机器设备对人直接提供的服务。观众在汽车博物馆可看、可听、可触摸、可互动、可体验。经过对各个环节所涉及的事项分别进行服务前、服务中和服务后的梳理，解决以往点对点的简单服务易造成的服务环节遗漏问题，我们为观众提供的服务不仅是"微笑的"，更是"发自内心的"，为观众提供"家一样的温暖"，让博物馆的服务更有温度。

### 传承精神，弘扬核心价值观

汽车不但是集科技之大成者，也集人文精神于一体，蕴含着凝聚人心、凝聚民族的情结在其中。依托雷锋与解放汽车、饶斌雕像、红旗汽车等展陈资源，我们深入挖掘背后的故事，比如弘扬雷锋精神、饶斌精神、红旗精神、工匠精神、创造精神等，传播社会主义核心价值观，打造新时代中国精神的文化殿堂。创新开展"雷锋，一个汽车兵的故事"主题活动，形成了"六个一"品牌，即一次展览、一部剧、一堂课、一首歌、一场大赛、一次志愿服务，累计服务人群达上百万。凝聚多方力量在全社会范围内共话"雷锋"，为培育和践行社会主义核心价值观提供强大的精神力量和丰润的道德滋养。汽博馆"雷锋宣讲"志愿服务项目荣获全国学雷锋志愿服务"四个100"最佳志愿服务项目。作为北京市先进基层党组织，汽博馆打造的党团日经典路线，

讲解员通过情景剧表演形式讲解"雷锋———一个汽车兵的故事"

将汽车文化所蕴含的中国精神以创新形式推广传播，已成为全国品牌。

## 以车为媒，促进国际文化交流

中国汽车工业的发展离不开"红旗"精神。国务院原副总理李岚清同志在《红旗飘舞　不忘初心》中提到："世界上如果有这样一辆轿车，能够赢得整个民族的骄傲，能够承载整个民族的情感，能够牵动整个民族的关注，那么她只能是'红旗'。"（2016 年 11 月 2 日）红旗不只是一个汽车品牌的概念，更是国家尊严与荣誉的象征。作为汽车博物馆，我们勇于担当使命，代表中国与世界进行交流，以车为媒，讲好中国故事，传播中国汽车文化。在中法建交 50 周年之际，中国国车红旗入藏法国米卢斯国家汽车博物馆，这是该馆首次收藏亚洲藏品车，也是中国汽车文化第一次走进欧洲，走进汽车工业的发源地。以此为契机，我们把"从 1949 走来：中国汽车红旗的故事"主题展览带到法国米卢斯国家汽车博物馆，讲述国车红旗背后艰苦创业的故事，传播中国汽车文化。红旗融合了中国传统元素与审美风格，折射出中华民族五千年的文化积淀，融为中国文化的一部分，我们称其为"红旗精神"，代表着坚持、拼搏、自信、创新……这种矢志不渝的理想追求和精神激励着我们不断前行。许多国外观众知道了中国红旗汽车的故事，对中国文化也无比尊敬。此后我还策划了"北京—巴黎 不解之缘"专题展，以车为媒，讲述了中法友谊的不解之缘。与故宫博物院原院长单霁翔代表中国博物馆参加第二届中法文化论坛，与法国博物馆界分享了北京汽车博物馆的办馆理念和标准化管理方法，向更广范围、更深层次传播中国声音。全国人大常委会原副委员长陈竺先生全程听了论坛，之后鼓励我说："杨蕊馆长的发言代表了中国、代表了北京、代表了中国女性。"这句话让我更加努力去做国际文化交流的践行者。我还推进了丰台区和法国里昂的友好合作，签订友好城市备忘录。以车为媒，让中国与世界用汽车文化作为交流语言开展对话，先后开展了中法、中美、中俄、中德、中意等多国汽车文化交流活动，讲好中国故事，传播中国声音。

中德老爷车拉力赛抵京仪式

## 不忘初心，努力前行

开馆十余年来，北京汽车博物馆实现连续多年满载运行开放，累计接待海内外观众 600 万人次，开展各类活动 2500 余场次，举办专题展览 50 余项，获得各类荣誉 300 余项。成为全国博物馆、科技馆行业首家"国家级服务业标准化示范单位"；被评为国家一级博物馆、国家 AAAA 级旅游景区、全国最具创新力博物馆、全国文物系统先进集体；成为全国科普教育基地、中国汽车文化推广基地、中国汽车科普基地、科教旅游示范单位；连续 4 年被中国自然科学博物馆学会授予年度优秀集体称号；入围"2019 人民之选——中国博物馆创新锐度 Top10"；被评为"全国五一劳动奖状""全国五四红旗"团支部、北京市先进基层党组织、北京市第十三届思想政治工作优秀单位等。

对比艰难而浩繁的工作，语言是贫乏的，数字是枯燥的。在这些简单叙述和数字背后，是难以用语言描述的困难和艰辛、拼搏与奉献。回首那几千个日日夜夜，那无数的参与者，那些青春奋斗岁月……我看到了博物馆人对事业的热爱，看到了坚持的力量，看到了文化的情怀。如今，我已全力投入丰台文旅产业发展工作之中，但那份初心隽永不变。

**作者简介：**
杨蕊，第十、十一届丰台区政协委员，北京丰台文化旅游集团有限公司董事长

# 小卫星传递航天梦

## 毛　峰

1989年我大学毕业后进入东高地青少年科技馆从事校外科技教育工作，到现在已经35年。35年间，我见证了科技馆的发展，亲身经历了航天梦的追寻，与航天科普、航天科技教育结下了不解之缘。

1992年，全馆干部教师统一思想认识，借助中国航天发祥地特有的地域优势，确立了科技馆航天科技特色教育的发展方向。在航天一院领导、专家和科技人员的关怀和帮助下，我们陆续策划开展了航天专家讲航天、参观中国航天馆、科普大篷车进校园、航天一日营、太空种子种植、中国航天日、全国科普日、华裔青少年"寻根之旅"等一系列航天科普活动。我们成功组织实施北京市中小学生航天科技体验与创意设计大赛已有20多届，每年参与航天科普活动和科技竞赛的青少年将近万人次。东高地青少年科技馆的知名度和影响力越来越大，成为立足北京、辐射全国的航天特色教育基地，先后被评为北京市科普基地、北京市中小学生社会大课堂资源单位，近两年还成为中国华侨国际文化交流基地。

2011年，在航天一院大力支持下，依托东高地青少年科技馆成立了钱学森青少年航天科学院。如何让青少年尝试涉足高精尖的航天科技？如何培养青少年科技创新意识？钱学森青少年航天科学院的指导专家刘竹生院士给我们指明了方向，他说："青少年可以搞小卫星，在世界上不是没有先例，而我们作为航天大国目前还没有。"一语点醒梦中人，我们集中多方面资源启动了中国青少年"双星计划"，开启了我们的航天梦！2011年9月我们成立了课题组，从北京十二中钱学森实验班挑选了12名高中生参与课题研究，专家、

《青少年航天基础课程》丛书

教师带领同学们开始了课题实施。经过一年多的努力，学生系统学习了卫星相关知识，能够借助高等数学进行计算，借助制图工具作出了有专业水准的结构、原理图。课题组成员发扬"特别能吃苦、特别能战斗、特别能攻关、特别能奉献"的航天精神，成功研制出了初样星（一对双星：一个立方星，一个外形像喇叭的卫星），并在 2012 年全国科普日北京主会场进行展示，引起不小的轰动。神舟飞船总设计师戚发轫院士对我们的卫星给予了很高的评价："这两颗小卫星在设计和制作上符合发射要求。"我们的张云翼馆长满怀热情地向航天一院领导汇报发射卫星事宜，但发射卫星不是一件简单的事情。第一，卫星发射要行政审批，需要报国防科工局或者总装备部；第二，卫星发射前需要经过热真空和振动测试，测试费用需几十万元；第三，搭载（发射）的费用需几百万；第四，由于我们采取搭顺风车的方式，即在主星确定的情况下，根据火箭剩余的空间、载荷量来确定我们的卫星的形状和重量。不仅仅是费用，更重要的是我们前期研制出来的双星不能满足搭载要求。接下来的很长时间，我们的卫星研制工作处于停滞状态。

2016 年 4 月，张云翼馆长向丰台教委领导详细汇报了我们前期进行卫星研制的情况，我馆相关干部教师与航天专家讨论了此事，作出了一个重要决定：重新启动小卫星计划！我们在北京十二中、北京十八中、北京市航天中学，以及外区的北京二十五中、北京八中等五所学校挑选了八名学生参与此

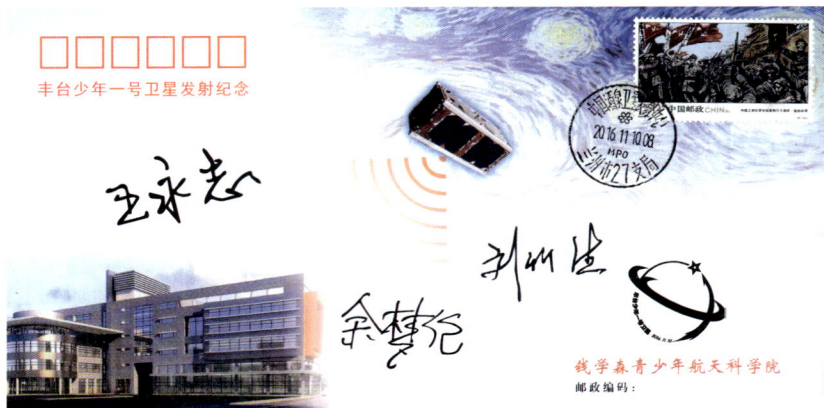

"丰台少年一号"科普卫星成功发射的首日封

项课题，同时明确了工作思路，先确定搭载的火箭，再进行卫星的研制。我们的科普卫星总设计师龚万骢带领学生系统学习了卫星结构、星箭分离、卫星电源技术、星地无线电通信、卫星发射场的雷电探究与防治、卫星轨道的分析和计算、太空环境对食用菌的影响等七个专题的相关知识，带领学生参观航天五院东方红卫星股份有限公司，感受实体卫星的工作原理与情况。2016年7月1日，丰台教委领导给我们带来了好消息：航天一院已经同意我们搭载他们某型号的火箭发射小卫星，并且委托航天一院人力资源部总协调各个部门，宇航部负责技术层面的沟通。2016年11月10日早上7:42，丰台少年一号暨少年梦想一号成功发射并入轨！十年磨一剑，我们的梦想实现了！

随着"丰台少年一号暨少年梦想一号"科普卫星（国际编号 CAS-2T）的成功发射，开启了钱学森青少年航天科学院新的征程。以此为契机，为进一步强化特色打造品牌，让更多的青少年感受航天、立志航天，更有效地参与航天科技的探究与实践，丰台区教委在东高地青少年科技馆、北京十二中、北京十八中、首师大附属云岗中学等四地建立卫星地面接收站，同时启动二号卫星课题研究。通过面试遴选学生，来自北京市丰台区、海淀区、西城区十所学校的31名中学生入选"丰台少年二号"课题组，2017年4月23日举行了课题启动会。经过一年的学习，31名学生系统学习了航天和无线电技术基础，包括运载火箭、卫星工作原理、人造卫星的应用、卫星结构和电源设计、卫星星体和电源制作、卫星遥控遥测和无线电通信等八个专题内容，进行了教学卫星组装、卫星结构设计、卫星测控与卫星无线电中继通信等内容的学习和实践。2018年4月23日下午，由丰台区政府和中国运载火箭技术研究院主办的庆祝中国航天日主题活动上，"丰台少年二号暨少年梦想二号"科普卫星首次揭开神秘面纱，为第三个中国航天日献礼。"丰台少年二号"卫星不断完善其功能，在"丰台少年一号"卫星无线电通信的基础上，增加太空摄影、图像发送、实验搭载等功能。同时，总结梳理小卫星课程，开发出《青少年航天基础课程》丛书共五个分册，于2019年4月正式出版并向全区中小学推广使用。

2022年初，受新冠肺炎疫情、搭载时机等因素影响延期搭载的二号卫星迎来了新的搭载机会——获准搭载捷龙三号运载火箭首飞。经过半年多时间，新的"丰台少年二号"正样星顺利研制成功。尽管疫情没有完全结束，但卫星测试工作有序进行，先后开展了星箭电气接口对接试验、星箭分离部署器与火箭的分离测试、星箭机械接口对接试验和真空热试验等，最终卫星测试结果均符合发射标准。与此同时，为让更多青少年参与其中，策划组织了"语音赠言"征集活动和"首日封设计"征集活动，最后在二号卫星上搭载66段语音和69张有代表性照片。2022年12月初进入发射倒计时阶段，受疫情影响我们做了简短的出征仪式，带着希望和梦想奔赴山东海阳进行发射前的最后准备。2022年12月9日14:35搭载捷龙三号遥一运载火箭，卫星在位于渤海海域的海上发射平台顺利升空，经过724秒卫星顺利进入预定轨道。"丰台少年二号暨少年梦想二号"科普卫星（国际编号CAS-5A）入轨后向全世界免费开放使用，发射当日至17日，已有来自亚洲、欧洲、北美洲、南美洲、大洋洲、非洲等共50个国家的无线电爱好者接收到了二号卫星的信标信号。卫星进入预定轨道后，利用二号卫星太空摄影功能，实时对地拍照，接收到来自太空的影像。

2023年4月16日，为庆祝第八个"中国航天日"，普及航天知识、学习航天科技、宣传航天精神，东高地青少年科技馆策划组织了"小星星，大梦想"CAS-5A"丰台少年二号"科普卫星国际无线电通联活动。参与此次活动的有中国科学院院士余梦伦及来自北京市第十九中学、北京市中关村中学、北京市海淀区万泉小学、北京市清河中学、北京市第十二中学、北京市第十八中学、

2022 年 12 月 9 日 "丰台少年二号暨少年梦想二号" 成功发射，来自全市十所学校的 31 名中学生参与课题研究

北京市云岗中学、北京市丰台区东高地青少年科技馆、南京市第三中学、江苏省无线电和定向运动协会、南京河西外国语学校的共 28 名学生和 12 名教师参加，还有来自日本、俄罗斯、中国香港等国家和地区的无线电爱好者们。13 时 25 分，卫星进入北京上空，进入了激动人心的通联环节，各地的学生和爱好者们在电波上相互交流和问好。13 时 46 分，同学们针对本年度航天日主题 "格物致知、叩问苍穹" 展开研讨，他们结合自己的学习和生活，表示要学习航天精神，钻研探究，攀登高峰，探索宇宙科学奥秘，争取成为祖国航天事业的有用人才。最后，"丰台少年" 系列卫星总设计师龚万骢对活动进行总结，他高度肯定了科普卫星活动的意义，希望孩子们的梦想和这颗小星星一起在太空翱翔。

围绕这两颗青少年科普卫星的发射成功，需要感谢的人有很多：德高望重的院士、航天一院的领导和鼎力支持的各部门领导及科技工作者、丰台教委领导、科普卫星总设计师龚万骢、南苑机场飞行团的张伟强副改委、东方红卫星公司的副总团队、捷龙三号总指挥金鑫团队、相关学校的领导、科技馆的干部教师、我们的张云翼馆长，还有他们背后的家人……感谢他们从行政、技术、保障、协调、组织、活动、宣传等方面给予建议、呼吁、支持、帮助、理解！丰台少年一号暨少年梦想一号是中国首颗青少年科普卫星，也使中国成为世界第六个发射青少年科普卫星的国家！对于东高地青少年科技馆来说具有里程碑意义！

从东方红一号卫星到天问一号，祖国的航天历程是新中国科技进步的缩影，是进行航天科技教育的重要题材。东高地青少年科技馆作为校外教育单位，致力于学生核心素养和拔尖创新人才的早期培养，通过开展各种科技教育活动现场宣传科学知识，传播科学精神，助推在"双减"教育背景下做好科学教育的加法。作为科技教育工作者我要坚持不忘教书育人的初心，牢记培养德智体美劳全面发展的社会主义建设者和接班人的使命，坚持把立德树人贯穿在航天科技教育全过程中，为青少年科技后备人才培养而不懈努力！

**作者简介：**

毛峰，第十、十一届丰台区政协委员，丰台区东高地青少年科技馆副馆长

# 让乡音永恒

李　澎

2023 年 12 月 20 日傍晚，大雪过后冷到极致，寒冷让我不自觉地走进位于郭庄子村的一家涮肉馆。

一个熟悉的声音传来："就您一个人啊？一起吧，可是有阵子没聊了。"抬眼望去，只见一个身材高挑、长发披肩、装饰得体的女性正在微笑着跟我打着招呼。"陈总！真是高兴！怎么不回家吃饭？这大冷天儿的。""忙着加班呢。"陈总答道。

陈总名叫陈媛，是郭庄子姁之文化公司的执行经理，旁边还跟着她的助手，人很熟，但是想不起来名字了，只知道她姓董。和陈总相识还是在郭庄子村的一个文化产业发展研讨会上。记得那次，一位朋友跟我说起郭庄子要搞"农时荟"，听到这个名称，我的兴趣立马被提了起来。"这个'农时荟'是什么意思？怎么个搞法？谁来搞这个东西？"一连串问题让朋友也是有些发蒙，"这个具体的我也说不清楚，只是村里想让我找个明白人谋划谋划，就跟他们推荐了你"。我是爽快地答应了。

那是我第一次走进这个村子，这是一个整洁敞亮的现代化小区。村支书杨俊红把我请到了会议室。

会议开始，我就迫不及待地问出了感兴趣的话题："'农时荟'是什么意思？为什么要搞？怎么搞？谁来搞？"

还是杨书记在做解答："'农时荟'就是把农业时令文化打造成文化体验产品，让城里人来这里过一把躬耕的瘾。"我听得很专注，没有追问。杨书记接着说，"至于怎么搞，心里还没个准头，不过我们知道，这些个老祖宗留下来

插秧体验（杨宏颜/摄）

的都是好东西，决不能丢！"

我心头一亮，"是啊！中国传统文化说到底不就是农耕文明吗？不能丢！"

杨书记继续说："说实在的，我们一直也思忖着必须干点什么，但是这些年来也捋不清楚。这下好了，学习了总书记讲话，知道我们这些想法和总书记的要求是一致的。"见到我饶有兴趣地注视着他，杨书记清了清嗓子，提高了音量："总书记说'要记住乡愁'，要让优秀传统文化实现'创造性转化、创新性发展'，所以啊，我们就想着把这些个我们农民熟视无睹的把式转化成文化产品，再通过旅游啊、大课堂啊、亲子活动啊什么的，把它发展成一个新业态。"

我的心不安定了，面对这样从骨子里拥护、理解并自觉实践习近平新时代中国特色社会主义思想的人，真是惭愧！

"主席，我们可不是说说而已，我们为此专门注册了文化公司。"杨书记手指向了陈媛，"这是陈媛陈总，海淀的，我们专门从《京华时报》挖过来的！"

陈媛捋了捋长发开始发言："目前我们在公园里开出了一亩地，让孩子和家长一起按不同季节插秧、间苗、收割什么的，项目名称'一亩田乐园'。"

"哦？反映好吗？"陈媛的讲述还是让我不自禁地问了一句。

陈媛面带喜色："这个项目很吸引人，得排队，得预约。我们还设计制作了 Logo 服饰，孩子都愿意买一套，利润点还是挺多的。这块试验田是成功的，为我们探索系统性商业化模式定位提供了依据。"听到这话，我心里啧啧称赞：真是术业有专攻，看来郭庄子这个项目一出手就是要追求高端哦！

那天真是长见识了，感觉到了郭庄子村在做一个很大的课题，涉及在城市化后的广大农村地区，如何把自己的根脉资源传承好、守护好的问题。

"别光回忆啦，您是来肥牛还是手切羊肉？"陈媛的话又把我的思绪拉回到了饭桌上。"来，甩开了吃，这些都是'老嚼谷'。"说这话时，陈媛嘻嘻地笑，"'老嚼谷'不是您给起的名吗？"

听到"老嚼谷"，想起了那次午餐座谈。

那是第一次研讨会后的几天，我和杨书记、陈媛等人在便民食堂和村里老人的一次畅聊，有五位老人参加，年纪最大的 81 岁，最小的也有 70 岁了，谈话就一个主题：您最抹不去的记忆是什么？

话匣子打开喽。

"还是忘不了田野，当时地里有很多水车，车轮转起来的时候，就会想到收获，感觉大水车转的是我们的财运！"

"对了，我们村的韭菜当年在四九城特有名，一筐筐驮到城里边，一会儿就卖光喽！"

"还有，当时村里那一大片桑树林，每到夏天桑树叶都会拿来泡茶，祛暑解渴，不是还有个外号叫什么'爽神汤'来着吗？"

思绪跟着老人家们跑回了久远的年代。"咱们今天饭桌上聊聊过去咱们村有什么好吃的呗。"我建议。

说起这个来，那位 81 岁的老爷子来了精神。"那可不少啊！而且现在总是想起这口儿。您知道，我们村每盘菜后边都有故事呢！"

一位大妈接过话茬儿："对，你就说那个'咸菜鱼儿'吧，其实那就是家家穷，但是大家伙儿有什么好吃的就愿意一起凑个乐子，小鱼儿多了买不起啊！就你家拿出一碗咸菜，我家拿出一点儿油渣子，往起一炖，一锅出！几家子邻居一起吃，不光吃得香，心也更热乎了！"

农艺师现场授课（杨宏颜/摄）

你一言我一语地，"板条儿面""咸菜鱼儿""盐水鸭"……逐一印在了我的脑海里。

火锅里的汤在沸腾着，小董把鲜菜放入锅中，边涮边讲起来。"那次午餐会后，我们就决定开发特色美食——郭庄子老嚼谷。'农时荟'不能只想着农业生产当中的文化要素，农村生活中的也是特别有开发价值的。"

"嗯，是这样的。我们现在已经研发出了12道老嚼谷特色菜，而且都已经注册知识产权了。"陈媛补充道。

"用法律保驾护航，这就是现代经营理念不可或缺的，给你们点赞！"

陈媛笑了："我们觉得要做的事情太多了，还远没有到点赞的时候。对了，您跑的地方多，说说我们应该到哪儿去取经啊？"

听到这话，倒是让我想起来了很多。"我到区里很多村子搞过调研，在这方面确实有些体会。比如说花乡白盆窑村，现在已经建起来了'花乡公园'，里边布局了牡丹、芍药、月季、郁金香等景观片区，春夏秋花卉次第开放，游人很多。"

"那个地方我去过，确实如此。"陈媛同感。

"你知道吗，我在这个村子当了九年老师，对那儿很有感情也深有感触，最主要的还是当年的花把式现在都成了园艺师，玩意儿都派得上用场，老花农觉得自己还有存在价值。"我说。

陈媛兴奋起来："对对对，这话和我们'农艺师'说的咋那么像呢！"

"哦？他们是咋说的？"我很想知道答案。

小董抢过话头，"您还记得刘玉才和郭自孝吧！"

"当然记得，这二位不是你们'农趣乐园'特邀的农艺师吗？他们说啥了？"

陈媛说："那个郭自孝说过一段话，特风趣但也让人触动很深。"陈媛停住了话，故意卖个关子。见到我渴望的眼神，她继续说道："他说啊，过去的田野都盖上了楼房，他们这些老家伙就像丢了魂似的，他说他们这一辈儿除了种地，没别的本事，现在都成废物了。房子暖和、宽敞、明亮，吃的喝的也没的说，就是觉得浑身上下不自在，咋活着活着就成宠物了呢？"

郭自孝的这番说法让我心头一凛：是啊，人最幸福的是什么？恐怕不只是吃吃喝喝逛逛遛遛吧，那还真的成宠物了。人最大的幸福应该是有价值地存在！

"那他们咋看'农时荟'这个项目呢？"我问道。

"郭大爷说得特形象，他说，他们这些老农民可是两只眼睛看变化，一只眼看到这么气派的小区和宽敞的住房，打心眼儿里高兴，说这是遇到好年景了；另一只眼，他们也在看过去农村的好玩意儿究竟给丢落成个啥样子。"

"老郭这话说得有水平啊！"我由衷而赞。

陈媛接着说："他还说呢，咱们'农时荟'的一个宗旨村民特拥护，那就是'老祖宗'的好玩意儿不能丢！发展成啥样子，也不能刨了自己的根！"

我的心此时很热："守正创新"，在老农的心里被理解得如此朴实、真切，有了这样的思想动力，新时代的发展巨轮还愁风帆远航吗？

散席了。

在过道中我对陈媛和小董说："你们要取经的想法很有必要。除了花乡公园，还建议到怪村'花海景观'、佃起村'景观稻田'等地去看看，现在就丰台来讲，也不是郭庄子一个村在把老玩意儿搞成文创产业的。"

出了门，天更冷了。

不知是火锅暖身还是话题暖心，寒意远不及来时。开车行驶在回家的路上，思绪依然停留在交谈当中，外请文化产业专家、变身成了"农艺师"的老农民、如数家珍一般讲述过去故事的老人家、带领村子走上现代生产生活的村领导……这些形象挥之不去。

感慨啊：一个区域发展，关键在人！

郭庄子村民是这片土地上最基层的人群，像这样的人群遍布丰台，他们两只眼睛看变化，既追求现代城市发展，又全心守候着历史文脉，有了这样的人，创造什么奇迹出来，不都是顺理成章的吗？"丰宜福台"，我想丰台最大的"福"在于此，幸在于此吧！

车继续行驶着，雪地被车轮碾压出"吱吱吱"的声音，这声音在我心里变成了一种旋律，随着旋律的变换，"大水车、割韭菜、板条儿面、咸菜鱼儿、绿野、田间彩虹……"依次浮现出来。

这是要涌动出什么词来吗？不吐不快啊！

把车停在路边，掏出手机，语音变文字，一首歌词流淌出来：

一轮大水车 / 转动着希望的风 / 几把小韭镰儿 / 收割着如意的梦 / 绿染乡野映彩虹 / 颗粒归仓五谷丰。田园的风光 / 种作躬耕 / 重现在我的眼中 / 任时光如水 / 我依然眷恋阡陌纵横。

一碗板条儿面 / 品出了和家的情 / 几碟咸菜鱼儿 / 演绎了睦邻的景 / 一碗桑茶神爽清 / 两棵古槐心相印。

神奇的传说心扉交融 / 印刻在我的眼中 / 任时光如水 / 我依然守候 / 心地坦诚。

一个声音在对我叮咛 / 记住过往的曾经 / 让淳朴的农风世代传承。

一个声音在对我叮咛 / 记住养育我的黄土地 / 让乡音永恒！

读了很多遍，很满意。于是我写上了这首歌的名字——让乡音永恒！

**作者简介：**

李澎，第十届丰台区政协委员，丰台区文学艺术界联合会一级调研员

# 西山永定河文化带上的璀璨明珠

## ——千年古镇长辛店

### 史文彬

2023 年 7 月 31 日那场连续多日的特大暴雨，打破了北京历史纪录的极值。不仅门头沟、房山等山区损失惨重，就连比邻的丰台区也难以幸免，举世闻名的北京母亲河永定河上的卢沟古桥安然无恙，但向西连接分洪河上的小清河桥却被汹涌而下的洪水拦腰冲垮。

暴雨当天我站在卢沟古桥上，眼看上游如黄河般咆哮奔腾而下、翻着巨浪，裹挟着大量泥沙、树木、垃圾、石块等杂物轰然而下的洪水，感受着桥面微微的震颤，不禁心中记挂着距此地仅 4 里之遥的千年古镇——长辛店。11 年前，2012 年 7 月 21 日那场特大暴雨，几乎让这座千年古镇承受了灭顶之灾，11 年过去了，古镇长辛店正在凤凰涅槃，即将进行更新提升改造之际，又要迎接一场大暴雨的考验。

"长辛店"，听名字并不陌生，许多人都知道"二七"大罢工，自然也就知道长辛店。新中国成立后，毛泽东主席曾指出："中国工人运动还是从长辛店铁路工厂开始的。"的确，这里是中国工人运动的起点，是中国共产党早期工人运动的发祥地。在中国共产党正式成立之前，李大钊、邓中夏、何长工、毛泽东等革命先辈都曾先后在这里传播马克思主义基本原理，教育广大的穷苦工友，开展各种形式的工人运动。近期有部热播电视连续剧《铁马豪情的日子》，讲的就是发生在长辛店的这段历史。

长辛店有明确记载的历史就有 800 多年，长辛店古镇东临北京的母亲河

长辛店大街——长辛槐荫

永定河，全镇呈船形，自北向南，主干路与 38 条胡同呈鱼骨状肌理分布，是曾经的永定河古渡口，有人类居住的历史长达千年。834 年（金大定二十九年即 1189 年）前永定河卢沟桥的修建，使长辛店成为金、元乃至后来明、清各朝代都城向西、向南进出北京城的交通要道。据《明熹宗实录》记载，天启元年（1621 年）曾在此地设堞堡驻兵。因此长辛店也成了古时进出北京城的第一站和最后一个落脚歇息的站点，为进出北京的官员、商贾、进京赶考的儒生等提供食宿的驿站，更是历代皇帝南巡出京的必经之地，故有"九省御路"之称。所以长辛店既有古驿站文化，又有会馆文化、商旅文化，更成为我大中华南北东西文化，甚至中西文化等多元文化的交融地。古镇短短的"五里长街"上分布有佛教、道教、伊斯兰教、天主教和基督教的场所就是充分的见证。古时长辛店是九省御路上的重镇，更是西山、永定河北京段的繁华重地，大街上店铺相拥，酒肆林立，车马声啸，热闹非凡，就是那时古镇长辛店的真实写照。

1897 年清政府修造"卢保铁路"（卢沟桥至保定），并建"卢保铁路卢沟桥机厂"，1901 年在长辛店重新建造，改名为"京汉铁路长辛店机厂"，这就是后来的北京二七机车厂和北京车辆厂的前身。近代在这里发生过举世闻名的"二七"大罢工。当时枪杀二人领袖的现场就在这条古街上的"火神庙"前（当时北洋政府的警察局），英烈的鲜血曾染红这条古老长街。

新中国成立后，长辛店古镇更加繁华。那时长辛店五里长街热闹非凡，大街上商铺林立，是丰台区乃至周边房山、石景山甚至门头沟等区县的商业中心，每逢休息日来此购物、游玩的人们络绎不绝。后来将长辛店地区作为永定河分洪区，对此地区进一步规划发展产生极大的不利影响。20 世纪 80 年代以来，地区以铁路工厂为产业的单一结构受到巨大市场冲击，二七厂等周边国有企业效益严重下滑，导致地区经济社会发展逐渐落后于时代的发展，加之人口增加、岁月磨砺，使古镇市政基础设施、公共服务设施、商业配套设施等严重滞后。长辛店老街亟待更新，当地人民群众迫切希望古镇提升改造的呼声也越来越强烈。

2012 年 7 月 21 日的那场特大暴雨，使长辛店这个基础设施落后、以平房为主的古镇经历了巨大考验，当天特大暴雨致使西侧毗邻的九子河倒灌进入古镇大街，沿河一米多高的挡水墙大部分被冲垮、东侧京石客专高架桥流域的水倒灌进入东山坡的低洼胡同，道路交通中断，杜家坎往西铁路桥下大量汽车被淹没，全镇停水停电，南口和北口最低洼处的老百姓家中最深进水达 2.5 米。

当时我是长辛店街道办事处的主任，亲身经历了当年"7•21"特大水灾。记得当天我带领街道、社区干部冒着倾盆大雨，进入水深齐肩的胡同，开始是徒步，后来是利用借来的橡皮船挨家挨户搜救受困群众，入夜后又带领街道骨干力量，手持长棍，在水没过大腿的情况下，蹚水在古镇老街上寻找失联群众。由于各方救援及时，"7•21"特大水灾包括古镇在内的长辛店地区无一人伤亡。在区委、区政府领导下和社会各界的鼎力帮助下，我们动员驻区部队、单位和社会力量抢险救灾，对数千名受困群众进行安置安抚，排除桥下等积水区域，清除淤泥垃圾，进行消杀除害，逐步恢复生产生活，工作一直持续到年底。

长辛店古镇经历的那场特大暴雨水灾虽然已经过去了 11 年，但给受灾群

丰台区长辛店第一小学

众心理造成的创伤是长期的。一方面确属天灾，但另一方面也是古镇确实老了。它的排水、河道、道路、交通等大市政基础设施脆弱，严重滞后于城市的发展。古镇大部分平房低矮破旧，私搭乱建现象严重，电力线路老化，缺乏统一供暖供气，大部分居民仍然使用公厕甚至旱厕，环境问题、安全隐患比比皆是，广大居民搬迁、改造意愿强烈。丰台区委、区政府在水灾后大力加强长辛店地区基础设施改造，同时积极加快古镇居民的搬迁力度。

2015 年北京市文物局提出大运河文化带、长城文化带、西山永定河文化带的概念，2017 年在新版《北京城市总体规划》中进一步明确了"三个文化带"的建设，这也为 2012 年 7 月 21 日特大暴雨后，长辛店古镇发展迎来重大转机。2011 年长辛店古镇被列为全市"三区四片"棚户区之一。特大暴雨水灾后，丰台区委、区政府决定借助重建的机会，加大对长辛店地区的改造力度。2017 年国务院"十四五"规划提出，要加快转变城市发展方式、统筹城市规划管理、实施城市更新行动。对此丰台区委、区政府明确提出，要以文化保护、包容搬迁、平台引导的创新模式推进长辛店棚户区改造，加大古镇居民搬迁腾退力度。自 2017 年 10 月启动国有土地住宅房屋搬迁工作，投入近百亿资金，目前古镇 4790 户、约 1.6 万人中，已完成搬迁腾退 4658 户、约 1.54 万人，签约搬迁率达 97%；非宅土地也进行了有效整理。2019 年北京市政府专题会进一步明确，做好长辛店古镇的保护、传承和利用。2023 年北京城市更新条例颁布，丰台区明确区文旅集团作为长辛店古镇城市更新项目运营主体，计划采取"住宅＋产业＋文旅商"多元模式的形式进行有机更新。目前，古镇规划总建筑体量 54.5 万平方米，其中住宅配套 18 万平方米，商业配套 24.5 万平方米，公共服务配套 10 万平方米，总实施分三期进行，计划五年左右完成。

2023 年 6 月，丰台区委、区政府为加强西山永定河文化片区建设，成立了"西山永定河文化精华区建设指挥部"，我有幸参加这项工作，任指挥部执行指挥长，这样我又可以直接参与长辛店古镇的建设了。在前期古镇腾退的基础上，由丰台区文旅集团做主体，制定以文旅场景引爆流量经济，消费带动片区升级、产业导入、人口提质的运营思路。以长辛店五里长街为主线，促进商业集聚区的优势互补，依托古镇历史建筑，形成移步异景的全新体验。通过融合历史场景再现，重拾古镇传统生活。除商业空间外，还规划了高品质住宅院落 100 套，在设计方面，将搭建"平台统筹、大师领衔、社会参与"的客制化集群设计平台，为业主提供设计服务与指导，打造专属高品质宅邸。在实施模式上，以运营为导向，从规划统筹层面着手，采取多项创新管控模式，确保规划理念落实落地。在实施路径层面，将采取政府主导、大胆创新，坚持公众参与，兼顾民生改善、文化传承、文物保护、活力再生，混合多元活动，多元产权共享的有机更新模式。启动第一期简易低风险区 10000 平方米的改造工作。为提前预热长辛店古镇的城市更新，结合北京国际设计周，将长辛店古镇大街开辟为北京国际设计周分会场。以"长辛时代·时代常新"为主题，于 9 月 19—28 日在大街上开设 14 个点位进行创意设计，启动活动当天，由聘请的国际高端设计师团队和项目团队官宣了"长辛扶摇计划"，召开了设计师沙龙。北京国际设计周期间，还举办了"长辛时代，重塑长辛"：保护与创新的平衡探索——北京城市更新高峰对话。邀请大批国内外专业人士，深度揭示了古镇活化的重要性与挑战，引入各方优质资源和力量，探索城市文脉遗产与城市发展融合的创新路径，形成多元合作成果的新实践。对于如何平衡保护历史文化遗产与推动创新发展提供了大量有价值的启示，引导我们寻找古镇更新的更多、更好的方式，让历史与未来有机互动，让古镇焕发新的生机与活力。国际设计周期间我们还向世界展示了北京城市的活化石——长辛店古镇的千年历史人文和勃勃未来商机。同时也成功引进了一批优秀的企业和项目，区文旅集团与一批优秀企业集中签约。在未来的日子里，长辛店古镇也将继续秉持开放、包容、创新、共赢的理念，邀请更多优秀企业和创新人才的加入，共同推动长辛店的发展。这些企业、人才和项目的入驻，将为长辛店古镇注入新的活力和动力，推动古镇的产业升级和转型发展。

设计周活动启动当天，长辛店古镇大街上熙熙攘攘的人群和各具特色的景观创意设计，让人仿佛看到了长辛店古镇的明天。一个多元现代、充满活力、高端大气、时尚创新又不失厚重历史文化的西山永定河文化带上的璀璨明珠——长辛店古镇，正在向我们走来。

未来让我们继续携手，共同见证长辛店古镇发展壮大，凤凰涅槃。

**作者简介：**

史文彬，第九届丰台区政协常委，丰台区西山永定河文化精华区建设指挥部执行指挥长

# 风景这边独好

吴新苗

2005 年冬，我即将博士毕业，开始为找工作奔忙。博导调侃我已经成了"面霸"，到处面试，这也说明想在首都找一个称心如意的工作不那么容易。我的主要目标还是高校和科研院所，几乎把北京八九十所高校搜了个遍，这一天发现了藏在巷子深处的中国戏曲学院，并经过各种考核之后，如愿成为中国戏曲学院戏文系一名教师。十几年来，亲眼见到学院及其周边的各种变化，抚今追昔，不禁感叹：风景这边独好。

中国戏曲学院坐落在连接丽泽桥和菜户营桥的丽泽路南侧，紧靠着二环路，应该说不是偏僻的地方。但在当年，这个地方似乎是被首都快速发展的列车落下来的一位孤独旅客，落寞地徘徊在城市与乡野之间。从丽泽路右转，进入一条非常简陋的小巷道，两边是临时搭建的房屋，走到头时，面对的是一个村落。而中国戏曲学院就和这个村子隔条不宽的马路相对，马路接着更窄更弯地向旁边村子延伸。学院面对的这个村子，叫作凤凰嘴村。低矮的房屋，间或有三四层的新修楼房高低错落，窄窄的泥路小巷长长短短交错其间，环境的确可以说是脏乱差。每当有人问起学院所在地时，往往有学生调侃说学院建在"河北某农村"。这应该是北京二环边为数不多的城中村了。因为这样的周边环境，为学院管理增加了难度。在我印象中，由于村子里大都是租住的房客，各色人等都有，其中就有一些不法分子和不安定因素，学院里遭盗窃、夜归的女生遭到骚扰，此等事偶有发生。周边村落的各种游戏厅常有学生光顾，也造成管理的不便和各种不良影响。

2008 年丽泽金融商务区正式开始建设，这个二环边被遗忘的角落热闹起

摩天大厦包围下的中国戏曲学院操场

来。大型工程机械马达轰鸣，戴着黄色红色安全帽的工人来往穿梭，高高吊塔映衬下的朝阳和夕照成为我时常为之驻足的风景。不知不觉间，中国戏曲学院就被各式现代摩天大厦包围了。这里的人气开始越来越旺，有些先入驻的公司职工每到中午时，就三三两两散步聊天。天街开业的那一天，尤为热闹，一半的师生都拥了过去。这天我专门等到天黑才回家，一路沿着天街、SOHO 前行，顺手拍了好多夜景照片。灯火璀璨，人流密集，充满着现代气息。这与当年那个城中村真是有着天壤之别。这种变化，却发生在短短的十几年时间里，作为目睹这个变化过程的人来说，真是感慨万分。这时脑海里浮现出这样一句话——"一幅蓝图绘到底"，我看到这幅蓝图一笔笔落下，三路居、凤凰嘴一带旧貌换了新颜，这还只是蓝图的一角，到它最终完成的那一天，该是一幅多么壮阔多么辉煌的画卷！

当年处于偏僻小巷、与城中村隔街相望的中国戏曲学院，如今已身处繁华的商务区中心地带。这种地理环境的变化，与戏曲艺术和戏曲教育事业的发展变化出奇地一致。我初到中国戏曲学院任教的几年，每逢出去开学术会议，人们听到我的单位名称时，都有些愕然，也有直率的朋友直接嘀咕道：哈，没想到还有一个戏曲学院。虽然，戏曲学院是"中字头"，可知名度并不高，很多人根本不知道有这所高校，也搞不清这所高校培养什么样的人才。戏曲艺术，那不是中国的传统艺术嘛，还有多少人欣赏啊。我们不能仅仅责怪说这些话的人孤陋寡闻，当时学院的发展以及戏曲艺术在社会上的影响力的确非常有限。从20世纪80年代开始，戏曲就被称为"夕阳艺术"，关心它的人也在探讨"戏曲会不会亡"这个非常严峻的话题。圈外人有多少还关心戏曲，了解培养戏曲人才的中国戏曲学院呢？！

党和政府对传统文化始终高度重视，新中国成立至今更是如此，特别是中共十八大以来戏曲事业发展迎来史上最好的机遇。国务院和相关部委先后颁布《关于实施中华优秀传统文化传承发展工程的意见》《关于支持戏曲传承发展的若干政策》《关于戏曲进校园的实施意见》等一系列政策，传统戏曲艺术焕发出更为蓬勃的生机。众所周知，中国戏曲艺术成熟于金元时期，它的繁荣地之一就是金中都、元大都。换言之，北京是传统戏曲诞生和发展壮大的摇篮。恰好中国戏曲学院南边有一座金中都城墙遗址。这种历史与现实的呼应，非常神奇。在党和国家振兴戏曲、弘扬传统文化的大背景下，当时的丰台九三区工委主任程留恩以及社员海震和我本人撰写了政协大会发言、政协委员提案，不断推动丰台区赓续传统历史文脉、利用好属地戏曲文化资源（这里不仅有中国戏曲学院，还有北京戏曲职业学院、北京京剧院、中国评剧院、北京曲剧院等戏曲教育机构和演艺院团），打造全国戏曲文化中心。印象中，建设"全国戏曲文化中心"曾被写入"十二五"丰台区发展规划，后来因为各种原因，这个包括戏曲博物馆、戏曲剧院等在内的文化中心并没有落地。但从2014年，首先是丰台区委宣传部和文委组织

从中国戏曲学院看丽泽商务区

了戏曲文化嘉年华；2017 年，该活动升级为文旅部和北京市共同打造的国家级戏曲文化品牌项目，名称改为"中国戏曲文化周"，至今在园博园举办了七届。中国戏曲文化周，仍然保持着戏曲嘉年华的定位，注重专业品质与群众参与，编织"园林中的戏曲"与"戏曲中的园林"情境，已经成为弘扬中华优秀传统文化的名片、戏曲文化体验的盛大节日。每年不仅有大量的外地剧种剧团参加盛会，还有不少外国政要、游客来参观品鉴，这实际上已经成为丰台著名的一张文化名片和重要的文化品牌。在这个文化品牌成长过程中，中国戏曲学院积极参与，为丰台区文化建设贡献了自己的力量。

　　中国戏曲学院在这十来年中发展同样迅速，无论是科研创作还是人才培养，都取得了极大成绩。尤其是在科研方面，成长起来一批学者，涌现出不少力作，成为戏曲学研究的一方重镇。于魁智、张火丁、李宏图等名家就职国戏教席，100 多位戏曲艺术圈内著名专家学者兼任荣誉教授、客座教授，也大大提高了学院的知名度和人才培养的保障力度。2020 年 10 月 23 日，中国戏曲学院建校 70 周年之际，习近平总书记给国戏师生回信，体现出党和国家领导人对戏曲艺术的高度重视和关怀，对传承发展好戏曲艺术的殷切期望。

　　以传承与发展中国传统文化为己任的中国戏曲学院镶嵌在丽泽金融商务区之中，为这个现代化的商务区增添了人文底蕴；商务区作为世界级的高端金融科技平台和窗口，也将引领中国戏曲学院以及戏曲艺术走上更为广阔的世界，让更多人认识戏曲艺术之美，感受中华优秀传统文化的魅力。

　　因为个人工作的原因，恰好见证了分别代表丰台经济发展和文化繁荣的丽泽金融商务区、中国戏曲文化周的成长过程，拉杂写下以上文字。再回想起 2005 年冬天的那个下午，我坐车经过丽泽路，看到"中国戏曲学院"的路标，毅然下车走进这所学院来求职。这个地界、这所学院，令当时的我感到那么陌生、那么冷僻，现在却成为丰台经济、文化发展的重要标识，心中陡然升起巨大的自豪感。同时也产生了一种笃定而神圣的责任感，作为一个丰台人、一个丽泽人、一个国戏人，一定要贡献出自己的绵薄之力，在这幅还在描绘的蓝图上留下自己的靓丽色彩。

**作者简介：**

吴新苗，第十、十一届丰台区政协委员，九三学社丰台区工委副主委，中国戏曲学院科研处处长、《戏曲艺术》主编、教授

# 让中华优秀传统文化走出书本走进生活

王志清

　　继承和弘扬中华优秀传统文化是我们树立民族自信、文化自信，实现中华民族伟大复兴不可或缺的一部分。回望历史，丰台拥有红色文化的强大根基——"二七"纪念馆、抗战纪念馆、卢沟桥、宛平城……悠久的革命斗争史，给丰台铭刻下无数永恒的精神印记；放眼未来，"五气连枝"又为丰台区域高质量发展注入了强大的精神内核。而校园中优秀传统文化和红色文化的结合，正是"五气连枝"的丰台文化最直观的展现。

　　我与传统文化结缘，引领师生学习和弘扬传统文化，要从 2008 年 12 月说起。彼时我刚刚接任书记、校长，又恰逢丰台启动"传承中华文化，浸润少年人生"国学经典诵读活动，我委派专任教师设计了《论语》20 余课时的教案，并尝试将经典诵读与综合实践课程进行整合。在 2012 年，学校创编的《千年梦，中华魂》荣获丰台区国学剧评比一等奖。时至今日，当时最小的"演员"也已是大学生了，但从小植根于心底的这份热爱，随着年龄的增长而愈加浓厚。

　　但我总认为，传统文化教育不应只有经典诵读。2015 年的一次活动，让我对红色教育与优秀传统文化教育都有了更深的思考。

　　2015 年 4 月 23 日，我校师生在中华书局"传统文化与核心价值"活动中，表演了以社会主义核心价值观和中华优秀传统文化为主题的诗朗诵《生生不息》，这一活动也在《新闻联播》中被报道。在与师生的排练中，我们都感受到：社会主义核心价值观是对中华优秀传统文化的传承和升华；而我们生活中的方方面面无一不体现着我们中国人独有的精神世界和价值观。

　　带着这样的认识再看学校里的优秀传统文化教育，我发现其实自己还可

北京市第十八中学附属实验小学的学生代表在中国人民抗日战争纪念馆参加抗战纪念日活动，展现出新时代接班人的精神风貌

以做得更多。

诚然，无论是做人的道理、思想的教育，还是小学阶段的国学启蒙，都起到了无可比拟的作用；那些或荡气回肠、或惆怅婉约的诗词名句，也启迪着孩子们的心灵，给孩子们开启了探寻文化意境的大门。但我们也应打破学习与生活之间的界限，让传统文化教育走出书本、走进生活，更加易于被孩子们接受和运用，进而被认可和热爱。

于是，从2015年起，以中华传统文化系列课程为核心，我带领师生共同开展了诗词积累、经典名著人物装扮日、书香校园、"节气与养生——时间里的中国智慧"系列活动等丰富多彩的传统文化教育实践。我希望用传统文化教育传递给学生的不只是知识，更是一种理念：我们的许多行为习惯、民俗、服饰、语言特点，都带有传统文化的影响。因此，我们学习传统文化不是为了"复古"，而是为了找到生活中的民族精神，并从传统文化的角度进行思考和实践，让优秀传统文化成为我们的立德立身之本。当孩子发现生活中三餐都会接触到的筷子，实际上暗含着"顺应自然、尊重他人"的理念时；当孩子们对照地图寻找北京的"八臂哪吒"时；当孩子们从硬币背面的图案、校园里的竹林，联想到托物言志的含蓄时……传统文化的教育，就悄然与生活中的所见所闻、一言一行联系起来。孩子们更乐于主动学习、探究和交流传统文化对生活的影响，更加认可和热爱我们的中华优秀传统文化。

优秀传统文化教育和爱国主义教育是相辅相成的。我校已有丰富的爱国主义教育经验，师生曾多次参加"全民族抗战爆发纪念活动"和"中国人民抗日战争暨世界反法西斯战争胜利纪念仪式"，聆听党和国家领导人讲话，向革命烈士致敬等活动。在此基础上，我们将每周的升旗仪式和国旗下讲话形式进行了改变，开展了以"节气文化"为主题的常规活动，以党带团带队的形式，给学生创设舞台，从科技、艺术、体育等诸多方面展示自己学习节气知识的成果。

从 2018 年起，在北京教育科学研究院德育研究中心和北京养生文化学会

在学习共同体中，学生探究二十四节气由来及意义，学习了解中华传统文化

的指导与支持下，我们组织了方庄教育集群"时间里的中国智慧"系列活动，将节气教育和中医养生知识教育结合，开展了"谷雨""立夏""冬至""惊蛰""芒种"五次大型活动，并于 2021 年 6 月成立了全国儿童青少年中医文化教育研讨会暨协作组，与 10 个省市共 37 个成员单位一起，为学生身心健康全面发展持续助力，为建设健康中国贡献力量。

2018 年芒种节气前，我们还组织了"为新时代的中国传唱"活动，以"古诗新唱"的形式，展现孩子们在艺术类活动中的收获与感悟。同年 9 月北京非遗传承人团队受邀入校，为孩子们讲解中秋节与月饼的典故、制作冰皮月饼、绘兔儿爷、扎风筝、抖空竹，一起感悟匠人精神，领略传统节日风俗与非遗技艺魅力，培养继承和发扬传统文化的意识。同期还有《汉声中国童话》编辑部、新天地出版社等机构带领孩子们了解了中国古代常识和文化传承故事，激发学生们深入探究优秀传统文化的兴趣。

每逢假期，我们的传统文化教育也陪伴孩子们左右。多年来，在我带领老师自主编写的假期综合实践活动手册中，传统文化部分的内容一直是令孩子们津津乐道的。

寒假实践活动中，围绕"春节那些事"，我们设计了"春节的习俗""年夜饭""吉祥话""红包与拜年"等系列主题实践活动，孩子们以古今对比、习俗探源等方式，加深了对传统节日精神内涵的理解，了解了春节习俗的演变，对如何过一个健康、和谐、喜庆的中国年提出了自己的看法。

在暑假实践活动中，我们组织学生开展以茶文化为主题的"中华嘉木"综合实践活动，内容涵盖了茶的种类与特色、十大名茶、喝茶的益处、茶字的演变、饮茶方式的变化、茶与名人的故事、特色茶具、茶马古道、民族特色茶、中外茶道对比等。又按年级组，将"竹文化探秘"分成若干个小活动，从民俗习惯、历史名人、诗词、游戏等诸多方面，探寻中华民族对"竹子精神"的理解，感悟中华民族的坚韧与气节。

2020 年面对新冠疫情和心理健康的双重挑战，我借助优秀传统文化的力量，为大家树立信心、与师生共克时艰。我们以线上互动和专家讲座的方式，为师生和家长介绍相应时节的健康养生知识及居家期间的心理健康调节方法，得到了广泛好评，间接促进了居家自学期间各项工作的顺利开展和平稳过渡。

同一时期，为了帮助孩子们深入理解"全民抗疫"期间感人的英雄事迹，我组织语文组联合进行了大型线上实践活动"漫游汉字王国"，以"最具中国范儿的汉字评选"和"最能代表中国精神的成语评选"形式，引导学生在传统文化中学习相关知识、从汉字背后的故事与演变中，汲取民族精神力量，并发现这些优秀文化在时代精神中的具体体现。

为巩固学习成果，在返校之后，我们的国旗下展示中又加入了"中国共产党人精神谱系"班级宣讲，以学生为主体，将数千年的民族精神、百余年的中国共产党人精神、学生身边的时代精神联系起来，让日常教育活动兼具广度与深度。

回眸历史，从"为万世开太平"到"革命理想高于天"，从"格物致知"到"实事求是"，从"民惟邦本"到"人民至上"，都反映出中华优秀传统文化在中国革命中的传承、转化和发展。正如习近平总书记所说，如今的我们要继续推动中华优秀传统文化创造性转化、创新性发展，以时代精神激活中华优秀传统文化的生命力。身为教育工作者，我们面对的是处于成长关键期的孩子们，更应在他们心中播下热爱传统文化的种子，用民族的智慧与精神，为他们的未来打好底色，为党育人、为国育才。

**作者简介：**
王志清，第十、十一届丰台区政协委员，北京市第十八中学附属实验小学和第二附属实验小学党支部书记、校长，正高级教师

# 接好文化传承的"接力棒"

## ——丰台文物工作小记

麻莉莉

2012 年，我调入丰台区文物管理所开始从事文物保护工作。文物工作专业性强，学科入门门槛高，我坚持在学中干、在干中学，在躬身耕耘中坚守文化情怀、感受历史气息。经历十余年的工作历练，在文物建筑修缮、文物普查、出土发掘、技术检测、壁画保护、历史研究等方面，我从一个文物门外汉到逐渐熟悉各项文物工作，走上丰台区文物管理所所长岗位，同时见证了丰台文物保护工作的发展。

中共十八大以来，以习近平同志为核心的党中央对文物保护利用和文化遗产保护传承前所未有地高度重视。各级党委和政府、文物系统不断加强文物保护利用工作力度，文物工作发生全局性变化、取得历史性成效。进入新时代，文化建设工作被写入《中国共产党章程》，赋予文化工作前所未有的新使命，北京整体发展在进行调整，丰台区成为城市中心城区。这种形势下，文物工作也从关注把文物保下来的模式转变为如何把文化优势转化为发展优势，推动历史传承融入区域发展。

### 以"南囿秋风"展览促文物活起来

南苑位于北京市南中轴延长线地区，永定门以南约 10 公里，总面积约 210 平方公里。因南苑内有永定河故道穿过，在该地区形成大片湖泊沼泽，自古河湖交错，水草丰美，飞禽、麋鹿聚集，成为元、明、清三代皇家园囿、辽、金、元、明、清五朝皇家狩猎场，历史文化内涵深厚。

为贯彻落实《北京城市总体规划（2016 年—2035 年）》，按照北京市委专题会议关于努力将南中轴建设成为生态轴、文化轴和发展轴的有关精神，结合非首都功能疏解和新一版《北京总体规划》确定的地区功能定位，2018 年 4 月，丰台区与北京市规划和国土资源管理委员会、东城区政府联合组织启动了南中轴国际方案征集工作，并在汽车博物馆一层规划展览馆展示国际方案征集成果。

我记得也是 4 月的一天，在挖掘南苑历史文化内涵工作过程中，我陪同时任丰台区文化委员会主任樊维调研完汽车博物馆后，她对我说了在南中轴规划国际招标展上同步举办一个历史文化展览的想法。这项工作对于当时的文物所几乎是一个不可能完成的任务。从展览工作程序到内容挖掘再到藏品库房管理我们都是零基础。一般这种规模的展览在专业博物馆，至少要提前六个月策划，需要多个部门共同配合完成。当时距展览开展不足四个月，文物所含财务人员也只有五个人。

但是，办这个展览确实很有必要。阐释清楚南苑地区的水文地理生态基础、历史文化形成与格局、历史价值与作用，可以为南中轴的科学发展以及南苑森林湿地公园的持续建设提供可靠的历史文化支撑，为区域发展提供历史坐标，同时也与南中轴国际方案征集成果展形成过去—现在—未来的相互呼应，意义重大。

说干就干，在争取到了有关区领导的支持后，樊维主任协调落实了场地、资金和工作模式后，我们开始了展览策划工作。与课题组团队一起，翻阅查找核实大量图文历史信息，内容策划工作对接会开了十余次，数次对框架结构进行调整，几十次易稿，文字和图片反复推敲和考证，最终展览成文字数 7000 余字。展览的平面设计稿经过了 50 余次反复修改，最终基本达到了设计形式有效表达历史内容的标准。在布展过程中，因为布展单位内部协调问题，出现了平面设计和空间设计不对位等情况，展览工作遇到很大阻力。例如，在立体字、印刷字、展板厚度、材料形式等选择和使用上出现问题，字号大小、图幅大小与空间尺度不协调；因为非专业用光，出现了对展览内容的遮挡问题。纠偏和赶进度同时出现，我们攻坚克难，一个一个解决问题。在整个策展布展过程中，文物所其他工作也不能耽误，连续十几日大家连轴转，却毫无怨言。在藏品的出入库、点交、布展上，当时的文物所尚未建立藏品提用等相关管理制度，为安全办好此次展览，我们参考借鉴其他专业博物馆相关藏品提用制度并结合实际情况，在文物科、安全科共同参与下拟订了一整套藏品提用管理方案，以方案代制度成立了外部、内部联动机制。同时对前期准备、出库、运输、布展、展期管理、撤展归库等关键流程进行了梳理和制度安排。最终在 2018 年 7 月 26 日晚，我们把最后一件展品布置好，顺利安全地完成文物藏品布展工作。我清晰地记得那天皎洁明亮的月光下我们每一个人脸上洋溢的喜悦笑容。

这项工作是丰台首次以展览的形式阐述丰台历史文化形成格局、南苑历史价值，让存放在库房里的文物可知可感，实现了让文物说话服务大局。在讲好丰台故事、扩大社会影响、服务中心工作上收到了良好反响，自同年 8 月开展到年底累计接待了 20 多万观众和市领导的参观，收获了各方面好评。

### 金中都城墙现身记

北京，因"都"而立，因"都"而兴。当岁月的年轮定格在 870 年前的 1153 年，历史选择了北京，金中都城的建立拉开北京建都的历史序幕，开辟了北京作为全国政治、文化中心的先河。现存的金中都城遗址遗迹主要横跨西城区和丰台区，地面遗存的三段城墙遗迹全部位于丰台区。

2019 年至 2020 年，为配合金中都城墙保护和展示工作，经国家文物局批准，丰台区文物所委托北京市文物研究所对金中都城墙遗迹的西城墙、南城墙及周边开展为期两年的考古发掘工作。此次考古工作是首次对金中都外城城墙开展考古发掘，意义重大。

考古场地位于丽泽金融商务区待建设区域，周边建筑已拆迁腾退，水电气热等基础设施缺失。我们多次组织召开专题工作会，并前往现场协调沟通，为北京市文物研究所的考古工作顺利进场提供有力保障。在考古过程中，曾遭遇暴雨、管道漏水等突发情况，这些问题需要我们第一时间赶往现场，很

文物专家在金中都城墙遗址考古现场调研

多时候还需要多方协调及时处置。每每遇到棘手问题，我们始终相信办法总比困难多，一切障碍必将逾越。

考古工作就像拆盲盒，有时你满怀期待，最后的结果却不遂人愿，有时惊喜却不期而至。我记得在 2020 年考古二期开展时，我们是有预期的，希望能找到丽泽门。因为根据史料记载，金中都西城墙南门丽泽门就在此次考古地块高楼段附近。在工作接近尾声时，一日傍晚，领队丁丽娜老师给我打来电话："我们今天发现城墙的夯土继续向外延伸了，得抓紧做一做，万一是城门呢！"听罢，我也很兴奋，但是新的问题来了——向外延伸的部分超出当时计划的布方范围，这个位置正好有一棵枯树，如果想探清楚，这棵树必须移除。按照要求，移树须走移除手续的，我们赶紧联系区丽泽金融商务区管理委员会和区园林局，他们非常支持我们的考古工作，用最短时间按要求完成了树木移植手续。后来发现这处向外延伸到夯窝，较之前城墙的夯窝明显小一些，排列也没有那么规整，并且在周边发现了包砖的痕迹，最后确定是城墙一处马面遗迹，是金中都城的首次发现。

这次关于金中都城墙的考古工作首次发现了金中都外城护城河、城墙、马面等外城城墙体系，为复原金中都结构布局和城市面貌提供了重要考古资料，实证了金中都城的建制沿革，被列为北京市 2021 年度重要考古成果之一。

2023 年，金中都城遗址公园开工建设，公园串联现存城墙遗址，综合考虑文物遗存、考古成果、历史环境、整体格局等因素，最终将成为具有历史文脉的城市公共绿化和文化休闲公园，为现代化的丽泽金融商务区注入具有鲜明特点的历史文化标识。

丰台历史文化底蕴丰富独特，酝酿了其独特的风韵和气质。我对自己是丰台文物守护队伍中一员深感骄傲，也将继续努力做好丰台历史文化遗产保护传承工作，让文物和文化遗产焕发新时代光彩。

---

**作者简介：**

麻莉莉，第十、十一届丰台区政协委员，丰台区文物管理所所长

# 感恩，我是丰台教育人

涂英丽

1992年，大学毕业的我，被分配到位于丰台镇西部的一所农村学校——看丹中学任教。学校分为初中和职业高中两部分，当时看丹中学职业高中在区内的口碑是很好的。

学校本着"以育人为根本，以质量为生命"的办学方针和"构建和谐校园，促进师生发展"的办学理念，不仅为学生，也为教师特别是青年教师发展搭建平台和提供机会。在这里我被推荐参加了丰台区职高教学大赛，获得了教育生涯中的首个一等奖。我当时在职高担任班主任，教授两个班的语文课程。学校就鼓励我承担有兴趣并擅长的课程，像"外事礼仪""舞蹈形体"等课程。教学的过程令我受益颇多，也大大丰富了我的阅历，让我在挑战年轻的自己中获得了极大的价值感。

在看丹中学工作七年，获得了难得的职业成长经历，和领导、同事产生了深厚的感情，但为照顾孩子，也为寻求更好的职业发展，我在1999年7月，调入丰台二中。

丰台二中，始建于1963年9月，是丰台镇中心的一所完全中学，我的高中时光在这里度过，如今再次回到熟悉的校园，见到我敬爱的老师们，还遇到课堂上一双双渴求知识的眼睛，让兴奋中的我憧憬着未来，也深知必须加速提升自我，去融入这个好的教育环境。

现在回想，我是十分幸运的，恰好赶上了学校跨越发展的重要阶段。2001年，我调入两年后，2003年丰台二中获评区级示范校，2005年被批准为北京市示范高中。记得当时有68所学校申报示范校，我们丰台二中在建校历

1963 年 7 月 13 日，丰台二中第一届毕业生初三（7）班留念

史和学校软硬件条件上都是十分薄弱的，比如，学校没有标准 400 米跑道的操场、实验室数量有限等，在这样的条件下，丰台二中欲担"示素质教育之范，创全面育人之优"之责，想于北京市一流学校中获一席之地，稳扎根深发展，何其艰难！但是我们每一个丰台二中人深知示范校的评估不是终点而是起点，于是在"追寻二中传统，发扬二中精神，创建和谐校园"的系列活动中，实现践行学校的办学思想并形成先进的学校文化，由此，迈进北京市示范高中行列的丰台二中就在不断前行中发生着华丽的蜕变。

2007 年北京市课程改革大幕拉开，学校积极适应，抓住机会开启学校育人的整体设计。在尊重学生身心成长节奏的前提下，各学科积极探索"教与学的方式"改革。我们在保证每一个孩子健康成长的同时，实现了中、高考成绩的连年提升。2011 年丰台二中荣列北京市城乡一体化建设学校输出校，承担起优质教育资源输出的任务。

丰台二中的跨越式发展离不开区政府和区教委的正确领导与大力支持。

"十二五"期间，丰台区致力于教育资源的重组扩充，大大推进了丰台二中本部的校园改扩建工程。我们二中人期盼的一期三座教学楼终于在 2016 年正式竣工并顺利完成各项检测！

2016 年 11 月 7 日，六个年级的师生告别已服役 54 年的老教学楼，欢喜入住雅致的徽派建筑风格教学楼。走进窗明几净的敞亮教室，学生们就发现新教室居然没有设置讲台，而孩子们不知道的是这一设计包含着我们二中人"告别喂养式教学"进行教学改革的决心。

2018 年初，学校二期改扩建工程也完工。艺术楼、实验楼、教学楼、含足球场的标准运动场、金帆管乐团排练厅、地下餐厅全新亮相。当年学校实验室的硬件条件是我们申报示范性高中的短板，二期竣工后，除了理科高端实验室数量增加到 12 间，还拥有北京市开放性重点实验室——科技创新实验室、机器人创新设计室、电子创新设计室，以及音乐、美术、形体教室与计算机、通用技术、体育、心理等各种功能教室。之前毕业的学生，有些回来看到二中旧貌换新颜，羡慕嫉妒得不得了，为没有享受到现在这么好的教育资源而感到遗憾。

二中翻天覆地的变化，是"十二五"和"十三五"时期，丰台区合理规划教育集团布局，推动名校集团化办学进程的重要任务成功达成的结果。除二中外，还有位于丰台区教育资源相对薄弱的河西地区的不少学校，如长辛店铁路中学、北京十中槐树岭校区、人大附中丰台学校、北京十中晓月苑校区等重点项目建设，充分体现出丰台区政府下大力量进一步优化全区教育资源配置的巨大决心和行动力。

以我们二中来说，改扩建后不仅学校面积达到 60 余亩，是原面积的两倍，更令人欣喜的是增加 1000 个学位，容纳学生数量达到了 2040 人。这就是实实在在解决区域学位紧张问题、增加优质教育资源的证明，为区域百姓提升福祉作出了贡献。

早在 2012 年，北京丰台二中教育集团就已经成立，我们由原来的一校一址，升级为高中部、初中部、附属实验小学三个校区。

2020 年暑假，我接到时任二中副校长赵海旺的电话，因为看丹中学正式归入丰台二中集团，由他担任执行校长，得知我曾经在那里任教，请我写篇小文，用于第一次教师大会。我欣然答应，写下了《看丹·二中·缘》，在此我也截取部分文字，以纪念那些走过的岁月。

看丹中学——我教师生涯起步的地方。

1992 年 7 月，第一次踏进这个丰台中部的几乎和我同龄的学校。虽然不大，但结构紧凑，环境整洁，也因此给人一种踏实的感觉。

这种踏实不仅仅来自物，更来自看丹教育人；这份踏实来自学校的实力，来自学校的科学性和人文性；这种踏实来自我们看丹和谐的人际关系。

二中的 20 年，是我教育生涯的成熟期。

20 年，二中共换了四任校长，但学校总的教育理念、办学方针始终保持不变，而且我并不陌生，感觉就是与看丹同频。这份熟悉感，让我尽快适应了新环境、新人群。

二中历任校长干部们和我曾经接触的看丹领导们一样的亲和，爱护尊重老师，为老师的职业发展规划助推，搭台出力。

二中人做事认真朴实，脚踏实地，绝不虚头巴脑，这和看丹的我们那群人一样一样的。

二中的人际关系简单，大家和睦友爱，同事们欢乐在一起时，有如在看丹的温暖踏实的感觉。

作为一名教师，最重要的是职业发展，而二中绝对是一块沃土。在二中历练 20 载，我由一名青涩的教育新手，逐渐成长成熟：四届丰台区骨干教师，三届北京市骨干教师，丰台区第九届、十届、十一届政协委员。

抚今追昔，唯有感谢感恩！

感谢感恩看丹中学，让我对教育有梦有情！

感谢感恩丰台二中，让我圆梦教育无悔教育！

冥冥之中，仿佛有种力量，一直在牵引着我，虽然离开了看丹，心中的那份温暖却始终不散，虽然来到了二中，心底的那份熟悉的踏实感犹如在看丹！

如今，看丹、二中，终成一家！

令人兴奋啊，这就是缘分！

看丹、二中，缘定，终生！

2023 年，丰台二中教育集团再添新成员，成为一校十址的教育集团。而这不仅仅是个形式上的行政归属，而是在教师培养、学科建设、校园文化建设等方面实实在在地以强带弱，互携互助地碰撞激发。

现在，在二中教书 23 年的我，走在二中熟悉的校园中，常常遇到不熟悉的人；那些过去对熟悉陌生的标准认知在改，那些以往头脑中对于学校的老印象在变，因为，为让优质教育资源规模不断扩大，为满足老百姓不断增长的教育需求，原有的围墙并不能把一个个学校分隔，原有的办公室并不能把同事的概念界定清晰，这真是个令人惊喜的时代！

之前，我写《看丹、二中，缘定，终生》，现在发现，这真是有些局限，何止是看丹、二中之间的缘分呢？集团办学方式让丰台二中集团内的十个成员校都有割舍不断的缘分。现在区委区政府高屋建瓴"倍增追赶"定战略，区教委聚智筹谋"强基工程"出方案，我们的丰台教育人同处丰台，本就同气连根，当勠力践行，为丰台的教育强势出击！

今年，是我参加教育工作的第 32 年了。32 年不短，岁月更迭，无法拒绝地完成了由幼稚青年到成熟中老年的生理成长；32 年不长，斗转星移，仿佛一瞬，心甘情愿地享受了由浮躁到沉静的精神成长。而成长着的何止我，我们的每一个人都在成长！成长，不只是年龄阅历的增加，更是精神灵魂走向至真至美的跋涉。成长，是自我的提升，更是在和谐环境与良好氛围中，不惧历史车轮的带动裹挟，积极地融入时代，向着更美好的自己与未来奋斗的过程。

有幸，经历、见证着丰台教育的日渐强大！感恩，我是丰台教育人！

---

**作者简介：**

涂英丽，第九、十、十一届丰台区政协委员，北京市丰台区第二中学高级教师

# 我的教育督导情缘

谭永芳

2012 年 9 月,《教育督导条例》正式颁布,深化教育督导改革拉开帷幕。伴随教育部《关于加强督学责任区建设的意见》(教督〔2012〕7 号)、《中小学校责任督学挂牌督导办法》(国教督办〔2013〕2 号)相继出台,责任督学挂牌督导工作开始走上历史舞台。2014 年 1 月,丰台区首批挂牌督学由退休校长们担任,2015 年 3 月,丰台区人民政府、丰台区教育委员会创新组建丰台区教育督导与教育质量评估监测中心,并聘任八名在职中小学干部作为专职督学,分管八个督学责任区。自此,我带着组织的信任、领导的重托,从中学教育教学副校长转岗成为丰台区首批专职督学。

## 角色蜕变——秉承初心担使命

初任督学,对我是一个不小的挑战。我时常自问:"我是谁? 为了谁? ……"在原丰台区人民政府督导室刘占良主任、刘建华副主任的鼓励与支持下,我凭借对教育的执着与热爱,开始了新岗位的探索和实践。

俗话说:"打铁还需自身硬",多年教育工作使我养成了爱阅读、勤思考、善总结的好习惯,于是各类教育法律法规、政策文件汇编、教育督导理论丛书摆满了我的案头;通过专家引领、集体研讨、自主学习,我渐渐悟透了挂牌督导的深刻内涵,体会到责任督学的使命与担当。

记得 2015 年 6 月 10 日,我接到一个社区居民的投诉电话,反映家旁边小学操场铃声太大,响铃次数太多(一天有 30 多次),严重影响家中老人和孩子休息。我马上与学校干部沟通了解情况，得知学校被投诉多次，已将铃声调至最低，并做过多次反馈和说明，但居民依然投诉。"没有调查就没有发言权"，于是我选择不同时段多次到学校操场周边去听铃声，走访周边商户和行人，再与居委会沟通，约书记一起去居民家实地体验，耐心解释，经多次沟通，该居民释然并不断感谢我们责任督学和居委会领导，长期困扰学校的问题终于圆满解决。

这次与社区合作成功化解校社矛盾的经历，让我体会到：小小的督学公示牌，为相关利益方提供一条表达诉求的通道，让责任督学在政府、学校、家庭与社会之间搭起一座"连心桥"，有效打通了"教育最后一公里"；也让我对责任督学有了全新认识，做政府、学校与社会各界的联络者，教情民意的反馈者，家校矛盾的调解者。

2015 年初，我刚走上督学岗位就迎来第一次大考，与学校一起迎接全国义务教育均衡发展验收。丰台区教委高度重视，为顺利完成迎国检工作，区教委成立领导小组，在区督导室和督导中心带领下，我们第七督学责任区专兼职督学四人，两个月内走进学校 39 人次，听取汇报、座谈访谈、查阅资料、考察路线，全面了解学校办学条件、课程建设、学校管理等基本情况，发现并帮助责任区内每所学校梳理优势和亮点，对学校存在的问题给予改进建议和指导；4 月 29 日下午，全区共抽检 15 所学校，我们责任区有三所学校（北京十八中、原北京四中璞琭学校、原芳古园小学）中标迎检，我倍感责任重大。区评估监测工作室张逸主任、十八中魏韧书记和我作为学校挂牌责任督学协同校长一起迎检。验收过程中，国家督学、原上海市教委尹后庆主任，对方庄教育集群的家校社多元参与的治理模式给予高度评价，他说"在十八中找到了我教育理想的缩影"。这次迎检丰台区以高质量、高标准顺利通过了国家义教均衡验收。自此以十八中为龙头校的方庄教育集群在北京市乃至全国影响力越来越大。

2018 年 11 月 8 日，丰台区接受了"争创国家级挂牌督导创新区县"检查验收工作，我和同伴高水平完成了现场答辩、责任区工作站验收、学校督导成果核查，得到了国家督学们一致称赞和充分肯定。两次迎检不仅规范了督学责任区建设和挂牌督导流程，而且促进学校办学规范，提升学校办学品质，更凝聚了人心，锤炼了督学队伍，提高了督学的专业素养。丰台区这支"召之即来，来之能战，战之必胜"的督学队伍也成了北京市教育督导一道亮丽的风景线。

## 聚焦重点——提质增效助发展

2021 年 7 月中办国办印发了"双减"文件，2022 年 4 月发布"新课程、新课标"（简称"双新"），2023 年 9 月 26 日，北京市教委发布《关于深入推进高中阶段学校考试招生改革实施意见》（简称：北京市新中考改革）。为使一系列教育政策落地落实，教育督导触角已深入教育改革的最前沿，我们围绕"双减"、"双新"、北京市新中考改革、校园安全等重点任务开展了多轮督导，以督导亮剑精神助推教育政策落实，促进了区域教育改革的纵深发展。

2021 年秋季是落实"双减"的第一个学期。10 月 12 日，我到学校进行"双减"专项督导，在听课时发现班级课表与国家课程设置、北京市课程实施方案有偏差。课后通过师生访谈、干部座谈、查阅资料等，发现问题症结是教学干部对文件理解有误。于是我真诚地提出整改建议，帮助学校及时完成整改。2022 年金秋，新学期全面落实"双新"精神，该教学主任焦急地给我打电话求助："双减"遇"双新"，还要兼顾北京市"每天一节体育课进入正式课表"的要求，排课难度更大了。我耐心地安慰他："别急，办法总比困难多！"并讲解了北京市建议的实操办法，同时推荐了课程中心老师的微信，指导他顺利做好新学期课程设置。在督导实践中，我坚持问题导向，真诚地为学校发展出主意，想办法，对学校干部的咨询和新思考，积极回应、及时鼓励，帮助指导其快速成长，更好引领学校的内涵发展。

"双减"实施一年后，为了更精准地了解学生、家长、学校的感受和诉求，我与同伴一起协商、设计形成以"扎实推进'双减'政策，促进丰台基础教育高质量发展"为主题的调查问卷，面向全区师生、家长推广调研；在问卷调查的基础上，又围绕教学管理、课后服务、体质健康、经费保障、家校沟通等方面设计访谈问题，深入八所学校进行干部教师访谈，获得了丰台区"双减"实施一年后的第一手资料，并对其整理、分析、总结，提出的建设性建议对于区教委指导"双减"工作决策和促进区域"双减"进一步走实走深发挥了积极作用。

## 善借巧力——互促互进谋共赢

2016 年 11 月我被推荐为第十届丰台区政协委员，被赋予更大的责任与使命。我通过学习和思考，发现委员履职与督导有许多相关之处，例如监督、协商、服务等，于是我在工作中积极找寻它们的契合点，将督导中遇到的一些教育无法破解的难题和民生困惑，通过科学调研后撰写成提案，从而同频共振"办好实事"，增强了督导结果应用和委员履职的高效性。

2018 年 10 月，第一督学责任区贾督学找我反映：人大附中丰台学校存在学校交通不便和安全设施不全的问题：学校地理位置太偏僻，附近公共交通设施不健全，地铁最后一站张郭庄站到学校不通公交，明年高中开始招生后学校师生将近 2000 人，家长接送孩子只能依靠私家车，上下学时间，校门口会严重拥堵。学校希望通过政协这一渠道协助解决。

得到消息我马上和贾督学一起深入学校做调研，通过实地观察、与干部师生座谈，发现周边工地多，校门前时常有施工大车经过，有明显安全隐患。我据此撰写提案《关于人大附中丰台学校校门口道路增加交通路线及设施的建议》，得到了丰台区交通委、城管、属地派出所、丰台区公交公司等多部门的大力支持。很快组织各部门共十多人到学校现场勘察，通过区交通委协调，现场决定增加直达学校公交车频次、利用学生假期施工增加校门口交通安全"六类设施"，尽最大可能解决了学校的诉求，保障了师生安全，真正为教育办实事，得到了学校师生、家长们的一致好评。

多年来我在认真履行督学职责的同时，会将发现的部分问题转化为有价值的政协提案，先后撰写了《关于"双减"政策下完善家校社协同育人机制的建议》等六项提案，引起上级领导高度重视及回应，为学校、社区居民解决困难、办实事，赢得了学校、社区居民的一致好评。

作为第七督学责任区工作站负责人，我也在思考责任区建设。责任区共有九名专兼职督学，承担着 15 所中小学校 20 个校址的督导工作，督学们都是经过区督导室遴选的副校级以上干部，是一支优秀的专业团队，如何带好、用好这支队伍，受政协委员要"懂政协、会协商、善议政"的启发，我萌生了以责任区督导理念，引领凝聚团队思想共识的想法，带领团队凝练了"督导并臻、求真唯实、弘道养正"的责任区督导理念，提出"懂教育、会监督、善指导、服好务"的督导工作标准，得到了大家的一致认同。

政协委员广泛调研、考察、咨政建言，开阔了我的视野，丰富了我的阅历，拓宽了我的思路，更能让我"跳出教育看教育"，为丰台高质量发展建言献策，以实际行动服务教育，服务民生，服务大局，做一名有教育情怀、有政协情怀的督导人。

回顾我的教育督导路，我收获了无尽的智慧、启发和感动，并深刻体会到教育督导不仅是一种监督和管理，更是一种关怀和引导。新时代、新征程、新使命，我将继续深耕教育督导，笃定前行，为丰台教育高质量发展尽好自己的绵薄之力。

**作者简介：**

谭永芳，第十、十一届丰台区政协委员，丰台区教育科学研究院专职责任督学

# 航天博物馆、将军楼

薄昕冉

我从小生活在东高地，那时候听得最多的就是"东高地是航天的发祥地"，姥姥、姥爷都在航天系统内工作，当时虽然不知道他们具体做什么，但是我会自豪地说"我是丰台东高地人，航三代！"，这应该是东高地"80""90"这一代最熟悉的一句话。要说东高地有什么，小时候就知道在东高地这个不大的地方有一大片被红墙围着的"大院儿"（航天一院），是有武警叔叔拿着枪把守的地方，小时候最爱听姥爷讲航天的故事，总喜欢提问题，问得最多的就是"院儿里有什么？"姥爷说："院里有很多高高的厂房，有火车道，还有白色、像巨人一样的火箭……"小时候仰着头望着高高的红墙，对这个"大院儿"充满了好奇。直到学校组织参观我才知道原来在这个"大院儿"里还有一个博物馆——中华航天博物馆。记得博物馆共有三层展厅，当时对展馆印象最深的当数以四枚运输火箭和六颗卫星实物，数百种模型和近千张照片，构成的一幅中华航天腾飞图，特别壮观。后来我工作了，作为组织者我来过博物馆的次数就多了，了解到当时中华航天博物馆建筑面积 3500 平方米，展陈面积达 1 万平方米。由序厅、主体大厅、高科技应用成果厅、分类系统专业技术厅等展厅组成。一层和二层展厅为对外展厅，主要分为运载火箭、载人航天、人造卫星、月球探测、火箭发射演示、航天器、中国航天形象、航天集团综合简介、古代航天探测、国际合作与交流、未来航天展望等十多个展示区域。这些展区以中国航天的发展历程为主线，通过翔实珍贵的历史资料和丰富的实物与模型，以现代的展示手段生动地展示了中国航天事业的过去和未来。三层展厅介绍了各分类系统的专业技术。

中国航天博物馆

　　每一次参观都有不同的收获，与来此参观的游客聊天时，都能听到他们通过参观对航天增加了了解，也加深了热爱！我想这就是博物馆存在的意义吧。不过我还是想说，每一次参观手续很烦琐，进入"大院儿"的人都要进行登记和层层审核，当时就想博物馆要是在"大院儿"外面，展厅再大一些、多一些就好了。

　　1992年10月中华航天博物馆正式开馆，时任中顾委常委张爱萍同志亲临开馆仪式并题词"不忘过去、飞翔太空"。2022年中华航天博物馆由院内搬到了生活区，经过升级改造后，改名为中国航天博物馆，以全新面貌呈现，展陈内容包括中国航天历史和精神、导弹武器、运载火箭、人造卫星、载人航天、深空探测、航天人物、未来展望等八个展区，以党中央英明决策的时代背景为起点，遴选创业初期至走进新时代阶段的航天事业重大事件，辅以史料、实物等展示手段，突出以物说史，展示航天工程实践与航天精神融合发展的历史过程。从我国在导弹武器、航天装备领域的发展和取得的重要成就，到我国在运载火箭研制、生产等领域、人造地球卫星技术方面、载人航天工程、探月、探火等深空探测领域取得的成果，再到"两弹一星"元勋、航天院士、航天员、航天英烈、航天系统内全国劳模、中华技能大奖获得者等人物及从航天大国向航天强国发展的规划愿景，全面生动地展现了中国航天从无到有、从弱到强的发展历程。

中国航天博物馆先后被授予中央国家机关思想教育基地、全国科普教育基地、北京市青少年科普教育基地、北京市青少年爱国主义教育基地、丰台区科普教育基地等 17 个教育基地，是中国航天和首都文化与科普教育的重要名片。

要说博物馆是承载着航天梦，那么在东高地不得不提的就是"将军楼"，作为火箭院生活区最早的建筑之一，60 余年来，将军楼静静地伫立在航天这片热土，仰望楼群林立，见证峥嵘岁月，感受历史变迁。

20 世纪 50 年代，为了给刚刚起步的中国导弹事业"招兵买马"，周恩来总理作出重要指示：研究导弹所需要的专家和行政干部，同意从工业部门、高等院校、科研院所和军队中抽调，军队要起模范带头作用。1957 年，中央军委批准将国防部五院纳入军队编制，代号中国人民解放军 0038 部队。同年 11 月 16 日，国防部五院一分院（火箭院前身）成立。1965 年 1 月，一分院改称第七机械工业部第一研究院，之后不久，有军籍的人员集体转业。1958 年 8 月，一分院从长辛店整体搬到南苑时，科研人员只能挤在试飞楼、旧机库和小平房内办公兼住宿，条件十分艰苦。为了解决迫在眉睫的住宿难题，一批集体宿舍和住宅先后施工，将军楼是其中之一。

当时生活区只有几栋刚刚建成的宿舍，还有十几栋尚未完工，其他地方除了荒地、菜园，就是小河、小树林，看起来是一片荒凉。1959 年 8 月，两栋集体宿舍楼竣工，用时仅三个月；9 月，两栋相邻而建的 27 号、28 号"特甲住宅"也就是将军楼竣工，用时四个月；1960 年 5 月，"特乙住宅"也就是校官楼竣工。火

将军楼

箭院第二任院长刘瑄、第二任政委张钧都在此居住过，二人都是少将军衔。将军楼不仅是他们工作、生活的重要场所，也见证了火箭院那段与军队有关的波澜壮阔的历史。

将军楼共上下两层，红砖青石，木格窗，很是朴素。当时，刘瑄院长、张钧政委居住的是"特甲住宅"中的 28 号楼，也就是现存的这栋楼。走进将军楼，楼内格局紧凑，有警卫室、卧室、书房等，每间面积都不大，有的只有几平方米。在这里，陈列着老领导使用过的生活和工作物品，卧室一个木质衣柜，一张简单的木质单人床，门口放着一个衣架上面挂着绿色的军装和公文包，仿佛将军们刚刚回到家中。书房里老旧的书架，书架上是泛黄的书籍，还有那一张有三个抽屉的长方形桌子，木制的，很结实，上面垫着厚厚的玻璃板，玻璃下面是白色丝绒布，干净整洁；桌子上一台旋转号盘电话机和一个老式绿色台灯，仿佛能看到老领导戴着眼镜，在办工作桌前就着昏黄的灯光批阅文件，时而奋笔疾书、时而兀坐沉思，直至"铃铃铃"的电话铃声打断了他的思绪……这些物品无声无言，却是那段创业岁月最真实的见证。2014 年，航天一院对将军楼进行了修缮后，于 2017 年 4 月 24 日将其正式对外开放。2019 年 6 月，经北京市人民政府批准，将军楼与人民大会堂等 428 处建筑物一并成为北京市首批历史建筑。

航天博物馆、将军楼，承载着中国航天梦，在这片高地上曾有着一代又一代的航天人，以热爱祖国，艰苦奋斗，无私奉献的精神把中国航天梦变为现实。航天精神的传承，需要每一位航天人和热爱航天事业的人共同努力奋斗。现在，我又回到了我热爱的这片高地，用我的知识和热情为航天人服务，赓续红色基因，弘扬航天精神，传承前辈的优良传统，汲取继续前进的力量，为建设航天强国奉献力量。

**作者简介：**

薄昕冉，第十一届丰台区政协委员，东高地街道办事处市民活动中心副主任

# 民族品牌高质量发展之路

## 张建智

我叫张建智，是月盛斋冷冻厂厂长，2021 年被推选为区政协委员。"月盛斋"品牌从清乾隆四十年（1775 年）至今，已走过两个半世纪的风雨，是商务部认定的中华老字号企业，月盛斋"酱烧牛羊肉制作技艺"，是国家级非物质文化遗产，多年来我们一直秉承"至清至真 至诚至信"的企业文化理念，承担着全国、北京市重大会议和赛事及国际性大型活动的服务保障任务，得到了各级领导的高度评价和广大消费者的充分认可，有力书写了擦亮民族品牌、服务区域发展的优异答卷。

### 守正创新 传承有序

月盛斋坚持守正创新，在改革实践中逐步形成"农牧养殖、生产加工、仓储物流、现代分销"的全产业链产业格局，2004 年加入月盛斋的我，见证了这一改革创新的峥嵘岁月。

增加农牧养殖业务，延伸上游产业链。2019 年成立内蒙古月盛斋农牧科技有限公司，为月盛斋公司自有养殖基地。目前，北京月盛斋正镶白旗现代畜牧产业园项目，运营年出栏能力 6000 头肉牛的育肥加工基地和 1.3 万亩自有饲草料种植基地。月盛斋合作养殖基地 12 个，分布在内蒙古、河北、辽宁、山东等地，牛存栏 2 万头，羊存栏 12 万只。所有基地统一按照月盛斋公司制定的养殖方式管理，定期检查并进行考核。

重点扩大生产加工规模，拓展市场空间。总部生鲜加工基地建筑面积达

月盛斋前门原址

到3000平方米，引进气调包装机、贴体包装机、微波解冻等自动化设备设施和自动传输、在线数据收集等技术，可同时生产冷冻、冰鲜、调理、分割等四类百余种产品，年生产能力3000吨。

在不断扩大加工生产规模基础上，月盛斋不断完善营销体系与渠道建设，持续拓展市场空间，积极践行京津冀协同发展国家战略，力争实现跨越式发展。在上海、保定、巴彦淖尔、武汉等拥有多家外埠生产基地。

创新经营众多举措中，我认为最值得骄傲的是强化仓储物流保障。月盛斋清真冷库拥有仓储能力1.5万吨，是亚洲目前最大的清真冷库，除对外出租经营外，还承担国家和地方两级政府的冷冻牛羊肉的储备工作。公司于2020年实现了以智能仓库为核心的"一站式"冷库服务，并且不断更新和完善托管服务。

作为月盛斋清真冷库厂长，我积极建言献策，精准把握用户对于物流最后一公里的堵点、痛点，特别是聚焦首都在证件手续、司机资质等方面的严格要求，利用地理优势，申请牌照，集合公司物流同事，组建了以厢货为主力的城市最后一公里运输队，可调配车辆达几百辆，将货物直接送达商超等目的地，为首都运输贡献自己的力量。

适应市场变化，创新经营模式。在供应全国两会、奥运会、冬残奥会等国家大型会议、活动的同时，月盛斋公司还积极拓展终端渠道业务，线上线下全面发力。

月盛斋的口号是"传百年鲜香，品美味生活"，月盛斋发展之路也是赓续老字号、擦亮民族品牌的传承发展之路。如今月盛斋拥有国家级代表性传承人一名、区级代表性传承人三名，其中两名传承人被评选为北京市"老字号工匠"，始终保持传承有序。

在我看来，近几年，月盛斋擦亮民族品牌的一大创举是重现"前店后厂"经营模式。2023 年，我们在探索清真老字号高质量发展之路上，开始尝试恢复散装熟食售卖，第七代传人门店现场煮制非遗酱牛肉。将原有老字号五香酱烧牛肉非遗技艺的五香特点展现在顾客的感受上（好看、好闻、好吃），体现出老字号原有的内涵与品质，吸引更多人进店消费。2023 年新开门店 8 家，累计以达到 11 家，门店均大多位于少数民族聚集区，极大地丰富居民肉案子、满足少数民族群众需求，同时，我们坚持做到一店一策，始终致力于为广大消费者提供最优服务。

老字号也要有"新技术"，月盛斋公司坚持守正创新，将科技研发与企业生产经营结合，目前，公司取得授权专利 45 个。公司还与科研机构合作，开展了对月盛斋酱烧牛羊肉、月盛斋老汤的研究，提升其营养价值和养生价值。

## 扎根丰台　服务丰台

月盛斋与丰台区的结缘要从 1984 年说起，当年，国家投资 150 万元，在永定门外南顶路牛羊肉类联合加工厂院内建立了 2400 平方米的月盛斋加工车间，设有 18 口大锅，日产量可达 2000 公斤，自此，月盛斋扎根丰台、服务丰台。近年来，在丰台区委、区政府的大力支持和丰台人民的关心关怀下，我们主动对标区委"倍增计划"，以"跑出倍增加速度"的使命感、紧迫感，努力奏响服务区域高质量发展最强音。

我们聚焦区域招商引资，依托月盛斋品牌优势，吸引了 100 余家优质

丰台区南顶路首农食品集团北京月盛斋清真食品有限公司

商户常态化入驻月盛斋，贡献税收收入 400 多万元。我们聚焦服务丰台人民"舌尖上的幸福"，在丰台区着力打造两家自营门店，在门店使用老年卡，增加 3 公里外卖到家服务与储值活动，方便周边居民购买，传承老字号味道。此外，月盛斋专柜遍布丰台各大商超，方便百姓生活的同时，提供众多就业岗位。我们聚焦区域协同发展，主动融入丰台区帮扶内蒙古林西工作格局，在内蒙古林西建设供给基地，服务带动当地就业和村民增收。

2023 年 12 月 18 日晚，甘肃临夏州积石山县发生 6.2 级地震，作为北京市的民族企业，北京月盛斋清真食品有限公司第一时间做出反应，联合丰台区民委、北京市丰台区伊斯兰教协会，通过市伊协联系到了甘肃临夏州积石山地方部门，并向甘肃临夏地震灾区捐赠价值 8 万元的熟食制品，支援灾区共渡难关。

其中有两项工作让我始终铭记于心。其一是，去年上半年，我们深度挖掘品牌资源，高质量建设了月盛斋百年品牌主题展厅。作为走过两个半世纪的中华老字号，第一次将自己的全貌展示在今人面前，也留下了浓墨重彩的民族品牌地标。走过展厅，可以了解到月盛斋的前世今生，曾经经历过的辉煌和苦难都沉淀为品牌的一部分，在新时代新征程熠熠生辉。树立中国清真肉食的高品质形象，是企业走向高质量发展的重要举措，并与属地南顶路街道、佟麟阁中学、牛街金源公司等单位展开共建，开展非遗品牌进社区、进校园等活动，广泛宣传非遗品牌。

其二是，2024 年春节前，在属地的大力支持下，首届清真冷库年货大集在月盛斋公司开幕，我和公司领导班子积极动员了 30 余家源头厂商、街道便民中心共同参与，现场人头攒动，气氛热烈，大家在家门口就能享受到一站式、多元化、"零距离"服务，持续提升丰台区居民的获得感和满意度。"将大集模式开下去"成为广大居民的心声。

大道之行，无远弗届。奋进新征程为月盛斋谱写了崭新的时代坐标和历史方位，在各级领导的关心关怀下，在广大消费者的信任支持下，在全体员工的不断奋斗下，它必将聚焦使命，勇挑重任，守正创新，为发展壮大民族品牌、服务区域高质量发展作出新的更大贡献！我作为其中的一员，特别是区政协委员，也将继续立足岗位，为百年民族品牌走向新的辉煌，为服务丰台区高质量发展，履职担当，艰苦奋斗，书写无愧于组织信任、无愧于人民期待、无愧于初心使命的崭新答卷！

---

**作者简介：**

张建智，第十一届丰台区政协委员，北京月盛斋清真食品有限公司冷冻厂厂长

# 二七老厂的华丽转身

周书江


　　长辛店地区的工业基因与红色革命历史一脉相承。1923 年，这里是京汉铁路工人大罢工的北端，被誉为"北方的红星"。1897 年卢保铁路卢沟桥机厂在卢沟桥附近创办。1901 年，卢沟桥机厂迁到长辛店，历经 120 余年拼搏奋斗，发展为现在的中车北京二七机车有限公司（以下简称二七厂）。我接触到二七红色文化以后，对二七厂的发展历程尤为感兴趣，与街道、厂方和第三方公司共同推动二七厂的功能疏解和产业转型，见证了二七厂由制造业向文

1958 年 9 月 9 日，铁道部长辛店机车车辆工厂（今中车北京二七机车有限公司）研制成功新中国第一台内燃机车，结束了中国不能制造内燃机车的历史，掀开了中国人依靠自己的力量自主研发、生产内燃机车新篇章

国家冰雪运动训练科研基地

化科技、体育运动产业的华丽转身。

二七厂坐落于北京市丰台区长辛店杨公庄1号，西南五环外，永定河西岸，厂区占地750亩，现有建筑面积20.87万平方米，拥有文物建筑8栋、工业厂房30栋，其他厂房56栋，绿化率达到31%。2018年初，二七厂积极响应疏解非首都核心功能战略决策，全面退出传统制造业，开启转型升级新征程。通过老旧厂房改造利用，突出两种文化融合，引入建设了国家冰雪运动训练科研基地和二七1897科创城。

国家冰雪运动训练科研基地建筑面积约7万平方米，共有速滑馆、体能馆、运动员公寓、康复中心（游泳馆）、综合风洞实验室、滑雪风洞（报告厅、沙排馆）、六自由度一实验室、六自由度二实验室、冠军餐厅、锅炉房10个单体建筑。速滑馆拥有亚洲第一个二氧化碳制冰工艺的标准大道速滑场地和两个标准冰场，体能馆拥有中国北方地区唯一的室内轮滑馆，运动员公寓拥有9层280个房间，800余个床位，其中运动员餐厅可容纳300人同时用餐，成为2022年冬奥健儿备战的"大本营"。为管理好、运用好冬奥遗产，街道积极助力基地向市场开放，以全民健身月为契机，组织体育科普、青少年训练营等群众体育活动，将专业优势转化为地区发展特色。

二七1897科创城项目定位于"科技、文化、创新"，以"传承、创新、融合、发展"为理念，充分发挥首都优势，打造丰台科技文化交流中心、文化展示中心、北京河西地区文化创新产业基地、北京红色文化展示中心、首都工业国际文化商旅区以及中国旧厂房生态改造示范区。在空间功能布局上，项目充分贯彻"产城融合，三生平衡"的开发理念，秉承"以城市为基础，承载产业空间和发展产业经济，以产业为保障，驱动城市更新和完善服务配套，进一步提升土地价值，以达到产业、城市、人之间有活力、持续向上发展"的开发模式，同时兼顾生产、生态、生活的平衡发展。充分运用信息技术与绿色生态理念，改建以红色党建、工业历史为主题的博物馆，建设三大生态主题公园，为入驻企业员工与周边社区居民提供智慧、绿色、舒适的园区环境。

在整个项目改造中，项目聘请德国、中国台湾、上海、北京等国内外知

二七1897科创城

名工业区改造专家，吸收德国鲁尔区等国际先进经验，力争将改造效果达到国际先进水平。积极响应有关部门号召，对老建筑文化资源深度挖掘，对传承老建筑历史文化的同时合理再利用，让新旧元素有机结合，让历史与未来对接。一方面保留原有特色建筑空间及设备，作为二七厂的历史符号；一方面新艺术、新材料的使用，构建不同建筑的标识，使建筑本身的变化成为科创城外在艺术化的一大亮点。

项目一期（启动区）工程投资 8000 万元，占地面积 6 万余平方米，建筑面积 2.2 万平方米，可租赁面积 2.1 万平方米。已于 2020 年完成全部招商工作，引进企业 130 家以上，包含科技、金融、文化、教育、军民融合、餐饮及商业配套等行业领域，其中两个清华大学成果转化项目入驻园区，解决就业超 1000 人。园区在建设过程中，秉承"共生"原则，承担社区文化及民生需求，在当地街道的支持下，引入大型生鲜超市，解决当地居民日常购物需求，并在园区内进行多场社会文化交流活动，截至 2023 年 11 月，园区就组织了党建、参观、研学、文化沙龙、画展、摄影比赛、电视电影拍摄、文化创意市集、机车文化展、社区演讲比赛等各类文化活动 400 余场。

目前，项目已被纳入全国工业遗产保护名录、老旧厂房拓展文化空间试点项目，以及丰台区加快推进北京国际消费中心城市培育建设实施方案重点项目。

**作者简介：**

周书江，第十一届丰台区政协委员，北京江隆科技有限公司董事长

# 北京十二中——丰台教育的骄傲

## 史卫东

北京十二中创建于 1934 年，至今建校 90 周年。90 年见证了一个民族饱经风霜振兴崛起的历史，90 年见证了一个国家上下求索繁荣昌盛的历史，90 年也见证了一所学校筚路蓝缕弦歌不辍的历史。

北京十二中在风雨飘摇、国难深重的年代中诞生，在和平安宁、百废待兴的环境中成长，在改革开放、励精图治的浪潮中崛起。在 90 年的发展历程中，北京十二中始终站在社会变革和时代进步的前沿。

### 北京十二中有着厚重的历史

抗日战争期间，当时校名还是"宛平简易师范学校"。部分学生参加了共产党领导的抗日游击队，他们用鲜血和生命捍卫了民族和国家的尊严。在民族危亡时刻，"树报国之志，育天下英才"成为北京十二中人历久不变的追求。1946 年抗战胜利后，学校恢复办学，迁址到丰台镇东安街一号。

1949 年，国难终结改天换地，伴随着北平的和平解放，宛平简师也迎来了新生。学校改名为"北京市立丰台简易师范学校"，中共地下党员郑伯平受党组织委派出任校长。学校成立了首个共青团支部，参加了开国大典。创办了学生剧团，师生们排演秧歌剧《兄妹开荒》、歌剧《王秀鸾》到医院慰问解放军伤病员。

1951 年 7 月学校改为普通中学，更名为"北京市第十二中学"。简师完成了它的历史使命，为区域教育事业作出了应有的贡献。从 1956 年起学校迈开了对外交流的步伐，1964 年北京市教育局将北京十二中定为重点学校，1966 年至 1977 年学校经历了风雨洗礼，继续前行开辟教育之田。

1978 年北京市教育局再次将北京十二中确定为首批办好的 14 所重点学校之一，校长李英威把工作重点转移到教育教学上来，十二中跟随国家改革开放的步伐，走向了新的征程。1982 年，陶西平任校长，提出了"以教学为中心，全面安排，各得其所"的办学思想，"同心同德、兢兢业业、求实创新"的校训，全面进行改革创新。1994 年，学校继续坚持改革创新，罗洁校长提出了"六以三优"的办学思想，发扬了 60 年以来学校形成的爱国主义精神、艰苦奋斗精神、改革创新的精神。2008 年，李有毅校长提出了"求真、崇善、唯美"的办学理念，与时代同发展，谱写了一曲曲"传承与创新共舞，特色和品质育人"的华美乐章。

## 北京十二中始终以红色传承为己任

作为全国唯一一所在七七事变爆发地见证了打响全民族抗战第一枪的学校，对于十二中人来说具有特殊的意义。学校始终以传承红色文化为己任，通过新生入学教育、新教师入职培训、国旗下讲话、德育早课、五四青年教师演讲比赛、主题教育活动、开发校本课程等把爱党爱国教育贯穿育人全过程。

沧海桑田，代代相传。2015 年，正值中国人民抗日战争暨世界反法西斯战争胜利 70 周年。学校组织开展了系列活动，以纪念抗战胜利为契机培养师生爱国主义情怀。在新学期开学典礼上，用抗战精神为新生洗礼，"铭记历史、缅怀先烈、珍爱和平、开创未来"成为最强音。学校金帆民乐团创作并演出了抗战曲目《卢沟音碑》，在央视和北京电视台分别播出，引发热烈反响。师生代表参演了由丰台区人民政府和北京市文学艺术界联合会联合主创的抗战史诗话剧《宛平人家》，重温了简师师生毅然投笔从戎、参与不屈抗战的那段红色校史。校园电视台师生和小演员们在《中国教育报》记者带领下重走简师路再访宛平城，追寻红色校史。高一年级京外社会实践教育课程中的抗战主题分队，奔赴临沂、沂南、枣庄、徐州、南京等地，缅怀抗日英烈；高二年级师生代表做客北京城市广播畅谈爱国情怀；国际部师生赴河北冉庄和白洋淀，寻找英雄足迹；初中部学生在抗战雕塑下诵读名篇传承中华文化，卢沟醒狮前入团宣誓彰显少年豪情。

2016 年，师生创编了校史话剧《十二中的 1937》，紧扣"求真、崇善、唯美"办学理念，讴歌了先辈们同心同德、兢兢业业、求实创新的开拓精神；原创校史话剧《四世再同堂》则是采用"戏中戏"方式，讲述了四代十二中人薪火相传八十载的动人故事。

红色基因已经融入师生血脉，在伟大祖国至亮时刻，十二中人的身影从未缺席。2018 年，在全国纪念全民族抗战爆发 81 周年活动仪式上，北京十二中学生再次作为首都学生代表深情诵读抗战英烈家书；2019 年，在中华人民共和国成立 70 周年庆典大会上，十二中 32 名教师和 52 名学生亮相"立德树人"26 方阵和"不忘初心"34 方阵的国庆群众游行队列中。2021 年，我们迎来中国共产党成立 100 周年，它也是北京十二中联合总校"十四五"规划的开局之年。北京十二中联合总校和学校党委制定了《建党 100 周年活动方案》，以"致敬百年史，奋斗新征程"为主题，围绕党的理论、红色史话、国家意识、学校文化、榜样力量开展 10 项主题教育活动。

## 北京十二中始终立于教育改革潮头

随着教育改革的深入，北京十二中在丰台区教育的历史地位和责任逐渐显现。尤其进入 21 世纪，丰台区的教育布局不断变化，北京十二中也经历了多次调整变革。

2013 年，北京十二中科丰校区投入使用，初中一部、二部合并后迁址新校。2015 年，北京十二中教育集团启动，与房山区跨区合作办学创立十二中朗悦学校，北京十二中附属实验小学正式开学，原洋桥学校加入北京十二中教育集团。2016 年，学校制定了北京十二中教育集团"十三五"发展规划，确立了学生成长、教师培养和集团发展的三大目标，推出了十二项重点工程。附属幼儿园开园，学校荣获"全国五一劳动奖状"。

2017 年，北京十二中联合总校组建。举行了北京十二中教育集团成立大会，北京十二中钱学森学校举行揭牌仪式；北京十二中钱学森学校首次招收初高中新生；学校发起成立了全国"推进教育信息化应用名校联盟"并举行启动仪式。

2018 年，北京十二中教育集团与房山区教委签约由北京十二中朗悦学校承接建立良乡小学铭品校区；北京十二中钱学森学校投入使用，三个年级师生入住新校区；成立全国首个"家校社共育咨询室"；成为"北京市大中小幼一体化德育研究"首批基地校。

2019 年，在北京十二中教育集团指导下各校区分别发布了《学校发展行动纲领》，细化育人总目标为学段分目标；北京十二中钱学森学校成立了"院士 1+X"领航室；北京十二中朗悦学校举行了集团办学成果展示；北京十二中南站校区更名为北京十二中南站学校。

2020 年，北京十二中联合学校总校启动运行，拥有 10 所成员校、7000多名在校生，成为教育集团化发展的新里程碑。

2021 年，北京十二中联合总校制定了"十四五"发展规划，落实十二项主要任务和十二项重点工程；组织开展了"致敬百年史　奋斗新征程"建党百年主题教育活动；提出了从"质量提升"到"固本高质"的学年工作整体目标。

2022 年，北京十二中联合总校教育地图再次更新：北京丽泽国际学校落成，北京第五实验学校首次招生，太平桥学校（原清华附属丰台学校）、槐房小学加入北京十二中联合总校，北京十二中钱学森学校经过十二中母体孵化成为本区一流名校。北京十二中联合总校的管理模式在全区推广。

2023 年，丰台区启动基础教育强基工程，提出以"十强学校"为引领，以"学区＋集群＋集团"模式为重点，以"区域教育共同体＋社会参与治理"为支撑，致力于打通教育发展模式全链条，推动区域优质教育资源供给再升级。北京十二中再次调整，联合总校机制不再运行，恢复北京十二中教育集团模式。北京十二中成功孵化的北京十二中钱学森学校和北京第五实验学校从北京十二中联合总校分离，成立独立的教育集团。丰台区和义学校、丰台区第二小学等学校加入北京十二中教育集团。

2024 年，是北京十二中建校 90 周年。回眸 90 年，十二中人演绎的无疑是一幕幕精彩的长剧，实现的是一次次响亮的成功。她唯美的画页不仅组成了丰台基础教育这幅长卷中令人神驰、激动人心的一部分，而且写就了北京乃至中国一部感人肺腑、催人奋进的教育诗篇。关山初度尘未洗，策马扬鞭再奋蹄。求真、崇善、唯美的北京十二中正以开阔的胸襟、开放的视野，开创着属于自己更加辉煌的未来。

**作者简介：**

史卫东，第九、十届丰台区政协委员，第十一届丰台区政协常委，民盟丰台区工委主委，北京市第十二中学副校长、科丰校区执行校长、高级教师

# 区融媒体中心的变革之路

何洪涛 / 口述　王福强 / 整理

丰台区融媒体中心于 2018 年 7 月 5 日挂牌，2019 年 4 月完成机构改革，由原区广电中心与区委宣传部新闻中心组成。作为丰台区经济社会发展进步的记录者、参与者、见证者，2023 年以来，转型改制、提质增效是贯穿其中的主线。作为亲历者，我见证了区融媒体中心的嬗变。

作为"国家广播电视总局广播电视公益广告传播机构类扶持项目单位"、北京市广播电视媒体融合先导单位，中心不仅拥有《丰台时报》、丰台有线 803 频道传统媒体渠道，还拥有"北京丰台"两微一端、视频号、头条号等 12 个新媒体平台，总用户量突破 600 万，其中，"北京丰台"微博挺进全国政务排行榜外宣榜 30 强，"丰台发布"抖音在北京广电融媒指数全市排行榜中位居前列；"丰台发布"快手连续多年获评快手官方"区域最具影响力奖"；"北京丰台官方发布"北京号多次获得年度最具影响力奖。经过这些年的蓬勃发展，区融媒体中心各平台日发稿量 70 篇左右，年总浏览量突破 10 亿人次。"您说我办""健康大讲堂"等栏目，《探索宇宙 铸梦苍穹》《北京市第十二中学：绿色素养"炼"成记》等作品多次获得北京市广播电视创新创优节目、优秀广播电视新闻作品、优秀融媒体作品等奖项。可以说，区融媒体中心正日益构建起有影响力的区域全媒体信息服务平台，为区域高质量发展营造良好舆论氛围。

## 注重提质增效，全方位提升媒体传播效能

根据区委工作安排，2023 年，中心的重点任务之一就是推动提质增效，

完善区级融媒体中心核心功能，拓展新闻功能、政务功能和服务功能。

其中，我感触最深的就是《丰台时报》的提质增效。作为丰台区意识形态的重要阵地，《丰台报》于 2003 年 1 月 1 日诞生，2022 年 8 月 2 日，《丰台报》正式更名为《丰台时报》，由一周一刊增加至每周三刊。2023 年 1 月 1 日起，每期增至八个版。自创刊之日起，报纸始终坚持传递正能量，讲述丰台故事，"泥土味"的报道和"冒热气"的作品受到广大读者的充分肯定，为丰台区的发展提供了舆论支撑，多次得到市、区领导的肯定批示。

2023 年以来，以提升内容品质化为核心，《丰台时报》实施深度改版，旨在全面提升采写鲜活新闻的能力、发现重大典型的能力、引导热点问题的能力。第一个重要做法是深入基层，践行"四力"，提升原创报道质量。组织记者深入一线，通过实地探访、蹲点日记等方式，深度采写，其间重点推出《向下扎根向上生长万千生物聚集地——园博园成为游客打卡地》《探访亚洲最大全自动智能化净菜加工产业园新发地转型升级净菜加工来了个"全面手"》《昔日"臭水沟"破茧化蝶成为居民的亲水乐园》《社区书记一上午都在忙什么》等一批鲜活报道。第二个重要做法是注重栏目创新，提升报道系列性。围绕区委、区政府重点工作任务、重要工作节点、重大二作成果，全力做好倍增追赶合作发展、抗引战争主题片区、中国戏曲文化周等主题宣传，开展不间断的宣传推介，创新开设"五气连枝丰宜福台""基层创新词典""代表委员在一线"等专栏，推出《聚企成链、集链成势丰台"倍增追赶"成绩亮眼》《吸引 140 余家高质量企业落户南中轴国际文化科技园产业集聚效应初显》等系列报道，营造了丰台经济持续向好、高质量发展的良好舆论氛围。与区委党校等部门合作，开设理论版，设置"五气是怎样炼成的"等专栏，推出《丰台历史文化语境中的"五气"连枝》等系列理论文章；在区委宣传部指导下，联动区住建委等单位，策划撰写《永定合声》栏目评论《携手同心汇聚起合作共赢的磅礴力量》《清单式管理，让丰台城市更新路径更加顺捷》等 18 篇；拍摄、制作"倍增追赶合作发展·一把手访谈" 33 期，为丰台区倍增追赶、合作发展营造良好舆论氛围。第三个重要做法是注重博采众长，提高版面设计呈现度。借鉴《成都日报》《广州日报》等设计风格，通过调整内容布局、图片编排、字体字号等方式增强可读性、识别度。报纸版头"奋力谱写中国式现代化丰台篇章"的设计,选取卢沟桥、宛平城、丽泽、园博园等区域标志性地标,既具有丰台特色、富有设计质感,又充满艺术气息,受到广泛认可。

《丰台时报》在提质增效,其他渠道也在同步提质。2023年以来,中心也在持续优化丰台有线803频道编排,增设"活力丰台""大美丰台"等板块,与解放军文化艺术中心影视部等驻区单位合作,加大节目引进力度,主题更鲜明、内容更丰富。

一系列提质增效,更加深了我对"传播质效决定影响力"的认识,只有不断拓展报纸、电视、新媒体等新闻功能、政务功能和服务功能,不断提升影响力,才能为区域发展营造良好氛围。

## 协同联动扩大"媒体"朋友圈,提升新闻宣传影响力

做强内容是根本,有了优质的内容,接下来就是多渠道、多途径、多形式将"好声音"传出去,传得更远、更广。以前人们常说,"酒香不怕巷子深",新媒体时代,"酒香也怕巷子深"。要取得好的传播效果,除了有好内容,还必须有好平台、好渠道。

一直以来,中心与新华社北京分社联动策划、互相赋能,聚焦身边榜样传递正能量,持续推出170余部百姓短视频,在新华社客户端浏览量均超过100万次,全网浏览量累计达2亿次。参与制作新华社名牌节目《国家相册:长辛店纪事》全网总浏览量超过1亿次,丰台区融媒体中心与新华社北京分社"中央媒体+区级融媒体中心PGC合作"的合作模式被评为北京市广播电视媒体融合典型案例。

就拿2023年的一个特别策划来说,7月7日是纪念全民族抗战爆发纪念日,特殊的时间节点前夕,中心记者跟随卢沟桥事变亲历者郑福来老人来到卢沟桥头,见证他为来往游客讲述他所亲历的那段历史,感人至深。据此,特别推出《"七七事变"亲历者为往来游客讲述起那段苦难而不屈的历史他说——"活到100岁我就要讲到100岁!"》等重点报道,引发人民网、中新社、《北京日报》等中央、市属媒体广泛传播。制作《"时代楷模"郑福来:牢

记历史珍爱和平》等短视频在新华社官方微博、新华客户端发布，# 92 岁亲历者讲述卢沟桥事变惨状 # 话题上微博热搜榜，浏览量突破 2300 万次。

这种合作模式也在继续。2024 年 4 月 13 日—14 日，第十二届北京国际风筝节暨第三届中国风筝锦标赛在丰台区王佐镇怪村举办，活动很精彩，宣传也同样出彩。特别是网络直播方面，一方面精心设置直播内容，邀请本届风筝锦标赛总裁判长、中国风筝协会竞赛委员会副主任范军作为主嘉宾与融媒体中心主持人围绕北京国际风筝节暨中国风筝锦标赛、风筝历史文化、风筝种类、比赛项目、周边旅游文化资源等内容在活动现场畅谈，力图使整个直播兼具知识性、趣味性。另一方面，开展多渠道联动直播。与新华社紧密联动，以新华社客户端、新华网等渠道为网络直播主要阵地，协同《北京日报》、北京广播电视台、《新京报》等主流媒体新媒体渠道开展现场直播。据统计，直播观看量突破 400 万次，# 来丰台相约北京国际风筝节 # 春天放风筝也是一种浪漫等微博、抖音话题浏览量 500 万次，高德和百度导航搜索"风筝节暨周边景区"单日最高指数总量达到 105 万次，北京国际风筝节当天冲上微博热搜、抖音热搜。2024 年 7 月 7 日，联动新华社开展"卢沟桥的回响——纪念'七七事变'87 周年"网络直播，在新华社网页首页大图位展示，被北京发布、北京日报等主流媒体的新媒体，以及腾讯、百度门户网站等 55 家重点机构采用，总浏览量达 8300 万。

这些亲身经历的事情，给我的最大感受是，区融媒体中心要提质增效，既要练好"内功"，也要坚持以大宣传格局为依托，联通共享，拓展"朋友圈"。在持续优化内部流程，打通策、采、编、发等关键环节，不断推动内容生产、渠道分发的连贯性、联动性的基础上，要构建大宣传格局，要牢固树立宣传一盘棋的理念，努力实现各层面的联动。

### 坚持群众参与，走好全媒体时代群众路线

中心在推动基层舆论引导能力建设中，广泛动员社区居民参与到基层宣传工作中来，发现身边有"温度"的人，讲述社区有"鲜度"的事，现已初步建立起覆盖全区 26 个街镇 400 多个社区的社区新闻发声人队伍，人数规模

超过 2000 人。通过社区新闻发声人，基层百姓所需所盼与党委、政府积极作为有效对接了起来，把服务延伸到基层、问题解决在基层，强化媒介治理，沟通社情民意，凝聚思想共识。

2021 年，北京市习近平新时代中国特色社会主义思想研究中心、光明日报社共同开展"走好全媒体时代的群众路线——北京市丰台区构建社区新闻发声人机制带来的启示"课题研究。2021 年 4 月 22 日，《光明日报》整版刊发专题调研成果。2022 年，"社区新闻发声人"工作机制入选北京市委全面深化改革"微改革、微创新"典型案例。社区新闻发声人项目被北京市广播电视局评为"新视听公共服务典型案例"。

2023 年，在保持 2000 人队伍规模的基础上，中心逐步优化人员结构和类别，紧紧围绕"倍增追赶合作发展""安全隐患大排查"等区域重点工作，动员"社区新闻发声人"线上线下和全媒体联动，有序开展宣传报道工作。"7•31"特大暴雨期间，右安门街道社区新闻发声人第一时间采集《警惕！凉水河涨水了请勿靠近》短视频作品，在抖音"丰台发布"平台播出后，浏览量达 435.3 万余次。社区新闻发声人在此次"防汛"宣传中共发布"致敬暴风雨中的逆行者""灾后重建"等 100 余条短视频，浏览量 1170 万余次。

社区新闻发声人的鲜活实践，让我深深体会到，人民群众中蕴藏着无穷的智慧和力量。只要用心点亮，用心引导，用心搭建平台，就能让更多的群众成为传播正能量的"网红"，点亮一个人，照亮千百人，影响千百万人。

## 探索转型改制，壮大主流思想舆论

2023 年 12 月 26 日，丰台区宣传思想文化工作会议召开。会上，丰台区融媒改革重大成果——丰云台（北京）融媒科技发展有限公司正式揭牌成立。

作为丰台区属国有企业，丰云台（北京）融媒科技发展有限公司致力于做优做强融媒体事业、打造高水平融媒体平台、产出高水准融媒产品，为党政机关、企事业单位和社会团体提供全面、高效、精准的智慧宣发、资讯传播、活动推广等服务。

雄关漫道真如铁，而今迈步从头越。新起点、新使命、新担当，期待并相信从丰台区融媒体中心到丰云台（北京）融媒科技发展有限公司的"华丽蝶变"中，将始终坚守为民情怀，坚持与时代同频共振，把责任扛在肩上，用行动诠释初心，通过智慧线、人员线、信息线、产品线、渠道线的深度融合，全面提升传播力、引导力、影响力、公信力和市场竞争力，全力打造符合丰台区功能定位和全媒体时代要求的新型主流媒体，为"倍增追赶合作发展"，推动区域高质量发展营造坚强的舆论支撑和良好的舆论氛围。

**作者简介：**

何洪涛，丰云台（北京）融媒科技发展有限公司副总经理，高级政工师

王福强，第十一届丰台区政协委员，丰台区委宣传部副部长

# 见证丰台学前教育发展

佟丽文

1996 年我来到丰台学前教育岗位工作，至今已有 27 年。这些年我早已和丰台有了深厚的感情，丰台已成为我的第二故乡。

丰台学前教育一直处于北京市领先地位。27 年间丰台幼儿教育蓬勃发展，公办幼儿园由当时的十几所，发展为现在的 70 余所。

多年前幼儿园的基础设施、服务设备都很简陋，许多幼儿园食堂都用煤气罐做饭，满足孩子就餐需求，孩子们的玩具材料也很有限。近年来丰台大力加强对教育的投入，满足在园幼儿、教师的需要，有效改善了办园条件。目前，幼儿园具有比较完善的设施设备以及教育教学资源，具有充足的幼儿玩具，满足幼儿探索的愿望。

在《幼儿园保育教育质量评估指南》发布背景下，丰台的学前教育正在经历一系列的转变。

办园理念转变。丰台区学前教育注重办园理念的转变，从传统的以知识传授为主转变为以促进幼儿全面发展为核心。这种转变体现在课程设置、教学方法、评价方式等方面，更加注重幼儿的兴趣、需要和能力的发展。

多元供给增加。丰台区通过加大投入、引导社会力量参与等方式，增加学前教育的多元供给。这包括公办园、普惠性民办园、国际化幼儿园等多种类型，满足不同家庭和幼儿的需求。

教学模式创新。丰台区学前教育注重教学模式的创新，采用游戏化、生活化等教学方式，让幼儿在快乐中学习，促进智力、语言、身体等多方面的发展。同时，严禁学前教育"小学化"，确保幼儿健康快乐安全成长。

规范管理提升。丰台区建立健全幼儿园规范管理、质量提升、督导评估机制，提升各类型幼儿园办园质量。通过加强师资培训、完善课程设置、加强家园社合作等方式，逐步形成"一园一品""一园多品"的办园风格。

学前教育理念正在从传统的以教师为中心向以儿童为中心转变。这一转变强调尊重儿童的个性和兴趣，鼓励他们通过游戏和探索来主动学习和成长。这种理念的变化使得教育者更加关注儿童的全面发展，而不仅仅是知识的传授。

丰台区学前教育正在以幼儿自主游戏的研究实践为切入口，教师们在观念、行为方面较以前有了很大的改变：

第一，丰台区教研员和园长们共同走进幼儿园户外自主游戏实践现场，深入了解幼儿在游戏中的表现和发展。他们观察幼儿的游戏过程，分析幼儿的游戏行为，以了解幼儿的兴趣、需求和特点，从而为自主游戏的开展提供更科学、更有效的指导。

第二，注重自主游戏的实践和探索。教师鼓励幼儿在游戏中自由发挥，自主选择游戏材料和游戏方式，以培养幼儿的自主性和创造性。同时，他们也注重对游戏过程的观察和解析，鼓励幼儿在游戏中发现问题、解决问题，提高幼儿的思维能力和解决问题的能力。

第三，教师角色也在发生变化。他们不再是单一的知识传授者，而是成为儿童成长的引导者和伙伴。他们需要具备更丰富的教育知识和技能，以适应多元化的教育需求和儿童的个性化发展需求。

第四，注重对自主游戏的评价和反思。教师通过观察幼儿的游戏过程和表现，分析幼儿的发展状况和需求，及时调整游戏空间材料和方式，以更好地满足幼儿的发展需求。同时，也注重对自主游戏的总结和分享，将好的经验和做法进行推广和应用，促进自主游戏的深入开展。

丰台区学前教育在自主游戏实践方面进行了积极的探索和尝试，注重幼儿的自主性和创造性培养，同时也注重对游戏过程的观察和指导，以及对游戏评价和反思。这些实践经验对于促进幼儿的全面发展具有积极的意义。

同时，学前教育实践正在从单一的课堂教学向多元化、个性化的教育方式转变。游戏化教学、项目式学习、小组合作学习等教学方式被广泛应用，这些方式更加符合幼儿的身心发展特点，有助于激发幼儿的学习兴趣和创造力。

27 年间，我见证了丰台学前教育的发展，相信今后的丰台学前教育将在丰台区倍增计划的推动、引领下，在全体丰台学前教育人的共同奋斗下，全面实现高质量发展。

**作者简介：**

佟丽文，第十一届丰台区政协委员，青塔第二幼儿园党支部书记、园长

# 我与丰台

钟晓琳

　　我生在朝阳，是一个工作七年的 90 后小学教师，2006 年搬家到丰台成寿寺地区，这是我与丰台结缘的契机，2006—2023 年，转眼间已有 17 年了，17 年的时间见证了我的成长，也见证了丰台区发展的蝶变。特别是 2021 年作为新委员加入政协队伍以来，有了更加深入了解丰台区历史和发展成就的机会。

## 初见丰台

　　初到丰台，还是小学组织秋游，卢沟桥的石狮子和中国人民抗日战争纪念馆生动的浮雕是我小学阶段对丰台的记忆，印象中学校秋游的大巴车从朝阳开到丰台用了很长时间，虽然年纪小，能记忆的少，但曾经的这段红色文化之旅，依然是强烈震撼所带来的巨大冲击力。这里满是中国近现代史的记忆，它见证了百年来的风雨和辉煌，历史是最好的教科书，如果让我作为年轻人推荐一条孕育着家国情怀的"硬气"Citywalk 路线，那一定是北京南城卢沟桥—宛平城、长辛店这条充满着红色文化基因的路线，走在这条路上，会越来越清醒，会树立起更多的文化自信，让我们勿忘昨天的苦难辉煌，无愧今天的使命担当，不负明天的伟大梦想，铭记历史，砥砺前行。这就是丰台带给我们的精神。

## 奋斗在丰台

2016年我走出福建师范大学的大门，作为一名心理教师来到丰台工作，时光荏苒，作为一名别人嘴里的"年轻老教师"，过往的七年记录了成长的点点滴滴，也留下了很多对工作和生活的思考与感悟。还记得在福师大临毕业的那段日子，同学们都谈论着工作去向和未来的发展。当我告诉大家我即将成为一名心理老师时，周围很多学长学姐都提醒我："要做好心理准备，相比于考试学科，心理学科往往是一个学校的边缘学科，很多学校的心理老师甚至都没有心理课，只能做做咨询。"但来到西罗园六小的第一年，我发现这儿的现实远非如此。在这里，心理老师不仅仅要开展常规的心理健康课程，还涉及心理课程比赛、学生心理知识宣传、心理社团、家校沟通与指导、个体与团体咨询等方方面面与心理有关的工作。除去不能快速适应的工作量，另一个挑战就是新教师的经验不足，但是我坚信没有"躺平"的青春，只有奔跑的岁月。奋斗是青春的底色，是青年人的本色，当志存高远，砥砺奋进。就这样，三年的历练成长，让我看到了对于一个做助人工作的人而言，最大的幸福和成就感莫过于看到来访学生的调整、转变、成长甚至蜕变。居家学习期间，有幸参与区心理教师团队编写《在逆境中过出自己喜欢的模样——丰台教委写给小学生的一封信》，能够用自己的专业能力和全区的学生对话，真诚欣赏、用心倾听、包容关注、给予方法、注入希望，唤醒学生对美好生活和未来的憧憬，以及生活的勇气和激情，心里有说不出的满足感与成就感，丰台为我搭建了蜕变与成长的舞台，与此同时我也见证着它的改变。

我就职的小学在南三环的木樨园桥西，那时来校做心理辅导工作的合作单位，还会在宣传与总结里写着对打工子弟的帮助与计划，是的，因为学校紧挨着大红门服装城，它曾是北京乃至华北最大服装批发交易中心，在疏解非首都功能战略的指导下，于2022年彻底腾退关停，告别过去的传统功能与业态。对于学生而言，这样的改变也许是幸运的，原先的大红门商贸区正在规划建设文化艺术新中心，从前的大红门服装城现在已经变成丰台图书馆和政务大厅。我们的学生从此也有了周末假期的宝藏打卡地，那里有干净明亮的环境、安静的阅读氛围、种类丰富的借阅资源，成了孩子们学习的好去处。

和孩子们一样作为南城市民，我们已经开始享受"疏整促"带来的公共服务改善红利。今年年初，回到户口所在地朝阳，在出入境大厅办理港澳通行证业务，被手机拿到的300多号"劝退"，至少两个小时的等待时间是我不愿接受的，后来了解到工作单位附近的丰台政务大厅也可以办理，于是利用一个工作日的午休时间前往，开始还担心午休时间太紧张，没想到"快和省心"是这次办理经历的最大感受，从机器预约取号到人工热情拍照办理，不到一个小时就结束了，证件直接邮寄到家，我感受到了丰台的笃增计划首先落实在了公共服务上。

同时，对于我的工作地南中轴地区未来的模样，无论是博物馆群、中央芭蕾舞团的打造与建设，还是点靓"凉水河"形成水城共融的多元主题休闲空间，我充满信心与期待。

## 感悟在丰台

从初见丰台的"游"到丰台，到现如今的"定"在丰台。有幸赶上了丰台区发展机遇与潜力无限的时期，作为一名工作在丰台的基础教育工作者，今年，我工作的学校也进行了更名，实现级部制改革，无论是学生、同事，还是工作内容都面临着变动，有人认为这样的改变伴随的是舒适圈被打破的不安全感，但我认为改变也是机遇与成长。强区先强教，强教必强师。"经师易遇，人师难遇。"作为工作七年的教师既要精通专业知识，做好"经师"，更要涵养德行、润己泽人，成为"人师"。从立足到站好三尺讲台，我也会在丰台教育高质量发展中实现自己的职业理想与人生价值，有力回答好"强区建设，教育何为"的时代课题。

**作者简介：**
钟晓琳，第十一届丰台区政协委员，北京市丰台区西罗园第六小学心理教师

# 办好人民满意的教育

*严彩莉*

我生于丰台，学于丰台，在丰台教育一线工作了 36 年，丰台是我成长的沃土。作为一名光荣的丰台区政协委员，时刻关注和参与丰台区的教育发展。

我是丰台二中的学生，求学时老师们的教育就在我心中埋下了一颗教书育人的种子。大学毕业时，我义无反顾地回到了母校开启了我的教育生涯。那时候的二中校园，刚刚建成了教学楼和礼堂，周末师生一起义务参加校园建设、清运沙石、植树种花，美丽的校园就在师生的手里变成了现实。

2001 年，丰台二中成为区级示范校，2005 年被批准为北京市示范高中，从 2006 年开始，丰台二中的中、高考成绩连年提升，中考成绩在同等招生条件下保持全区第一。我参与了丰台二中跨越发展，从普通教师、班主任到年级主任，角色的转变让我对于教育的理解更加深刻。从校骨干、区骨干到市学代，参与课程改革，成为我一生的追求。"尊重，责任，创新"则是丰台二中人不断传承的精神。

2011 年丰台二中成为北京市城乡一体化建设学校输出校，承担起优质教育资源输出的任务。2012 年北京丰台二中教育集团成立，拥有高中部、初中部、附属实验小学三个校区，我也成为北京丰台二中初中部的执行校长。

2012 年 9 月成立了丰台二中小屯分校，坐落在历史悠久、举世闻名的卢沟桥畔。建校初期，小屯校区面临着诸多困难挑战，校园未竣工，我们就借址办学，没有耽误学生一节课；师资配置过于年轻，我们就以老带新，组织专业共读和专业汇谈，放弃休息时间，将多年积累的教学经验向年轻教师倾囊相授；课程结构单一，我们坚持不懈，开发了多元课程系统和艺体特色课程体系，让孩子们在丰富多彩的课程海洋中遨游，感受知识的魅力。

筚路蓝缕，栉风沐雨，行而不辍，岁月可期。经过全体师生的共同努力，初中部成为丰台河西地区的一颗教育明珠，教学质量位居全区前列，人民的满意度逐年提升，成为卢沟桥区域的主导学校之一。

教育是发展之本。丰台二中在近几十年中历经风风雨雨，从办学条件艰苦的普通中学逐步发展成为人才济济的示范校，发展的每一步都坚实有力。而丰台二中的发展历程正是丰台教育发展的一个缩影。丰台的教育工作者们共同秉承着和谐向上的传统和精神，这种精神的传承为丰台教育注入源源不断的活力，促使丰台教育这棵大树根深叶茂、生生不息。

作为丰台的教育工作者，我们要以高度的责任感和使命感，坚守教育初心，不断提升自身素养，以实际行动助力办好人民满意的教育，为丰台教育事业的蓬勃发展贡献自己的力量。

**作者简介：**

严彩莉，第十一届丰台区政协委员，顺义牛栏山一中板桥学校书记兼校长、正高级教师

# 丰台，我为你歌唱

单汝平

我是一名来自文学艺术界的歌唱演员，早在 2001 年，我荣幸地在北京电视台举办的首届"中国人唱外国歌曲"大赛中荣获"最佳仿真奖"。以此为契机，我作为中国广播艺术团一名歌唱演员受邀登上了丰台区人大和政协会议的演出活动的舞台，从此与丰台结下不解之缘。自那时起，我深深扎根于丰台这片热土，现任丰台文学艺术界联合会理事，区音协副主席以及民建丰台区工委文化支部主委。特别是从 2022 年起，我成为第十一届区政协委员，这份责任更促使我将个人的艺术追求和丰台的发展紧密相连。

作为新时代文化的传播者，我始终坚持"文艺为广大人民群众服务"的核心理念，致力于德艺双馨的自我提升。2008 年我受丰台区文化馆之邀，参与了由丰台区委宣传部、区文委共同策划举办的"歌咏丰台·唱响奥运"青年歌手大赛和群众歌咏比赛的两项系列活动。为扩大影响，前期特邀请多家新闻媒体出席新闻发布会，北京电视台亦进行了报道。决赛地点设在当时新落成的丰台区文化馆，此举有效激活了场馆，极大地调动了丰台辖区所属居民的参与度，在丰台区形成了"奥运风起心飞扬，人潮歌海涌丰台"的盛大场面。同年 7 月 13 日，在莲花池举办的奥运文化广场启动仪式暨"歌咏丰台·唱响奥运"颁奖活动上，我创作并演绎了奥运歌曲《星火相传》，与丰台社区百姓健身舞蹈团同台，当他们高喊奥运口号，步伐一致地演绎《舞动丰台》时，民族自豪感油然而生，展现出丰台人民昂扬的新风貌。2008 年，在汶川地震的危难时刻，由丰台区文委和我的共同倡议下，在"歌咏丰台·唱响奥运"青年歌手比赛现场设立捐赠活动环节，所得善款 4 万余元全部捐赠给中国红十字基金会。同年，我还参加了中央电视台"情暖汶川·我们在行动"大型公益晚会，联合众多明星倾情拍摄抗震救灾公益歌曲《心连心手拉手》。中央电视台"中华情"节目携手港、澳、台三地20多位明星共同演唱我推出的歌曲《非常战士》群星版，并在特别节目播出；2008年奥运会期间，我先后五次应奥组委邀请进驻奥运村，为来自各国的奥运健儿演唱《星火相传》。

为展示丰台社区居民的精神风貌和丰富多彩的社区群众文化生活。2012年我带领60名来自丰台西罗园紫衣合唱团和东高地健身舞蹈团的社区居民一起登上了备受百姓喜爱的央视节目《星光大道》的舞台。在这个万众瞩目的平台上，我们的团队凭借不懈努力，荣获了2012年度3月的月冠军。由我演唱惠特妮·休斯顿的《I Will Always Love You》深得电视观众的喜爱，也向全国人民传递了丰台社区居民自得其乐、老有所为、乐于助人的正能量，以及他们勇往直前、乐观向上的生活态度。节目录制以后，星光大道的导演经常通过我推荐丰台的其他社区合唱团体参与节目录制，这一系列的互动与合作，有效助力了为丰台社区居民搭建梦想展示舞台的美好愿景，使之成为现实。

时光荏苒，转眼我加入丰台区文化艺术界联合会已经11个春秋。这些年，丰台区深入推进文化强区建设，将全面推进全国文明城区创建。同时，高度重视历史文化保护传承，做好文物活化利用，打造雅气和晖文化丰台。新时代对文化传播的新形态提出了更高要求。2020年突如其来的新冠疫情后，作为丰台文学艺术界联合会会员，我与同仁虽然身隔千山万水，却心系一线，我们通过云端合作，深情演绎歌曲《你含笑出征我满眼热泪》，向抗疫勇士们致以最诚挚的声援。这首饱含情感的作品迅速被制作成MV。在丰台区委统战部、丰台文学艺术界联合会及丰台融媒体中心的共同努力下，推荐登录学习强国、中国军事网、央视频等多个权威媒体平台。更在搜狐、千龙网及热门微博上引发强烈反响。短短35分钟内，播放量达到31.4万人次。2月17日，中国民主建国会官网亦对此进行了专题报道。在这场没有硝烟的战争中，前线抗击疫情的英雄们在前线不顾个人安危，争分夺秒挽救生命；而我们文艺工作者以歌声为武器，用声音连接心与心"声"援武汉！"声"援湖北！每一句歌唱都是对生命的捍卫，每一次发声都是面对危难时的勇敢前行。我们以此向冲锋在前的英雄们致以最崇高的敬意。

2021 年 4 月 11 日，卢沟桥抗日战争纪念馆拍摄音乐电视《中华颂》现场

　　2021 年为了迎接建党 100 周年，我有幸参与了丰台文学艺术界联合会会员及民建丰台区工委文化支部与央视 15 套《中国音乐电视》栏目的合作，共同拍摄的音乐电视作品《中华颂》。《中华颂》MV 的拍摄得到了广泛的支持与协助，包括民建北京市委、丰台区委宣传部、区委统战部、区文学艺术家联合会、民建丰台区工委以及中国抗日战争纪念馆等单位的倾力配合，使得拍摄工作得以顺利进行。此外，丰台体育舞蹈协会、华夏爱乐合唱团、丰之春艺术团、红苹果艺术团、东方艺欣艺术教育等团体的 400 名成员也积极参与了此次拍摄，他们的热情参与为作品增添了无限活力。站在卢沟桥抗日战争纪念馆前录制《中华颂》，我的内心激荡不已，这不仅是对祖国深沉热爱的表达，也是对国家日益强大的骄傲与自豪之情的流露。《中华颂》音乐电视项目旨在通过镜头展示丰台的风采，记录这片土地的发展变迁。多年来，作为丰台发展进程中的参与者和见证者，我对这里充满了深厚的感情。丰台如同一位慈母，孕育并见证了无数人的青春与梦想。如今，作为一名文艺工作者，我以歌声为媒介，犹如子女回报父母般，回馈这片滋养我成长的土地。《中华颂》在中央电视台 15 音乐频道、北京卫视媒体相继播出，这也实现了我长久以来想要在丰台拍摄音乐电视、宣传丰台的愿望。

　　在新时代文艺思想的指引下，我致力于创作富有现实意义且贴近青年文化的音乐作品，参与拍摄了音乐电视作品《拼搏的年华》奥运之歌 MV。这首歌由侯燚填词，张宏光作曲，由我演唱。这部作品在中央电视台音乐频道 15 套播出，以此迎接北京冬奥会与冬残奥会的召开，同时也持续发挥我在文艺界内模范引领作用。

2022 年 3 月 2 日，一场别具意义的活动——"北京 2022 年北京冬奥会和冬残奥会中国电影博物馆文化广场暨单待《拼搏的年华》专场音乐会"成功举办。这场音乐会由北京冬奥会和残奥会组委会文化活动部、中国电影博物馆、民建北京市委文化委、北京音乐家协会联合主办，由民建丰台区工委文化委、民建区工委文化支部协办，由北京市丰台区文学艺术界联合会承办。现场中国文学艺术界联合会、中国慈善总会领导表示深受感动。演唱会现场在所有演职人员的密切配合下获得圆满成功。

时隔两天，我又参加了北京 2022 年冬奥会和冬残奥会莲花池公园文化广场演出，演唱冬奥会之歌《拼搏的年华》，这歌声仿佛穿越时空，连接了 2008 年北京夏季奥运会时我在同一地点演唱的《星火相传》的记忆，我的"双奥"故事在这里达到了完美的闭环。从星光大道起步，我走上了国际舞台，用心和灵魂的歌声作为桥梁，把中国音乐的魅力带给世界各地的朋友，加深了相互间的友谊。我力求让世界感受中国韵与国际范的交融，做西方音乐灵魂在东方真正的诠释者，用我的声音传递温暖，超越自我，诠释中西合璧的音乐之美。

自 2023 年起，我有幸在丰台社区学院开设了声乐基础培训班和流行歌曲培训班，与近 100 名学生共同见证了丰台文化教育的进步。通过学习声乐，不仅提升了歌唱技艺，更是在艺术修养上取得了显著的提升，生活因此而更加丰富多彩，心灵也得到了满足。

作为第十一届区政协委员，我深知肩上的责任重大，我将继续在专业领域内发光发热，全心全意服务人民，积极履行职责，为丰台的文艺事业建言献策，贡献我的一份力量。

---

**作者简介：**

单汝平，第十一届丰台区政协委员，北京欧亚世纪文化发展有限公司总经理

北京 丰台
FENGTAI BEIJING

锦绣花城

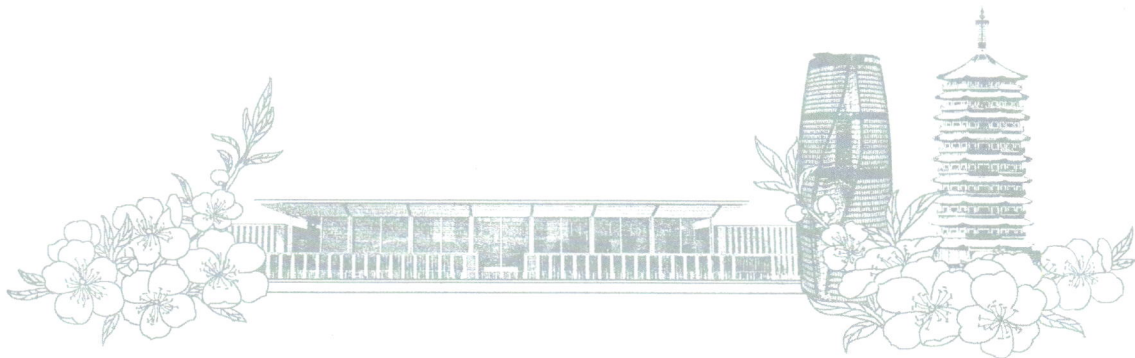

北宫国家森林公园（冯超／摄）

草桥群众身边的街心公园（草桥村／供图）

湖光春色映衬下的南苑森林
湿地公园［丰云台（北京）融媒
科技发展有限公司／供图］

丽泽城市运动休闲公园
（区园林绿化局／供图）

永定河畔（原梓峰／摄）

金角银边

城市公园绿道

绿堤郊野公园（区园林绿化局／供图）

# 生态人居惠民生

**连 宇**

2021 年下半年，在参与区爱卫办组织的"清洁绿地 美化家园"活动中，我与长辛店街道的同志共同打扫建设里公园时发现，公园建成年代久远，绿地退化、设施老旧破损严重，公园整体环境较差，街道多次接到居民建议，希望对公园进行修缮改造。

活动结束后，我找到区园林局的同志，询问公园改造的相关政策，后又找到区发改委的同志进行咨询，后经多方协调努力，最终得到可由市发改委提供专项资金预算用于建设里公园升级改造项目的回复。

建设里公园位于丰台区长辛店街道建设里社区，该公园所在地为二七机车厂宿舍区范围内，建设时间为 20 世纪 80 年代，面积约 1.1 万平方米，为周边建设里、光明里、崔二里三个社区共 5084 户居民公共休闲主要场所。我与街道负责同志一起到产权单位二七机车厂进行沟通协调，最终达成一致意见，决定对建设里公园进行升级改造。

政策资金确定后，我和街道的同志多次前往公园周边社区，了解居民需求，征集意见建议。城市公园建设是生态工程，也是民生工程，对提升城市形象、提升市民幸福感具有重要意义。为满足群众对休闲和文体设施的需求，更好地服务在京央企，结合当前河西高质量发展要求，以大力实施城市更新行动为背景，2021 年 12 月开展该项目前期论证及谋划工作，通过现场勘探和民意调查，依据相关文件和规范，确定设计定位为"生活氧吧、共享客厅、多彩花园"，遵循"功能性、人性化、艺术化、本土化"的设计原则，通过景观营造手段，将公园打造成景观休闲型公园，让老人有地方活动、让小孩有地方玩耍，为周边居民提供舒适的休闲活动空间，让老百姓切实感受到城市发展带来的舒适与幸福。

本次改造场地形状为楔形，长 400 米，最宽处为 81 米，最窄处为 1 米，约 1.1 万平方米。分为南北两区，北区为公园入口，现状布局凌乱，随意停放机动车，广场设有健身器材，场地功能不明确；构筑物破旧，影响使用，场地硬化年久失修，路面坑洼不平，改造后增设健身区、休闲区和儿童活动区，新建入口标识，功能明确，分区布局合理。南区绿化植被杂乱，缺少养护；局部绿地品种单一，缺乏层次，缺少喷灌系统；现状亭子、座椅等构筑物破损严重，影响居民使用；护坡处缺少护栏，存在安全隐患，园区路灯破损严重。改造后增设红色主题宣传廊架，改造凉亭、路灯、护栏等公共设施，修剪现状树木，选择色彩形态美观的树种补植，与周围的环境气氛相协调。

2022 年 6 月经区政府专题会讨论同意该设计方案，2022 年 10 月经市发改委联审会同意项目实施，随后施工预算、图纸参加专家评审会，进行设计概算评审工作，并在 2022 年 12 月获得该项目市级概算批复文件。随后组织开展项目招标工作，并在 2023 年 6 月确定中标施工单位为北京金三环园林绿化工程有限公司，随即进场施工。

在公园建设项目开工后，我与街道积极协调区园林局，争取把公园管理维护纳入园林局统一管理系统中去，做到民生工程有人建设，更要有人管理，让惠民实事有始有终。

现在建设里公园已向周边居民开放。满足了居民休闲休憩社交运动等全方位的生活需求，提升了居民的幸福感。生态人居环境的和谐之美得到了最温暖、最生动的诠释，真正实现了惠民生的美好愿景。

**作者简介：**

连宇，第十七届丰台区人大常务委员会副主任，第十、十一届丰台区政协原副主席

# 精细化治理，助力丰台交通环境品质提升

纪亚辉

三月的北京，春意盎然，处处花香飘逸。工作闲暇之余，我沿着居住地附近的城区主干道一路行走，一路欣赏，春色美不胜收。与满街春色交相辉映的是沿街道路环境，蓦然回首，道路两边整洁美观，路宽车畅。两侧已不见了几年前乱停乱放的机动车和非机动车，车辆按规定方向整齐地停放在停车位内，成为一道亮丽的文明风景线。

"车辆停得整整齐齐，走在路上都是干干净净，看着都很舒畅，心情也很好。"偶然的机会，无意中听到邻里街坊们的评价，作为丰台居民的我感到满满的幸福，更让作为区域环境提升参与者和见证者的我不禁感慨：道路停车从停车难、停车乱到规范停、放心停，这些年，虽然改革的过程比较漫长，但路更顺了，我居住的城市环境也更美了！

## 从"挎包收费"到"电子管理"

我清晰地记得，2016 年习近平总书记到北京市调研时提出"要把解决交通拥堵问题放在城市发展的重要位置，加快形成安全、便捷、高效、绿色、经济的综合交通体系"的指示精神，为全面落实市委 2016 年重点改革任务和市人大审议通过的"集中开展停车秩序治理"要求，北京市开展了路侧停车管理改革试点工作。

在试点城区完成改革任务后，市交通委下达了全面实施道路停车改革的任务。我区作为城六区建设体量最大、管理路段最多的区域，于 2018 年 10

月吹响了道路停车改革的号角。改革必然有难点和堵点，城管委作为这项工作的实施主体，坚定信心，克服各项困难，启动前期准备工作。

2018年10月19日，区政府召开工作专题会，研究部署了我区道路停车改革相关工作，明确2019年7月1日前，完成前端感知设备与市级平台的联调、对接工作，实现电子收费。由区城管委统筹，指导区属静态公司开展全区地面停车规划和运营管理，成立停车协管队伍并负责350名停车协管员的日常管理。

任务部署完毕，队伍组建完成，第一批电子收费路段立即投入建设。经过近半年的施工调试，以区城管委、丰台交通支队备案记录的53条道路为基础，于2019年6月30日前完成电子收费前端设备招标、建设、对接工作。规划施划停车位6031个，安装前端设备1149套，其中自立杆589套，借杆560套，单套设备最大管理车位数8个，7月1日项目正式上线运营。高点视频监控，通过"电子眼"监控所有车位车辆进出，并通过拍摄号牌计费。

停车位建好，更要管理好，服务好市民停车。城管委统一思想认识，以此次道路停车改革为契机，提升市民停车的便利性、规范性。先后组建客服

路侧停车改革（西铁营中街）

中心、稽查检查队伍、平台运营管理中心，实时监控电子收费停车路段运营情况，并大力开展政策宣传。市民逐步树立"停车入位、停车付费、违停受罚"的良好意识，路侧停车秩序极大改善，长期占用车位的现象得以缓解，道路通行能力大幅提高。

### 从"心头大患"到"便民惠民"

"小区停车位紧张，晚上回家转半个小时都没地儿停车！"在处理接诉即办案件时，我经常听到有群众反映社区停车资源紧张。为了让居民有地停车，我们研究以适度满足辖区居住停车刚需为目标，推行居住停车认证机制，改善地区停车秩序和交通环境。在为各街道宣讲政策、实地培训的基础上，先后完成 2.1 万个居住认证，获得认证的车辆享受路侧停车收费 1 元 /2 小时或者趸交一月 300 元的优惠价格。

为了让居民少跑路，我们还通过静态交通平台配套开发的便民小程序，推动居住认证资料线上申报，实现居住停车认证全流程无纸化办理，方便居民进行居住停车认证。

在实施道路停车管理中，区城管委结合当时开展的"我为群众办实事"活动，按照"以居住区内部解决为主、停车设施建设和有偿错时共享为辅，居住停车认证为补充"的思路，多措并举补充停车资源短板，解决停车难问题。按照不同交通需求，调节停车资源供给。如学校、医院周边，通过施画交通标线、安装禁停标志等措施优化交通组织，同时加大白天时段违法停车综合治理力度，规范停车秩序；居民区周边，挖掘路外停车资源，通过与周边商业区、单位停车资源共享，满足群众刚性停车需求。同时，协调停车企业开展错时共享停车，拿出专属停车位，在工作日晚 6：00 至次日早 8：00，限行日、周末及节假日全天供居民停放车辆。

### 从"管制违停"到"一路畅通"

科技赋能，让停车管理更智能。高点视频管理的路段停车治理得到显著成效。在完成高点视频电子收费停车位建设任务后，一些支路以下的道路宽度普遍较窄，没有人行步道，树冠低且茂密的情况较多。因楼群密集、道路狭窄，停车区域有限，难停、乱停、违停问题成为居民新的诉求点。我们对照未纳入管理道路台账，2023 年分批对 62 条道路 5455 个停车位采用移动视频实施管理并连入市级平台上线运营。管理员"边骑边拍"路边车辆信息。这种技术更为灵活，更适用于复杂道路场景。

如果说规范机动车停放秩序，解决了停车乱和道路拥堵的问题，那么规范非机动车的管理则是让群众出行"最后一公里"变成"最美一公里"的关键。在提升道路停车环境过程中，我们针对群众反映的，车辆淤积严重，重要商圈、交通枢纽乱停乱放等问题制订出台了《丰台区共享单车管理工作方案》，同步启动行业服务质量考核机制，从车辆质量、数据接入、秩序管理、资金监管等多维度对企业运营服务质量实施考核，监督企业健康发展，合规经营。

我们还优化"区—街联合巡查机制"，进一步明确了属地监管责任，每月对各街镇、地区管委会进行非机动车管理工作考核评分，强化全区共享单车停放秩序管理工作，统一施划了共享单车停放区域，推出"电子围栏"，通过强化共享共治和创建严管示范区，推动运营企业良性发展，我区共享单车投放数量由刚入市时的 50 多万辆，控制在目前的 6 万辆以内，共享单车超量投放、区域淤积、乱停乱放等问题得到根本好转。

近几年，我们持续强化为民服务的举措，坚持开展"交通护学"活动，每逢学生上下学高峰时段，调派停车协管员，引导接送学生车辆有序停放、及时清理在校门口滞留的车辆、护送学生安全过马路；同时为做好中高考期间交通服务管理工作，我们提早分析评估道路交通情况，科学制订交通保障方案。本着零失误、服务好、保安全的工作要求，细化多项工作举措，"暖心伴考"有效缓解因集中送考引发的交通堵塞、拥堵等交通秩序问题，为考生们创造安全、有序、畅通的道路通行环境。

2023 年秋季开学，我们推出"通学公交"，根据丰台区 13 条线路的实际情况及公交场站资源分布，制定了相应的车辆应急保障措施。通过优化资源配置，实现了就近场站出车，缩短了学生等待时间，提高了通学公交服务的整体效率。

高考停车协管员做好交通保障工作

　　一件件暖心之举，一点点变化提升，折射的是政府为民服务意识。2024年，我区将把改善城乡环境作为一项重大民生工程，与"接诉即办"工作紧密衔接，重点解决一批群众"急难愁盼"问题，从"身边、墙边、路边、河边、界边"角度出发，让群众切实感到变化、见到成效、得到实惠。在环境提升行动中，区城管委将持续发力，守好首都前院、扮靓城市门户、打造文化客厅、构筑生态屏障，全力打造花园城市，全面展现新时代首都中心城区新形态。

**作者简介：**

纪亚辉，第十一届丰台区政协副主席

# 丰台的绿野仙踪

胡国强

故事要从著名儿童文学作家莱曼·费兰克·鲍姆 1900 年出版的一部童话作品说起，这部童话作品的名字叫《奥兹国的魔法师》，在中国被翻译成《绿野仙踪》。作品中讲述的故事是 20 世纪儿童文学史上受到特别赞赏的一部童话，相当于中国的《西游记》，也是小学生的课外读物。后来，《绿野仙踪》童话故事还被拍成电影和动画片，给很多人的童年留下了深刻的记忆。

这个童话故事主要内容是：

多萝茜与小狗托托原本与叔叔婶婶在草原上幸福生活，但一场龙卷风将他们带到了奇幻的曼吉精国。为了回家，北方魔女指点她前往翡翠城寻求奥兹大魔法师的帮助。旅途中，多萝茜结识了渴望智慧的稻草人、期盼有心的铁皮人及希望勇敢的狮子。他们同行闯关，彼此扶持，在南方魔女的协助下，不仅战胜了西方魔女，还揭穿了奥兹国王的秘密。最终，稻草人领导翡翠城，铁皮人变成温基人领袖，狮子成为森林之王，而多萝茜和托托也安然重返亲人怀抱，各自梦想成真。

2019 年夏季，一个以《绿野仙踪》童话故事为主题的"绿野仙踪郊野乐园旅游项目"成功落地丰台区并开园营业。乐园坐落在北京市丰台区王佐镇西庄店村村域内，也正好在千灵山脚下，与丰台的另一个旅游项目"向阳花公社"相邻。

早在 2019 年以前，"绿野仙踪郊野乐园项目"就开始酝酿和策划规划。我在单位分管旅游项目，自然也参与并见证了该项目的实施。

一天，我与我分管的科室同事和聘请的几位旅游专家，一司听取了项目

大草原休闲区（王佐镇／供图）

方负责人苏强和他的策划设计、开园运营团队关于"绿野仙踪郊野乐园旅游项目"的工作汇报，与会同志们分享了苏强团队精美的项目演示稿和独特的策划规划思路。

我记得，那一天，专家们对项目的策划规划思路及其运营理念等都给予了充分肯定并提出了指导意见。

那位叫苏强的团队"头儿"，是一位长着一张憨憨的笑脸、皮肤黝黑、胖墩墩的小伙儿。别看苏强其貌不扬，但他和他领导的团队，却充满了智慧，并具有现代旅游经营管理理念和方法。

确实，同大家的期待一样，绿野仙踪郊野乐园一开园，就受到了孩子们和家长们的青睐，成了北京市民的网红打卡地，且"越来越火"。

绿野仙踪郊野乐园面积虽然不大，但环境优美，设施齐全，配套完善，几乎涵盖了所有的旅游要素，有几十项孩子们喜欢游玩的内容，具体划分为大草原休闲区、树屋游乐区、小动物乐园、特色互动区、欢乐农场区、萌娃买卖街、游览区、绿野仙踪活动区等功能区。

游客凭门票进园后可以玩许多免费项目，也根据不同年龄孩子需求安排了一些二次消费内容，比如淘金小镇、捉泥鳅、考古等项目。自费项目扫码消费，30～90元人民币不等，孩子们喜欢，大人乐意花钱。特别是老人带孙子孙女游园，更是随便玩，扫一扫微信二维码，尽情参与各种活动项目，大人孩子玩得不亦乐乎！管他呢，孩子高兴就行。绿野仙踪郊野乐园，成了名副其实的亲子乐园！

绿野仙踪郊野乐园不但取得了较好的经济效益，而且还吸纳安排了部分村民在家门口就业，同时取得了较好的社会效益和环境效益，成为绿水青山就是金山银山"两山理论"的成功典范。

据说，苏强的策划经营团队还要谋划去外省市建分园呢！

以类似的故事为主题，开发成文化旅游项目的案例，在国内还有一些。比如，早在20世纪80年代，河北省正定县就策划实施了"西游记宫"旅游项目。项目的落地，带动了整个正定县旅游兴城规划的实施。我曾经慕名去看过河北省正定县的西游记宫，确实不错。

在这里，我还要介绍一下绿野仙踪郊野乐园所在的王佐镇。丰台区王佐镇是北京著名的全域旅游小镇。镇内旅游资源丰富，有千灵山、青龙湖、南宫地热温泉、五洲植物乐园等休闲景区；有魏各庄洛平采摘、佃起稻田画、怪村向日葵、西王佐等农业观光园。王佐旅游小镇吃、住、行、游、购、娱等设施齐全、方便，能满足全龄人员旅游度假所需，市民携一家老少到此，定会各得其所，其乐融融，悠哉悠哉！

我不是"旅游专家"，也不是"旅游达人"，今天我讲的旅游故事也不是很动听，但到了故事最后，我还是要诚恳地向读者推荐丰台。

来我们丰台吧！

来我们王佐吧！

来我们的绿野仙踪郊野乐园吧！

您来了，就会有收获！

**作者简介：**

胡国强，第七、八、九届丰台区政协常委，丰台区文化和旅游局原调研员

# 丰台倍增　与"路"同行

关　鑫

　　一提起丰台，我最先想到的便是卢沟桥，那些数之不尽、雕工精妙、姿态万千、神情活现的石狮子。千百年来，它们巍然屹立在永定河上，不仅见证了丰台的历史变迁，更是见证着新时代丰台的华丽蜕变。

　　进入新时代，我有幸来到坐落于丰台花乡的首都经济贸易大学工作。我还清晰地记得，那时地铁10号线西段还没有建成，每天早上很早就要从清华大学南门出发，先坐129路公交车到大钟寺站，换乘300路公交车到夏家胡同站，然后再倒一趟691路公交车才能到达学校。搭公交从三环下来开向纪家庙，不仅道路变得狭窄，而且还特别拥堵、颠簸且难行。日日如是，每天往返通勤，等待、换乘、换乘、等待，耗时之久可想而知。岁月荏苒，时光飞逝，不知不觉间已经度过了13个春秋。而今每每谈及这13年来我所感受到的丰台之变，首先便是丰台的交通——与新时代同向同行、同频共振、彰显首都气魄的交通新格局。君不见，亚洲最大丰台站，古韵新风织密线；君不见，三横四纵地下铁，一龙直达新航站；君不见，四通八达公路网，提速增效话巨变。论及新时代丰台交通的巨变，给我印象最深的莫过于学校周边道路建设和交通环境的明显改善。下面，我将从通畅、便捷、规范和美观四个方面具体谈一谈。

　　一是通畅。曾几何时，学校南边的樊家村路还是一条破旧的断头小路，汽车甫一经过，扬尘四起，大有遮天蔽日之势。而今，经过几年的建设和改造，樊家村路一跃成为拥有双向六车道、汇通西南四环与京开高速的重要交通干线，不仅路面十分整洁，而且行驶特别通畅。这条笔直的、平坦的大路，一眼望去仿佛看不到尽头。夜幕降临,路边那一盏盏整齐高耸的路灯,似巨人一样伫立在街边,为行人和来往车辆送来柔和而又温暖的光。学校东边的芳菲路,在地铁 10 号线贯通前曾是一条双向单车道的小路,北段东侧紧邻一片平房区,十分狭窄,往来车辆和行人出行多有不便。伴随地铁 10 号线全线通车,芳菲路经过多次改造,如今平房区早已不见,道路外扩,车道随之而增加,变得愈加宽广通畅。

二是便捷。随着学校周边地铁网络的日益完善,特别是地铁 10 号线首经贸站的开通,为学校师生和周边居民的日常出行带来了极大的便利。不仅地铁出行更为便捷,学校周边道路建设与路网连通使得自驾出行也更加便利。伴随天坛医院的竣工,康久路正式通车,车辆可以从四环辅路经由康久路北向行驶,在早晚交通高峰期可以顺利避开四环辅路到樊羊路天坛医院段的拥堵。此外,随着丰台火车站的建成,车站东边通往丽泽金融商务区的高架桥进一步缩短了行驶时间,"一桥飞架南北,天堑变通途",已经成为新村社区及附近居民驾车前往丽泽商务区的首选路线。同时,桥安西路和泥洼东路的贯穿相连,不仅打通了西南四环与丰台站之间的新通道,而且一直向北纵深延展至丰台北路,路网交错,成为连接四环与三环的新纽带。

三是规范。进入新时代,丰台区道路交通管理越来越规范,用年年都有新气象来形容毫不为过。还记得,以前很多道路两侧停满了私家车,导致本就不太宽敞的道路变得愈发狭窄,车辆和行人通行都非常不方便。学校南门外首经贸南路和西门外面樊羊路上长期停放着不少二手车和私家车,特别是首经贸南路,来往汽车、老年代步车、电动车和自行车,有时甚至还有行人共用一条车道,交通安全隐患较大。每到开学伊始和新生入校之时,周边道路被堵得水泄不通。如今,经过一番严格的整治和规范的管理,西门外严禁停放车辆,南门外道路两侧的停车也得到彻底清理。道路变得越来越通畅,交通管理越来越规范。此外,周边道路重新划定了停车位,而且随着技术进步,传统的人工收费已经完全被电子收费系统替代,管理效率大大提高。停车位上车辆停放井然有序,违停和非法占道停车问题基本得到治理。道路两侧和不少小区门口都划定了共享单车停放区,停车入位已经得到骑行者们的广泛认同,这在一定程度上也让丰台交通面貌和交通秩序变得越来越好。

　　四是美观。进入新时代，丰台的道路不仅变宽了，变长了，变多了，变新了，而且变得越来越美了。放眼望去，一条条大道纵横交错，贯穿南北，仿佛一张美丽的蛛网，向我们轻轻诉说着进入新时代丰台飞速发展取得的瞩目成就。春和景明，你看那路边的海棠，有的含苞待放，花蕾红艳，犹似胭脂点点，有的花瓣绽开，粉嫩娇红，花蕊似金光闪闪，清香徐来，煞是醉人。傍晚华灯初上，更是带人进入一种"只恐夜深花睡去，故烧高烛照红妆"的唯美意境。初夏时节，雨过天晴，那水淋淋的马路，整洁干净，像一条闪闪发光的绸带，在两旁绿荫和各色鲜花的映衬下轻轻地飘向远方。傍晚时分，彩霞万道，走在路上，清风徐起，淡淡的花香混合着幽幽的草香阵阵袭来，令人顿感无比惬意。举目远眺，车水马龙，川流不息，高楼林立，直插云霄，商贾相连，霓虹璀璨，大道康庄，光洁如练。这种现代都市之美，直把人带入画中。

　　这就是我对十余年来丰台交通巨变最直观、最真实、最深切的感受。现如今的丰台，可以说每天都有新变化，年年都有新气象。站在新征程新起点上，丰台区正大步迈向"倍增追赶，合作发展"的康庄大道，在新时代首都发展赛道上跑出"丰台速度、丰台效率、丰台质量"。未来丰台的一站、一岗、一路，丰台的一花、一草、一木，都将变得越来越美，越来越好。

---

**作者简介：**

关鑫，第十一届丰台区政协委员，首都经济贸易大学研究生院副院长

# 造甲村全面城市化的历史记忆

万艳生

我曾担任第六、七、八、九届丰台区政协常委，第十届丰台区政协特邀人士，对区政协有着深厚的感情。在任区政协常委期间，我一直作为农业界别召集人，通过会议、提案等多种形式就丰台区加快旧村改造、推进城乡一体化等方面提出了十余条建议，多次被评为优秀委员和优秀提案委员。很多建议被采纳，特别是看到中共十八大以来丰台区的发展变化，我由衷地高兴，深感自己有责任和义务，把造甲村在推进城市化进程中取得的成效记述下来，作为丰台快速发展的一个缩影。

造甲村属原花乡地区，现隶属新村街道办事处。原有刘家村、孟家村和造甲村三个自然村。造甲村得名于古时候为皇家军队打造甲胄，后形成了种植业的村落，村里人祖祖辈辈在这里繁衍生息。改革开放后，随着首都城市的拓展，土地逐渐被征用，外来人口输入，形成了农居混杂的"城中村"。

自 2004 年以来，我作为造甲村经济组织负责人，亲身经历我村沐浴改革开放的春风，在上级党和政府正确领导下，逐渐改变了村域环境脏、乱、差面貌，扎扎实实推进城乡一体化建设。中共十八大以来，我们认真学习贯彻习近平新时代中国特色社会主义思想，以创新、协调、绿色、开放、共享五大发展理念为指导，推进实现了城市化的蓝图，带领全体村民砥砺奋进，造甲村的面貌取得了翻天覆地的变化，村民的整体素质有了脱胎换骨的提升。造甲村村民回迁小区"刘孟家园"被评为"全国农民回迁住宅优秀示范小区"。经济发展和精神文明建设等各个方面都取得了显著成就，造甲村人在620 亩的土地上实现了经济效益最大化。

## 凝心聚力，确定发展目标

2004 年初，我从造甲村村办合资企业啤酒原料有限公司董事长，调任北京市骐骥投资管理中心董事长兼总经理。上任后，在反复调研、初步掌握全村 42.35 公顷资源占用使用状况家底的基础上，与村领导班子共同办了让村民看得见摸得着的实事：投资 300 多万元办了桶装水厂，水质清洁卫生，价格便宜，解决了村民长期饮用井水的问题；投资 150 余万元修复区文化遗产二郎庙，建立了文化大院，村民有了文化娱乐场所，恢复了民间花会旱船、五虎少林；投入资金整改了垃圾污水，修建了道路，解决了村民急需的电路增容问题。特别是在中共十八大以后，我们认真抓好疏解和环境专项整治，村域面貌发生了根本变化。通过办实事，得到村民的信任，为各项工作开展奠定了群众基础。

规划引领，确立发展目标。我们编制了村域 42.35 公顷《土地利用总体规划》。规划明确了村民住宅（回迁房）、产业发展、城市拓展建设用地和绿化等"四大功能"区。规划 6.87 万平方米，21.56 万平方米建筑规模的上市土地，成了推进城市化的资金来源，解决了发展钱从哪里来的难题。为了实现村民过上城市人生活的梦想，制定了《村域经济社会发展规划》，提出硬、软八项指标体系。四项硬指标为：建设 15 万平方米优质、绿色、低碳、环保、智能的环境优美宜居村民回迁住宅社区；建成购物、教育、医疗等公共服务设施配套齐全的半小时邻里生活圈；建设 5.95 万平方米产业设施，培育主导产业；完善路、水、电等基础设施，实现农村变城市。四项软指标为：实现社会保障城乡接轨，解除村民后顾之忧；确保就业有岗位，实现安居乐业；改革产权制度，农民变股民；破除城乡二元体制，村民变居民。明确了钱往哪里用的问题。

搭建村民平台，齐心协力组织实施。为了牢固树立群众意识，专门成立了由村民参加的"民意代表团"，赋予他们知情权、话语权、参与权、监督权。地铁 10 号线周边的拆迁工作，仅用了一个月就顺利完成任务。村民回迁房从规划设计到户型装修，确定的各个环节，都不断听取民意代表的意见，从方案到实施验收，村民都很满意。十多年来，我们一直坚持村民参与协商制度，对统一认识、化解矛盾、保持稳定起到了重要作用。

城市化前后的对比

## 实现"三改三化促三变",实现城市化

造甲村的城市化进程大致经过三个阶段,即 2004 年至 2012 年,逐步转变生产方式,由农民转为股民;2012 年至 2016 年,拆迁、转居,建回迁房,推进土地上市;2016 年至 2023 年,实现居民回迁,土地上市,二期工程、还建工程建设。中共十八大以来,经过实施旧村改造,实现了农村城市化;经济体制改革,实现了农业非农化;产权制度改革,实现了农民股民化。从而,造甲村全面实现了城市化。

改造城中村,农村变城市。造甲村过去是典型的城中村。村里人祖祖辈辈在这块土地上繁衍生息,过着"土里刨食"的农村生活,住的是低矮散落、透风漏雨的房屋,村域环境脏、乱、差。村里人做梦也想过上城里人的生活。人类生存的首要条件是居住问题,而改善环境、住上楼房就是城里人的生活标志之一。造甲村人抢抓地铁 9 号、10 号、16 号线、丰台火车站等市政重点工程建设难得的历史机遇,先后拆除了 368 个院落。为了保证广大拆迁居民顺利回迁,安居乐业,提出了精心设计、高质量 20 年不落后的回迁房建设原则,让子孙后代住上安心房、优质房。刘孟家园一期工程 16.86 万平方米,获得"结构长城杯金奖"。2016 年底,2600 余村民顺利回迁到 7 栋 1128 套高楼层、高质量、精装修、绿色低碳环保、智能化、环境优美的新建小区。5120平方米的各项公共设施配套齐全,打造了邻里半小时生活圈;近 2000 平方米小区文化活动中心,为村民居家智能养老文体活动提供了条件,绿化率达到了 35%,实现了绿色宜居的城市化新社区目标。回迁住宅二期也基本完成。为了保证集体经济可持续发展,建筑面积 9 万余平方米的商业设施已基本建成,将与地铁商业圈形成一体化,作为产业发展基础设施,从根本上解决了"不吃子孙饭,让子孙有饭吃"的问题。

改革管理体制,村民变市民。在城市化进程中,造甲村经历了从传统农业向二、三产业的转型,居民身份随之由村民转变为市民。这一转变的关键,在于确保新市民能平等地享有包括社保、医疗、养老在内的城市公共服务资源。通过区乡相关部门的支持,我们为 94 名超转人员趸交了生活、医疗补助费 5398 万元,为 159 名劳动力,趸交保险金 1900 余万元,给 52 名自谋职业

人员发放了一次性安置费。共缴纳、发放各种费用 8130 余万元。确保在职与退休人员均能享受与市民相同的福利待遇，无忧生活，圆满实现了撤村转居目标。

与此同时，社区文化建设亦同步推进，以社会主义核心价值观为指导，研究制定了《共同把刘孟家园建成平安、便捷、智慧、文明新社区》倡议书，成效显著。随着物业管理和社区建设的加强，居民文化生活日益多彩，精神世界得到了极大丰富。

改革产权制度，农民变股民。长期以来，农村体制资产（包括土地），说是土地人人所有，但实际上又是"人人无有"。造甲村根据上级精神，通过产权制度改革，根据土地、人口数量配发原始股，实施股份制，农民变股民，从过去单一按劳分配变为劳资结合的分配制度，进而将"人人无有"的农民，变成了"人人实有"的股民。2019 年 7 月，实现南地块 21.56 万平方米土地挂牌上市，已回笼资金 36.26 亿元，归还了一期小区建设贷款 20 亿元，为二期回迁房、商业还建和集体经济发展提供了资金保障。多年来，广大股民共享了经济发展成果，得到了实惠。

中共十八大以来，我们在上级党委和政府的正确领导下，带领全体村民，团结奋斗，克服各种困难，完成了当初规划的所有指标，实现了城市化。农村变城市，环境优美了，居住条件彻底改善了；村民变居民，城乡待遇一样了；农民变股民，收入增加富起来了，圆了村民过上了城里人一样美好生活的梦。

**作者简介：**

万艳生，第六、七、八、九届丰台区政协常委，骐骥投资管理中心总经理

# 大红门地区十年发展纪略

郝 黎

我是来自民革界别的丰台区政协委员，从 2013 年起开始在大红门街道南顶路社区居住，我亲眼见证了大红门地区十年的巨变。

## 石榴庄路开通

2012 年底，我终于盼来了两个好消息：北京地铁 10 号线二期于 2012 年 12 月 28 日开通、6 号线一期于 2012 年 12 月 30 日开通！

我家于 2004 年在丰台区大红门街道购买了住宅，但是我在西城区什刹海地区上班，住自家房子上班非常不便，地铁不通，坐公交需花费两个小时。无奈只好出租自家房，在单位附近租房住，尝尽了租房的苦头。

10 号线二期和 6 号线一期几乎同时开通，我坐地铁就可以通勤了。于是我们抓紧安排退租、装修房子、采买家具电器等事宜。终于我们于 2013 年春节后住进了自己的房子，在北京城切实有了归属感。这是北京轨道交通迅猛发展带给北京千万城市居民的红利，相信遍布地下的四通八达的地铁网络，带给了更多人出行的便利。

家门口附近的地铁极大地方便了周围群众的绿色出行，然而出了其西南出口，周边环境堪忧，群众颇有怨言：道路破损严重，路面未硬化，凹凸不平；机动车无法从最近的光彩路路口通行，只能绕道其他道路；随处可见堆积的建筑垃圾；夜间没有照明设施。由于环境脏乱差，破窗效应也越发显现出来，有人把道路作为垃圾站，随地抛掷垃圾。

　　我从小区出门要穿过一片大杂院，还是土路，下雨两脚泥泞，刮风则风沙弥漫。有一次，儿子和他的小伙伴来家里玩，周边破破烂烂，其中一个小朋友脱口而出："你家这边怎么这么破呀！"童言无忌，我们大人颇有些尴尬，不过也着实盼望：什么时候门前才能畅通呢？作为丰台区政协委员，我写了《关于整治地铁石榴庄站周边环境的建议》，希望相关部门关注此区域，提升丰台区形象，为群众谋实际利益。

　　这条路修了多年，终于于 2015 年 9 月开通。记得道路铺设沥青那天，我们一家在路旁大型作业机前合影留念，我怀抱中的儿子，露出开心的笑容。石榴庄路位于南三环与南四环之间，道路呈东西走向，全长约 4 公里，宽度达到 40 米，是构成三环半的重要路段，缓解了南三环和南四环的交通拥堵；同时石榴庄路也与南中轴路、大红门路、榴乡路等多条城区道路交汇，成为南部地区的交通要道，极大地便利了周边居民的出行。然而美中不足的是，绿化、公交等方面的建设没有配套跟上，我提出《关于尽快在石榴庄路栽种行道树的建议》《开通公交车的建议》等多篇提案或信息。

　　2018 年石榴庄路栽种了树木进行了绿化，但由于树坑表面采用的遮挡材料不合适，很快破碎丢失，造成树坑裸露，易扬尘，我写了关于尽早遮挡裸露树坑的建议；石榴庄路后来开通了专 76 路，但我观察到即便是上下班高峰时段，车上都乘客寥寥，公交车近乎空驶，于是提出关于优化公交线路设置的建议。

　　如今石榴庄地铁周边环境发生了翻天覆地的变化：临近地铁口，设置了很多共享单车停车位，打通通行的最后一公里，共享单车利用率很高；前行几步，有一处公交车站；2023 年公交车站搭建了雨棚，不再是孤零零的一个站牌，石榴庄路车水马龙。

## 佟麟阁学校新生

　　佟麟阁学校原名南顶中学，位于大红门路，1981 年建校，是一所普通公立初级中学。

　　佟麟阁将军是全面抗战爆发后捐躯疆场的第一位高级将领。七七事变时，他指挥二十九军浴血奋战，由于汉奸向日军出卖情报而喋血南苑，壮烈殉国，国民政府追赠他为陆军二级上将。抗战胜利后，北平西城南沟沿被命名为"佟麟阁路"，通州亦因佟麟阁在该处指挥过抗日，命名一条街为"佟麟阁街"。

佟麟阁将军牺牲的位置即在如今的地铁石榴庄站附近，为此民革多次呼吁建立保护地。2014 年 9 月底，在全国首个烈士纪念日前夕，为纪念这位在抗日战争中牺牲的高级将领，南顶中学正式更名为北京佟麟阁中学，成为目前北京市两所以英雄命名的中学之一。

更名为学校注入了新的精神文化元素，即佟麟阁将军的爱国主义精神。学校构建系统的"担当教育"育人体系，形成了办学特色。近年来，在各界的帮助下，通过全校师生的努力，学校教育教学效果显著，得到了社会各个层面的普遍认可：2020 年 4 月 26 日，学校被认定为北京市第二批义务教育学校管理标准达标学校；2020 年 7 月，与该地区原苏家坡小学合并，更名为北京市佟麟阁学校。

学校更名后，民革北京市委和民革丰台区工委持续关注其发展，多次前往调研，提供各方面支持，我曾多次参与：为了缅怀、传承将军英雄事迹，民革提供有博物馆工作经验的党员，协助建立纪念室；民革帮忙联络将军后人，捐赠文物、宣讲事迹等。2020 年 11 月，"缅怀抗日英雄传承爱国之志"——佟麟阁将军家中旧物委托保管交接仪式在佟麟阁学校举行；2021 年 3 月，佟麟阁将军墨宝捐赠仪式在佟麟阁学校举行。我所在的丰台民革一支部，发挥支部优势，在佟麟阁学校建立皮影小剧院，举办抗战爱国相关纪念活动，开展"模拟政协""法律讲座进校园"等活动，促进学生心智成长，实现全面发展。

除此之外，民革丰台区工委在佟麟阁学校开展新党员培训，学习将军感人事迹，激发党员爱国情怀。可以说民革和佟麟阁学校形成了良好的互动共赢局面。

期待佟麟阁学校秉持将军学校特色，为国家培育更多人才。

## 社区医院便民

2021 年底家门口的时村社区卫生服务站开业了，设有全科、中医、口腔、理疗等科室。周末营业，方便了上班族。由于多是周边的居民就诊，不会特别拥挤。在家门口就能享受医疗服务，真是周边居民的福音，我们一家人就是获益者。

我早就知道冬病夏治在伏天贴敷的治疗方式，但是因为医院每每此时都人满为患，且离自己家比较远，从来没想去尝试。2023年当得知时村社区医院也能贴敷治疗呼吸系统疾病便进行了预约登记。由于我工作比较忙，初伏前几天没有及时去医院。社区医院护士来电告知不必扎堆在每一伏的首日去，周末上午也行。这电话通知真是暖心呀。于是我既不用耽误工作，也能贴敷了。

社区医院还有中医诊疗科，原来我对针灸心存恐惧，但医生的话打消了我的顾虑，我第一次尝试了针灸。回想起来，恰恰是在社区医院，我平生第一次尝试了一些中医保健项目呢。

儿子在附近的学校上学，前几天我们夫妻二人都出差了，而儿子却有点闹肚子。社区医院离家仅五分钟路程，于是他自己去社区医院看病，解决了我们的难题。

据悉2021年北京市卫生健康委员会发布《关于进一步加强北京市村级医疗卫生机构规范化建设与管理的通知》，时村社区医院应运而生，这是北京市、丰台区满足辖区居民就医需求，推动分级诊疗，缓解二、三级医院诊疗压力，为周边居民提供服务的便民措施。

## 南中轴蝶变

大红门地区原来聚集的是服装商贸业态，以批发零售服装及辅料为主，商场商铺林立，每天路面上遍布各种交通工具，人群熙熙攘攘，环境拥堵嘈杂。

北京市于2017年到2020年实施"疏解整治促提升"专项行动，疏解非首都功能、治理"大城市病"、优化提升首都核心功能，大红门地区是丰台区重要的整治对象。几年时间，有着23年历史的北方地区最大服装批发集散地退出历史舞台，45家市场全面闭市，服务外迁企业和商户在河北、天津等地落地生根。同时，着眼服务首都功能，在大红门地区培育导入新产业打造城市更新样板，加快实现"华丽转身"：大红门服装商贸城挂牌南中轴国际文化科技园，福成商贸市场转型为丰台区政务服务中心和区级图书馆。

2021 年区民革借用区图书馆召开会议，我们参观了转型的该楼宇：一层的政务服务中心宽敞明亮，功能全面，二层及以上是丰台区图书馆。在家门口就有了图书馆，真是一件幸事，我们一家于是都办理了借阅图书的手续。

2021 年 7 月，北京市委、市政府发布《推动城市南部地区高质量发展行动计划（2021—2025 年）》。至 2023 年，丰台区已实施四轮城南行动计划，已累计实施公共服务类项目 56 项，总投资近 500 亿元，涉及教育、医疗、养老等多个领域，在高质量建设中助推民生福祉持续提升。

大红门近年来频频出现在丰台区乃至北京市的新闻报道中。作为连接北京中心城区、城市副中心、首都新机场和雄安新区的重要空间走廊，南中轴是首都城市整体布局的重要组成部分，而南苑—大红门地区位于南中轴两侧。日前，丰台区规划自然委对外公示大红门地区和南苑森林湿地公园地区的街区控制性详细规划草案。草案紧紧围绕"首都商务新区"和"首都南部结构性生态绿肺"的定位，分别提出要构建礼乐双轴、建设生态保育核心区的发展目标。

作为一名文博工作人员，得知自己所居住的大红门地区要打造博物馆集群，我真是兴奋不已，这是服务于北京"文化中心"定位的重要举措。2023 年 6 月 6 日，北京中轴线南段，原"北京自然博物馆"正式更名为"国家自然博物馆"。

如今的大红门地区道路畅通、环境整洁，尤其是凉水河已成为人们平时休闲的重要场所，惠及上至耄耋老人，下到襁褓中的婴儿。无论春夏秋冬，滨水河道上总是有遛弯锻炼的人们，或跑步或散步；水边有人垂钓，很多儿童拿着工具捞取水虫或拿着水枪戏水；桥上有人放飞风筝，夜空中的风筝闪烁着五彩的灯光，煞是好看。

曾经的批发市场、物流仓储，已经被拆迁完毕。据规划，预计到 2025 年，大红门地区的环境整治与品质提升将初见成效，南苑森林湿地公园也将初步建成，"南苑风韵"日益显露，区域整体人居环境将得到显著改善，一个拥有城市活力和国际特色的全新高品质综合城区即将蜕变而来。

北京城市总体规划赋予丰台区的功能定位是"首都高品质生活服务供给

的重要保障区，首都商务新区，科技创新和金融服务的融合发展区，高水平对外综合交通枢纽，历史文化和绿色生态引领的新型城镇化发展区"。而大红门——南中轴地区则是丰台区发展的四大重点区域之一。

作为丰台区大红门街道的一个居民，我见证了她十年的发展蜕变；作为一名丰台区政协委员，我为之努力过。我深感城南行动计划、南中轴规划等利好政策对我们生活产生诸多积极影响。不过囿于一己之见，本文难免挂一漏万。

相信丰台区会持续把握城南行动计划实施契机，用高质量发展带动高品质生活，在教育、医疗、养老等领域持续发力，为实现倍增跨越发展提供坚实民生保障，本区域会发展得更快更好。

---

**作者简介：**

郝黎，第九、十、十一届丰台区政协委员，文化和旅游部恭王府博物馆学术委员会副主任、研究馆员

# 老旧小区换新颜　民生工程暖人心

苏　军

党的二十大报告明确指出，"江山就是人民，人民就是江山。必须坚持在发展中保障和改善民生，鼓励共同奋斗创造美好生活，不断实现人民对美好生活的向往"。"要实现好、维护好、发展好最广大人民根本利益，紧紧抓住人民最关心最直接最现实的利益问题，坚持尽力而为、量力而行，深入群众、深入基层，采取更多惠民生、暖民心举措，着力解决好人民群众急难愁盼问题"。老旧小区改造与民生福祉紧密相连，事关人民群众的获得感、幸福感和安全感，是各级党委、政府践行以人民为中心的生动实践。

2009 年 9 月起，在我担任丰台区房屋管理局局长的十余年里，有幸参与并见证了我区老旧小区改造的发轫伊始与艰辛历程，至今仍记忆犹新，感触良多。

接连发生的汶川与玉树强震，凸显了防灾减灾与住宅安全的重要性。2012 年，北京市以抗震加固和节能减排为契机，在全市范围内开始了老旧小区改造工作。民生无小事，枝叶总关情。老旧小区改造工程既是家门口的"关键小事"，也是城市发展中的民生大事。在工作前期，因历史经验不多，推进任务繁重，各类人员的统筹安排，以及新政策的融会贯通等都迫在眉睫。丰台区按照市委、市政府的统一部署，在 2012 年成立了以区长为指挥长的指挥体系，指挥部办公室设在房管局，由我兼任指挥部办公室主任，丰台区也成为全市唯一一个由房管局牵头组织，开展老旧小区改造工作的行政区。

为顺利推进各项工作，我抽调了房管局学习能力强的年轻干部，经验丰富有业务专长的老同志，以及房管中心责任心强的工作人员共同组成了项目指挥部办公室，丰台区老旧小区改造工作逐渐拉开序幕。

"十二五"期间，北京市将房龄超过 30 年及抗震节能标准未达标的老旧小区纳入改造计划，我区计划改造面积超过 670 万平方米，资金投入超过 34 亿元，市区按 1:1 出资，区级财政支出压力不可谓不大。住宅安全关系到万千群众的切身利益，关系人民的安居乐业，老旧小区改造涉及成千上万户居民的福祉，责任使命不可谓不重。我和同志们始终坚定信念，面对客观现实的种种困难，也要坚决落实推进，让人民群众生活更安心、更便捷、更美好的决心毫不动摇！

治理之道，莫要于安民。丰台区在改造过程中，坚持人民至上，坚持密切联系群众，对以老旧小区改造为代表的民生工程盯进度、保质量、重成效，切实提升人民获得感、幸福感。2017 年，共实施了 202 个小区的节能和抗震改造项目，圆满完成了"十二五"期间老旧小区改造工作。

回想起来，当时推进难度最大、印象最为深刻的当数宛平地区的卢沟桥北里，该小区紧邻抗战雕塑园，是我区重大政治活动的举办地。小区建成于 70 年代，抗震设防基础薄弱，楼体周边违建林立，经鉴定需要进行外套式加固，也就是在原楼体外再浇筑一层结构，改造过程不仅需要全体住户搬空进行施工，同时还需要居民对增加面积部分出资，做居民工作难度不言而喻。我们坚持党建引领，在项目部成立临时党支部，派专员驻现场，定期调度解决问题，团结一切可以团结的力量，入户宣讲政策，让百姓们理解政策，增强对我们工作的信心和支持力度，经过各方努力仅用一年时间完成全部签约。同时，如何将改造后的楼宇融入宛平古城，也为规划设计出了一道难题。主管区长四处奔波，面对面与群众沟通，设计方案经历了多次论证、推翻、再论证的过程。为了让改造后的楼宇与宛平城、卢沟桥融为一体，改造时在保温材料外涂刷成仿砖造型外立面；在坡面屋顶采用了中国传统的砖瓦加以飞檐造型；在单元门等小细节上也采用传统窗格的意象化造型，将浓浓的中国风体现得淋漓尽致。小区改造后多了一分"青砖黛瓦"的雅致，与宛平城和卢沟桥交相辉映形成了和谐美景。小区的成功改造不仅为后期全国老旧小区改造工作提供了可借鉴的经验和实例，更整体提升了首都对内对外宣传的"窗口"，成为我区"十二五"期间老旧小区改造一张闪亮的名片。

2017 年，"十二五"阶段改造结束，正式进入"十三五"综合整治阶段。

新阶段不仅强调节能和抗震，还整合居民集中诉求对设施进行优化，如户内上下水改造，加装电梯等。丰台区选取了莲花池西里 6 号院军休所作为全市试点。该小区包括四栋多层、二栋高层以及配套用房，总建筑面积为 34976.78 平方米，共 348 户，其中超过 75% 的住户是 75 岁以上老人。争取居民的理解与支持是此次工程的最大难点。我们坚持以党建引领老旧小区改造工程，充分发挥军休所军退人员党支部组织健全的优势，采取"包组、包户"的办法，积极向居民宣传政策、答疑解惑。

莲花池西里 6 号院老旧小区改造前后

该项目居民最大诉求就是加装电梯，但加装电梯需要相关单元所有业主同意才能实施，除了政府补贴大部分费用外仍需居民出资。为了能够切实让百姓们看到优化升级的好处，钱花得明白、花得放心，我们与居民一同实地考察了外埠一些改造样板和电梯厂商，努力寻求最大公约数，最终选取平层入户方式，拆除原有北侧阳台，用钢结构重新搭建一个入户通道的改造方案。

支部书记"焦老"、支部骨干兼业委会主任"丁老"等党员干部牵头成立了居民代表监督小组，每楼门设代表一名，全程参与工程实施，包括项目例会、变更洽商等，极大地提高了居民参与的积极性。线下会议式沟通与发放菜单式调查问卷并行，摸底真实需求意向，响应百姓内心诉求，把惠民生的事办实，把暖民心的事办细，把顺民意的事办好。此次工程由居民出资加政府补贴增设了"大容量、平层入户"电梯，同时改造完善了便民助老配套服务设施，充分体现了改造的"适老性"。

我们的工作人员与军休所居民打成一片，解决人民群众急难愁盼的问题，把工作做到群众心坎上，问政于民、问需于民、问计于民。在 2017 年 6 月，老旧小区改造项目顺利进场施工，2018 年 6 月就全部完成改造，得到全体军休干部的一致好评。改造项目被央视、《人民日报》等多家主流媒体报道，住建部、科技部、国务院政策研究室、全国市长专修班等曾多次专程至该小区调研，改造成果得到了国家部委、市领导、国内外专家的高度认可。北京市住建委的领导曾评价道："老旧小区整治工作全国看北京，北京看丰台。"

老旧小区改造，一头牵着民生福祉，一头连着城市发展。近年来，伴随着丰台区的老旧小区综合整治工作的不断推进，越来越多的"高龄小区"在日新月异的升级改造中焕发了多彩的青春，改造工作有亮眼的高光表现，但也存在诸多值得我们持续思考的顽症痼疾。

首先是居民参与小区事务管理程度较低，造成小区日常运维管理难度大；其次，居民对缴费购买物业服务还需要有一个渐进接受过程，形成了因物业服务资金筹措不足造成物业服务质量不高，从而小区物业服务资金筹措更加困难的非正常循环。这种现象的直接后果就是居民大量投诉，给基层治理造成了沉重的负担。

我们应该看到，老旧小区改造完善了老旧小区市政基础和房屋设备设施，得到了居民的认可，提升了居民的获得感和幸福感，同时还要坚持建管并重，坚决做到改造后的老旧小区生活环境和配套服务有保障，设备设施运行良好。探索真正适合老旧小区运维管理的长效机制，让文明宜居的生活长长久久。

时代是出卷人，我们是答卷人，人民是阅卷人。走进新时代，丰台区老旧小区综合整治工作定当"百尺竿头，更进一步"，一方面延续好的经验做法，一方面探索顽疾的解决途径，为建设和谐宜居的丰台持续助力。

**作者简介：**
苏军，第十一届丰台区政协常委，丰台区政协专委会工作三室主任

# 一座垃圾填埋场曲折的治理过程

李鹏举

　　我的研究生专业是微生物与生化药学，毕业后 2013 年 8 月进入丰台区循环经济产业园筹建办工作，参与规划、建设全区的生活垃圾、污水等一般固废弃物处理设施。2016 年成立区循环经济产业园管理中心，先后任办公室负责人、规划建设科科长、副主任、主任，负责园区的整体规划、建设和综合管理工作。现任农工党中央经济工作委员会副秘书长，农工党丰台区工委副主委，第十一届区政协委员。2023 年 2 月，任丰台区房屋征收事务中心主任。

　　当我们乘坐地铁房山线经过稻田站至大葆台站之间时，向南，透过车窗能看到一座几乎与 20 米高的房山线持平的"绿色大山"，山上有绿膜（HPDE 膜）覆盖，一排排整齐的方砖压在上面，十几座火炬 24 小时燃烧着填埋产生的沼气。这就是经过环境综合治理后的丰台区循环经济产业园区（以下简称循环园区）的残渣填埋场。2022 年以前，周边群众对它的评价是："每天被臭气熏天的垃圾味道困扰！夜梦中都能被熏醒，空气净化器又爆表了！夏天晚上都不敢开窗！"截至目前，垃圾填埋场经过三次治理过程，取得了较好的成效。

## 第一次治理

　　从 20 世纪 80 年代开始，该区域就作为丰台区生活垃圾无序倾倒的集中处置区。随着生活垃圾倾倒和掩埋量的逐步增加，区域环境十分恶劣，蚊虫滋生，污水横流，地下水严重超标，垃圾的臭气有时能飘到数公里以外。

随着区域发展，为了解决我区垃圾无害化处理问题，改善区域环境，从 2007 年开始，区政府启动北天堂村搬迁工作，同时针对该区域开展除臭工程、非正规垃圾填埋场治理工程和环境提升工程。首先将历史无序掩埋的垃圾进行开挖、筛分、换填好土，抽排污水，进行无害化处理；其次建设简易卫生填埋场，确保地下水不再被次生污染；在循环园区及周边进行综合绿化，道路修缮，管网配套，区域环境显著提升。

## 第二次治理

经过第一次治理环境有了改善，但因该区域仍作为我区唯一一处垃圾处理终端设施，承担着全区 200 余万人口每日产生的生活垃圾无害化处理任务，最高约 3100 吨 / 日、100 万吨 / 年。

随着城市化发展进程，循环园区周边陆续开发建设了多个小区，还有逐渐发展、建设起来的中关村丰台科技园，循环园区周边 5 公里范围内工作、生活的人数迅速增长超过了 5 万人。周边群众因垃圾填埋臭味开始投诉，诉求强烈。

2012 年，区政府责成城市管理部门在原有非正规垃圾填埋场治理完成的基础上，按照国家卫生填埋场标准，下挖地下约 25 米，占地约 300 亩，建设分区全密闭的坑式残渣填埋场并投入使用，以此解决垃圾无害化消纳和垃圾填埋臭味扰民问题。

分区全密闭就是将整个垃圾填埋场分为若干个区域单元，按计划组织填埋作业，非作业区域就用绿膜焊接、覆盖，达到区域密闭效果，有效控制臭气逸散。经过治理，垃圾无害化率达到 100%，环保监测空气指标全部达标，地下水有所改善，周边群众投诉明显降低。

## 第三次治理

2019 年，25 米深坑填满，随即开始堆山式作业，作业过程臭味更难控制。至 2021 年，地上堆山填埋至 12 米高度；同时，全市垃圾处理能力紧张，按照市级调配，填埋场从每日填埋残渣 800 余吨增长至 2000 余吨，打破了分区分单元的填埋秩序，对周边影响加大。直接导致周边居民通过邮件、电话、微博、12345 热线、区长信箱等方式投诉臭味扰民情况；全年各类投诉总量超 6000 件，群众联名上访，要求关停填埋场。

围绕群众所急所盼，我们深入研究解决问题的路径。一是加强沟通联络，留电话、加微信、驻现场，邀请居民参观释疑，获得理解；二是加强监管和科学控臭，引入新工艺技术探索应用；三是科技赋能，24 小时在线监测，强化数据分析应用，根据气象条件调整作业和控臭措施；四是主动研究、谨慎论证，积极协调市、区部门将我区垃圾调度至其他垃圾处理设施处置，不再进行填埋作业。

在具备根本解决臭味扰民问题的条件后，第一时间开展综合治理，克服疫情、人员、汛期作业等困难，24 小时昼夜施工，通过全密闭、打井、导水、导气等措施，沼气收集处理量从 8.5 万立方米/日提高至 16 万立方米/日，在线监测平均臭气浓度（OU 值）降低约 67%。有效解决了群众诟病多年的问题，环境大幅改善，投诉量同比下降 97%。

## 未来的思考

经过了三次的治理，高质量发展中，绿色发展的核心指标涉及污水处理率、生活垃圾无害化处理率等均能达到 100%。但垃圾还在地下，火炬仍在燃烧，问题还需要进一步根治。是否还会有第四次治理？面对未来作为一个全程参与治理工作的亲历者，我认为应做到以下三点。

一是要担当有为，不断提升宗旨意识。习近平总书记指出，改革发展稳定工作那么多，要做好工作都要担当作为。担当和作为是一体的，不作为就是不担当，有作为就要有担当。做事总是有风险的。正因为有风险，才需要担当。凡是有利于党和人民的事，我们就要事不避难、义不逃责，大胆地干、坚决地干。

异味扰民问题关系到群众日常生活，历史因素和现实困难相互交织，要想根本解决这个问题，需要敢于担当、善于担当，想群众之所想、急群众之所急，始终把党和人民的事业放在心中最高位置，时刻把人民群众装在心上，换位思考，在解决群众的关切上下功夫。

二是要追求卓越，树立首善标准。习近平总书记指出，民心是最大的政治，让人民生活幸福是"国之大者"。北京各方面工作具有代表性、指向性，首善之区要率先示范，立标杆，竖旗帜。在解决填埋场臭味扰民问题上，在保障城市安全稳定运行的基础上，应当具有国际视野，主动对标先进工艺和管理水平，不能认为达标了、合格了就是工作做到位了，群众反映集中，证明我们的工作标准还没有达到群众预期，领导干部需要保持积极进取的状态，精益求精、追求卓越，努力在新时代展现新作为、创造新业绩。

三是要超前谋划，坚持规划引领。三次治理，垃圾填埋异味和环境均有不同程度的改善。但均受到历史因素和现实环境的影响局限。回过头去看，总结经验不难发现，臭味扰民问题是显而易见的，客观困难和制约因素也是存在的，虽然技术在进步，投入在增加，治理效果在提升，但从根本上，还是缺少提前谋划并系统解决问题的能力。

针对填埋场治理问题，我个人认为它是具有普遍性的，是在城市发展历史阶段形成的，应用历史的眼光去审视，用发展的眼光去看待，用规划的手段去解决。如果还是等着群众有不同意见了，我们才采取措施，工作总是被动。这就需要以高度的历史责任感努力推动区域高质量绿色发展，摸清底账，掌握存量垃圾和新产生垃圾情况。针对存量垃圾研究"垃圾开挖"＋无害化处置＋释放土地资源＋生态修复＋环境提升＋社会参与的综合可持续的解决方案；针对新产生的生活垃圾，鼓励采用可持续发展的清洁技术，例如垃圾焚烧、厨余厌氧发酵等，高标准规划建设管理，保护环境。只有向前一步，以实际行动践行"绿水青山就是金山银山"的两山理念，主动治理，综合施策，才能赢得主动，赢得认同。

**作者简介：**

李鹏举，第十一届丰台区政协委员，农工党丰台区工委副主委，丰台区环境卫生服务中心主任

# 永定河水的记忆

## 杨 云

在北京这座古老而又现代的城市中，有一条河流静静地诉说着它的故事——永定河。我在区规划部门工作过 25 年，对永定河的悠久历史有所了解，2019 年到水务局工作后，为尽快融入新角色，我虚心向同事求教，并查阅了永定河修复工程的相关资料，了解了这条河流从干涸荒芜到生机勃勃的蜕变。

### 激变中的河流：永定河的过去与现在

自 20 世纪 80 年代以来，永定河面临着断流、干涸的严峻局面，极富盛名的燕京八景之一的"卢沟晓月"景观也随之消失。曾经的永定河，是一条蜿蜒于京城西部的生命之河，承载着丰富的历史文化与自然资源。它的存在不仅仅是地理上的，更是文化和精神上的。在这些年里，河道两岸大规模沙石开采，植被遭到破坏，使永定河生态环境日趋恶劣，成为北京境内的主要风沙源地之一。永定河的变迁不仅仅是河流本身的变化，更是城市发展与自然环境冲突的缩影。随着城市化建设的加速，永定河却逐渐失去了往日的景色。

20 世纪 80 年代，北京地区经济快速增长，随之而来的是对资源的巨大需求。永定河沿岸地区的沙石被大量开采，用于满足建设需求。大规模的开采活动不仅改变了河道的自然形态，更严重破坏了河流两岸的生态系统。河水因此变得浑浊，河床不断下降，水生植物和动物种类大幅减少，河流生态系统面临崩溃的边缘。

永定河的干涸还引发了环境问题。河床裸露，风沙侵袭成为常态，尤其

园博湖施工现场（丰台区水务局／供图）

是春季，沙尘暴频发，严重影响了市民的日常生活和城市环境的质量。北京作为首都，环境问题的恶化也引起了政府和社会各界的高度关注。

2009 年，市政府提出了建设京西生态屏障的宏伟计划，服务水岸经济，全面提升西南五区的社会经济发展水平。《永定河绿色生态走廊建设规划方案》随之诞生，提出了构建防洪安全保障体系、水生态保护体系、水资源配置体系的目标，旨在将永定河打造成"有水的河、生态的河、安全的河"。这个计划的实施，不仅是对永定河的生态修复，更是对整个城市生态系统的重塑。丰台区委、区政府高度重视，作为计划的一部分，丰台区负责永定河北京段中"三湖一湿地"的建设。在接到建设任务后，积极筹备各方力量，统筹协调发展与建设，并明确由区水务局为工作主体。

"三湖一湿地"的建设，是一项复杂而艰巨的工程。它涉及河道整治、湿地恢复、生物多样性保护等多个方面。通过河道整治，改善了河床结构，增加了河流的蓄水能力。通过湿地恢复，提升了河道两岸的生态环境，为众多水生动植物提供了栖息地。为了保护生物多样性，种植了大量本地植物，吸引了许多鸟类和其他动物回归。

从 2010 年 7 月至 2013 年 5 月，历时三年的努力，永定河的面貌发生了翻天覆地的变化。曾经的风沙源地，变成了绿树成荫、水鸟嬉戏的生态走廊。这不仅改善了周边居民的生活环境，也成为北京城市新的生态名片。

如今的永定河，不再是断流干涸的河流，而是充满生机和活力的绿色走廊。沿岸的居民和游客可以在这里散步、观鸟、体验自然。永定河的变化，不仅仅是河流本身的复苏，更是北京城市转型和生态文明建设的一个缩影。

### 与河西居民的邂逅：河流与人的故事

永定河补水期间，我在巡河过程中偶遇了一位年长的居民，他向我讲述了他与永定河的故事。

他回忆起小时候在河边玩耍的情景。那时的永定河水清沙白，河边的柳树随风摇曳，孩子们在河中嬉戏，捉鱼摸虾。但随着时间的推移，他目睹了永定河的变迁——从曾经的生机勃勃到干涸荒凉。他说道："那些年，看着曾经充满活力的河流逐渐干涸，心里真的很难受。"

幸运的是，《永定河绿色生态走廊建设规划方案》的启动，为永定河带来了转机，使其逐步恢复了往昔的活力与美丽。今日的永定河，又成了他散步休憩的首选之地，他满怀感触地说："看到河里的水再次清澈，两岸的树木繁茂，我真的很感动。这不仅仅是一条河流的复苏，更是我们这一代人的回忆和希望。"

一位中年女士告诉我，她小时候也常在河边玩耍，由于河流的污染和干涸，她已经很多年没有来过这里了。现在，她带着自己的小孙女重新回到了这里，与孩子们一起享受这美丽河段。"我很感激政府投资建设的这个项目，它让我们重新找到了曾经的永定河。"

随着永定河的改变，这片区域也吸引了越来越多的游客。一位来此旅游的年轻人说："以前我只知道北京是一个大城市，但现在我觉得它不仅是大，更是美丽和宜居的。看到政府这么重视生态环境的改善，我对这座城市的未来充满了期待。"

晓月湖（赵智和／摄）

　　这些工程的完成，不仅明显改善了周边环境，提升了沿河居民的生活环境质量，还改善了生态环境，同时也拉动了周边经济的发展。河流周边的商业活动日益活跃，新的商铺相继开业，为当地居民提供了更多的就业机会和休闲选择。

### 涓涓细流间的感悟：我心中的永定河

　　当我走在新建的湖边，眺望着清澈的湖水和周围恢复的绿色，我的心中充满了难以言喻的自豪和满足，深深感到付出的所有努力都是值得的。每一

次目睹这自然之美的回归，都更加坚定了我作为水务人的使命与责任。

永定河的生态修复项目充分体现了人与自然和谐共生的关系。目及百姓悠然河畔漫步，耳闻孩童湖边嬉戏的欢笑声，我明白了我们的使命远超于职业本身的界定——它关乎增进民生福祉，是一份沉甸甸却又充满温情的社会责任。

看到这条曾经干涸的河流重新焕发生机，我感到一种深深的满足和喜悦。这不仅仅是因为工程项目的成功，更是看到了人与自然和谐共处的可能。这份工作带给我的不仅仅是职业上的满足，更是心灵上的慰藉；这份经历，对我来说，远不只是职业生涯的一部分，而是对生活、对自然深深地敬畏和热爱的体现，更是一份责任和自豪！

如今的永定河已成为"流动的河、绿色的河、清洁的河、安全的河"，为构建西山永定河文化精华区奠定了坚实的生态基础。听，"永定河，出西山，碧水环绕北京湾……"

**作者简介：**
杨云，第十一届丰台区政协常委，丰台区政协专委会工作一室主任

# 请到我们丰台来：丰台最有江南趣

徐建娟

**请到我们丰台来：丰台最有江南趣**

丰台花开千重秀，卢沟晓月报喜来。做为丰台区新一届的政协委员，通过参与区内一些课题的调研，情不自禁地期待分享咱们的大美丰台。新时代新气象的政务服务大厅开始启用，更科技更领先的南中轴国际文化科技园正式开园，五大行动抢占轨道交通产业发展制高点，15分钟阅读圈带起一片图书馆。

上海华略智库的深度报道《北京唯一！为什么是丰台？》，日前《中国城市投资吸引力指数报告》发布，丰台成为北京唯一获得"2022中国十大最具投资价值县（市、区）"。为什么把"独一无二""屈指可数"和"弥足珍贵"的桂冠，都戴在了丰台的头上？

万年永定河、3000年的莲花池、870年的金中都、700年的中轴线，独特的历史文化和自然禀赋，赋予了丰台这样的"灵气""大气"和"神气"。

作为工作或生活在丰台的丰台人，我们每天都行走在丰台，感受着丰台的变化。我很庆幸，创业选择丰台赶上了倍增追赶伙伴计划的快速发展之路；我很自豪，在大气、硬气、锐气、和气、雅气"五气"连枝的精神气质引领下，将个人理想、企业发展与文化产业的发展、青少年生涯发展辅导紧密联系在一起，不断提升自己的修为。从丰台起步，与丰台同行，共赢未来！

## 花在丰台，美在丰台

一条河从这里穿流而过，由北向南，不仅留下了莲石湖、园博湖、晓月湖、宛平湖等璀璨明珠，而且形成了美轮美奂的永定河文化带；一条线从这里往南延伸，它就是舒展了700余年的北京中轴线，带动了南部的崛起，引领了丰台的发展。

《礼记·乐记》载："武王克殷反商，未及下车，而封黄帝之后于蓟。"而这个"蓟"，就在现北京的西南部，也包括丰台。周武王伐商灭纣，封黄帝之后于蓟，定为北京建城之始。这一年，是公元前1045年。这样说来，丰台也就有了3000多年的建城史和发展史。而这个美丽的地方，为什么叫"丰台"？一说在金代，这里曾有"丰宜门"外"拜郊台"，各取一字，简称"丰台"。二说元代曾经在此建造"远风台"，到明朝又有了"丰台村"，"丰台"即"风台"；三说这里有丰沃的土地，优雅的亭台。物阜年丰，玉宇琼台。

大量的史书记载，丰台是名副其实的"花乡"。丰台种植花卉的历史，最早可以追溯到金代。清代文人李汝珍有诗云："丰宜门外丰台路，花担平明尽入城。"蒙古灭金以后，元朝建立，改中都为大都，重建都城。此后，元朝的一些士大夫和文人墨客，便在今天的丰台一带，修建别墅花园，会友设宴郊游，由此也推动了当地花木业的发展。到了明清时期，当地花木业更加兴盛。也正是这样的自然资源和文化底蕴，孕育了如今丰台的"园博园""世界公园""丰台花园""世界花卉大观园"等绝佳的花卉胜地。风在丰台，水在丰台，花在丰台，美在丰台。

## 知在丰台，智在丰台

丰台有优越的发展空间。丰台是首都的南大门与发展的延伸地。是城六区中唯一未来五年还有大规模产业空间的区域。"十四五"期间，丰台将在丽泽金融商务区、中关村丰台园、南中轴首都商务新区、园博数字经济产业园等四大重点区域，陆续释放高达3400万平方米高端产业空间，充分满足企业快速发展的拓展需求。

丰台有便捷的交通网络。作为北京南北通衢的城市枢纽，汇集了北京南站、北京西站以及亚洲最大火车站——北京丰台站，高铁客流量占全市80%。多条高速骨干要道经过。丽泽城市航站楼可实现地铁20分钟直达大兴国际机场。

丰台有南中轴开发的千载良机。南中轴是承载首都功能和文化内涵的重要载体，是北京城市发展的轴线，也是京津冀协同发展的重要战略门户。丰台将在南中轴沿线，建设大红门首都商务新区、南苑森林湿地公园等重点功能区，打造有世界影响力的文化艺术新中心。

丰台有国际化视野和全球化思维。作为首都中心城区、城南发展腹地，丰台区将全力打造全球高端要素汇聚，创新创造活力迸发、区域增长动能强劲的高品质国际化典范城区。

丰台有丰富的人才资源。据2022年北京市各区人口统计，丰台区常住人口超过200万人，排名全市第四，其中的中青年人口，占比超过65%，为区域经济发展提供了强劲动力。截至目前，人才总量达到52.2万人，其中26名两院院士，47名国家"百千万人才"。

丰台有明确的发展思路。即构建"一轴、两带、四区、多点"的空间结构和发展格局。"一轴"，即南中轴丰台段。是带动城市南部地区崛起的生态文化发展轴，也是未来拓展首都功能的重点地区；"两带"，即永定河文化带和生态融合发展带。既是绿色生态的典范地区，又是串联城市的空间和节点。"四区"，即首都商务新区、丽泽金融商务区、中关村丰台园区、卢沟桥国家文化公园区。"多点"，即在交通枢纽、生活保障和人文生态三大类城市功能方面，形成多点开花，齐头并进。

2023年，丰台区又出台了《丰台区促进高精尖产业发展扶持措施》，简称"丰九条"，涵盖了满足资金奖励、科技创新、上市服务以及人才引进等企业发展的各个方面的需求。同时，围绕优化基本公共服务、改善群众居住条件、方便居民出行等8个方面，确定了涉及群众切身利益的29项民生项目，确保办好，当年见效。

## 我在丰台，你在丰台

单位新来了几个年轻人，我给他们上的第一课，就是看丰台。

我们看了南中轴线。在南中轴线上，丰台正在规划和建设一张更大的蓝图。通过开放带动、创新驱动、产业拉动、区域联动，将会成为发展的重要窗口和引擎。我们感到了南中轴地区，是由国际商务区、国际文化科技园区还有国家博物馆群，以及南苑森林湿地公园等多个功能组团组成。

我们看了国际文化科技园。这里曾经有闻名遐迩的大红门服装批发市场。如今建起了几栋标志性建筑。除了南中轴国际文化科技园、多功能会议厅，还有丰台区政务服务大厅、丰台区图书馆等。我们感觉，这里的建筑和设施，都特别漂亮，特别有现代感、文化感和科技感。

我们看了丰台区政务服务大厅。作为南中轴地区首个利用"疏整促"腾退空间进行升级改造的试点项目，从原有商业功能转换成为融合政务服务中心、图书馆等功能的城市综合空间，向企业、群众提供智能化、一站式多维融合、绿色温馨的区级政务服务。全区 45 个部门、1457 个政务事项，在这里可以实现"零跑动"办理。

我们看了轨道交通产业聚集区。中关村丰台园是唯一获得轨道交通领域5 个国家级认定的轨道交通产业集群发展示范园区，汇聚了以中国中铁、中国通号、交控科技等为代表的轨道交通重点企业 165 家。拥有中国通号轨道交通运行控制系统国家工程研究中心、中铁电气化局国家企业技术中心等国家和省部级的创新平台 26 家。

我们看了航天产业基地。目前，丰台区已经形成了以东高地和云岗地区为代表的航天产业集聚地，以中关村科技园丰台园为主体的商业航天产业集群，构建了以火箭产业为主，卫星应用、航天材料、航天零部件、航天检测等产业为辅的多元发展格局。展示着丰台的智慧，创造着中国的奇迹。

我们看了丽泽金融商务区。这是北京市和丰台区重点发展的新兴金融功能区，已被纳入首都"一主一副三新四后台"的金融业发展规划布局，成为三个新兴金融功能区之一，并被明确为首都金融业发展新空间。

要说丰台的风景名胜，那可太多了。卢沟桥和宛平城，是"七七事变"

爆发地；世界公园，集世界名胜于一体；北京园博园，园林大全，一饱眼福；世界花卉大观园，人如织，花如海；北京汽车博物馆，千奇百怪的汽车，尽显眼底；北宫国家森林公园，花的世界，树的海洋；南宫旅游景区，"中国地热第一村"；青龙湖公园，湖上风光，美轮美奂；莲花池公园，金中都重要的水源之地和游览胜地；长辛店千年古镇，老北京人心目中的"九雀御路"璀璨明珠，也是中国工人运动的摇篮。这些地方，都值得一看再看。

清朝的乾隆皇帝，曾写过一首《丰台》诗："丰台最有江南趣，今岁江南趣不如。绿柳红桃三月半，景明恰值雨晴初。"那时候的丰台，都比江南有趣。而现在呢？今非昔比，日新月异，变化多端，风光无限。请到丰台来，丰台欢迎你！

**作者简介：**

徐建娟，第十一届丰台区政协委员，金路之声（北京）文化传媒有限公司董事长

# 路

*张爱民*

我比大多数人对路面更加敏感，因为我是拄着拐杖一步一步来丈量的。长年生活在丰台，所以，我对丰台路面的变化感受最深。30年来，丰台的路的变化见证着丰台的城市化进程，也是我体会生活越来越方便的心路历程。

1992年，大学毕业时来到位于丰台的中国康复研究中心找工作。当时没有直达的公交车，只好乘坐14路公交车，在离单位最近的丽华饭店下车。下车后，还要步行几百米路。

马家堡东路还算是较宽的道路，比较平坦。可是一转弯，来到角门北路，就是土路，路面坑坑洼洼，到处是车轮印。如果有风吹过来，就是一条"扬灰"小道，树叶和着垃圾在空中飞舞，眼睛也得眯起来。我深一脚浅一脚地走着，生怕拐杖被凹凸不平的路面绊着。如果摔倒了，就会变得狼狈不堪。

在马家堡路与角门北路交叉路口往南，是一个菜市场。人来人往，声音嘈杂。路中间，几辆马车停着，驾车的人向路人推销水果和蔬菜，马儿有的仰着头，有的低着头，还可能拉出一堆粪便。我便顺着人流，有缝就钻，被拥挤着一步一步前行。

颤颤巍巍的，我终于来到单位，已经大汗淋漓，气喘吁吁。

听单位的同事讲，以前更糟糕。南城晚上没有电，19点以后，一片黑灯瞎火。夏天，组成"集团军"的蚊子在身边轰鸣。周围还有不少庄稼地呢。

中国康复研究中心之所以落户丰台，是时任北京市副市长张百发的睿智决策。在中康选址初期，最理想的首选地是北城（北四环）。当时北京要承办亚运会，那可是个好地段。张市长没有答复。后来又选岳各庄。张市长也没

镇国寺北街

有答复。终于，他说，南城有块宝地，想批多大都行，就指向马家堡。当时，马家堡不通电，不通自来水，不通燃气。因为中康是国家级项目，会有配套设施建设。原来张市长是想借国家资源来帮助开发南城啊。

那时候，从马家堡到丰台镇去，需要绕行很多地方。从角门路，沿着小河岸，穿过镇国寺。当时，镇国寺的路宽窄不一，路面大大小小的坑到处都是，大坑里还存着上一次大雨留下的积水，地面泥泞。路口交错，弯弯曲曲。

没有建立交桥前的玉泉营环岛号称是亚洲最大的地面环岛，绕行一圈也得需要点时间。汽车、人力车、自行车、行人交织在一起，很是热闹。

还有令我印象十分深刻的是丰台区的"断头路"特别多。有的是自然存在的，有的是人为的。还记得附近有条路铺成了柏油马路，而一堵墙横在路中把路截断，中间只留一个门，行人和自行车可以过去，汽车甭想过去！

……

说起过去的艰辛，才会倍加珍惜今天的美好。

几年之后，在人大代表的努力下，角门北路地面硬化，也终于有公交车通行到单位门口了。从当初只有 343 路公交车，到现在有通往各个方向的公交车，也不过十多年时间。

马家堡和玉泉营地区已经今非昔比。道路宽阔笔直，立交桥高高架起，漂亮的住宅小区鳞次栉比，环境优美。

仅在 2022 年，丰台区就完成 52 公里的道路施工并通行，围绕丰台站、重点地段的道路四通八达，为丰台的发展提供助力。

现在的丰台，路面平坦而宽阔，四通八达，傍晚时分，华灯初上，美不胜收。

有了路，我们还要珍惜它，爱护它，改善它，让它成为丰台发展的有利因素。所以，我还是会留意脚下的路。

2011 年我被推选为丰台区第九届政协委员，至今已经是第三届了。几乎每一年的提案，我都有涉及无障碍环境建设方面的。在丰台区的倍增发展中，

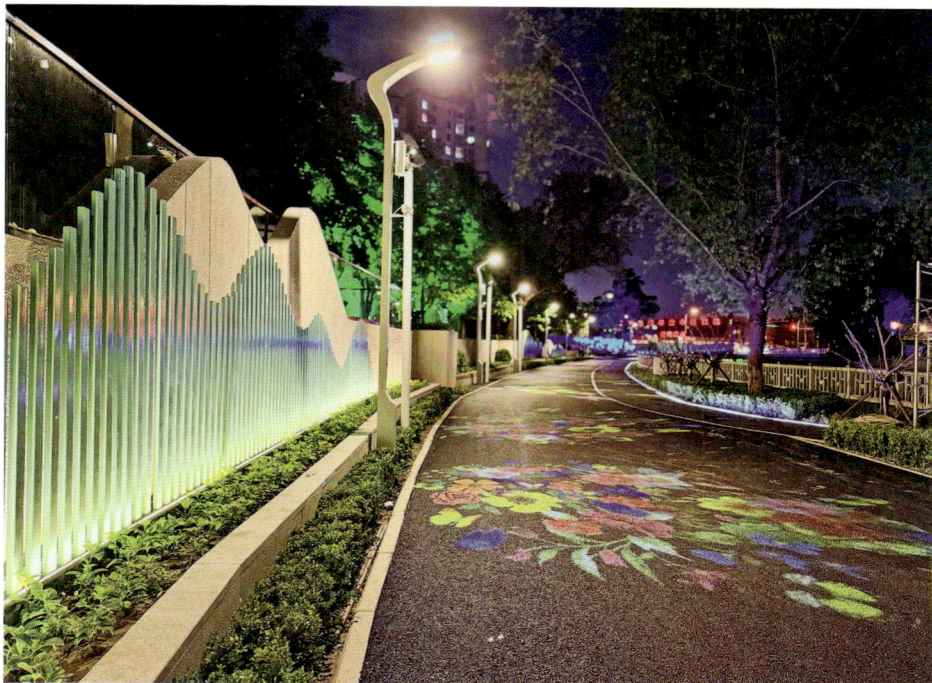

改造后的旱河景观

"质"应该是核心。我们的道路越来越宽广，越来越平坦。作为首善之区，我们就要注意其中的细节，比如无障碍环境的建设。

2008 年北京夏季奥运会是我们注重无障碍环境建设的开始，2022 年北京冬奥会进一步促进了无障碍环境建设。通过《北京市进一步促进无障碍环境建设 2019—2021 年行动方案》，排查和解决了全区许多无障碍环境建设方面存在的问题。

我会经常注意到缘石坡道和路面的平整情况。推婴儿车的年轻妈妈呵护着自己的孩子，穿过红绿灯，缓缓地上了人行道，她笑了，孩子也笑了；在小饭馆门前的临时无障碍坡道上，一位老人坐在轮椅上，被推进饭馆，老人笑了，全家人也笑了；在楼前的无障碍坡上，妈妈牵着蹒跚学步的小朋友，欢快地走着，孩子天真的笑声弥漫在空气中……无障碍环境在造福每一个人。这就是我眼中现在的丰台：美丽而温馨！

丰台的无障碍环境已经大为改观。但为了更美好的未来，我们还需要努力。作为丰台人，我深爱着这片土地。我工作在这里，生活在这里，也将在这里终老。我生命的大部分时间都奉献在这里。

我希望的丰台，是幸福的，是宜居的，是美丽的，是安逸的，是方便的，是可以放飞理想和心情的地方。

丰台的路越来越平坦，越来越通畅，路灯更亮了，环境更美了，洋溢在脸上的幸福笑容更甜了。

作为丰台人，我相信，我的未来会更加美好。

---

**作者简介：**

张爱民，第九、十、十一届丰台区政协委员，《中国康复理论与实践》编辑部主任，编审

# 见微知著：立足首经贸看丰台的日新月异

赵懿清

  这十年丰台区经历着翻天覆地的变化，有以南中轴国际文化科技园为代表的现代化产业转型，以丽泽金融商务区为核心的金融产业的新格局，以园博数字经济产业园为核心的数字标杆城市的区域布局，以凉水河改造为代表的生态与民生工程等，不胜枚举。但是我作为一个工作、生活在丰台的普通老百姓，首先想到的还是最贴近自己活动范围的这个区域所经历的变化。

  我是 2011 年来到首都经济贸易大学（以下简称"首经贸"）工作的。那一年还没有地铁，需要从三环上坐 691 或 692 路，从夏家胡同拐到纪家庙路，然后拐入丰台东路。当时这条路只有两车道，早晚高峰堵车很严重，平时占道停车的问题也特别突出。有时候乘坐出租车来上班，很多司机都因为堵不愿意走夏家胡同路口，反而会提前 100 米从现瑞逸百货门口的停车场穿行进入里面的芳菲路和丰台东路的交叉口。现在丰台东路南侧占道的门面房均已拆除，道路被扩展为四车道。通过增加查处力度和安置地桩有效解决了占道停车的问题。并且丰台东路向东北一路连通到了三环辅路，有效解决了夏家胡同路口的拥堵问题。

  当然现在这里已经有了一个以"首经贸"命名的地铁站，地铁出行不仅大幅提升了通行效率，而且还有利于让居民践行绿色环保。地铁 10 号线是 2012 年 12 月 30 日开通第二期从劲松站到首经贸、西局到巴沟站，直到 2013 年 5 月 5 日才开通西局到首经贸的这一段，终于实现了从各个方向到达首经贸站的地铁自由。

  伴随着"首经贸"站地铁的开通，地铁站地下空间打造的"地铁尚城"

首都经济贸易大学本校区

也随之繁荣起来，成为首经贸校门口的美食一条街。但是三年疫情给餐饮业带来沉重的打击，"地铁尚城"渐渐失去了以往的繁华变得黯淡，现在只有少量的店面还在运营。但是世间的事情总是荣枯交叠，有枯萎的就有新生的。在首经贸的西北边有一个新的名为"龙湖西宸广场"商业综合体落成并开放营业，还有坐落在天坛医院东侧的"天坛生活广场"及总部基地内的万达广场（丰科店），为周边居民提供了吃喝住玩一站式的配套资源。实际上，2017年花乡奥莱的开业不仅对周边实现了商业辐射，更是为北京居民提供了最新的综合性奥莱主题购物公园，成为四环内商业购物、休闲聚会和享受生活的必选场所。

提到拆改建，不得不提到丰台东路沿线的一系列改变。从东边与纪家庙路的交叉口东侧开始，现全季酒店（北京首都经济贸易大学店）旁边的一些废旧楼宇，均已进行了拆除和改建，这个三角区的路口旧貌换新颜。往东与芳菲路的交叉口东侧以前有一栋烂尾楼，一度我以为它要静静站立到被拆除，但是前两年它被复建成了一栋非常亮丽的楼宇。再往东与桥安路交叉口的西南侧之前是一片平房，路非常窄，仅够两辆车通行，现在已经成为一座崭新的楼宇，成为沿线上的新地标。丰台东路一路向西连接万芳西街、万华街，到达了丰台站。

　　丰台站是从 2010 年 6 月 20 日停止客运业务，所以很多年丰台站都停留在地铁线上的一站，甚至很多人以为"丰台站"的"站"字就是"地铁站"的"站"，都想不到它是一个火车站。2018 年 9 月丰台站改造工程开工，历时近四年，到 2022 年 6 月丰台站以新的名字"北京丰台站"开启了通车运行的新时代。10 号线的"丰台站"的"站"终于重新做回了火车站，承载京沪铁路、京广铁路、丰沙铁路、京原铁路、丰广联络线、京广高速铁路、京港高速铁路的客运任务。在北京丰台站的改造过程中，在丰台站的东侧开通了一条隧道，可以一路开上丰管路，然后连通三环路，大大方便了居民出行。

　　首经贸往南原来是大棚和村落，现在是首都医科大学附属北京天坛医院。医院自 2018 年历时五年从二环到四环的整体迁徙，不仅实现了中心城区疏解，还使南城患者就近获得最需要的医疗服务。天坛医院还辐射到周围的社区医院和二、三级医院，大幅提升城南基层医疗机构的医疗水平，让城南的老百姓可以在家门口就接受高水平的医疗服务。与此同时，天坛医院北侧的康辛路和樊家村路连通，一路就可以到达西四环。

　　首经贸大学作为丰台区为数不多的市属高校，除了在高等教育阶段发挥育人功能，还辐射着周边基础教育资源的改善。2022 年，筹备已久的首都经济贸易大学附属幼儿园正式开园；首都经济贸易大学附属中学（前身是丰台区第一中学），于 2014 年 9 月 1 日更名；首都经济贸易大学附属小学（前身是丰台区樊家村小学）于 2014 年 7 月更名。

　　首都经济贸易大学创建于 1956 年，是由原北京经济学院和原北京财贸学院于 1995 年 3 月合并、组建而成，追溯到最早在丰台校址的是原北京财贸学院。曾经在原财贸学院门口的琢玉河已经填埋成美丽的街边花园，彼时筑起一座小巧的琢玉桥，现在已经是首经贸广阔的北门大道，但是学校仍然在路旁立上了汉白玉栏杆，留下了"琢玉桥"三个大字，在学校内部还用"琢玉"二字命名了大讲堂，让首经贸的"琢玉"育人精神代代相传。

　　首经贸坐落其间已逾一个甲子，目睹沧桑变幻的同时也经历着巨大的变化。落实立德树人根本任务，人才培养质量不断提高。以学科建设和科研创新为发展引擎，学校核心竞争力显著增强。服务国家重大战略和首都"四个中心"功能建设，对经济社会发展的贡献更加突出。实施人才强校战略，高

琢玉桥

素质专业化教师队伍建设卓有成效。用心用情办实事解难题，师生获得感、幸福感、安全感不断增强。2023 年，中国共产党首都经济贸易大学第五次党员代表大会胜利召开，学校阔步迈上高质量发展新征程。首经贸是历史底蕴与创新精神交融的学校，再有两年即将迎来它的 70 周年校庆。在这历久弥新之际，它既有岁月积淀、求真务实的"善为"之心，又兼备自我磨砺、迎难而上的"敢为"之志，将为丰台和北京首善之区建设贡献力量。

见微知著。首经贸及周边的新面貌只是丰台区的一个小小的缩影，可以映射出整个丰台区日新月异的革新步伐。相信在"倍增追赶"战略的实施下，丰台区将会迎来高质量发展的一波又一波高峰。

**作者简介：**

赵懿清，第十一届丰台区政协委员，首都经济贸易大学会计学院副院长

# 我的丰台情

王玉良

作为第八届、第九届丰台区政协的老政协委员，我亲历了丰台区近年来的变化。从农田菜地到丽泽商务区高楼大厦拔地而起，从泥泞小路变康庄大道四通八达，从凭票购买、限量供应到一键下单……

记得那时我家楼上的一个孩子该上小学了，无意间了解到孩子不能在小区附近上学，必须到丰台大桥西边上学，因为小区的行政规划只能去那边，骑车都得 20 多分钟。我当时就想，能不能发挥委员作用，帮帮小区的孩子们，让他们能够就近上学。通过多方联系属地街道和区教委，并会同社区、教委以及街道和学校多方联动，进一步了解到就近上学是很多家长梦寐以求的事情。于是我们就开始协调社区统计有多少孩子幼升小，记得特别清楚当年一共是 21 个孩子。此后，经过反复研究，我提出了关于优化教育资源整合就近入学的提案，很快得到了政协的批复。从那以后，在各方面的共同努力下，就近入学逐步得到实现，解决了一大批孩子家长的困扰。这么多年来，丰台教育发展从未止步，逐渐形成了集团化办学和集群发展的丰台模式；推动区域教育多向合作互动和优质资源共享，实现了校际间师资、课程共建和学生学段贯通培养；引进了许多市重点学校到丰台建立分校，让丰台的孩子们可以享受更多更优质的教育资源。

要说起来，对我来讲印象最深的还得是丰台的交通变化。作为北京重要的交通枢纽区域，丰台近十年来一直在不遗余力地加快打造网络化交通格局。这里，着重聊聊其中的代表——丰台火车站。老丰台火车站始建于 1895 年，曾服务于老京张铁路、京广铁路、京沪铁路等多条线路。随着首都城市建设和铁路的快速发展，车站承担的相关业务相继移交北京西站、丰台西站等站点办理，至 2010 年运输业务全部停办，2018 年 9 月开始实施改扩建工程。我在老丰台火车站附近住过几年，几乎每天都要路过老火车站。站门口有个小广场，早起有遛鸟的、跳舞的、打鞭子花儿的；那个时候我坐火车去永定门、去良乡特别方便。风声、雨声、火车声，多少年都没变过。后来高铁建起来了，火车驶过的时候，是一阵疾风一样的"呼"声，跟绿皮火车慢悠悠的"哐当哐当"声那绝对不一样。那时候一到周末这里还有早市，有一个老头专门卖高碑店豆腐丝，那味道至今我还记忆犹新……如今的丰台站拔地而起，在站内设计上，是国内首座采用高铁、普铁双层车场重叠设计的特大型车站，形成了"顶层高铁、地面普铁、地下地铁"的立体交通模式，方便了"无缝"换乘城市交通。走进大厅，能够领略到设计师"大巧若拙"的构造理念。中央的采光结构，不仅改善了采光通风问题，还将候车厅用自然光分成南北两部分；建筑风格虽然简洁，但细节上处处蕴含着北京元素；钢结构、玻璃幕墙等新材料的应用，体现着当代"工业风"；站内主通道采用藻井式吊顶，加以传统建筑的整体形态概念，实现了"古韵新风"。漫步于北京丰台站，直观的感受便是通透敞亮。在进站大厅，柔和的阳光透过采光天窗倾洒而下；在高铁站台层，更能看到不一样的"风景"——西望西山，东瞰丽泽商务区。现在每当外出购买火车票的时候我都会首选丰台火车站，说实话既方便又干净。看到老丰台站成功蜕变为新时代的亚洲最大火车站，我的内心深处既感慨，又激动。

如今的丰台正着力打造新时代首都功能拓展的中心城区、首都高品质生活宜居示范城区、彰显新发展理念的绿色生态花园城区、具有国际竞争力的智能制造创新区，以及具有全球影响力的丽泽金融商务区、具有国际化水平的首都商务新区，并积极推进平原造林、留白增绿、城市代征地绿化、屋顶绿化……丰台老百姓家门口的绿色生态空间越来越多。其中，走在我熟悉的长辛店地区大街小巷，过去几乎是老厂房窄马路。有一首流传很广、很久的老北京民谣，其中也提到了长辛店："前门楼子修得高，菜市口人多闹吵吵，彰仪门外石头道，大井小井卢沟桥，卢沟桥有十一孔，东头狮子西头象，长辛店街五里长，二十五里到良乡，良乡塔、半山坡，过了窦店琉璃河，琉璃河一道沟，三十五里到涿州。"长辛店大街对我而言也是记忆深刻，特别有穿越之感，以前别说走车了，人过去都费劲，两侧全是小商贩，都挤到马路中间了，我爱吃街北边现打的酱油，去一次得走 15 分钟才能过去，人那叫一个多；而且，周边绿化水平也不高。如今，长辛店老镇更新启动区一万平方米即将实现开工，构建"一轴五坊"文旅消费体验区域；将围绕老镇新经济新场景示范，以老镇市集场景创新与国际艺文消费为突破口，打造起源长辛店、支撑丰台区、引领北京市的老镇创新场景链、国际消费示范廊，并将通过老镇价值多维转化创新标杆表现老镇创新，通过国际潮流文化与创新表现国际艺文，通过民族与国际有机融合示范样板表现无界融合。随着老城区改造拆迁腾退，现在映入眼帘的全是绿意，区域环境品质显著提升。而且，老镇附近的北京园博园和北宫国家森林公园更是丰台为全市人民造福的一项重大举措，让市民可以就近登山赏景。

新时代的丰台无时无刻不在变化着，居民的衣、食、住、行都有了很大的改善，生活环境也有了长足进步。虽然我已经退休，但是每天看着丰台在不断飞速发展，我很感动。祝福丰台在新时代的发展中永远站在首都功能区建设的最前沿。作为一名老政协委员，我也将继续为丰台发展作出力所能及的贡献。

**作者简介：**

王玉良，第八、九届丰台区政协委员，北京冠京投资管理有限公司董事长

# 汗水凝聚"环卫力" 实干拭靓新丰台

田 莹

　　近年来，丰台区的环境卫生品质在新时代发展大局下，围绕"妙笔生花看丰台"的总体要求，伴随着城市精细化管理的高质量推进，音增追赶、全面提升。不知道每当大家看到这花开盛世、丰宜福台的洁净靓丽城市环境时会作何感想，我却总是在第一时间感应到那些十年如一日的汗水和心血所凝聚而成的"环卫力"。

　　我曾是丰台区环卫中心的一名管理人员。在这里工作的 8 年间，我无时无刻不被身边的领导和同事们带动着、激励着、引领着，从懵懂盲从到自觉追随，一步步扎根在环卫工作一线，服务于环卫职工身边，行动在丰台城市环境建设的最前沿，亲身参与了一次又一次的环境卫生治理、创卫突击整治，亲眼见证着我区市容环境的显著改善，更是亲耳聆听到许多来自身边的真切朴实的人和事。

　　说起"环卫力"，我曾和单位的几位同龄人问过环卫中心环境卫生科科长赵宏生："您心目中最具代表性的丰台环卫标志是什么？是道路清扫、公厕保洁、垃圾清运这三项环卫主业？是满大街随处可见的身穿橘色工服终日忙碌奔走的环卫工人？还是车身上披着醒目丰环 logo 的昼夜穿梭行进的作业车辆？"

　　这位在基层一线十多年摸爬滚打成长起来的老党员微微思索下，脱口给出了一个意想不到的简洁答案："是'环卫力'！"我们接着似懂非懂地追问："那这'环卫力'来自哪里？"眼前军人出身的科长正色回答道："当然是实干啦。我们所做的一切，地面干不干净，环境美不美观，公厕是否舒适，都是老百姓能够直接感受到的。环卫工作来不得半点儿虚假，唯有实干担当才能获得群众的认同。"

赵宏生自 2012 年开始担任大红门环卫所副所长，这一年正赶上党的十八大胜利召开。彼时的大红门区域路网密集、人头攒动、车流不息，卫生脏乱差，是环卫中心辖区内出了名的作业难度高，谁来都犯怵的地界。当年一遍遍通读着十八大报告，这位年轻的军转干部信心十足、暗下决心，誓言定要彻底改变大红门地区的环境面貌。此后在中心党委和所党支部的支持指导下，他咬紧牙关带领着分管的团队犹如一支骁勇善战的铁骑般，无畏困苦、实干担当，以顽强务实的作风全身心驰骋在环境卫生的主战场。

骑车检查，徒步巡路，随身携带作业工具。这就是赵宏生给自己立下的第一条规矩。从走马上任的那天起，他每天骑着电动车，身穿环卫工服，车后座挂着垃圾桶、放着捡拾夹，一路穿梭在各个路段、公厕和环卫站点间，遇到垃圾就随手捡起。此外他还给自己规定了每周至少要有一次徒步巡路。不管是寒风凛冽的冬日，还是骄阳似火的夏天，他都会一大早拿上垃圾袋和捡拾夹，选一条污染严重的路段，边行走、边叮嘱早班职工注意事项，边保洁、边思考着提升作业质量的对策。一身汗水、一身尘土，和职工们肩并肩把垃圾污染物收拾干净。这样一路走来，日复一日、年复一年地坚守着属于环卫人的价值追求。数年间赵宏生几乎未破过当初立下的近乎苛刻的规矩。除了回老家探望做手术的老母亲请过三天假，其他时间几乎全都干在单位、以路为家，每天走上两三万步是常态，手机微信运动里记录的步数总是遥遥领先，人送绰号"环卫跑男"。

火车跑得快，全靠车头带。师傅们的工作热情随之高涨，大红门地区的"环卫跑团"应声而起！从静谧的清晨，到喧闹的白昼，乃至空寂的深夜，总能看到他们轮班上岗，不间断地辛勤工作。不耐其烦地一遍遍清扫路面、"掐马路牙子"，捡拾白色污染物，擦拭果皮桶，收集清运垃圾。彼时大红门环卫所辖区内 70 多条、总长 50 多公里的道路，每天都被他们用结实的双脚丈量过无数遍。他们步伐矫健地穿行在车水马龙的各个街区，用粗粝的双手拂去沿途众多环卫设施上的污物，以无数次弯腰、下蹲、挥动臂膀的肌肉运动和满身尘土换来光洁一新的环境。

做好日常保障的基础上，环卫工作每年都会经历无数次大大小小的重要节日、重大活动、特殊天气保障、突发应急事件处置等严峻考验。每逢这些紧要关头，"环卫跑团"无惧风雨、一路前行。每年4月至10月开展的季节性夜间冲刷作业无疑就是其中的一场硬仗。趁着夜色干部职工们合力行动，人力和水车配合作业，他们挽起衣袖、卷起裤腿，铁腕紧紧抓住高压水枪，臂膀稳稳撑起异常沉重的袋状水管，依次冲洗着步道、过街天桥和地下通道，累了大家就席地而坐靠聊天驱赶睡意，这一干会持续到深夜。尽管工作结束后浑身酸痛，但第二天晚上他们依旧坚持。直到路面洁净如新、一尘不染，过往的群众连声称赞。

而在当时清除喷涂及手写小广告专项治理行动中，面对原本并不擅长的老大难新任务，他们不等不靠加紧调研分析，充分发挥团队专业优势，多方咨询比对、上网查找挑选，最终配置到质量好、价格低、易操作的专业清除设备和工具，并结合实际需要对设备加以实地改进，通过反复试验确定工作流程，一举攻克了清除喷涂作业的技术难题，而后组织职工进行清除操作培训，边学边干、实干加巧干，极大提高了清除工作效率，并在全中心进行了推广应用，短时间较好恢复了街区建筑、墙壁等外立面上原本干净整洁的面貌。为进一步提高机械作业效率，他们还踏着科技环卫建设的步伐，承担起全中心道路新机扫作业模式的试点任务，创下了昼夜不间断连续在岗15天的记录，快速查找出人机结合工作模式的堵点难题，并成功摸索出破题解困的对应方案。

就这样一年又一年，他们迎难而上、持续发力，搭乘着大红门地区规划发展的快车道，环卫所与属地部门、辖区单位齐心协力、配合作战，聚合力、补短板，打出组合拳，让大红门地区的环境面貌发生了质的飞跃。团队出色的表现得到了辖区群众的一致认可。

其实这些年来在我们环卫中心，像这样优秀的团队并非个例。特别是许许多多的基层党员干部，在重点任务保障和突发事件处置中身先士卒、带头冲锋。他们有的长期坚持提前到作业路段指挥早班清扫；有的通宵达旦跟车调研机扫作业、垃圾清运的实际状况。许多所队长们常年坚守在作业一线，多年来节假日都无法陪伴在家人身边，就连晒得黝黑的脸庞，都跟普通的环卫工人毫无二致。每逢春节除夕夜，他们带领班组长和后勤管理人员，从一个站点赶到另一个，给留在岗位上工作的职工拜年，贴心送上热腾腾的饺子和过节物品，让职工切实感受到环卫大家庭的温暖。他们用心体悟"三分作业、七分管理"的法则，注重通过入情入理的启发宣讲，采取科学理性的管理措施，想方设法减轻职工不必要的工作负担和劳动强度，促使职工自觉服从管理，进而引导并培育职工树立爱岗敬业的思想。

这十年来，丰台环卫人努力秉持着"宁愿一人脏、换来万家净"的传统精神，认真践行着提质增效、科学发展的创新理念，始终做到砥砺前行、担当作为、挥洒汗水、付出心血，圆满完成了环卫重大活动保障，特殊天气应急处置、多轮疫情防控攻坚、国家卫生区创建等艰巨任务。这是我们身边看得见的环卫故事，普通平凡而令人动容。从这些党员干部身上，看到最多的正是一个"实"字，踏实工作、务实创新，实干担当、实在做人。"环卫力"正在整个环卫队伍中随处可见、蔚然成风，凝结成丰台环卫最亮眼的标识、最感人的风景，汇聚成奋发作为、无坚不摧的向上的力量。

**作者简介：**
田莹，第十一届丰台区政协委员，丰台区军队离休退休干部安置事务中心职员

# 亲历园博区域十年发展历程

郭　川

## 从"风沙源"到城市休闲地带的变迁

回忆起自己在北京园博大酒店从业的这十年，奋斗的情景以及丰台河西地区翻天覆地的变化历历在目。眼见这一片土地从垃圾填埋场到如今北京南城文旅新地标，一幕幕亲历、亲见、亲闻的故事都浮现在眼前……

我自小在北京长大，后来又在其他城区的酒店行业发展，对于丰台区的印象，一直觉得这里发展相对较慢，除了历史原因，还有产业发展方面的因素，虽然丰台有火车站，但是旅游业、酒店和会展都较为滞后。直到2012年，我来到园博大酒店（原北京丽维赛德酒店）从参与筹备运营到后来的接手主持，十多年来，我亲历了园博区域十年发展历程，亲见永定河西地区的优美画卷，才使我改变了对丰台区的印象。

2009年，第九届国际园林博览会申办成功，因为举办了园博会，吸引了大量国内外游客和专业人士的关注，这也为后续园博园的发展奠定了基础。园博园选址所在的永定河畔，这个当时被称为北京的"风沙源"之一的地方，开始了从荒地到城市休闲公园的转变，展示了生态环境保护和城市发展的紧密联系。

习近平总书记始终关心国土绿化事业，引领推进生态文明建设。2013年4月2日，在北京市丰台区永定河畔植树点，也就是现在的园博园内，距离园博大酒店大门300米的位置，习近平总书记参加首都义务植树活动，当天，习近平总书记挥锹铲土、培实新土、提桶浇水，接连种下了白皮松、西府海

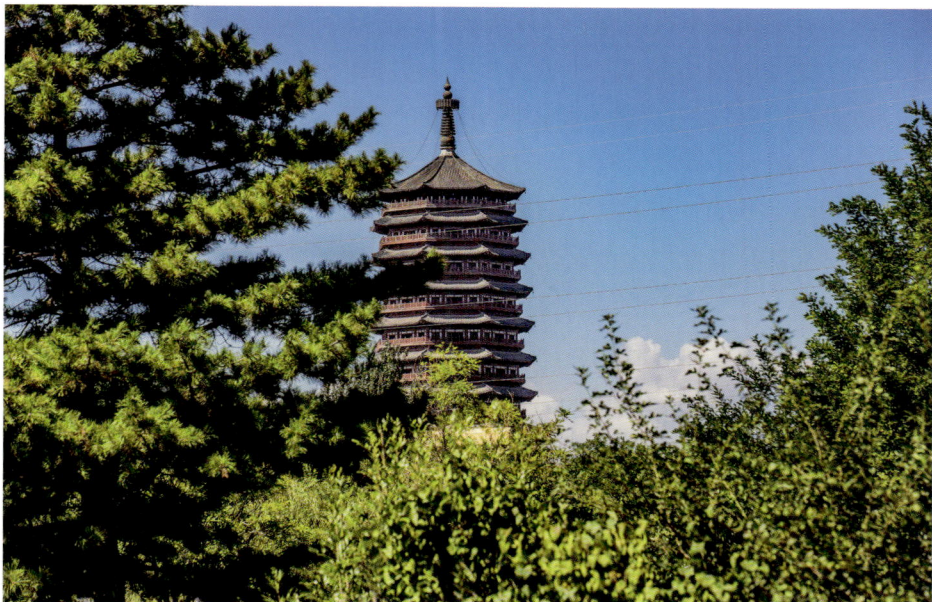

北京园博园（原梓峰／摄）

棠、榆叶梅……如今，当年的植树点已长成一片纪念林，枝繁叶茂，生机盎然。习近平总书记当年种下的白皮松小树苗，如今已长成六米高的大树。他亲手栽下的树苗，见证了永定河西岸这片热土生态环境发生的巨大变迁。一年又一年，北京园博园从一片新林变成远近闻名的城市休闲公园。当年习近平总书记植树的铁锹被珍藏起来，在园博大酒店大堂的显著位置展出，并成为园博游客和住店旅客颇受欢迎的"打卡拍照点"。

随着园博会的筹备和邻近，北京园博大酒店应运而生，它坐落于第九届中国（北京）国际园林博览会的主会场内，比邻卢沟晓月，可眺望永定河，是为数不多的园中园建筑。整个建筑设计主题为"花瓣中的山水"，充分体现出了中国园林的精致小巧却容纳山水的气魄，体现古典与现代的对话，自然与人文的共生，创造出独特的园林意境。

2012 年 9 月开始，我加入了酒店的筹备运营工作，负责了第九届中国（北京）国际园林博览会期间的主要服务工作，接待了参加开闭幕式的中央、各省市自治区的主要领导，整体服务接待工作受到各级领导的肯定。

　　伴随着中关村丰台园的不断发展和壮大，以及丽泽金融商务区、园博数字经济产业园的应运而生，丰台区不再仅仅是人们印象中的京城"菜篮子"和"后勤保障部"，丰台区不断拓展自己的产业版图，特别是高新技术产业。有了产业，就有了人气，有了人气，就有了会展，北京园博大酒店也逐渐成为北京西南会展的一张名片。酒店4200平方米的稀缺会场资源及26个多功能会议厅全部具有现代化会议设备，堪称京城顶级规模会议备选地之一。从2013年5月开业至今，北京园博大酒店秉承着做"美好生活方式引领者"的企业愿景，相继承接了丰台区"两会""世界种子大会"，世界小姐决赛，The color run彩色跑及铁人三项国际赛事，其他相关体育赛事的接待服务保障，以及各大公司嘉年华，汽车发布会等。2023年成功举办了第七届北京教育论坛首届宛平教育论坛，2023轨道交通创新发展大会等。近年来我带领团队圆满完成了各项政务、商务、大型活动等接待经营任务，得到了各界人士的广泛赞誉。2022年，园博大酒店获得北京市丰台区餐饮住宿服务行业"优秀服务团队"称号。2023年荣获CHA中国酒店大奖"年度最佳会议酒店"和"年度

北京园博大酒店

最佳亲子酒店"奖项。随着时代的变迁，人们对于住宿的需求也在不断变化，从基础的舒适性逐渐升级为对地理位置、周边设施以及服务质量等多方面的考量。园博大酒店始终努力前行，升华服务理念，打造标杆服务品质，聚焦为客户提供全流程超预期的服务体验。

## 品味永定河西　园林荟萃观赏之旅

近年来，丰台区河西地区翻天覆地的变化将这一片热土塑造成为北京南城文旅新地标，全方位升级旅游体验感受，在进一步满足市民多元化消费需求的同时，推动消费提质升级。丰台永定河西一条经典旅游线路脱颖而出，"解读中国园林博物馆传统文化—加入北京园博园的游园盛会—体验北京园博大酒店的舒适住宿"，这是一条品味丰台永定河西的园林荟萃观赏之旅路线。

中国园林博物馆。这是中国第一座以园林为主题的国家级博物馆，位于北京市丰台区鹰山脚下，永定河畔。是全面展示中国园林悠久历史、灿烂文化、多元功能以及辉煌成就的重要窗口，被誉为"有生命"的博物馆。

北京园博园。它是集园林艺术、文化景观、生态休闲、科普教育于一体的大型城市公园，69个展园，集中展示了多民族传统文化于一身的园林艺术沉淀，通过北京园、苏州园林、闽南园林等不同地域园林，来体现不同地域的私家古典园林文化精髓，当然还有来自不同国家的国际展园，您能看到异域文明孕育而成的园艺风情。在这里，一步一个景，每一帧画面都让人挪不开眼，令人沉醉，能切实感受到园林艺术之美。特别是秋季，是园中最美的季节，踏着泛黄的落叶，静静地倾听从耳边掠过的风吟，别有一番滋味。

园博大酒店。酒店拥有283间精致客房，配有中餐厅、咖啡厅、大堂吧，以及4200平方米的稀缺会场资源和26个多功能会议厅，且全部具有现代化会议设备。2023年，酒店拥有了北京首家室内水道漂流与淘气堡、沙池结合打造的超级飞侠主题乐园，是亲子出门游玩的首选。酒店在以会议举办为中心的基础上，创新和拓展休闲市场新业态，以满足市民多元化的新需求。

北京园博数字经济产业园。位于西五环，紧邻"北京园博园"，生态环境优美，项目周边交通便利，由五环路、京港澳高速、莲石快速路编制区域路网，地铁 14 号线与规划的地铁 1 号线支线实现"双轨交会"，形成半小时通达北京西站、南站、丰台站，一小时通达首都大兴机场的交通半径，区位及交通优势显著。未来，如果以园博大酒店、园博数字经济产业园为中心，打造集会展、餐饮、住宿、康养、文化、娱乐为一体的会展产业群，形成区域联动，充分利用稀缺会场资源和顶级规模会议备选地等绝对优势，形成北京城市南部优势和特色产业链，打造具有一定声誉和影响力的北京南部会展品牌，将大大提升这一片区域的价值魅力。

妙笔生花看丰台！中共十八大以来，丰台区坚持党建引领，践行新发展理念，以规划为指引，对标"五子"联动，紧抓"城南行动计划""两区"建设等契机，突出创新驱动、加快转型升级，经济发展量质齐升，正在成为引领首都南部地区发展新的增长极。妙笔生花，丰宜福台，芳菲满园，相信丰台永定河西的优美画卷定会更加迷人。

---

**作者简介：**

郭川，第十一届丰台区政协委员，北京园博大酒店总经理

# 凉水河的时代变迁

信怀义

生活在凉水河畔，目睹着滨水变迁。作为丰台区政协委员，我认真查阅了《丰台区"点靓凉水河"行动规划设计方案（丰台区凉水河滨水空间改造与更新）》有关资料；三年内，我和其他政协委员先后八次来到凉水河沿岸、两岸多个居委会等进行实地调研；我先后提交政协提案三件、社情民意信息两篇，积极参与"点靓凉水河"行动规划编制，主动建言献策，贡献治水智慧。

我还在政协提案系统翻阅了多年来政协委员有关凉水河的每一件提案，发现每年都会有多件有关凉水河的提案，可见丰台政协在推进凉水河治理工作中起到积极作用。

丰台区"点靓凉水河"行动规划设计方案已经出炉，在凉水河丰台区域内 11 公里河段将打造"一廊、五区、多景"的空间格局，展现"河畅、水清、岸绿、景美、人和"的水景胜地，成为"景观带、文化带、休闲带、产业带"的多维体系。具体点说，在丰台区凉水河区域，将建设一条 13 公里的"浪漫骑行"路径，建设一条 22 公里的滨河步道，建设一条 5 公里的游船通航水上游线，等等，让老百姓享受凉水河带来乐趣的同时，增强人民生活的幸福感和获得感。

## 凉水河因水温低而得名

根据《丰台时报》报道，凉水河距今已有 1400 多年历史，隋唐时期的主要水路交通运输线，是南城地区最大的水系"动脉"。因其发源地水头庄（旧

治理前的凉水河

源头）之水全部来自地下泉水，水温较低而得名。淌过千年岁月，积淀悠久文化。历史上，凉水河曾发挥过运输、排水、灌溉等诸多作用，凉水河既可防洪又能济运，但是，常因洪水泛滥，危害两岸百姓。

## 凉水河的治理之路

新中国成立初期，为了发展经济、发展民生，在凉水河中上游河畔建立了多座污染严重的化工企业，如化工厂、制胶厂、农药厂、油漆厂、橡胶厂、油毡厂、黄磷厂等，这些化工企业流出的污水直接排入凉水河，使凉水河从此岸无绿色、水无生物、浑如墨漆、异味熏天，成为一条臭水河。

20 世纪五六十年代，多次对凉水河全线进行疏挖治理。1954 年初，河北省和北京市共 12 个县、区的 5000 余名民工对凉水河进行开挖，后因资金不足而停工。1955 年 4 月 1 日，凉水河主河道按十年一遇排水标准再次开工，共完成土方 98 万立方米，新建和改建桥梁 28 座、涵洞 2 处、过水路面 3 处。1959 年汛期，凉水河流域平均日降雨量 200 毫米，约相当于 20 年一遇降水频率，超过了 1955 年治理标准，比如，通过大红门处的洪水流量约 120 立方米每秒，超过设计流量一倍。1960 年 1 月下旬，北京市决定再次对凉水河进行全线疏挖治理，因工程仓促上马，规划不落实，省市之间、上下游之间排水问题未能协商一致，开工不久就中途停工。1961 年 4 月，结合国家经济情况重新提出整治凉水河设计方案，同年 5 月初，动员 1.5 万余人进行施工，大部分工程年底前结束。

对凉水河进行整治后，下游排水条件有所改善，但大红门以上河道断面仍然窄小，且多淤塞，河道行洪标准很低，如遇大水，不仅丰台区菜田遭受涝灾，城市排水受阻，也要蒙受灾难。此外，河道内城市污水排入量日渐增多，加重了沿河土地、农作物以及民用水源的污染。

2000 年前后，凉水河水质已经下降到劣五类，北京市主要河流干线曾有 469 个污水口，凉水河流域就占了 86 个。周围居民不堪其扰，家里窗户都不敢开。

2013 年起，连续实施三个"三年治污行动"，启动凉水河水环境综合治理工程，不断加大凉水河污染治理力度，并启动凉水河综合治理工程。

到 2021 年，凉水河水质基本清澈见底，水中长出不少潜水植物，河水流动不急不慢，深度一般在 20 ～ 50 厘米，特别适合雁鸭等水鸟生活，河里的植物、小鱼小虾也能成为它们越冬的食物。北京生物多样性保护研究中心于 2021 年 1 月对凉水河亦庄段进行冬季鸟类调查，结果显示，从亦庄凉水河公园到通州区新河村，长度 10 公里的河道内，共生活 43 种鸟类，其中水鸟 23 种，数量最多的是野鸭和小䴙䴘，各有 1000 余只。

治理后的凉水河（区园林绿化局／供图）

基本上呈现"蓝天碧水"的生态，河道行洪能力、排污口治理、河道景观、水环境得到大幅改善，河道常年维持景观水面，基本形成"三季岸绿、四季有水"的局面。

## "点靓凉水河"在行动

作为丰台区政协委员，我始终牵挂"点靓凉水河"行动。2022 年，丰台区启动"点靓凉水河"行动，《丰台区"点靓凉水河"行动规划设计方案（丰台区凉水河滨水空间改造与更新）》初稿已出炉，我立即拿着设计方案来到凉水河畔，实地实景对照，逐个景观想象未来的样式，一幅幅美景呈现在我的眼前。

针对凉水河单调硬岸、城水割裂、缺乏活力三大问题，提出重塑滨水生态、强化滨水联系、创造多样滨水景观三大策略，将凉水河全线划分为金融商务区段、活力社区段、枢纽门户段、文化博览区段、生活休闲区段，结合周边景观需求设置多个景观节点。

执青绿妙笔，依凉水生花。凉水河在不久的将来，沿河自然生态恢复史上记载的"水草丰沛、鸟类栖居繁多"场景，成为超大城市水环境治理、生态修复和完善三网融合、建设慢行友好城市的重要实践地。水质改头换面，变得如此清澈，水草在清澈见底的水中，像绸缎一样随着水流起伏飘动，经过这次改造，凉水河彻底变清，凉水河也将成为大家休闲娱乐的最佳场所。

"点靓凉水河"行动是推进生态宜居与城市更新融合、展现城市格局与时代建设和彰显人居活力的重要举措，对于城市滨水空间更新意义重大。行动打破传统的治水思路，将以往的背水发展转变为向水而荣，充分打开滨水城市界面，拓展城市发展空间，激发地区发展活力。

不久的未来，一条碧水汤汤、奔流不息的凉水河融入百姓的生活，让百姓感受到凉水河滨水生态空间魅力，实现生命共同、蓝绿共享、水城共融。

**作者简介：**

信怀义，第十一届丰台区政协委员，中国建设银行运营数据中心海外及托管机构支持处业务经理

# 从沉寂到焕新，重塑老旧小区新面貌

刁　鹏

1984 年 2 月 27 日，春寒料峭，方庄踏勘工作启动。这一天，是值得方庄居民纪念的日子。随后，一张方庄设计蓝图，铺在了北京市政府大楼的小会议室里。这一年，方庄这块沉寂的土地被唤醒了，一场变革拉开帷幕。1986 年 9 月 15 日，方庄住宅区奠基开工。那一天，天格外蓝，几缕淡淡的白云悠闲地在天空中飘动，像一段扯不断的思绪。一个直径 3 米的大红气球，从开阔地上冉冉升起。一条巨幅标语悬垂下来，人们看清楚了，上面写着："搞好住宅区建设，为全面完成首都'七五'计划而奋斗。"得知住宅区开工建设的消息，附近不少居民扶老携幼，走出家门，前往开工典礼会场。作为北京住宅建设改革的一块"试验田"，这个离天安门只有 7 公里的小区，建成时成了全城最大的住宅区，为首都住宅生活画卷增添了浓墨重彩的一笔。方庄住宅区建设不仅在改革投资体制、住房商品化上进行了探索和尝试，从规划设计、施工组织、房屋管理等方面也进行了大胆的创新。

经过十年建设，方庄住宅区这块城市住宅建设改革的"试验田"初具规模，成为首都一大新景观和旅游场所。那时候，到方庄参观的中外游客数量超过 10 万人次。到 2000 年时，方庄住宅面积达 225 万平方米、居民近 10 万人。

在时间的推移下，那个曾经辉煌、现代化的方庄如今已步入"不惑"之年，逐渐显露疲态，由于基础设施陈旧、产权复杂等原因，也进入老旧小区行列。这些问题不仅影响了居民的生活品质，也制约了方庄的发展。

作为一名方庄人，我见证了方庄的成长，而今，作为一名物业从业者，又有幸成为方庄新一代的"建设者"。这其中留给我印象颇深的是一件有关老旧小区引进物业的事。

方庄街道芳群园三区9号院共有3栋居民楼，204户居民，总建筑面积16940平方米。由三家单位持有产权，三方经协商委托其中一家选派物业公司进行管理。2008年，由于居民和物业的意见分歧，原物业公司工作人员撤离9号院，只保留一名清洁日常垃圾的工作人员，仅对小区提供最基础的清运垃圾服务，导致9号院内的基础设施、停车、技防、绿化等均处于失管状态，居民反映强烈。针对现状及居民诉求，如何解决老旧小区引进物业的问题，这对于属地政府、居民及将要引进的物业公司都是一项难题。

2020年5月，北京市颁布实施新的《物业管理条例》，2021年3月12日，《中华人民共和国国民经济和社会发展第十四个五年规划和2035年远景目标纲要》正式发布。无论是条例还是"十四五"规划中，都明确指出党建引领与社会治理的重要性。在明确物业服务产品具有准公共性的同时，也进一步阐明物业管理与社会管理具有密切关系。物业企业应与属地政府形成良性互动、有机融入的治理机制。基于此契机，结合治理要点和9号院居民诉求，属地政府、热心业主、物业企业协同打出了"组合拳"。

首先，办事处和社区多次组织居民座谈会，并与产权单位充分沟通，最终达成组建物管会的共识，为引进物业打下了基础，并力争通过高效引进物业，彻底解决9号院的基础设施老旧、停车无序、技防停用、绿化斑秃等问题。其次，迅速采取"先尝后买"方式引入新物业公司。自我们正式接手9号院两周后，以物管会收集民意为切入点，对标我区创卫创城工作部署要求，精准聚焦居民反映的卫生死角、长期堆物、地锁丛生、私搭乱建等问题。从社区组织宣传，入户劝导，到物业高效落实，再到办事处城管执法队现场督导，共清理长期堆物8处、卫生死角5处、违建7处、地锁75个，清运陈年垃圾15车，从根本上解决困扰居民生活的顽疾。小区照明设施得到恢复，院内花园重回干净整洁，垃圾桶站焕然一新。同时，利用区房管局提供的老旧小区物业扶持资金，对路面重新进行了修复。在小区路面修复过程中，发生了一件令人感动的事情。由于预算的限制，原定的扶持资金不足以覆盖整个路面修复的费用，导致存在一部分资金缺口。为了不损害施工方的利益，确保工程顺利进行，我们和业委会成员与施工方代表及时召开了会议。会上，

方庄芳群园三区 9 号院户外休息区升级改造后的新面貌

我们共同商讨并明确了后期补充资金的计划。值得敬佩的是，业委会中的一位资深老党员——常青同志，在得知资金短缺后，慷慨解囊，自愿出资垫付了这一部分缺口资金。他的这一行为，不仅体现了对社区的深厚感情，也展现了一名共产党员的责任感与奉献精神。我们对此表示由衷感激的同时，承诺会在后期运营中，按照既定计划妥善安排资金，以偿还常青同志的垫付。

在进一步提升基层治理整体水平的同时，实现环境"质与效"双提升，小区居民也对我们进驻以后的变化赞不绝口。最后，建立"物管会—物业—社区两委—办事处"四方协作机制，即物管会收集社情民意，物业公司解决办理居民问题，社区两委做好协调指导，办事处落实难问题的综合处置，促成社区长效管理运行机制。

在此期间，通过地区工委指导，社区两委协助，充分发挥功能型党支部、物业党支部作用。以垃圾分类活动为突破口，将 9 号院的在职党员、社区老党员、机关离退休党员组织起来，开展"桶站值守"工作，以党员带动居民参加"垃圾分类一周年，习惯养成新时尚"及"垃圾分类齐行动，周末守桶我参与"等系列活动，通过多形式、全方位开展垃圾分类宣传，厨余分出量大幅提升，在实现"垃圾四分类，资源不浪费"目标的同时，完善了基层"共商共建、共治共享"的治理模式。在此基础上，我们协同社区党委把空闲地下室进行整体装修改造，建成党群活动中心，有效解决长期匮扰居民的蚊蝇滋生、下水管线老化等问题，同时为党支部开展党建工作及丰富居民文娱生活提供了专属场所，并为将来开设便民服务提供扩展空间。通过将党建引领落到实处，确保了大事小情有人管。让居民在遇到问题时知道去找谁，社区在解决问题时知道找谁商量，上级组织的相关要求有人落实。

作为一个环境优美、生活便捷、活动场所齐全的成熟社区，如今的方庄仍然对许多人具有不可忽视的吸引力。2019年我国常住人口城镇化率为60.6%，已经步入城镇化较快发展的中后期。城市发展进入城市更新的重要时期，由大规模增量建设转为存量提质改造和增量结构调整并重，从"有没有"转向"好不好"。这种转变既符合城市发展的规律，也顺应了人民日益增长的美好生活需要。为了适应城市发展新形势，推动城市高质量发展的新要求，2016年发布的《中共中央国务院关于进一步加强城市规划建设管理工作的若干意见》提出，有序实施城市修补和有机更新。2019年，中央经济工作会议再次提出，要加强城市更新和存量住房改造提升。2023年，方庄作为北京市首个区域综合型城市更新示范区，将从区域规划、环境建设、老旧小区改造、商圈焕新等多方面着手，让这个"不惑"之年的"家"焕发新的活力。

物业工作在基层治理和城市更新过程中都是重要的一环，这其中仍有很多值得我们思考的问题。

首先，在社会治理、城市更新的大环境下，物业工作的发展方向不清晰。物业没有明确的治理清单，政府主管部门也未进行有效的明确，导致治理末梢问题频出。大多数物业企业仍然沉浸在增量市场环节中，长久的惰性思维未能深入理解提质的概念，更谈不上如何从"有没有"转向"好不好"。整体的社会发展形态，给物业企业带来很多挑战，也赋予更多企业发展机遇。创新求变成为整个物业行业必须思考的问题。

其次，随着居民自主意识提升，对物业及业委会工作的精细化程度、透明度要求逐年提升，"公开透明"与"质价相符"还在进行着拉锯战。

最后，在党建引领的格局下，对社区书记的工作能力要求极高，不仅要精通各行各业的规则，还需要"八面玲珑"独当一面。党建需要引领，更需要在治理过程中对各个角色进行监督，从而保证"不跑偏"。

我们仍在积极探索物业工作的未来之路，为建设宜居丰台持续助力。

---

**作者简介：**

刁鹏，第十一届丰台区政协委员，金鸿新诚（北京）物业管理有限公司总经理

# ｜ 后 记

　　《新时代委员话丰台》这部承载和记录着丰台新时代发展历程的文史资料专辑，在北京市政协的指导下，在丰台区政协党组的高度重视和全力支持下，在相关各方的关心帮助下，自2023年起，历时近两年，终于圆满付梓。本书的征编过程，不仅是对中共十八大以来丰台区各方面成就的回顾与记录，也是政协文史工作服务区域经济社会发展、响应新时代号召的生动实践。

　　为了做好《新时代委员话丰台》的编辑工作，丰台区政协文史委多次召开会议，对征编工作进行专题研究，拟订工作方案，细化工作安排，明确征集对象和范围、选编内容和标准。组织征编工作启动会议，面向九届、十届、十一届丰台区政协委员发起倡议，广泛开展征集工作。在此基础上，按照选编框架及内容向部分委员重点约稿，力求全方位、多角度展现中共十八大以来丰台区经济、政治、文化、社会、生态文明建设等各方面发展成就。

　　全书分为"凝心聚力""丰宜福台""倍增追赶""文化赋能""锦绣花城"五个部分，108篇文章，30余万字，130余幅图片，生动展现了丰台区在新时代背景下的蓬勃生机与显著成就。这些文字既是历史的见证，也是未来的启示，它们以"亲历、亲见、亲闻"的方式，记录着委员们的思考，讲述着新时代丰台发展的故事。

　　在编辑出版的过程中，从前期的组织策划、动员部署，到广泛征集、重点约稿，再到细致编辑、严谨审核，每一步都凝聚了有关领导和同志们的共同努力。稿件征集阶段，各专委会工作室全力支持，全面梳理区政协九届、十届、十一届各专委会委员名单，广泛组织和引导本专委会委员积极撰写和提交"三亲"史料，认真做好稿件的初审，把好政治关。和委员反复沟通稿件细节，做好稿件的修改完善；研究整理阶段，张国庆、李澎两位特邀专家，对该书从史实核证、编纂规范、文字风格等多方面把关。他们以严谨的学术态度和深厚的专业功底，逐篇审阅稿件，提出宝贵意见，其敬业精神令人钦佩；编辑审核阶段，李岚主席多次亲自主持会议，听取征编工作进展情况的汇报。冯晓光副主席统筹征编工作各项事宜，确保征编工作高效推进。两位领导更是多次细致审阅，对稿件的修改工作提出宝贵指导意见，极大提升了本书的质量与深度；文史委按照领导和专家的指导意见对全部文章逐一进行调整、修改、校对，并组织召开会议对稿件进行集中审定；中国文史出版社以其深厚的专业底蕴和丰富的出版经验为我们提供了专业支持，区委宣传部、区园林绿化局、丽泽商务区管委会、丰云台（北京）融媒科技发展有限公司等部门及相关街镇为本书提供了展现丰台区风貌的图片。在此，对在本书征编工作中付出辛勤努力的各位领导、专家和同志们表示由衷的敬意和衷心的感谢。

我们也深知，限于时间和条件，本书在内容的完整性与表达的精确性上或许仍存在不足之处，恳请广大读者朋友予以包容，并提出宝贵意见，以便我们在后续工作中不断改进与完善。

《新时代委员话丰台》编辑部
2024 年 11 月

**图书在版编目（CIP）数据**

新时代委员话丰台 / 政协北京市丰台区委员会编 .
北京 : 中国文史出版社，2024. 9. -- ISBN 978-7-5205-4748-2

Ⅰ . D671.3

中国国家版本馆 CIP 数据核字第 20249VP742 号

责任编辑：程　凤　美术编辑：杨飞羊

---

**出版发行：** 中国文史出版社

**社　　址：** 北京市海淀区西八里庄路 69 号　邮编：100142

**电　　话：** 010-81136601　81136698　81136648（联络部）
　　　　　　010-81136606　81136602　81136603（发行部）

**传　　真：** 010-81136677　81136655

**印　　装：** 北京地大彩印有限公司

**经　　销：** 全国新华书店

**开　　本：** 787mm×1092mm　1/16

**印　　张：** 32.5

**字　　数：** 470 千字

**版　　次：** 2024 年 12 月北京第 1 版

**印　　次：** 2024 年 12 月第 1 次印刷

**定　　价：** 180.00 元

---